高等院校"十二五"应用型规划教材——经济管理系列

房地产估价理论与应用

王诤诤　主　编

叶建华　黄　静　副主编

清华大学出版社

北　京

内 容 简 介

本书从估价理论、估价方法和估价实务三方面系统地阐述房地产估价的理论体系与实践应用。第一篇在阐述房地产、房地产估价的概念、内容、特性等的基础上，构建了房地产估价的理论体系，包括房地产价格形成的市场机制、房地产价值形成的各种理论解释等，回答房地产价格质和量的形成原理。第二篇简要地介绍房地产的估价原则、估价程序、估价报告的写作，同时系统地阐述市场法、成本法、收益法等基本、常用估价方法的原理，回答房地产价格量的一般估价思路。第三篇从不同的利用类型和不同的评估目的两个角度，系统地介绍几种典型的房地产估价实务，包括商业类、办公类、居住类、工业类房地产评估实务，以及房地产抵押估价、房地产征收估价、房地产课税估价、城镇土地基准地价评估、房地产项目评估等特殊目的的估价业务。

本书融合房地产估价教材、房地产估价师考试用书等优点，吸取了前沿的理论研究成果、最新的政策法规和技术方法，附有丰富、真实的估价案例，逻辑体系严谨、结构内容新颖、理论方法前沿、实务案例丰富。本书可作为高等院校土地资源管理、房地产经营管理、资产评估等专业本科、硕士研究生的教材，也可作为房地产估价师与土地估价师执业资格考试及继续教育培训的参考用书，同时可供估价行业人士自修使用。

本书封面贴有清华大学出版社防伪标签，无标签者不得销售。

版权所有，侵权必究。举报：010-62782989，beiqinquan@tup.tsinghua.edu.cn。

图书在版编目(CIP)数据

房地产估价理论与应用/王诤诤主编. --北京：清华大学出版社，2014（2021.1重印）
(高等院校"十二五"应用型规划教材——经济管理系列)
ISBN 978-7-302-35531-1

Ⅰ. ①房⋯　Ⅱ. ①王⋯　Ⅲ. ①房地产价格—估价—高等学校—教材　Ⅳ. ①F293.35

中国版本图书馆 CIP 数据核字(2014)第 033067 号

责任编辑：秦　甲
装帧设计：刘孝琼
责任校对：周剑云
责任印制：沈　露

出版发行：清华大学出版社
　　　网　　　址：http://www.tup.com.cn, http://www.wqbook.com
　　　地　　　址：北京清华大学学研大厦 A 座　　　邮　　编：100084
　　　社 总 机：010-62770175　　　　　　　　邮　　购：010-62786544
　　　投稿与读者服务：010-62776969, c-service@tup.tsinghua.edu.cn
　　　质量反馈：010-62772015, zhiliang@tup.tsinghua.edu.cn
　　　课件下载：http://www.tup.com.cn, 010-62791865
印 装 者：三河市龙大印装有限公司
经　　销：全国新华书店
开　　本：185mm×260mm　　印　张：26.75　　字　数：647 千字
版　　次：2014 年 3 月第 1 版　　　　印　次：2021 年 1 月第 5 次印刷
定　　价：59.00 元

产品编号：054978-02

前　言

随着我国房地产业、房地产市场的蓬勃发展，房地产估价这一中介行业也得到迅速发展。国家注册土地估价师、注册房地产估价师资格考试制度及其继续教育制度逐步建立与规范，土地估价师、房地产估价师队伍不断壮大，大批有关房地产估价理论、方法与实务的书籍陆续面世，更多的学者也积极参与房地产估价理论、方法与实务拓展的理论研究和实践探索中。

本书作者基于多年教学经验和长期研究积累，将房地产估价理论与应用的知识体系在内容上划分为三个部分。

第一篇是估价理论篇，从第一章到第四章。在阐述房地产的界定与特性、房地产估价的概念与要素，以及介绍我国房地产估价行业发展现状的基础上，构建了房地产估价的理论体系，包括房地产价格的形式及其影响因素、房地产价格形成的市场机制，以及房地产价值形成的理论解释，回答了房地产价格的质与量的形成原理。

第二篇是估价方法篇，从第五章到第六章。该部分简要地介绍了房地产的估价原则、估价程序、估价报告的写作，以及系统阐述了基本的、常用的估价方法的应用原理，包括市场比较法、成本法、收益法、假设开发法、路线价法和基准地价修正法等，回答房地产价格量的一般估价方法。

第三篇是估价实务篇，从第七章到第十三章。该部分从不同利用类型和不同估价目的两个角度，系统地介绍几种特殊、典型的房地产估价实务。其中第七章和第八章着重介绍一般的估价方法在商业类、办公类、居住类、工业类房地产评估实务中如何得到具体的应用，以及需要注意哪些事项。第九章至第十三章着重介绍房地产抵押估价、房地产征收估价、房地产课税估价、城镇土地基准地价评估、房地产项目评估等典型估价业务的操作原理、政策法规依据，以及特别技术规范等。该部分将一般的估价方法应用于特殊的估价对象和特殊目的的估价业务中，进一步丰富了房地产的估价理论与方法。

估价理论篇是估价方法篇的依据，估价实务篇是估价方法篇的应用，估价实务篇源于估价理论篇的指导。作者通过构筑较严谨的知识体系，同时辅以丰富、翔实的估价报告和估价案例，帮助读者更深刻地理解理论的应用价值。

本书由三位作者结合长期教学、培训及估价工作经验编写而成，融合了已有教材、考试用书的优点，吸取了专业文献的研究成果，借鉴了最新的政策、法规和地方估价指导意见等。比如房地产估价理论篇中引入房地产市场供求均衡与非均衡理论、新经济地理理论与区位理论、房地产产权理论等；房地产估价方法篇中引入房地产估价报告范本及基准地价修正法的介绍；房地产估价实务篇中引入房地产抵押估价、房地产征收估价、房地产课税估价、城镇基准地价评估及房地产项目评估等。同时介绍了较新的一些估价实务，如房地产批量课税评估、国有土地和集体土地上房屋征收评估等。

本书编写分工：第一章、第五章至第八章、第十三章由叶建华执笔，第二章至第四章由黄静执笔，第九章至第十二章由王诤诤执笔，王诤诤负责全书的修改和定稿。写作过程中，三位作者齐心协力，历时两年终于成稿，期望这本书能给读者带来一些收获和新意。本书能够顺利编写，得到工作单位上海师范大学商学院领导、同事，以及上海市科东房地产土地估价有限公司的总经理和总评估师们的许多关心和帮助，在此深表谢意。

本书中的不当或错误之处，敬请读者批评指正。

编　者

目 录

第一篇 估价理论篇

第二篇　估价方法篇

第一篇 估价理论篇

第一章

绪 论

【本章学习要求及目标】

通过本章的学习，掌握房地产的概念、分类；理解房地产的特性及房地产描述的要点；掌握房地产估价的十一个要素内涵；了解房地产估价在经济活动中的应用；了解我国房地产估价行业的发展现状。

第一节 房 地 产

一、房地产的概念

(一)土地、建筑物、附着物

房地产是土地、建筑物以及附着物的结合体。

土地是指地球上陆地的表层，由地貌、土壤、岩石、水文、气候、植被等要素组成的自然综合体。置于万物之中，土地是自然资源。但对于房地产估价师而言，土地是指地表上一宗由"边界"围合的区域。所谓"边界"，是指以权属界线组成的封闭曲线，它使土地有了界址、四至、面积和形状。有合法产权的一宗土地，其四至范围通常是根据标有界址点坐标的建设用地红线图，由城市规划管理部门或者土地管理部门，在地块各转点钉桩、埋设混凝土界桩或界石并放线来确认，形状为封闭的多边形，面积大小以水平投影面积计算。

建筑物是指人工建造的供人们进行生产、生活等活动的房屋或场所，包括房屋和构筑物两大类。房屋是指由基础、墙、顶、门、柱、屋顶、设备等主要构件组成的，起着遮风避雨等作用，供人们居住、工作、学习、娱乐或进行其他活动的工程建筑。构筑物是指人们一般不直接在里面进行生产和生活活动的工程建筑，如道路、桥梁、隧道、水坝、水塔、涵洞等。

附着物是指固定在土地或建筑物上，与其在物理上不可分离，或者虽然可以分离，但分离不经济，或者分离后会破坏土地、建筑物的完整性、实用价值或功能；或者会使土地、建筑物的价值受到明显损害的部分。例如埋设在地下的管线、设施，建造在地上的围墙、假山、水池，种植在地上的树木、花草等，属于土地的附着物；电梯、水暖管网、中央空调等附属设备则属于建筑物的附着物。房地产估价中，估价对象的范围如果不包含土地或者建筑物的附着物，应逐一列举说明。

(二)实物、权益和区位

房地产是实物、权益和区位的综合体。

房地产的实物是指房地产中看得见、摸得着的部分，例如建筑物的外观、结构、设备装饰装修，土地的形状、地势、地质、基础设施条件、平整程度等。房地产的实物包括实体、质量以及功能三方面，例如描述一幢房屋，需要解释其有形的结构类型，是砖木、砖混，还是钢混结构；需要解释其采用什么质量的砖木材料、施工质量如何；并需要解释其空间布局等居住功能。

房地产的权益是指房地产中无形的、不可触摸的部分，是基于房地产实务而衍生出来的权利、利益和收益。房地产权利包括所有权、使用权、租赁权、抵押权、典权、地役权、地上权等。房地产权利的完整程度、权利期限，外界对权利设置的各种限制因素等，对房地产价值的影响很大。可以说，房地产价格的实质就是权益价格。

房地产的区位是指一宗房地产与其他物体在空间方位和距离上的关系。房地产的区位不仅包括地理位置，还包括与重要场所(如市中心、机场、车站、政府机关等)联系的便捷性、周围的环境和景观以及在城市中的地位等。对于两宗实物和权益状况相同的房地产，如果区位不同，价值会有很大的差异。区位对房地产价值具有决定性的影响。

综上所述，房地产是土地、建筑物以及附着于土地、建筑物上不可分离的部分及其由此衍生的权益。房地产具有三个属性，即物质的自然属性、权益的法律属性和资产的经济属性。

二、房地产的分类

房地产(Real Estate)，又称为不动产(Real Property)或物业，根据不同的分类标准，它有着多种存在形态。

(一)基本存在形态

房地产有土地、建筑物和房地三种基本存在形态。

土地形态，即没有建筑物的空地。即使地上有建筑物，有时根据需要或者按照有关规定，也应把土地单独看待，只评估其中土地的价值，例如为征收土地税费或者确定转让、出租、抵押划拨土地使用权的房地产应当补缴的土地使用权出让金数额，就需要单独评估土地的价值。

建筑物形态，即只评估建筑物的价值，即使建筑物必须建造在土地上，房和地形式上已经连为一体。例如在房地产投保火灾险时评估灾害发生后的损失，通常只单独评估建筑物的价值。

房地形态，即将土地与建筑物合在一起作为一个整体估价。

当房地合在一起，需要单独或者分别评估其中土地或建筑物的价值时，不考虑另外建筑物或土地存在的影响，我们称为"独立估价"；如果考虑另外建筑物或土地存在的影响，我们称为"部分估价"，例如评估待拆除地上建筑物的土地价值，需考虑地上建筑物的拆除费用对土地价值的影响。

(二)按照利用用途分类

按照房地产的用途，房地产具体可以分为十大类。

(1) 居住房地产，是指供家庭或个人居住使用的房地产，包括普通住宅、高档公寓、别墅等。

(2) 商业房地产，是指供出售商品使用的房地产，包括商场、商铺、购物中心、超级市场、批发市场等。

(3) 办公房地产，是指供处理公事使用的房地产，包括写字楼、行政办公楼等。

(4) 旅馆房地产，是指供旅客住宿使用的房地产，包括饭店、酒店、宾馆、旅店、招待所、度假村等。

(5) 餐饮房地产，是指供人就餐使用的营业性房地产，包括酒楼、美食城、餐馆、快餐店等。

(6) 娱乐房地产，是指供人休闲娱乐使用的房地产，包括游乐场、娱乐城、康乐中心、俱乐部、夜总会、影剧院、高尔夫球场等。

(7) 工业和仓储房地产，是指供工业生产使用或直接为工业生产服务的房地产，包括工业厂房、仓库、水泵房、污水处理站等。

(8) 农业房地产，是指供农业生产使用或直接为农业生产服务的房地产，包括农地、农场、林场、牧场、果园、种子库、拖拉机站、饲养牲畜用房等。

(9) 特殊用途房地产，包括车站、机场、医院、学校、教堂、寺庙、墓地等。

(10) 综合房地产，是指具有上述两种以上用途的房地产。

不同用途房地产的市场供求状况、房地产的价值影响因素和价值形成规律，都存在各自的特征。本书第七章着重介绍商业和办公类房地产估价，将上述的旅馆、餐饮和娱乐类房地产都归并在广义的商业类房地产范畴。本书第八章则重点介绍居住和工业类房地产。对于农业和特殊用途房地产，由于评估案例较少，本书并未做重点介绍。

(三)按照是否产生收益分类

按照是否产生收益，房地产可以分为收益性房地产和非收益性房地产。

(1) 收益性房地产，是指能直接产生租赁收益或其他经济收益的房地产，包括住宅、写字楼、旅馆、餐饮、停车场、标准厂房(用于出租的)、仓库(用于出租)、农地等。

(2) 非收益性房地产，是指不能直接产生经济收益的房地产，例如未开发的土地、行政办公楼、教堂、寺庙等。

判定一宗房地产是否具有收益性，不是看它们目前是否正在直接产生经济收益，而是看该种类型房地产是否具有产生经济收益的潜能。

(四)按照房地产经营使用的方式分类

按照经营使用的方式不同，房地产可以分为销售、出租、营业和自用四种。有的房地产既可以销售、出租，也可以营业，比如商店、餐馆。有的房地产既可以出租或销售，也可以自用，比如公寓、写字楼等。有的房地产主要是自用，比如行政办公楼、学校、特殊厂房等。

不同经营使用方式的房地产适用于不同的估价方法，例如可销售的房地产可以采用市场比较法估价；出租或营业的房地产可以采用收益法估价；自用的房地产可以采用成本法估价。

三、房地产的特性

房地产的特性，主要取决于土地的特性，房地产主要有不可移动性、独一无二性、供给相对稀缺性、使用持久性、保值增值性、用途多样性、难以变现性、相互影响性和易受限制性等价值特性。

(一)不可移动性

不可移动性，也称位置固定性，即建筑物与土地固定于某个特定的空间位置，不能移动。由于不可移动性，房地产的流动是指房地产权益的流动，而非实体的流动，因而房地产的价格本质上是依附于实体的各种权益关系的价格。由于不可移动性，每宗房地产的自然地理位置和社会经济位置，都是独一无二的。这也决定了任何一宗房地产只能就地开发、利用或消费，并要受制了其所在的空间环境(当地的制度政策、社会经济发展状况及邻里关系等)。因此房地产市场不是一个全国性市场，而是地区性市场。

(二)独一无二性

独一无二性，也称异质性，即任何两宗房地产不可能完全一样。即使两处建筑物一模一样，由于坐落的位置、朝向、地势、周围环境，包括产权状况的不同，这两宗房地产也是不同的。房地产的异质性，使得房地产市场难以出现相同房地产的大量供给，房地产不能实现完全替代，房地产市场不能实现完全竞争，房地产价格千差万别并容易受交易者个别因素的影响。因此房地产交易难以采取样品交易方式，房地产估价师应该到实地查看、体验估价对象的实物状况和区位状况。

值得指出的是，房地产尽管独一无二，但仍然有一定程度的替代性，彼此存在一定程度的价值，价格也有一定程度的牵掣，这种可替代性是市场比较法的理论基础。

(三)供给相对稀缺性

土地是大自然的产物，自然面积是固定不变的，因而相对日益增长的土地需求，土地的自然供给是有限的、刚性的、缺乏弹性的。但随着科学技术的进步、土地基础设施建设程度的加强，土地的经济供给存在弹性或变化幅度。尽管如此，因为土地开发周期较长、受土地政策或规划等约束，土地经济供给弹性仍是有限的。土地供给的相对稀缺性决定了房地产供给有限的特性。

(四)使用持久性

土地作为自然的产物，具有不可毁灭性。但建筑物不像土地那样具有永续性，它如机器设备等人工产品一样，都会在使用中磨损。经过较长久的使用之后，建筑物最终会报废，丧失实用价值。尽管如此，建筑物的寿命通常可达数十年甚至上百年。由于土地与建筑物寿命的长久性，房地产可以给占用者带来持续不断的利益，所以其价值量较大，也具有保值增值性。

由于我国土地的公有制性质，土地所有权与使用权相分离，出让土地使用权存在一定的使用年期限制，如居住用地为 70 年，工业用地为 50 年，教育、科技、文化、卫生、体育用地为 50 年，商业、旅游、娱乐用地为 40 年，综合或者其他用地为 50 年。国有土地使用权的权益将随剩余使用年期的逐渐缩短而减少，达到规定的使用年期后将由国家无偿收回。因此在房地产估价中，房地产价值不仅需要考虑国有土地使用权剩余年期缩短对土地价值的影响，还需要考虑使用造成的建筑物价值的折损。

(五)保值增值性

由于使用寿命长久、土地供给相对稀缺，房地产价值通常会得到保持，甚至随着时间的推移，价值会自然增长。引起房地产价格上升的原因有很多，例如：①房地产拥有者对房地产进行投资改良、重新装饰装修、更新或添加设施设备等；②受通货膨胀的影响，物价的持续普遍上涨；③需求增加导致供不应求程度加剧，如城市发展引起人口增长带动房地产需求增加等；④外部经济，如政府修建道路、地铁等交通配套，修建广场、公园、公共绿地等公共配套，引起房地产的区位品质提升，从而造成价格的上涨；⑤房地产使用管制改变，如将农用地转为建设用地，将工业用地改变为居住用地或商业用地，增加土地容积率等。

房地产的保值增值特性从地产价格变化的总体趋势来讲，是波浪式上升，但不排除在某一历史阶段，房地产价格随着社会经济发展的波动而波动。如房地产本身的功能变得落后或者由于环境景观变化导致房地产贬值，甚至过度投机、房地产泡沫破灭后出现的房地产价格大幅度下落。美国"次贷危机"导致美国房价的下跌，亚洲"金融危机"导致香港房价的暴跌，这些历史事件佐证了房地产的保值增值特性不是绝对的。

(六)用途多样性

用途多样性，也称为用途的竞争、转换及并存的可能性。首先对于土地而言，可以有多重不同的用途，如可用于农业、工业、办公、商业等。即使作为商业，土地也可以有不同的利用方式，如建设成为商业中心或商业办公综合一体楼等。现实中房地产的用途并不是随意决定的，不仅需要符合城市规划等规定，也存在不同用途以及利用方式之间的竞争和优选问题。在合法、可行的条件下，房地产拥有者趋向于将房地产用于预期可以获得最高收益的用途和利用方式。

(七)价值量大，难以变现性

与一般商品相比，房地产不仅单位价值高，而且总体价值大。所以不论对于家庭、企业，还是政府，拥有房地产都意味着一笔巨大的投资，往往需要银行借贷等金融支持，这也增加了占有房地产的财务风险。另一方面，正由于其价值量大，房地产的变现性较弱，即在短时间变现时，资产价值易发生较大的折损。

不同类型房地产在不同房地产的市场状况下，变现能力会有所不同。影响某宗房地产变现能力的因素主要有七个方面。①房地产的通用性，即是否常见、是否普遍使用。比如用途专业化的工业厂房，适用范围较窄，变现能力就比标准化厂房弱。②房地产使用的独立性，即能否单独使用而不受限制。比如某个单位大院内一幢房屋的独立使用性就不好，如果大门封闭，就难以出入。独立使用性越差的房地产，变现能力越弱。③该宗房地产的价值大小，比如资金要求越多，越不容易找到买家，变现能力越弱。④该宗房地产的可分割转让性，即在物理上、经济上是否可以分离开来使用。比如保龄球馆的一个球道、工厂的一个车间，就是物理上不可分割转让的。因而价值大的房地产，可分割转让性更差，则变现能力越弱。⑤该宗房地产的开发程度。开发程度越低的房地产，不确定性因素越多，变现能力越弱。例如生地、毛地比熟地的变现能力弱。⑥该宗房地产的区位。一般来说，所处区位越偏僻，越不成熟区域的房地产，变现能力越弱。比如郊区房地产比市区房地产的变现能力更弱。⑦该类房地产的市场状况。房地产市场越不景气，出售房地产越困难，房地产的变现能力越弱。

(八)相邻房地产相互影响性

相互影响性，即经济学中的外部性。由于土地互相联结在一起，不可移动和分割，因此房地产价值不仅与自身的状况相关，还受周围房地产的用途和开发利用情况的影响。例如在一幢住宅附近兴建一座化工厂或垃圾处理厂，会导致该住宅的价值下降，而兴建一个公园，则会使其价值上升。

(九)易受限制性

房地产由于不可移动、价格相互影响，并且是国计民生的基础要素，所以国家对房地产的使用、交易等都会作出各种限制。这些限制具体表现为：①管制权，即政府通过城市规划对土地用途、建筑高度、容积率、建筑密度和绿地率等作出规定，直接限制房地产的使用范围；②征收权，即政府为了公共利益的需要，可以强制取得公民和法人的房地产，但要对被征收的公民或法人给予合理的补偿；③征税权，即政府为了增加财政收入，对房地产征收占用税或提高房地产交易环节的税负；④充公权，即政府在房地产业主死亡或消失而无继承人的情况下，可以无偿收回房地产。房地产易受限制的特性还表现在，房地产难以逃避制度、政策等变化的影响，比如战争时期，食品等生活必需品的价格会暴涨，而房地产的价格则会低落。

四、房地产状况的描述

房地产是估价客体，估价人员需要在理解房地产概念、分类及其特性的基础上，学习如何界定和描述估价对象的特征。房地产状况的描述一般分为四个部分：估价对象概况、权益状况、实物状况和区域状况。

(一)估价对象概况

估价对象概况，一般包括：①名称，即估价对象的名字，比如××小区×号楼×单元×室；②坐落位置，具体到××市××区××街道××号；③四至，即估价对象的东、西、南、北四邻；④规模，即估价对象的面积，如描述车库，则可以说明车位数，如描述仓库，则可以说明仓储最大体积容量等；⑤用途，即估价对象的合法规划用途、实际用途和未来用途；⑥权属性质，如土地是国有，还是集体？土地使用权是出让，还是划拨？建筑物是共同共有，还是按份共有？

(二)权益状况

估价对象的权益状况，一般包括：①土地所有权性质，如是国有土地还是集体土地？集体土地的所有权由谁行使？②土地使用权性质，比如土地使用权是属于建设用地使用权，还是宅基地使用权？建设用地使用权是通过出让方式，还是通过划拨方式取得？出让的土地使用权有效年期的起止日期、剩余期限如何，以及是否续期？③土地使用管制，如土地法定用途、容积率、建筑密度等规定；④其他权利设立的情况，说明是否设立了抵押权、典权、租赁权等，并需注明相关权证或合同的具体信息；⑤其他特殊产权情况，如是否有拖欠的建设工程价款，是否有产权利用或归属的争议纠纷，是否被列入征收范围等。

(三)实物状况

估价对象的实物状况一般分为土地利用状况和建筑物利用状况。

1. 土地利用状况

对土地的调查了解、描述和分析主要包括：①名称、位置；②四至，指土地东、南、西、北相邻的名称；③面积、临街宽度或深度等，依法确认；④形状，地势，土壤及地基状况，包括土壤是否受到过污染？地基的承载力和稳定性如何？地下水位和水质如何？是否有不良的地质现象，如塌陷、滑坡、雨季积水等；⑤土地开发利用的情况，如土地是"七通一平"还是"三通一平"？土地上是否有建筑物或其他附着物等？

2. 建筑物利用状况

对建筑物的调查了解、描述和分析主要包括：①建筑规模，根据建筑物使用性质说明其面积、体积等，包括套内建筑屋面积、使用面积等信息；②层数、高度和房龄等；③建筑结构，一般分为钢结构、钢混结构、砖混结构、砖木结构、简易结构等五类；④附属设施、设备、装饰装修、空间布局等，包括说明墙面、顶棚、地面等多部位的装修程度、所用材料及工程质量等；⑤防水、保温、隔热、采光等；⑥维修养护及完损程度；⑦其他，包括建筑物的建设单位，在建工程的工程进度和预期竣工日期等。

(四)区域状况

对区域状况的描述包括：①交通状况，如附近公交线路的数量及估价对象到达公交站点的距离、交通管制情况、停车便利程度、距离地铁及城市高速公路出入口的距离等；②自然环境和自然景观，包括空气和水质污染情况、周边是否有垃圾场、高压输电线路等，周边是否有公园或绿化环境如何；③人文环境，包括所在地区的声誉、居民特征、治安状况和相邻房地产的利用现状等；④公共基础设施，如道路、供水、排水等情况；⑤公共服务设施，如医院、中小学及幼儿园配置、菜场超市的距离等。

第二节　房地产估价

一、房地产估价的概念

房地产估价是指房地产估价师根据估价目的，遵守估价原则，运用估价方法，按照估价程序，对估价对象在估价时点的特定价值进行分析、测算和判断并提出专业意见的活动。估价工作包括三项基本内容：一是分析，这是基础，即要求估价师对影响估价对象价值的各种要素进行分析，对房地产市场状况及总体趋势进行分析；二是测算，这是分析的结果，即要求利用有关数学公式或数学模型和数据，对估价对象的价值进行科学的量化计算；三是判断，这是对科学测算结果的一个主观的修正，体现了估价工作科学性和艺术性的结合，即要求房地产估价师要在测算出结果的基础上，以自己的专业经验，结合市场行情的分析，对估价对象价值进行最终的修正和判定。

二、房地产估价的要素

房地产估价工作包含十一个基本要素，需要在估价报告中明确说明。在整个操作流程中，估价工作必须要有明确的估价目的(要素一)；必须遵循房地产估价的原则和估价程序(要素二和要素三)；必须依赖充足的房地产市场资料，熟知相关法律、法规及标准，核实相关权属资料等情况的真实合法性，深入分析房地产价格的影响因素(要素四)；必须选择科学合适的估价方法(要素五)；必须充分了解和掌握估价对象的各种权利状况和利用状况(要素六)；必须有明确的价值时点(要素七)。在前述诸多必需的条件下，估价人员、估价机构接受估价委托人的委托(要素八)，对估价对象的市场价值(要素九)，作出在一定假设条件(要素十)下的，估价对象价值的分析、测算和判断(要素十一)。房地产估价过程是科学与经验的结合。

(一)估价目的

估价目的，通俗地讲，就是委托人将要拿未来完成的估价报告做什么用，为了满足何种涉及房地产的经济活动或者民事行为、行政行为的需要。本章第三节详细地介绍了房地产估价业务及估价报告所涉及的经济活动内容。值得注意的是，不同的估价目的将影响估价结果，因为估价目的不同，估价对象的范围、价值时点可能不同，当然评估的价值类型也就可能不同。于是估价依据和应考虑的要素会有所不同，估价方法则不同。例如带租约的房地产被买卖，如果因交易目的需进行市值估价，则该房地产评估值将受到租约的租金大小及剩余租期的影响。但如果同宗房屋将被拆迁征收，需要进行征收价值估价。则根据相关条例规定，同宗房地产的征收价值不考虑租约规定的租金大小及剩余租期因素。

(二)估价原则

估价原则是指在认识房地产价格形成和变动规律的基础上，人们总结、提炼出的一些简明扼要的估价法则或标准，包括独立、客观、公正的工作原则，合法原则、最高最佳使用原则、估价时点原则、替代原则等技术原则。这些原则可以使不同的房地产估价师对于房地产估价的基本前提有认识上的一致性，对于同一估价对象在同一估价目的、同一价值时点下的评估价值趋于相同或近似。本书第五章将详细解释估价原则的内涵及应用。

(三)估价程序

估价程序是指完成一个房地产估价项目所需要做的各项工作的先后次序。本书第五章将详细解释估价程序的步骤及其操作要点。履行必要的估价程序，是规范估价行为、避免估价疏漏、保障估价质量、提高估价效率的重要方面。

(四)估价依据

估价依据是指一个房地产估价项目中估价所依据的相关法律、法规、政策和标准(如国家标准、行业标准、地方标准以及指导意见等)，委托人提供的有关情况和资料，房地产估价机构和房地产估价师掌握和搜集的有关情况和资料等。为了使估价依据可靠，房地产估价师应要求委托人如实提供其知悉的、估价所必要的、估价对象的权属证明、界址、面积等情况和资料；并要求委托人声明其提供的情况和资料是真实的合法的，没有隐匿或虚报的情况；房地产估价师还应当对委托人所提供的有关情况和材料进行必要的核查。

(五)估价方法

房地产估价不能单纯地依靠经验进行主观判断，应当采用科学的方法进行严谨的测算。传统的、基本的估价方法有三种：第一种是从市场角度，认为明智的买者所愿意接受的价格一定不会高于最近类似房地产的市场交易价格，因此可以以类似房地产的价格测算估价对象的价格，这是一种替代理论指导下的比较法思路；第二种是从效用角度，认为明智的买者肯出的价格不会高于该宗房地产未来净收益的现值累计，因此可以以估价对象未来收益能力为依据测算其价格，这是一种预期收益理论指导下的收益法思路；第三种是从成本费用角度，认为明智的卖者肯接受的价格不会低于其为此宗房地产投入的所有必要成本费用以及应计利润之和，因此基于房地产重新开发建设的必要投入来衡量估价对象的价值，这是一种劳动价值理论指导下的成本法思路。

除上述三种基本的估价方法之外，还有些方法秉承了上述传统估价思路，但形式略有变化，例如：基于预期收益理论的残余法、基于替代理论的基准地价修正法和路线价法、基于劳动价值理论的假设开发法等。本书第六章将详细地介绍上述基本方法及其衍生方法的原理和应用。

随着人们对房地产价格形成和变化规律的不断研究探讨，估价方法也在不断地变化，新的理论产生了更多新的方法。比如特征价格法(Hedonic Price Model)，这是由美国经济学家 K.J.Lancaster(1966)提出的"住房生产模型"，针对传统商品价格模型仅考虑商品价格与商品数量的缺点，他认为商品的价格应该与其品质或者各种属性的特征相关，包括住房的朝向、楼层、朝向、区位等。这一方法目前较多地应用于房地产价格指数的编制中，也被应用于批量住宅价格评估业务中，具体可以参看本书第十一章第三节。

随着人口、资源、环境与经济发展的关系日益复杂，人们越来越关心土地资源的综合利用价值。比如农业用地，从经济利用效益分析，其价值往往极低，但是其资源环境价值、社会保障价值、社会稳定价值却是不可低估的。传统的估价方法只适用于对显性、短期经济价值进行量化，并未包含对农业用地的社会价值、资源价值的评价。因此越来越多的学者在探讨如何吸收资源环境经济学理论、可持续发展理论，对土地资源价值进行综合评价，比如条件价值评估法(CVM)。这种方法也称为问卷调查法、意愿调查评估法，是从生态系统服务功能评估的角度出发，对资源的非市场价值进行评估的技术。它的核心是直接调查和咨询人们对生态服务的支付意愿，以支付意愿和净支付意愿表达环境商品的经济价值。

这种方法的完善和应用有助于合理地评估农业用地等资源的征收价格。

每种估价方法都有其适用的估价对象和应用条件。房地产估价师应当熟知和理解各种方法的原理，从而综合运用、相互验证、相互补充。在评估一宗房地产价值时，一般要求同时采用两种以上的估价方法，并且可以运用多种估价方法完善其中的参数测算，例如在收益法中，运用市场比较法测算客观租金水平等。

(六)估价对象

估价对象，即估价客体。尽管房地产的基本存在形态从理论上划分为单纯土地、单纯建筑物或土地建筑物的综合体，但现实中的估价对象是丰富多彩的。比如已开始建造但尚未建成，不具备使用条件的房地产；又如因民事纠纷或者理赔原因，要求对已经灭失的房地产，已经拆除或者灾害损毁的房屋进行估价等。本章第一节详述了在一般情况下，如何描述和界定估价对象的状态；本书第七章至第八章将从房地产的利用类型分类角度详述不同利用用途的估价对象，其价格形成的特征及估价方法的应用；本书第九章至第十三章将从房地产估价目的分类的角度，详述不同业务背景下估价对象的评估范围及相关法律法规的约束限制。

(七)价值时点

价值时点是指估价项目中由估价目的决定的，评估价值所对应的具体时间。这个特定的时间，一般用公历年、月、日表示。价值时点不可以随意确定，应根据估价目的来确定。如何确定价值时点，具体参看本书第五章第一节价值时点原则的解释。

(八)估价当事人

估价当事人包括估价人员、房地产估价机构和估价委托人。

1. 估价人员

估价人员有房地产估价师和房地产估价员两类。房地产估价师是指通过全国房地产估价师执业资格考试或者资格认定、资格互认，取得中华人民共和国房地产估价师执业资格，并按照《注册房地产估价师管理办法》注册，取得中华人民共和国房地产估价师注册证书，从事房地产估价活动的专业人员。一名合格的房地产估价师需要具有扎实的理论知识、丰富的事件经验，尤其重要的是要有良好的职业道德。房地产估价师不得以个人的名义承揽房地产估价业务，应当由所在房地产估价机构接受委托并统一收费。

2. 房地产估价机构

房地产估价机构是指依法设立并取得房地产估价机构资质、从事房地产估价活动的专业服务机构。目前规定：房地产估价机构应当由自然人出资，以有限责任公司或者合伙企业的形式设立；法定代表人或者执行合伙事务的合伙人是注册后从事房地产估价工作 3 年以上的专职注册房地产估价师；房地产估价机构的资质等级由低到高分为暂定期内的三级资质、二级资质、一级资质；房地产估价机构依法从事的房地产估价活动不受行政区域、行业限制；不同资质等级的房地产估价机构业务范围按照估价目的划分，应当在其资质等级许可的业务范围内从事估价活动；房地产估价报告应以房地产估价机构的名义出具。

3. 估价委托人

估价委托人是指直接向估价机构提出估价需求，与估价机构订立估价委托合同的单位或个人。估价委托人有义务向估价机构如实提供其知悉的估价所必要的情况和资料，包括估价对象的权属证明、财务会计信息，并对所提供的情况和资料的真实性、合法性和完整性负责。估价委托人有义务协助估价人员搜集估价所必要的情况和资料，以及对估价对象进行的实地查看等工作。估价委托人不得干预估价人员和估价机构的估价行为和估价结果。

值得注意的是，估价委托人、估价对象权利人、估价利害关系人、估价报告使用者之间存在异同。估价委托人不一定是估价对象权利人或估价报告使用者，因为获取估价报告的目的可能是供自己使用，也可能供给特定第三方使用。例如房地产抵押估价中借款人委托评估，而报告使用者是贷款人——商业银行。委托人和估价报告使用者通常都是估价利害关系人，但是也有例外。例如在为人民法院拍卖、变卖被查封的房地产估价中，人民法院既是委托人也是估价报告使用者，但不属于估价利害关系人。

(九)价值类型

价值类型是指估价报告的结果属于哪种类型的价值。同一估价对象可能因估价目的、估价条件不同，有不同类型的价值。例如一宗房地产同时存在市场价值、特定用途下的投资价值、征收条件下的征收价值、抵押贷款条件下的抵押价值等。本书第四章第二节将详细地阐述价值属性的类型及其内涵。正确地把握价值属性，有助于估价人员选择合适的估价思路，采取合适的方法确定其中的参数。

(十)估价假设

估价假设是指房地产估价项目中房地产估价师对于那些估价所必要、但不能肯定，而又必须予以明确的前提条件作出的假定。例如估价报告中需包括估价师声明、估价的假设和限制条件等内容。在估价中要防止出现以下三种情况：一是滥用估价假设；二是不明确估价假设；三是无针对性地列举一些与估价项目无关的估价假设。在防止滥用估价假设方面，严禁估价师为了迎合委托人的高估或者低估要求，有意编造估价假设。具体如何设定假设条件，可以参看本书第五章第三节估价报告的写作。

(十一)估价结果

估价结果是指房地产估价师得出的估价对象价值的专业结论。估价师和估价机构需严格遵守估价工作的客观、公正原则，不能在估价结果上让"客户满意"。估价当事人不宜在完成估价之前与委托人或者任何其他与该估价业务有利害关系的人讨论估价结果；更不能在未估价之前就征求委托人对估价结果的意见；不得以迎合委托人的高估或者低估要求来争取估价业务。估价结果从理论上，应该是客观、合理的，但实际估价结果与理论上的公允价值依然会存在偏差。因为估价测算过程中不可避免地带有估价师的主观判断；因为估价方法本身存在需不断完善的问题；因为估价所需数据和资料存在客观上的不完备、不充分，诸多原因都会造成客观上的估价结果的"误差"。另外，估价结果与实际的市场交易价格也存在不同，后者可能受到交易者的个别情况影响，如价值时点、交易条件等因素。因此估价结果只是估价师给予估价报告使用者的专业的、咨询性质的价格参考。

第三节 房地产估价行业及其发展

一、房地产估价的现实需要

随着社会经济的发展，特别是房地产市场的发展，房地产估价越来越成为市场经济不可或缺的重要组成部分，成为维护房地产市场秩序、保护房地产权利人的合法权益、防范房地产信贷风险、化解房屋拆迁引发的社会矛盾等各项经济工作的重要中介服务。

(一)国有土地使用权出让的需要

目前，国有建设用地使用权出让有招标、拍卖、挂牌和协议等方式。在招标出让方式中，市、县人民政府国土资源行政主管部门(以下简称出让人)需要确定招标底价；在拍卖出让方式中，出让人需要确定拍卖底价(保留价)；在挂牌出让方式中，出让人需要确定挂牌底价；在协议出让方式中，出让人需要提出出让价格、确定协议出让最低价等。无论是哪种出让方式，都需要对拟出让的土地进行估价，为出让人确定各种出让底价提供参考依据，或者为未来的受让人确定各种出价提供参考依据。

(二)房地产转让和租赁的需要

房地产转让包括房屋所有权转让和建设用地使用权转让，是指房屋所有权人和建设用地使用权人通过买卖、互换、赠与或者其他合法方式将房屋所有权和建设用地使用权(简称房地产)转移给他人的行为。其他合法方式包括用房地产作价出资、作价入股、抵偿债务等。

房地产租赁包括房屋租赁、土地租赁和建设用地使用权出租，是指房屋所有权人、土地所有权人(国家)、建设用地使用权人等作为出租人将其房地产出租给承租人使用，由承租人向出租人支付租金的行为。

房地产价值往往较大，房地产的转让价格和租金无论是高还是低，都会使某一方遭受较大损失。由于一般的单位和个人不是专门从事房地产交易的，甚至一生中都未曾经历过房地产交易，而且没有任何两宗房地产是完全相同的，所以这些单位和个人对房地产及其市场行情通常不是很了解，在房地产转让和租赁时为避免遭受损失，往往需要房地产估价机构为其确定转让价格、租金等提供参考依据。

(三)房地产抵押的需要

房地产抵押是指债务人或者第三人不转移房地产的占有，将该房地产作为债权的担保。当债务人不履行到期债务或者发生当事人约定的、行使抵押权的其他情形时，债权人有权依照法律规定将该房地产以折价或拍卖、变卖等方式处置，并从中优先受偿。

房地产抵押对房地产估价的需要，归纳起来主要有以下六种。①初次抵押估价，即将没抵押的房地产抵押，需对该房地产的抵押价值进行评估。②再次抵押估价，即将已抵押的房地产再次抵押的，需对该房地产的抵押价值进行评估。《担保法》第三十五条规定："财产抵押后，该财产的价值大于所担保债权的余额部分，可以再次抵押，但不得超出其余额部分。"③增加抵押贷款估价，即抵押人以同一抵押房地产向同一抵押权人再次申请抵押贷款，需对该房地产的抵押价值进行评估。④抵押期间估价，即对抵押房地产的价值进行监测，及时掌握其变化情况，定期或者根据需要对抵押房地产的价值进行评估。根据评估机构提供的价格监测报告，债权人可以在抵押人的行为足以使抵押房地产的价值减少时，要求抵押人停止其行为；抵押房地产的价值减少的，则可要求抵押人恢复抵押房地产的价值，或者增加相应的担保；抵押人不恢复抵押房地产的价值也不提供担保的，债权人可要求债务人提前清偿债务。⑤续贷抵押估价，即抵押贷款到期后继续以该房地产抵押贷款，需对该房地产的抵押价值进行评估。⑥处置抵押房地产估价，即债务人不履行到期债务或者发生当事人约定的实现抵押权的情形，需要将抵押房地产折价或者拍卖、变卖，为折价或者拍卖、变卖提供相关的价值参考依据，需要对该房地产的市场价值等进行评估。

房地产抵押估价的需要也可以按照贷款前期、贷款期间和贷款处置三个阶段划分。在贷款前期，评估机构除了可以提供房地产抵押价值评估外，通常还提供房地产贷款项目评价、抵押成数(抵押率)测算等服务。在贷款期间，评估机构可提供抵押房地产及其价值动态评估，及时化解信贷风险，提高房地产抵押贷款的资产质量，保障金融机构的债权安全。在贷款处置阶段，评估机构除了可提供处置抵押房地产价值评估外，通常还可以提供资产处置方案、处置方式咨询等服务。本书第九章将详细地论述房地产抵押价值评估的价值属性与评估目的、抵押价值风险与风险预警，以及相关政策规定和具体估价报告的应用等。

(四)房地产征收征用的需要

房地产征收征用是指国家为了公共利益的需要，如兴建道路、公园、学校、机场等，或者因抢险、救灾等紧急需要，征收或者征用农民集体所有的土地、国有土地上单位和个人的房屋及其他房地产的行为。尽管征收征用是为了公共利益的需要，具有一定的强制性，但都不能是无偿的，必须依法给予补偿。而确定上述征收征用的补偿金额等，就需要房地产估价提供参考依据。本书第十章将详细地论述城市房屋征收与集体土地及房屋征收评估的价值属性、相关法律法规规定、征收评估程序以及评估方法的具体应用。

(五)房地产分割的需要

房地产分割通常涉及家庭财产中房地产的共有财产分割和遗产分割等。房地产分割一般不宜采取实物分割的方法，一是房地产在实物上通常难以分割，二是如果进行实物分割则通常会损害房地产的效用或减损房地产的价值。因此，一般是先采取折价或者拍卖、变卖的方式转让，然后将取得的价款予以分割。在这种情况下，双方通常都会委托房地产机构对该套住房进行估价。

(六)房地产损害赔偿的需要

《中华人民共和国宪法》第十二条规定："社会主义的公共财产神圣不可侵犯。国家保护社会主义的公共财产，禁止任何组织或者个人用任何手段侵占或者破坏国家的和集体的财产。"第十三条规定："公民的合法私有财产不受侵犯，国家依照法律规定保护公民的私有财产权和继承权。"《中华人民共和国民法通则》(1986 年 4 月 12 日中华人民共和国主席令第 37 号公布，以下简称《民法通则》)第一百一十七条规定："侵占国家的、集体的财产或者他人财产的，应当返还财产，不能返还财产的，应当折价赔偿。损坏国家的、集体的或者他人财产的，应当恢复原状或者折价赔偿，受害人因此遭受其他重大损失的，侵害人并应当赔偿损失。" 房地产赔偿的类型多种多样，包括以下内容。

(1) 因规划修改给房地产权利人等的合法权益造成损失的。

(2) 在自己的土地上建造建筑物妨碍了相邻建筑物的通风、采光和日照等，造成相邻房地产价值损失的。

(3) 使他人房地产受到污染，造成他人房地产价值损失的。

(4) 因施工中挖基础而不慎使邻近建筑物受损，造成邻近房地产价值损失的。

(5) 因工程质量缺陷造成房地产价值损失的。

(6) 因未能履约(如未按合同约定如期供货、供款等)而使他人工程停建、缓建，对他人造成损失的。

(7) 因对房地产权利行使不当限制，例如错误查封，对房地产权利人造成损失的。

(8) 因异议登记不当，造成房地产权利人损害的。

(9) 因非法批准征收、使用土地，对当事人造成损失的。

(10) 其他房地产损害赔偿。例如，《物权法》第九十二条规定："不动产权利人因用水、排水、通行、铺设管线等利用相邻不动产的，应当尽量避免对相邻的不动产权利人造成损害；造成损害的，应当给予赔偿。"

上述各种类型的房地产损害赔偿、补偿均需要房地产估价为和解、调解、仲裁、诉讼等确定赔偿或补偿金额提供参考依据。

(七)房地产争议调处、涉诉、司法鉴定和司法拍卖的需要

在房地产强制拍卖、变卖、抵债、征收、征用、损害赔偿等活动中，经常发生有关当事人对房地产价格、补偿金额、赔偿金额的结果有异议，或者为确定它们而提供参考依据的估价报告有异议。例如，在人民法院强制拍卖、变卖被查封的房地产或者将被查封的房地产抵押时，被执行人通常对拍卖、变卖、抵债的价格有异议，特别是对为人民法院确定拍卖保留价、变卖价格、抵押价格提供参考依据的估价报告或估计结果有异议，从而要求对估价报告或估价结果进行复核或鉴定。在房屋拆迁征收估价过程中，通常也会出现某一方特别是被征收人对估价报告或估价结果有异议而要求对估价报告或估价结果进行复核或鉴定的情况。此外，对于各种涉及房地产的违纪、违法、违规和犯罪行为，在衡量其情节轻重时，通常不仅要考虑房地产的实物量(如面积)，还要考虑房地产的价值量。

以上这些均需要房地产估价，为争议各方当事人的和解、有关单位的调解、仲裁机构

的仲裁、行政机关的处理、纪律检查部门的查处、检察机关的立案、人民法院的判断，以及司法机关和公民、组织进行的诉讼等提供相关的参考依据。

(八)房地产税收的需要

中国现行房地产税收主要有耕地占用税、城镇土地使用税、房产税、土地增值税、契税，以及相关营业税、城市维护建设税、教育费附加、企业所得税、个人所得税、印花税等。在这些税收中，除了耕地占用税和城镇土地使用税因按面积和税额标准征收不需要房地产估价提供有关服务之外，其他税收都需要房地产估价提供有关服务。目前，有关房地产课税的专项评估业务，主要是涉及土地增值税课征的评估、涉及房地产交易环节的课税评估，以及涉及房地产改变用途的补税评估等。随着房产税的逐年扩征，如何对自住性住宅进行每年的批量评估，也是房地产估价行业的新增业务。本书第十一章将详细地论述房地产相关税种、土地增值税课征的相关房地产估价业务，以及房产税课征的批量估价业务的原理及应用。

(九)房地产保险的需要

房地产作为固定资产，尤其是建筑物，会因发生自然灾害或意外事故，如火灾、爆炸、雷击、暴雨、泥石流、地面突然塌陷、滑坡或者空中运行物体坠落等原因，遭受损毁或灭失，从而需要保险。房地产保险对房地产估价的需要，一是在投保时需要评估保险价值，估价机构为保险公司确定保险金额提供参考依据；二是在保险事故发生后需要估价机构评估所遭受的损失，以及建筑物的重置价格或重建价格等，为保险公司确定赔偿金额提供参考依据。

(十)企业有关经济行为的需要

企业合并、分立、改制、上市、对外投资、合资、合作、资产重组、产权转让、租赁、清算等经济行为，往往需要对企业整体资产或者其中的房地产进行估价，为有关决策等提供参考依据。如以房地产出资设立企业，相关法律规定作为出资的非货币财产作价出资，应当评估作价、核实财产，不得高估或者低估作价；再如企业运营中的房地产，根据会计、有关监管等需要对其公允价值或者市场价值进行评估，评估值可计入后续财务报表的相关资产科目。

(十一)房地产管理的需要

中国经济体制改革将过去高度集权的计划经济转变为市场经济，相应地，对于各类资产的行政管理从过去单纯的实物管理转到重视价值管理，实行实物管理与价值管理相结合。在这种情况下，房地产的行政管理不仅需要搞清楚土地和房屋的数量、质量，还需要搞清楚土地和房屋的价值量及其增值或贬值情况，这就需要房地产估价提供参考依据，具体包括以下情形。

(1) 采取双方协议的方式出让土地使用权时，土地管理部门需要确定出让金最低价。

(2) 改变土地性质或用途时，土地管理部门需确定土地出让金调整水平。

(3) 政府需定期确定基准地价、标定地价和各类房屋的重置价格水平。

(4) 税务部门需要核实房地产权利人在转让房地产过程中申报的成交价。

(5) 划拨土地使用权人转让或出租房地产时，土地管理部门需确定所获土地收益中多少应上缴国家。

(6) 设定抵押的划拨土地使用权依法被拍卖后，土地管理部门需确定抵押人应当从拍卖所得的价款中缴纳多少款额作为应该补交的土地使用权出让金。

由于城镇土地基准地价评估业务比较重要且复杂，估价程序、估价原理和估价方法比较特殊，本书第十二章将对该评估业务进行重点介绍，并借鉴相关文献成果，引用四川宜宾市基准地价评估案例说明此估价业务的操作流程。

(十二)其他方面的需要

除上述房地产估价需要外，现实中还有许多。

(1) 在房地产开发经营过程中，从房地产开发项目可行性研究到开发完成后的房地产租售等，都需要房地产估价为投资估算、收入预测、房地产定价等提供参考依据。

(2) 国有建设用地使用权期限届满时也需要相应的估价服务。比如土地使用权出让合同约定的使用期限届满，土地使用者提出续期申请并获批准的，土地使用者应当依照规定支付土地使用权出让金。确定该土地使用权出让金的数额，需要房地产估价提供参考依据。土地使用权出让合同约定的使用期限届满，土地使用者提出的续期申请未获批准的，土地使用权由出让人代表国家无偿收回，但对于地上建筑物及其附着物，出让人应当根据收回时地上建筑物及其固着物的残余价值给予受让人相应的补偿，此时补偿金额就需要进行房地产估价以提供参考依据。

(3) 办理出国移民提供财产证明时需要估价服务。

(4) 房地产抵押贷款证券化融资，或房地产项目证券化融资也都需要相应的估价服务。

二、房地产估价行业的发展

中国房地产估价行业是一个既古老又新兴的行业，是房地产业的重要组成部分。伴随着土地和房屋买卖、租赁、课税、典当等活动的出现，房地产估价活动应运而生。但在 20 世纪 50 年代至 70 年代这段时期，随着废除房地产私有制，禁止房地产买卖、租赁等活动，中国房地产估价活动基本消失。直到 1978 年以后，在改革开放的背景下，随着城镇国有土地有偿使用和房屋商品化的推进，中国房地产估价活动开始复兴。特别是 1993 年诞生首批房地产估价师以来，中国房地产估价行业快速发展、估价队伍迅速壮大、估价法规不断健全、估价标准逐步完善、估价理论日趋成熟、估价业务持续增长、估价行业的社会影响显著扩大，基本形成了公平竞争、开放有序和监管有力的房地产估价市场，逐步建立起了政府监管、行业自律和社会监督的监管体制。

其一，以法律形式确立了房地产估价的地位。1994 年 7 月 5 日颁布的《城市房地产管理法》明确地赋予了房地产估价法律地位，使房地产估价成为国家法定制度。

其二，建立了房地产估价师执业资格制度。1993 年，借鉴美国等市场经济发达的国家和地区的经验，人事部、建设部共同建立了房地产估价师执业资格制度，经严格考核，认定了首批 140 名房地产估价师。这是中国最早建立的专业技术人员执业资格制度之一。1994 年，认定了第二批 206 名房地产估价师。从 1995 年开始，房地产估价师执业资格实行全国统一考试制度，2002 年之前原则上每两年举行一次考试，2002 年之后每年举行一次考试。从 2001 年起，获准在中华人民共和国境内就业的外籍专业人员和港澳台专业人员，可以按照建房[1995]147 号文件规定，报名参加全国房地产估价师执业资格考试。2004 年 8 月，内地房地产估价师与香港测量师完成了首批资格互认，香港 97 名测量师取得了内地房地产估价师资格，内地 111 名房地产估价师取得了香港测量师资格。这是内地与香港最早实现资格互认的专业技术人员执业资格，进一步加强和推进了内地与香港在房地产估价领域的交流与合作，促进了内地与香港房地产估价行业共同发展。

其三，设定了房地产估价师资格和房地产估价机构资质行政许可项目。行政许可的资格、资质可以说是"行业准入条件"。《行政许可法》第八十一条规定："公民、法人或者其他组织未经行政许可，擅自从事依法应当取得行政许可的活动的，行政机关应当依法采取措施予以制止，并依法给予行政处罚；构成犯罪的，依法追究刑事责任。"因此，不论是何种估价目的、何种类型的房地产估价活动，包括公司上市、资产处置、企业清算等，只有注册房地产估价师和房地产估价机构才能够从事，不是房地产估价机构出具和不是注册房地产估价师签字的关于房地产价值的评估报告，不具有法律效力。

其四，成立了房地产估价行业自律组织。经民政部批准，1994 年 8 月 15 日成立了"中国房地产估价师学会"这一全国性的房地产估价行业自律组织。经建设部同意、民政部批准，2004 年 7 月 12 日中国房地产估价师学会更名为"中国房地产估价师与房地产经纪人学会"(中文简称为中房学，英文名称为 China Institute of Real Estate Appraisers and Agents，CIREA)。房地产估价行业自律组织按照"提供服务、反映诉求、规范行为"的要求，坚持"服务会员、服务行业、服务社会"的理念，在宣传行业积极作用、维护行业合法权益、加强行业自律管理、促进行业健康发展等方面发挥了重要作用。

其五，发布了房地产估价的部门规章和规范性文件。1997 年 1 月 9 日建设部颁布了《关于房地产价格评估机构资格等级管理的若干规定》(建房[1997]12 号)。在对该规定进行修改、补充、完善的基础上，2005 年 10 月 12 日建设部发布了《房地产估价机构管理办法》(建设部令第 142 号)。为了进一步规范房地产估价机构资质许可行为，加强对房地产估价机构的日常监管，2006 年 12 月 7 日建设部发出了《关于加强房地产估价机构监管有关问题的通知》(建住房[2006]294 号)。另外，2002 年 8 月 20 日建设部发出了《关于建立房地产企业及执(从)业人员信用档案系统的通知》(建住房函[2002]192 号)，决定建立包括房地产估价机构和房地产估价师在内的房地产企业及执(从)业人员信用档案系统。房地产企业及执(从)业人员信用档案的内容包括基本情况、业绩及良好行为、不良行为等，以便为各级政府部门和社会公众监督房地产企业市场行为提供依据，为社会公众查询企业和个人信用信息提供服务，为社会公众投诉房地产领域违法违纪行为提供途径。

上述部门规章和规范性文件，对房地产估价活动的市场准入、行为规范、市场监管等作了明确规定，推动了房地产估价行业规范、健康地发展。

其六，制定了房地产估价的国家标准和相关指导意见。1999 年 2 月 12 日建设部会同国家质量技术监督局发布了国家标准《房地产估价规范》(GB/T 50291—1999)，内容包括总则、术语、估价原则、估价程序、估价方法、不同估价目的下的估价、估价结果、估价报告、职业道德等。以此为基础，针对不同的估价目的，建设部会同有关主管部门相继出台了若干估价指导意见。例如为了规范城市房屋拆迁估价行为，维护拆迁当事人的合法权益，2003年12月1日建设部印发了《城市房屋拆迁估价指导意见》(建住房[2003]234号)，对房屋拆迁估价主体资格、估价时点、价值标准、估价方法、初步估价结果公示、估价报告答疑、估价结果异议的解决等作了规定。为了规范房地产抵押估价行为，保证房地产抵押估价质量，维护房地产抵押当事人的合法权益，防范房地产信贷风险，2006年1月13日建设部、中国人民银行、中国银行业监督管理委员会联合出台了《房地产抵押估价指导意见》(建住房[2006]8号)。一些地方也发布了房地产估价相关标准或实施细则。例如为了维护房屋买卖当事人的合法权益，有效地解决房屋质量缺陷引发的经济纠纷，规范房屋质量缺陷损失评估行为，统一评估程序和方法，使评估结果客观、公正、合理，2005年11月28日北京市建设委员会发布了《北京市房屋质量缺陷损失评估规程》。

其七，形成了较完善、较系统的房地产估价理论与估价方法。房地产估价行政主管部门和行业自律组织长期以来十分重视房地产估价理论和方法的研究，高等院校、科研院所的一大批高水平研究人员以及房地产估价师和房地产估价机构也积极参与房地产估价理论和方法的研究，借鉴美国、英国等发达国家以及中国台湾和香港地区房地产估价的成果，结合中国内地房地产估价的实际，丰富和发展了中国内地的房地产估价理论和方法，形成了既与国际接轨，又适用于中国内地现行房地产制度及市场环境下的房地产估价理论体系。目前，比较法(市场比较法)、收益法(收益资本化法)、成本法和假设开发法(剩余法)是中国内地常用的四大估价方法，房地产估价的相关理念、观念、概念等也与国际上的基本一致。

其八，深化和拓展了房地产估价业务。房地产估价起初主要服务于房地产交易市场的管理，防止隐价瞒租、偷漏税费。随着社会经济的发展，为满足社会需要，估价机构从估价对象、估价目的和价值类型等方面对房地产估价业务进行了深化，提供越来越精细化的估价服务，包括土地、房屋、构筑物、在建工程、以房地产为主的整体资产、整体资产中的房地产等各类房地产的价值评估，以及因转让、抵押贷款、房屋拆迁补偿、损害赔偿、司法鉴定、课税、公司上市、企业改制、资产重组、企业清算、资产处置等需要进行的房地产价值评估。

此外，房地产估价以房地产价值评估为基础，还提供了房地产市场调研、房地产投资项目可行性研究、房地产开发项目策划等相关房地产专业服务，拓宽了服务领域。随着社会经济的发展，房地产估价的内容还会越来越深化，服务领域还将越来越广阔，其作用也会越来越大。

其九，形成了公平竞争的房地产估价市场。2000年以前，由于特殊的历史原因，绝大多数房地产估价机构是挂靠于政府部门或者其下属单位的事业单位或企业。这些房地产估价机构本质上是政府部门的延伸，它们垄断了房地产估价业务，不利于房地产估价市场的发展。2000年5月29日，国务院清理整顿经济鉴证类社会中介机构领导小组提出了《关于经济鉴证类社会中介机构与政府部门实行脱钩改制的意见》，要求包括房地产估价机构在内的中介机构必须与挂靠的政府部门及其下属单位在人员、财务(包括资金、实物、财产权利等)、业务、名称等方面彻底脱钩。脱钩改制打破了行业垄断和地区市场分割的局面，形成了公平竞争的房地产估价市场。2005 年出台的《房地产估价机构管理办法》第四条进一步明确规定："房地产估价机构依法从事房地产估价活动，不受行政区域、行业限制。"

其十，积极开展了国际交流合作。中国房地产估价师与房地产经纪人学会同国际测量师联合会(International Federation of Surveyors，FIG)、世界估价组织协会(World Association of Valuation Organizations，WAVO)、国际估价标准委员会(International Valuation Standards Council，IVSC)、美国估价学会(Appraisal Institute，AI)、英国皇家特许测量师学会(Royal Institution Chartered Surveyor，RICS)等国外估价组织，以及香港测量师学会等地区估价组织建立了紧密联系，经常往来，合作开展了多项活动。例如，2006 年 10 月 13 日，中国房地产估价师与房地产经纪人学会正式加入了国际测量师联合会，成为其全权会员。

我国房地产估价从无到有仅仅经历了短短十几年的时间，然而房地产估价行业作为朝阳产业发展却十分迅速。目前我国从事房地产的中介机构有 6000 多家，约 3.5 万人取得执业资格，3 万多人注册执业，房地产估价行业从业人员超过了 25 万人。

本 章 小 结

房地产估价工作的第一步，就是要认识估价对象。房地产，作为不动产，不仅具有物质的自然属性，即房地产是土地、建筑物以及附着物的结合体，它还具有权益的法律属性。房地产是实物、权益和区位的综合体。房地产作为资产，具有第三属性——经济属性。这种经济属性具体表现为实体的不可移动性、价值的独一无二性、供给的相对稀缺性、效用的持久性和保值增值性、用途的多样性、价值的难以变现性，以及价值易受限制性和相邻房地产的相互影响性等。在估价过程中，需要学习如何有条理地、周全地、正确地描述和界定房地产这种估价对象。

因为房地产价值量大、价值影响因素复杂，且个体差异性较大，其定价就需要专业人员给予科学的分析、测算和判断。房地产估价工作包含十一个基本要素，这些要素都需要在估价报告中明确说明。理解和掌握这些要素的内涵是我们开始房地产估价工作的基础。

房地产估价服务是房地产产业的重要组成部分，成为维护房地产市场秩序、保护房地产权利人合法权益、防范房地产信贷风险和化解房地产拆迁引发的社会矛盾等各项经济工作的重要中介服务。了解房地产估价服务在各种经济活动中的应用、了解中国房地产估价行业的发展历程，更有助于激发学习房地产估价，未来参与房地产估价工作的信心和兴趣。

复习思考题

1. 什么是房地产附着物？
2. 如何理解"房地产的价格实质就是权益价格"这句话的含义？
3. 房地产具有哪些特性？
4. 请描述自己熟悉的一宗房地产的状况。
5. 请简述房地产估价的十一个要素。

第二章

房地产价格

【本章学习要求及目标】

通过本章的学习，理解房地产价格的概念及特征；熟悉房地产价格的主要类型；掌握影响房地产价格的一般因素；掌握影响房地产价格的区域因素；掌握影响房地产价格的个别因素。

第一节　房地产价格的概念及特征

一、房地产价格的概念

　　价格是市场运行的核心。房地产价格是房地产市场中重要的指标，同时，也与房地产市场中的供给与需求有着非常密切的关系。认识和理解房地产价格的本质特征和基本变化规律，对于客观地认识房地产市场是非常必要的。

　　房地产价格是建筑物连同其所占土地的价格，是人们合法地获得他人房地产所必须付出的代价，是房地产经济价值(交换价值)的货币表示。

　　西方经济学认为商品价格是商品的效用、相对稀缺性、有效需求三个因素共同作用的结果。房地产价格的形成也符合这一理论。

1. 房地产的效用或有用性

　　房地产的效用或有用性是指房地产能满足人们的某种需要或欲望的能力。如果房地产没有效用，人们就没有占有它的要求和欲望，也就谈不上花钱去租购房地产，房地产也就不会有价格。显然，不同的房地产具有不同的效用，如商业房地产、工业房地产、住宅房地产，其效用不同，相应的价格也有很大的差异。

2. 房地产的相对稀缺性

　　房地产的相对稀缺性是指房地产的数量是有限的，不能满足所有人的全部需要和欲望。房地产仅仅具有效用或有用性还不能使其具有价格，比如像空气这样的物品，没有它人类生存不下去，但由于它数量丰富、供给充足，人们随时随地都能自由地取用，它也就没有价格。因此，房地产要形成价格，还必须要具有稀缺性。只有稀缺，人们才会争相占有它；只有稀缺，人们才会通过价格来限制对它的需求；也只有稀缺，人们才肯付出金钱去占有或使用它。

3. 房地产的有效需求

　　房地产的有效需求是指由于有购买力而形成的对房地产的需求，或者是有购买力支持而形成的对房地产的需求。这种需求是指不但愿意购买或租赁，而且有能力购买或租赁的需求。有了有用性和相对稀缺性，房地产不一定有价格，有用性和相对稀缺性只是房地产价格形成的必要条件，要使房地产真正具有价格，还必须再加上房地产有效需求这一充分条件。

　　综上所述，任何一个房地产价格的形成都要同时具备有用性、相对稀缺性和有效需求三个条件。影响房地产价格的具体因素都是通过这三者起作用的。不同房地产价格的差异性、同一房地产价格的变化性，归根结底都是由于这三者的程度不同及其变化所引起的。

二、房地产价格的特征

　　房地产作为特殊商品，其价格与其他商品价格相比，既有相同之处，也有不同之处。

相同之处在于：都是价格，用货币的形式来表示；都有价格波动，受供求关系的影响；都是按质论价，质优价高，质劣价低。不同之处则构成了房地产价格的特征，主要表现在以下几个方面。

1. 房地产价格实质的权益性

房地产在交易中不能发生自然地理位置的转移。也就是说，它不能按照买者或租赁的愿望，从一个地点移动到另外一个地点，房地产交易后发生转移的只是与房地产有关的各种权益，如所有权、使用权、收益权、抵押权等。并且通常房地产价值量大，使得人们对房地产权益的转移更加慎重，因此房地产权益转移的过程和程序较一般商品复杂得多。

实物状态相同的房地产，权益状态可能有很大差异，价格或价值也会有较大的不同；甚至实物状态尚好的房地产，由于土地使用年限较短、产权不完全或权属存在争议等情况，价格或价值会较低；相反，实物状态差的房地产，由于产权清晰、完全，价格或价值可能较高。即使同一宗房地产，由于转移的权益不同，其价格也会有明显不同。

从这个意义上说，房地产价格实质上是房地产权益的价格。这个特征的存在，要求在对房地产进行估价时，一定要充分了解房地产的权益状况，考虑权益状况对房地产价格的影响。

2. 房地产价格形式的双重性

房地产价格的形式具有双重性，即房地产价格既有交换代价的价格(通常称之为售价)，也有使用和收益代价的租金。

由于房地产寿命长、价值大，同一宗房地产不可避免地会存在买卖和租赁两种交易方式和两种市场。某些类型的房地产，如普通住宅、经济适用住房的主要交易方式是买卖，交易市场是买卖市场；而另外一些房地产，如商务写字楼、高档公寓、宾馆酒店等的交易方式则主要是租赁，交易市场是租赁市场。因此，房地产会有销售价格和出租租金两种价格形式。

房地产价格与租金之间存在一定的转换关系，就如同资本的本金与利息的关系一样。如果要求取房地产价格(相当于资本本金)，需要将租金(相当于利息)资本化(资本化率相当于利息率)；相反，如果需要求取租金，只要把握价格和资本化率，也可以求得。

3. 房地产价格范围的地区性

房地产的不可移动性或位置固定性特征，使房地产价格不可避免地呈现出地区性的特征。原因之一是不同地区的建筑物所占用的土地自然地理条件各不相同，对房屋的功能结构和设备有不同的影响，使得相同质量的建筑物在不同地区的价格不同；原因之二是不同地区的房地产其周围的社会经济环境不同，包括社会经济发展的程度、市场发达的程度、供求状况等，这些都会影响到房地产的价格，最终导致不同地区的房地产价格呈现出地区差异性。

房地产价格范围上的这种地区差异性表现为两个方面。一是宏观上的地区差异，主要反映在不同城市区域之间的房地产差价。一般来讲，相应土地和同质房屋，其价格是大城市高于中小城市、沿海城市高于内地城市、市场经济发达的城市高于发展中城市。二是微观上的地区差异，即地段差异，主要表现在同一城市地区范围内，不同地段之间存在着较大的房地产差价。一般来说，土地和同质房屋的价格，城市中心区地段高于一般市区地段和郊区地段，街角地和临街地(商业房地产用地)高于附近非街角地和非临街地的价格等。

4. 房地产价格形成的长期性

房地产的不可移动性、独一无二性等特征造成人们难以在短时间内对影响房地产价格的产权、质量、功能、环境、物业管理等方面的情况有比较充分的了解。同时房地产本身的价值量较大，所以房地产交易双方对房地产的价格都相当慎重，正常情况下，具体的交易价格在短期内也就无法形成。

5. 房地产价格表现的个别性

房地产价格具有个别性，即房地产价格通常是一宗房地产一个价格。

房地产具有的不可移动性或位置固定性，使得人们不能把房地产拿到同一处进行比较，不能形成完全自由竞争的市场。房地产独一无二的特性也使得人们要认识某宗房地产，只能亲自到实地去查勘、观察和判断。

同时，人们对同一房地产的看法也会有所不同，交易主体在房地产交易过程中的个别因素也存在差异，如交易主体的知识水平、个人偏好、讨价还价能力、购买动机、购买习惯、性格类型等都会影响其对房地产价格的判断。这样就会产生交易主体不同，房地产价格也会有差异的现象。

6. 房地产价格变化的敏感性

房地产价格和一般商品的价格有所不同，因为房地产不仅仅是一种商品，更重要的是，它是人类生产、生活的必需品，是人类最基本的生活资料和消费资料。人类通过对居住性房地产的消费，才能实现生命的各种机能，才能促进社会文明的进步和发展。同时，房地产也是最重要的生产资料之一，人类需要通过使用它来生产生产资料和消费资料，需要通过使用它来进行政治、经济和社会活动等。因此，房地产价格的变化，不仅会影响经济和社会发展，而且还涉及广大人民的生活、涉及社会稳定和政治局势等方面。从这个角度来看，房地产价格是一个十分敏感的价格。

第二节 房地产价格的类型

在房地产经济活动中，房地产价格有多种表现形式。不同的房地产价格其内涵和具体用途也各不相同。进行房地产估价，必须厘清我国房地产价格的种类及各自的内涵。目前，我国房地产价格主要有以下几种划分标准和具体的类型。

一、按房地产价格形成基础来划分

从形成基础来划分，房地产价格有成交价格、市场价格、理论价格和评估价格四种类型。

(一)成交价格

成交价格，简称成交价，是指一笔房地产交易中交易双方协商议定的实际的价格。成交价是一个已完成的价格事实，与成交双方的知识水平、交易动机、对该房地产的信息掌握程度以及各自的讨价还价能力有关。

(二)市场价格

市场价格是指某区域某种房地产在市场上的一般的、平均水平价格，是该类房地产大量成交价格的抽象结果。它也是已经发生的价格，是事实，具有统计方面的意义。

与市场价格相似的一个概念是公开市场价值。公开市场价值是在交易双方都追求各自利益最大化、都具有必要的专业知识并了解交易对象、都掌握必要的房地产市场信息、都有充分的时间自愿开展交易，同时不存在买卖双方有特殊兴趣或急于出租、销售(承租、购买)的情况下，最有可能实现的价格。由此可见，公开市场价值和市场价值是有区别的。严格解释："公开市场价值"是"完全竞争市场条件下的市场价值"，所谓"市场价值"的市场条件则很难完全满足"完全竞争"的假设条件，但一般情况下两个概念可以混用。

(三)理论价格

理论价格是指如果将房地产放到一个公平合理的市场上交易，它应该实现的价格。所谓公平合理，包括交易双方的行为是"经纪人"的行为，他们对市场的预期是理性的，该房地产市场的真实需求和真实供给是相等的。理论价格不是事实，也不是静止不变的。

市场价格和理论价格相比，市场价格是短期均衡价格，理论价格是长期均衡价格。在正常市场或正常经济发展下，市场价格基本上与理论价格相吻合，围绕着理论价格上下波动，而不会偏离太远。

(四)评估价格

评估价格又称评估价值、估计价值，简称评估价、评估值或评估额，是指房地产专业评估人员根据一定的估价方法对房地产的市场价格所作的测算和判定的结果。评估价格不是已发生的价格，它是市场交易价格的参考依据。由于评估人员的知识、经验、职业道德情况的不同，评估结果有可能不同。但正常情况下不应该有较大的差距。从理论上来说，一个良好的评估价格等于市场价格和理论价格。

下面我们进一步来探讨理论价格与评估价格之间的关系。

理论价格是真实需求和真实供给相等时的均衡价格，房地产市场的需求和供给分别受到各种因素的影响。房地产市场供求均衡模型的分析中，有公式(2-1)～公式(2-3)，此模型表达了房地产市场价格(理论价格)P 的形成过程，具体可参见本书第三章第二节。

$$D = \beta_1 X_D + \alpha_1 P + \mu_1 \tag{2-1}$$

$$S = \beta_2 X_S + \alpha_2 P + \mu_2 \tag{2-2}$$

$$Q = D = S \tag{2-3}$$

式中： D——房地产需求量；

    S——房地产供给量；

    P——房地产价格；

    Q——市场交易量；

    X_D——除价格 P 以外影响需求的外生变量的向量；

    X_S——除价格 P 以外影响供给的外生变量的向量；

    β_1，α_1，β_2，α_2——参数；

    μ_1，μ_2——随机变量。

按照西方房地产估价理论，大多数房地产估价行为是为了估计市场价值，即理论价格。然而，在估价实务中，受评估人员的知识、经验等因素的影响，评估价值 P' 往往会偏离理论价格 P。我们用 ε 表示评估人员知识和经验等所导致的偏差，或者理论价格供求影响因素之外的其他外生因素所导致的偏差，则有公式(2-4)。

$$P'_t = P_t + \varepsilon_t \tag{2-4}$$

公式(2-4)表示在评估时点 t，评估价格 P' 与理论价格 P 之间的关系。

进一步地，我们假设如下。

(1)　ε 是一个平均值或期望值为零的随机变量，即 $E(\varepsilon)=0$。

(2)　对于所有的 P，ε 的方差一样，记为 σ^2。

(3)　ε 是独立的。

(4)　ε 是正态分布的随机变量。

在以上假设条件下，评估价值 P' 也是一个正态分布的随机变量，并且

$$E(P'_t) = P_t \tag{2-5}$$

依据以上假设，理论价格 P 与评估价格 P' 之间的关系可以用图 2-1 来描述。

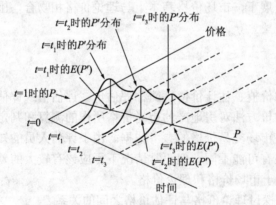

图 2-1　理论价格与评估价格关系示意图

P—理论价格；P'—评估价格

二、按房地产的物质存在形态来划分

房地产的存在形态有土地、建筑物和房地三种。与此相对应，房地产价格也有土地价

格、建筑物价格和房地价格之分。

(一)土地价格

土地价格，简称地价。如果是一块没有地上建筑物的土地，土地价格就是指该块土地的价格；如果是一块附有建筑物的土地，土地价格则是指该房地产中单纯土地部分的价格。土地位置不同，其价格可能会有所不同；同一块土地，其开发条件不同，也会有不同的价格。根据土地生熟程度不同，土地可以粗略地分为生地、毛地和熟地，相应地有生地价、毛地价和熟地价。①生地价格是指未经开发的农用地、荒地或须经开发后才能直接用于城市用地的土地价格。②毛地价格是指旧城改造中须先动迁安置原住户，拆除旧有建筑物后方可使用的土地。③熟地价格是指经过开发可供直接建设的土地价格。土地视开发程度，可分为"三通一平"(通水、通电、通路和场地平整)、"七通一平"(通上水、通下水、通电力、通电信、通气、通热力、通路和场地平整)。

(二)建筑物价格

建筑物价格是指纯建筑物部分的价格，不包含其占用的土地的价格。

(三)房地价格

房地价格又称房地产混合价，即人们平常所说的房价，是指建筑物连同其占用的土地的价格。商品房价格通常包含建筑物所占用的土地的价格，与建筑物价格的内涵不同。

对于同一宗房地产来说，房地价格=土地价格+建筑物价格。

三、按房地产的权属来划分

按照房地产的权属来划分，可把房地产价格划分为所有权价格、使用权价格以及他项权价格等类型。

(一)所有权价格

所有权价格是指房屋所有权价格、土地所有权价格或者房屋所有权与土地使用权的合一价格。所有权是物权的最高形式，是所有权形式中最完整、最重要的权利，其他权利只是对其不同程度的分割或削弱，如使用权、地上权、地役权等。当所有权设定其他权利时，其价格将会有所降低。

在我国，土地所有权不能进入市场买卖，地价评估是对土地使用权价格的评估。而对农村集体土地所有权的征收价格则属于补偿价格。

(二)使用权价格

使用权价格主要是指土地使用权价格。在中国内地，城市土地所有权属于国家，土地使用者拥有的只是土地的使用权，因此地价一般是土地使用权价格。尽管在法律含义上说，土地所有权价格应该高于土地使用权价格，但在中国内地独特的土地产权制度和管理制度的现实情况下，可能会出现土地使用权价格高于土地所有权价格的情况。例如，地方政府为公共利益的需要，通过法定程序，将原属于农民集体所有的土地征收为国有土地，地方政府所支付的土地补偿金可以理解为是该宗地的所有权价格。地方政府的土地储备机构将该宗土地整理成熟地之后，通过招、拍、挂的方式把土地使用权出让给房地产开发商，房地产开发商所支付的土地出让金即为该宗地的使用权价格。一般情况下，开发商支付的土地出让金往往高于地方政府所支付的土地补偿金，即出现土地使用权价格高于土地所有权价格的情况。

与城市国有土地使用权(建设用地使用权)价格相类似的有农村土地承包经营权价格和宅基地使用权价格。

(三)他项权价格

他项权价格是指其他物权价格，主要包括转让价格、抵押价格和租赁价格。

(1) 转让价格，是指房地产权利人将其合法的房地产转移给他人时所形成的价格。转让可以有多种方式，如买卖、继承、赠与等。转让房地产时，应符合国家房地产管理的有关法律法规所规定的要求和条件，比如要求按照土地使用权出让合同约定进行投资开发，若属于房屋建设工程的，转让时还应完成开发投资总额的 25%以上。房地产转让时，应遵循"房地产不可分"的原则，即房屋所有权与房屋占用的土地使用权同时转让。

(2) 抵押价格，是指在设定房地产抵押权时所规定的价格，即是以抵押方式将房地产作为债权担保时的价格，或者是为获得抵押贷款而评估的房地产价格。由于要考虑抵押贷款清偿的安全性，抵押价格一般比市场价低。

(3) 租赁价格，是指房地产权利人将其合法的房地产出租给承租人时所形成的价格。租赁价格由承租人支付，俗称租金，由承租人支付。

除了上述权利外，从物权法方面来说，还有土地承包经营权、建设用地使用权、宅基地使用权、地役权、居住权等。此外，房地产市场中往往存在部分产权的小产权房、产权手续不完备的房地产、临时建筑、违章建筑等，在估价中估价人员应根据实际情况分析房地产的权益。

四、按政府价格行为来划分

政府通过土地的出让、土地的征收征用，土地及房屋的价值征税，房屋的拆迁等行为，参与房地产市场的运行。政府行为参与形成的房地产价格一般具有较强的政策性和一定的强制性，估价人员评估时需要根据具体的政策规定进行评估。按照价格的政府参与行为的不同，可以把房地产价格划分为出让价格、征用价格、征收价格、课税价格、拆迁价格以及补地价六类。

(一)出让价格

出让价格，即土地使用权出让价格，是指政府将国有土地使用权在一定期限内出让给土地使用者，并由土地使用者向国家支付土地使用权出让金的价格。政府根据城市规划和土地利用要求等情况，确定出让土地的位置、面积以及有关使用条件，其出让价格因出让方式的不同而不同(见后面的拍卖价格、招标价格、协议价格)。

(二)征用价格

征用价格，即土地征用的价格，是指政府根据公共利益需要而强制取得土地使用权时应给予的补偿价格。征用价格一般是一种补偿性价格，远比正常的市场价格低。

(三)征收价格

征收价格，即土地征收价格，是指政府根据公共利益需要而强制取得农用地所有权时应给予的补偿价格。征收价格也是一种补偿性价格，不是市场交易价格。

征用价格和征收价格都是属于通过运用国家强制力对公民的土地权利进行限制的形式，都是为了公共利益的需要，按照法定程序，都要依法进行补偿。然而，两者又具有明显的区别。首先，两者的法律效果不同。土地征收是土地所有权的改变；而土地征用是土地使用权的改变。这是本质的区别。其次，补偿不同。土地征用情况下，如果标的物没有毁损灭失，应当返还原物；而土地征收情况下，不存在返还问题。这是由第一点所决定的。再次，两者的适用条件不同。土地征用一般适用于临时性紧急状况，或临时性公共用途；而土地征收则不受这些限制。最后，两者适用的程度不同。土地征收要发生所有权的转移，因此其程序较土地征用更严格。

土地征用与土地征收价格是一种补偿性价格，而不是市场交易价格，因此，往往较正常的市场价格低。

(四)课税价格

课税价格是指政府为课征赋税而对房地产评定的价格，是作为对房地产计税依据的价格。课税价格一般要按照政府公布的房地产价格标准并适当参考房地产所在区位等因素，或按市场交易价格的一定比例评定。

(五)拆迁价格

拆迁价格是指因城市化和基础设施建设的需要，对已有的房屋进行拆迁而给权利人予以补偿的价格。目前，中国内地的补偿价格是根据待拆迁房地产的区位和建筑物的重置价格来评估的，也可以根据市场价格评估。

(六)补地价

补地价是指更改政府原出让土地时规定的用途，或增加容积率，或转让、出租、抵押划拨土地使用权，或出让的土地使用权续期等需要补交给政府的地价。

对于改变用途来说，补地价的数额通常等于改变用途后与改变用途前的地价的差额，即：

$$补地价 = 改变用途后的地价 - 改变用途前的地价 \qquad (2\text{-}6)$$

对于增加容积率来说，补地价的数额可以用下列公式计算：

$$补地价 = \frac{增加后容积率 - 原容积率}{原容积率} \times 原容积率下的地价 \qquad (2\text{-}7)$$

补地价的实质是把由于政策性原因造成的土地的增值部分补交给土地的所有者，即政府。

五、按房地产的出让方式来划分

按房地产的出让方式，房地产价格可划分为协议价格、招标价格、拍卖价格和挂牌价格四类。

(一)协议价格

协议价格是指采用协议方式交易(出让)房地产的价格。协议价格是一种优惠性价格。协议方式是由交易双方通过协商而成交的一种交易方式。协议方式一般适用于市政工程、公益事业、福利设施、基础建设以及国家重点扶持的产业用地等。

(二)招标价格

招标价格是指采用招标方式交易(或出让)房地产的成交价。所谓招标方式，是指在规定的期限内，由符合条件的单位或个人以投标的形式，竞投某一标的，而招标者则根据投标价格及开发建设方案、企业资信等其他条件，综合考虑后确定一个合适的投标者的交易方式。招标价格的中标者不一定是出价最高者。

(三)拍卖价格

拍卖价格是指采用拍卖方式交易(或出让)房地产的成交价。拍卖方式是指在指定的时间，在公开场合以及拍卖主持人的主持下，以公开叫价的方法，最终将土地使用权拍卖给最高应价者。这种方式适用于竞争性强、营利性的房地产，如金融业、商业用地等。拍卖价格完全由市场机制决定，但在市场不完善、信息不完全的情况下，容易受拍卖现场气氛的影响，出现价格偏离现象，甚至影响后来的房地产的正常开发投资。

在房地产拍卖中，存在一类属于消极性房地产拍卖，即资产处置性拍卖。这类拍卖，是资产变现的手段，以清偿债务为目的，故其拍卖价格往往较低，与竞争性房地产拍卖具有本质的不同。

一般来说，由于竞争程度的不同，以上三种交易方式所形成的价格中，拍卖价格最高，招标价格次之，协议价格最低。

(四)挂牌价格

挂牌价格是指采用挂牌方式交易(或出让)房地产的成交价。对于招标或拍卖有困难的经营性土地使用权的出让，如边角地、零星地等，可先评估出拟出让土地的土地使用权底价并进行挂牌公示，按各投标者报价先后次序并逐步提高竞标价的原则进行，在规定的时间内最后投标者即为土地使用权的受让者。这一出让方式，土地投标者可以少至 1 人，避免了招标出让方式中招标者不得少于 3 人的限制；而投票者在每次投标中所标定的出让价必须超过前一投标者，体现了拍卖出让方式中"价高者得"的基本原则，而避免了拍卖出让方式中可能过分受现场气氛影响投资理性的弊端。

六、按房地产销售的价格形式来划分

在商品房销售中出现的房地产价格类型，主要包括起价、标价、均价及成交价。

(一)起价

起价是指所销售的商品房的最低价格。这个价格通常是最差的楼层、朝向、户型的商品房价格，甚至有时这个价格并不存在，只是为了起到广告作用，为了吸引人们对销售商品房的关注而虚设的价格。

(二)标价

标价又称报价、表格价，是指商品房出售者在其价格表上标注的不同楼层、朝向、户型的商品房出售价格。一般情况下，标价高于成交价格。但购买者可在标价的基础上与出售者讨价还价，可实际成交的价格可能低于标价。

(三)均价

均价是指所销售商品房的平均价格，有标价的平均价格和成交价的平均价格之分。这个价格反映了所销售商品房的平均价格水平。

(四)成交价

成交价又称成交价格，是房地产交易双方实际达成交易的价格，也就是买卖价格。成交价格是一个既成的事实。成交价格可分为正常成交价格和非正常成交价格。正常成交价格是指交易双方在正常的情况下交易形成的价格，不受一些不良因素的影响；反之则为非正常成交价格。成交价的平均价格一般可以反映所销售商品房的总体价格水平。

七、按房地产的价格单位来划分

这是一组主要与价格的内涵、面积范围和面积内涵相联系的房地产价格类型，具体包括总价格、单位价格以及楼面地价三类。

(一)总价格

总价格简称总价,是指一宗房地产的总体价格,可以是一宗土地的土地总价格,也可以是一宗建筑物的建筑物总价格,或者房与地合一的房地产整体价格。房地产总体价格不能反映房地产价格水平的高低。

(二)单位价格

单位价格简称单价,是指分摊到单位面积的价格。其中,单位价格对土地而言,是单位地价,即单位土地面积的土地价格;对建筑物而言,是单位建筑物价格,即单位建筑面积上的建筑物价格;对房地产整体而言,是单位房地产价格,即单位建筑面积上的房地产价格。房地产的单位价格能反映房地产价格水平的高低。

弄清单位价格应从两个方面考虑,一是单价的货币币种和货币单位,如人民币元;二是单价的面积内涵和面积单位,如建筑平方米。相对于总价格而言,单位价格具有相对性和比较性,便于对不同地区、不同大小、不同类型的房地产价格进行比较和分析。

(三)楼面地价

楼面地价又称为单位建筑面积地价,是指平均到每单位建筑面积上的土地价格。

$$楼面地价 = \frac{土地总价格}{建筑总面积} \qquad\qquad (2-8)$$

或

$$楼面地价 = \frac{土地单价}{容积率} \qquad\qquad (2-9)$$

楼面地价在实际工作中具有重要的意义,它往往比土地单价更能反映出土地价格水平的高低,因为土地的单价是针对土地而言的,而楼面地价实质上就是单位建筑面积上的土地成本。

八、按房地产公共管理的价格类型来划分

我国《城市房地产管理法》第三十二条规定:"基准地价、标定地价和各类房屋的重置价格应当定期确定并公布。具体办法由国务院规定。"

(一)基准地价

根据《中华人民共和国国家标准城镇土地估价规程》的规定,"基准地价是指在城镇规划区范围内,对现状利用条件下不同级别或不同均质地域的土地,按照商业、居住、工业等用途,分别评估确定的某价值时点一定区域范围内最高使用年期土地的平均价格。"

基准地价一般具有下列特点:①是区域性价格;②是平均价格;③覆盖整个区域,在整个区域内具有可比性;④单位土地面积的地价;⑤基准地价具有现时性,是评估出一定时期内的价格;⑥定期更新,一般应每年或每两年对城市基准地价进行全面或局部调整,

更新成果。本书第十二章将对基准地价的具体评估原理作出详细解释。

(二)标定地价

根据《中华人民共和国国家标准城市土地估价规程》的规定，"标定地价是政府根据管理需要，评估的某一宗地在正常土地市场条件下与某一估价期日的土地使用权价格。它是该类土地在该区域的标准指导价格。"标定地价可以以基准地价为依据，根据土地使用年限、土块大小、容积率、微观区位等条件通过系数修正进行评估得到，也可以按市场交易资料，直接进行评估得到。

标定地价一般具有下列特点：①是政府公告的具体地块的地价，是具有独立权属单位的宗地地价；②标定地价一般都具有评估基准日，随时间的变化而变化；③在一般情况下，标定地价不进行大面积评估，只有在土地使用权出让、转让、抵押、出租等市场交易活动时或政府认为需要时才进行评估；④标定地价是确定土地使用权出让底价的参考依据；⑤标定地价是政府管理地产市场的参考依据之一，可以有效地反映瞒价和偷漏税问题。

(三)房屋重置价格

房屋重置价格，是指某一基准日期，不同区域、不同建筑结构、不同用途、不同档次或等级下的特定状况的房屋，建造它所需的一切合理、必要的费用、税金加上应得的利润。

基准地价、标定地价、房屋重置价格是房地产价格评估的重要依据。

九、按房地产估价方法来划分

按估价方法，可以把房地产价格划分为收益价格、比较价格和成本价格。

最主要、最基本的房地产估价方法有收益法、市场比较法和成本法，采用收益法评估出的房地产价格称为收益价格，采用市场比较法评估出的价格称为比较价格，采用成本法评估出的房地产价格称为成本价格或开发价值。

一般而言，收益价格趋向于理论价格，比较价格趋向于市场价格。当房地产市场比较成熟且处于正常状态时，二者基本一致。当房地产市场存在泡沫时，市场价格会大大高于收益价格。从某种意义上讲，收益价格倾向于最高买价，成本价格倾向于最低买价，比较价格倾向于成交价格。当成本价格大大高于比较价格或收益价格时，说明房地产市场不景气。

十、其他房地产价格类型

与房地产市场价值相对应的，还有原始价值、账面价值和公允价值。

原始价值简称原值、原价、原始购置成本等，是指一项资产在当初取得时实际发生的成本。会计核算的历史成本原则，要求将原始价值作为资产的入账价值。

账面价值又称账面净值、折余价值，是指一项资产的原始价值减去已计提折旧后的余额。

公允价值是指公平交易中，熟悉情况的交易双方自愿进行资产交换或者债务清偿的金额。

一般来说，原始价值是始终不变的，账面价值是随着时间的流逝而不断减少的，公允价值、市场价值是随着时间的流逝而上下波动的。

除以上几种价格类型划分外，还有现房价格和期房价格、实际价格和名义价格、买卖价格和租赁价格等类型。

第三节　影响房地产价格的因素

房地产价格受其所处地域范围的政治、社会、经济等多种因素的影响，甚至国际事件和形势有时都会影响到其他地区的房地产需求，从而进一步影响房地产的价格。

房地产价格受到诸多因素的影响，而且这些因素之间密切相关，因此要严格区分它们各自对房地产价格的影响是比较困难。

一、影响房地产价格的一般因素分析

一般因素又称宏观因素，是指影响一定区域范围内所有房地产价格及其走势的一般的、普遍的、共同的因素，这些因素通常会对较广泛地区范围内的各宗房地产的价格产生全局性、整体性的影响，其覆盖范围可以是一个地区、一个国家乃至全球。显然，这类影响因素对于具体某宗房地产价格而言，并不直接，但它们往往是决定具体房地产价格及其走势的基础和关键。一般因素中，主要有政治因素、经济因素、社会因素、人口因素和国际因素等。

(一)政治因素

政治因素是指国家政策、法律、法规和行政法令对房地产市场和房地产价格的影响和干预。政治因素中主要有土地制度、住房制度、房地产税制、城市规划、土地利用规划和行政隶属变更等。

1. 土地制度和住房制度

土地制度对土地价格具有重要的影响。在我国传统的土地制度下，土地实行无偿、无限期使用，也就无所谓土地价格。目前，我国土地制度规定，城市土地使用有偿、有限期使用，允许土地转让、出租和抵押，有效地激活了土地市场，土地才有了价格形式。住房制度也是这样，有些住房制度可以促进形成住房市场、刺激房地产的交易，使房地产的价格趋于合理，而另外一些住房制度，则会抑制房地产市场的买卖，不利于房地产价格的合理化。

2. 房地产税制

政府无论是对开发商，还是对房地产交易者征税，都会提高被征税者的成本，减少被征税者的利益，从而影响房地产市场的供给和需求变化，进而对房地产价格产生影响。而且，政府对房地产税种、税率的调整，也会影响房地产的供需变化，影响到最终的房地产价格。

3. 城市规划与土地利用规划

城市规划与土地利用规划决定了一个城市的性质、发展方向和发展规模，还决定了城市用地结构、城市景观轮廓线、地块用途、利用程度等，特别是城市详细规划中确定的地块的用途、容积率、覆盖率和建筑物的高度等指标，对房地产价格有很大的影响。就土地用途和容积率来说，微观上，规定的土地用途限制了地块用途的可选择范围，设定了土地价格的上限。如果要改变土地的用途，必须得到规划部门的许可，一旦规划部门批准，土地的效用就会发生改变，房地产的价格也会随之发生变化；设定的容积率限定了土地的开发利用规模或土地使用的强度，不同开发利用规模或不同利用强度的土地的价格是不同的，这也影响了地价的高低。宏观上，对土地用途和容积率的合理限定，有利于形成一个合理的空间地域结构，有利于各种土地利用的相互协调，因此有提高地价的作用。

4. 行政隶属变更

行政隶属变更一般可分为两类：一类是级别升格，例如县级市升格为地级市、省辖市升格为直辖市等，这种行政隶属变更通常会增强人们对房地产价格的信心，刺激人们的需求，从而促进该地区的房地产价格上涨；另一类是级别不变，其管辖权发生变化。例如，原属于某一较落后地区的城市划归另一较发达地区管辖，则人们对该城市的房地产需求通常也会增加，从而促使其房地产价格上涨；相反，则会导致其房地产价格下降。

我们把各政府行为，无论是积极的还是消极的，都归于政治因素。除以上所列的影响因素外，影响房地产价值的政治因素还包括建筑的安全法、环境保护法、财政政策和税收、货币政策和控制、政府资助的城市再开发和住宅融资项目等。

(二)经济因素

房地产价格本身就是国家或地区经济情况的直接反映。经济发展状况良好，房地产投资与需求旺盛，房地产价格水平就会随之上升；相反，经济不景气，房地产投资不足，需求观望，房地产价格水平就会降低。在影响房地产价格的经济因素中，主要的有经济发展状况、物价、居民收入与消费水平以及利率水平等，但这些因素对房地产价格的影响都比较复杂。

1. 经济发展状况

经济发展状况不仅体现在经济问题的持续增加、经济结构的变化以及城市人口的增加上，而且还包括居民的生活质量提高以及福利的改善等方面。经济发展状况好，意味着国家经济增速较快，企业经营效益较好，就业岗位和居民收入增加，这必然会促使投资生产活动活跃，对各类房地产的需求不断增加，从而引起房地产价格上涨，尤其是引起地价的上涨。

2. 物价

当物价普遍波动时，实质上是货币购买力在变动，即币值发生变动，房地产价格也随之变动，如果其他条件不变，房地产价格变动的百分比相当于物价变动的百分比，且二者变动的方向相同。就房地产与一般物价的关系而言，无论一般物价总水平是否变动，如果其中某些物价发生了变动，也会引起房地产价格的变动，如建筑材料，特别是钢材、水泥与木材的价格以及人工费的上涨，都会增加房地产的开发成本，从而有可能推动房地产价格的上涨。由于房地产的稀缺性，从较长的时期看，房地产价格(尤其是地价)的上涨率要高于一般物价和国民收入的增长率。

3. 居民收入与消费水平

对房地产可能有影响的是居民的可支配收入及可任意支配收入。居民实际收入增加后，对其居住与活动的空间要求也会有所提高，也就是会增加对房地产的需求，影响供求关系，进而可能导致房地产价格的上涨。收入增加对房地产价格的影响程度要视收入水平与边际消费倾向的大小而定。如果居民收入的增加是由于中、低收入者收入增加的结果，则其边际消费倾向较大，这些人在改善了衣食之后，会增加对住宅房地产的需求，因此很可能会促使住宅房地产价格的上涨；但如果居民收入的增加是由于高收入者增加的结果，这收入增加的大部分甚至是全部都用于储蓄或其他投资，对房地产的影响不大。不过，如果高收入者将剩余收入从事房地产投机，则会引起房地产价格的上涨。

4. 利率水平

房地产是投资大、价值高的商品，其价格高低与利率水平有密切关系。一方面，由于房地产消费中借贷资金的比例通常比较大，若利率水平高(低)，则购买和使用者须支付较高(低)的利息，导致其消费房地产的需求下降(上升)，进而影响房地产的价格。另一方面，利率水平的高低还会影响社会投资收益水平的高低。当利率较低时，社会投资意愿较强，对收益率的要求也较低，投资者愿意支付更高的价格去购买产生同样收益的房地产，从而导致房地产价格上升。

(三)社会因素

社会因素是指一个国家或地区的社会状况，包括政治安定状况、社会治安程度、房地产投机和城市化水平等。显然，社会稳定有利于人们对房地产的投资、消费、持有或交易，有利于房地产市场的繁荣与发展，因此会影响房地产的价格变化。社会因素可分为一般社会因素和区域社会因素。

1. 政治安定状况

政治安定状况是指一国现有政权的稳固程度，不同政治观点的党派和团体的冲突情况等。一般来说，政治安定(或不稳定)就意味着社会稳定(或动荡)，财产权保障良好(或不足)，人们投资、置业的信心会受到有利的(或不利的)影响，当然就会造成房地产价格的上升(或低落)。

2. 社会治安程度

社会治安程度是指偷盗、抢劫、强奸、绑架、杀人等方面的犯罪情况。按影响范围的大小，可把社会治安程度划分为一般社会治安程度和区域社会治安程度。对某一具体房地产价格影响大的是区域社会治安程度。房地产所处的地区，如果治安较差，经常发生各类犯罪案件，则人们会感到在这里生活、工作缺乏安全感，从而减少对该地区房地产的需求，长此以往，必然造成该地区房地产价格的低落。

3. 房地产投机

房地产投机是指投机者期望并利用房地产价格的变动获得超常收益的行为。房地产投机对房地产价格的影响有三种情况：房地产供不应求时，投机者的抢购会哄抬房地产价格；房地产供过于求时，投机者的抛售会使房地产价格下跌得更快；房地产价格低落时，投机者购置房地产，以待房地产价格上涨时抛出，则有利于稳定房价。

4. 城市化水平

一般来说，城市化意味着人口向城市地区集中，造成对城市房地产，尤其是住宅房地产的需求不断并持续地增加，从而带动城市房地产价格的上涨。

(四)人口因素

人口因素是指一个国家或地区的人口状况。房地产的需求主体是人，人的数量、职业、爱好、年龄等对房地产的总体需求及使用方式有很大影响，进而也影响到房地产的需求及其价格的高低。人口因素主要有人口数量、人口素质、家庭规模和心理因素等。

1. 人口数量

一般来说，一个地区的人口数量与该地区的房地产价格呈正相关关系，人口增加，对房地产的需求增加，房地产价格上升。人口数量的相对指标是人口密度，较高的人口密度有可能刺激商业、服务业等产业的发展，从而提高房地产的价格。但人口密度过高可能会导致生活环境恶化，从而也有可能降低房地产的价格。

2. 人口素质

人口素质包括人们的受教育水平、公民意识、守法程度、收入水平等。一个地区的人口素质总体较高，他们就必然要求附近有充足、完善的公共设施，宽敞舒适的居住环境，这些都会形成较强劲的房地产需求，使房地产价格趋高。

3. 家庭规模

家庭规模是指一个国家或某一地区家庭平均人口数量。即使人口总数不变，家庭规模的变化也会影响居住单位数量，从而导致房地产需求的变化而影响房地产价格。目前我国家庭日趋小型化，即大家庭分解为小家庭，单亲家庭也有所增加，造成对住宅单位的需求不断增加，从而带来房地产特别是住宅价格的升高趋势。

4. 心理因素

房地产的形成是由人这一主体完成的，在这一价格形成过程中，人的心理因素对房地产价格的影响是不可忽视的。影响房地产价格的心理因素主要有消费观念，欣赏趣味(偏好)，接近名家住宅与攀比心理，讲究风水、门牌号码、楼宇数字或土地号数，价值观念与宗教等。

(五)国际因素

房地产市场的发育与完善离不开国际环境的影响。随着全球经济的一体化，国家环境的变化对任何一个国家或城市房地产价格的影响都日益明显。总体来看，影响房地产价格的国际因素主要有世界经济状况、军事冲突情况、政治对立状况和国际竞争状况等。

1. 世界经济状况

如果世界经济发展良好，国际房地产投资者就会对房地产的升值有信心，国际间的商业往来就会更加频繁，对写字楼等房地产的需求自然会增加，这些将有力地促进房地产价格的上涨。

2. 军事冲突情况

军事冲突将影响房地产的物质存在，也会威胁到房地产占用者的生命与财产安全。因此，一旦发生战争，则战争地区的房地产价格会陡然下跌，而那些受到战争威胁影响的地区，其房地产价格也会有所下降。

3. 政治对立状况

国家之间的政治对立很可能导致一个国家对另一个国家实施经济封锁、冻结贷款、终止往来等行为，这些很可能会影响房地产的需求，导致房地产价格下跌。

4. 国际竞争状况

国与国之间为吸引外来投资采取的政策，一是低地价政策，这会直接促使房地产价格的低落；二是其他方面的优惠政策，在吸引大量外来投资者进入的同时，也带来了这些投资者对房地产需求的增加，这又会导致房地产价格的上涨。

二、影响房地产价格的区域因素分析

区域因素是指某一特定区域内的自然条件与社会、经济等因素结合所产生的区域性特性，对该区域内的各宗房地产价格水平产生影响的因素。相对于一般因素而言，区域因素的影响范围要小一些，但区域因素是房地产市场的直接影响因素。在房地产估价中，区域因素的分析和把握是房地产正确、合理估价的关键。区域因素主要有区域商业服务繁华程度、区域交通条件、区域基本设施、区域环境条件等。

(一)区域商业服务繁华程度

区域商业服务繁华程度，也称为区域商服繁华度，是指一个区域的商业服务业的集聚程度和对周围环境的影响程度。商服繁华程度与一个城市的城市性质、规模、人口数量、经济发展水平等直接相关，并影响所在城市或地区的物流、人流和信息流通量，从而影响到所在地区的房地产价格水平。商业服务业的规模等级越高，房地产的使用效益越高，价格相应也就越高。

(二)区域交通条件

区域交通条件是指一个区域的道路交通通达程度、公共交通的便捷程度以及对外交通的便利状况。交通条件包括通行距离和通行时间两个方面，良好的交通条件既要求通行距离短，以节省运费，又要求交通顺畅，以减少出行时间。交通条件的优劣将直接影响城市人流、物流的通达性及其交通运输成本(包括时间成本、物质成本及资金成本)，影响人们的出行方便程度，从而影响房地产价格水平的高低。交通条件因素主要有道路通达度、公交便捷度和对外交通便利度等。

(三)区域基础设施条件

区域基础设施是一个地区的供电、供热、供气、通信、环保、抗灾、给排水等基础设施和学校、医院、银行、邮局等公用设施与生活设施的基本状况。基本设施的优劣将直接影响人们的生活、学习、工作的方便程度以及效率的高低，从而影响人们对该地区房地产的认识，进而影响房地产的价格。

(四)区域环境条件

区域环境条件是指房地产所在区域的物理环境因素情况。随着人们生活水平的提高，对房地产尤其是住宅类房地产的环境质量的要求将越来越高，环境条件成为人们选购房地产时考虑的重要因素，因此对房地产价格有明显的影响。一般来讲，区域环境条件包括声觉环境、大气环境、水文环境、视觉环境以及卫生环境等。

1. 声觉环境

声觉环境主要是指区域的噪声情况。对于住宅、宾馆、办公、教育、科研类等房地产来说，噪声小、比较安静的地方，房地产价格通常比较高。

2. 大气环境

大气即空气的质量情况直接影响人们的身体健康。房地产所处的地区有无难闻的气味、有害物质和粉尘等，或者是否有化工厂、屠宰场、煤场等，对房地产价格都有一定的影响。因此，凡接近这些地方的房地产，其价格通常相对比较低。

3. 水文环境

房地产所在地区地下水的污染程度如何，直接影响着该地区房地产的价格。饮水水源的水质量及其受到的污染程度，对附近房地产的价格影响更大。

4. 视觉环境

房地产周围的电线杆、广告牌、标示牌等的状态和设计是否美观，建筑物之间是否协调，空地是否宽敞，公园、绿地等形成的景观是否赏心悦目，都对房地产价格有影响。

5. 卫生环境

房地产所在地区的卫生环境状况，如垃圾堆放状况等，对房地产价格也有一定的影响。

三、影响房地产价格的个别因素分析

个别因素又称微观因素，是指具体影响某宗房地产价格的因素。这类因素对房地产市场的影响范围和程度最小，但对具体房地产价格的影响却是最直接、最具体的。个别因素包括微观环境条件和微观实体因素。

(一)微观环境条件

微观环境条件是指影响具体房地产或房地产所在地点的微观环境状况，包括大气环境、水文环境、声觉环境、视觉环境、卫生环境以及日照、通风、温度、湿度等。具有良好微观环境条件的房地产，其价格通常较高；反之，则房地产价格会相对较低。

(二)微观实体因素

微观实体因素是指房地产本身的自然条件状况，包括土地的位置、面积、形状、地形、地势、地质与地貌，建筑物的质量、功能、外观、风格、式样、朝向、结构、布局、楼高、楼层、设备配置、装潢、成新，房地产的临街状况、容积率、覆盖率、利用类型等。凡是位于良好区位，建筑物外观新颖、优美，容积率适当、布局合理的房地产，其价格通常较高；反之，则房地产价格会相对较低。

上述三类影响因素对房地产价格的影响或作用程度是不同的。一般来说，一般因素是房地产价格的基础和前提，区域因素是房地产价格的关键，个别因素是房地产价格的具体修正。从某种意义上来讲，一般因素决定了房地产价格的存在性，如政策制度；而由于土地本身的特点以及房地产市场的特点，区域因素则是房地产价格的决定性因素；微观因素主要是对已存在价格的微观修正，如朝向、楼层、面积、使用年限等。因此，在房地产价格影响因素分析中，应该更注重对区域因素的分析。

本 章 小 结

房地产价格是建筑物连同其所占土地的价格，是人们合法地获得他人房地产所必须付出的代价，是房地产的经济价值(交换价值)的货币表示。房地产价格是由房地产的效用、相对稀缺性、有效需求三个因素共同作用的结果。

房地产作为特殊商品，其价格与其他商品价格相比，既有相同之处，也有不同之处。

相同之处在于：都是价格，用货币的形式来表示；价格都会波动，受供求关系的影响；都按质论价，质优价高，质劣价低。不同之处则构成了房地产价格的特征，主要表现为：房地产价格实质的权益性、房地产价格形式的双重性、房地产价格范围的地区性、房地产价格形成的长期性、房地产价格表现的个别性、房地产价格变化的敏感性。

在房地产经济活动中，房地产价格有多种表现形式。不同的房地产价格其内涵和具体用途也各不相同。进行房地产估价，必须弄清我国房地产价格的种类及各自的内涵。①从形成基础来划分，房地产价格有成交价格、市场价格、理论价格和评估价格四种类型。②按房地产的物质存在形态来划分，包括土地价格、建筑物价格和房地价格。③按照房地产的权属来划分，可把房地产价格划分为所有权价格、使用权价格以及抵押权价格等类型。④按照政府价格行为来划分，可把房地产价格划分为出让价格、征收价格、课税价格、拆迁价格以及补地价六类。⑤按房地产的出让方式来划分，房地产价格可划分为协议价格、招标价格和挂牌价格四类。⑥按房地产销售的价格形式来划分，包括总价格、单位价格以及楼面地价三类。⑦按房地产公共价格管理来划分，可分为基准地价、标定地价和各类房屋的重置价格。⑧按估价方法可划分为收益价格、比较价格和成本价格。⑨与房地产市场价值相对应的，还有原始价值、账面价值和公允价值。

房地产价格受到其所处地域范围的政治、社会、经济等多种因素的影响。其中一般因素又称宏观因素，是指影响一定区域范围内所有房地产价格及其走势的一般的、普遍的、共同的因素。一般因素中，主要有政治因素、经济因素、社会因素、人口因素和国际因素等。区域因素是指某一特定区域内的自然条件与社会、经济等因素结合所产生的区域性特性，对该区域内的各宗房地产价格水平产生影响的因素。区域因素主要有商业服务繁华程度、交通条件、基本设施、区域环境条件等。个别因素又称微观因素，是指具体影响某宗房地产价格的因素。个别因素包括微观环境条件和房地产本身的物理因素。

一般因素是房地产价格的基础和前提，区域因素是房地产价格的关键，个别因素是房地产价格的具体修正。在房地产价格影响因素分析中，应更注重对区域因素的分析。

复习思考题

1. 房地产价格的主要特征有哪些？
2. 房地产价格按形成基础来划分可分为哪四种类型？
3. 房地产价格按出让方式来划分可分为哪几种类型？
4. 影响房地产价格的一般因素有哪些？
5. 影响房地产价格的区域因素有哪些？
6. 影响房地产价格的个别因素有哪些？

第三章

房地产市场

【本章学习要求及目标】

理解房地产市场的类型以及房地产市场的特点；熟悉房地产市场供给和需求的影响因素；掌握房地产市场供给和需求弹性以及房地产市场的均衡；理解房地产资产市场和物业市场的联系；掌握房地产市场的运行过程；了解我国土地市场的运行机制。

第一节　房地产市场的类型和特点

市场经济体系中，市场是基础，市场是机制，市场是"看不见的手"。没有市场，就没有价格。我国房地产市场正是在承认其商品性的前提下才迅速发展起来的。市场是社会生产分工和商品交换的产物，是维系商品经济的纽带。市场有两重含义，一是指买卖双方交易的场所，二是指交易活动发生的过程。在市场经济体制下，房地产的商品属性毋庸置疑。尽管土地和地上建筑物不能移动，但它们可以被拥有、使用并且带来效益，因此也必然存在土地和地上物的交易。房地产市场是指房地产交易活动的总和以及房地产商品流通中所有交换关系的总和，是买卖双方相互作用的一种机制。在市场经济条件下，房地产市场的存在和发展是房地产业健康发展的前提，也是房地产开发企业赖以生存的基础。

一、房地产市场的类型

房地产市场可以按区域、用途、市场运行层次、交易方式和交易客体进行分类。

(一)按照区域划分

房地产市场具有区域性，根据房地产的地域特性不同，可以将房地产市场分为各地域市场，如上海房地产市场、北京房地产市场、重庆房地产市场、华南房地产市场、中国房地产市场和亚洲房地产市场等。

(二)按照用途划分

根据房地产的类型，房地产市场可以分为土地市场和物业市场。就每一物业市场，根据物业类型的不同，还可以分解为许多子市场，如住宅市场、写字楼市场、商业楼房市场、工业厂房市场、零售物业市场等。对每一子市场，又可以按物业的档次和等级进行细分，如住宅市场可细分为普通住宅市场、高级公寓市场、别墅市场等；写字楼市场可细分为甲级写字楼市场、乙级写字楼市场。

(三)按照市场运行层次划分

房地产市场常被划分为一级、二级、三级市场。一级市场是指国家出让土地使用权给土地使用者的市场，由国家垄断；二级市场是指土地使用权转让市场以及新开发商品房在房地产开发商与消费者之间的交易市场；三级市场是指房地产消费者之间的交易市场。

(四)按照交易方式划分

按照交易方式的不同，房地产市场可以分为房地产销售市场、租赁市场、抵押市场和保险市场等。

(五)按照交易客体划分

根据交易客体不同划分，房地产市场可分为土地使用权市场、房产市场、房地产金融市场、房地产劳务市场和房地产技术信息市场。

(1) 土地使用权市场，是按国家对城市土地使用权的有偿出让和获得土地使用权者将开发的土地使用权有偿转让的场所。

(2) 房产市场，一切以房屋为标的物的权益让渡行为，均属于此类市场，包括房产的转让、租赁、抵押、典当等，也包括房屋现货和期货的交易场所。

(3) 房地产金融市场，是指通过银行等金融机构，用信贷、抵押贷款、住房储蓄、发行股票和债券，以及开发企业运用商品房预售的方式融资等市场行为。

(4) 房地产劳务市场，是指为保持、延缓、增添原有房屋使用价值所供劳务的市场。包括为住户提供房屋的修缮、加固、改造、危房鉴定、室内外装修、设计、房屋附属建筑物和设备的维修、物业管理、中介经纪服务等活动的市场。

(5) 房地产技术信息市场，为房地产交易双方提供房地产业务、技术咨询、房地产交易、租赁行情，以及房地产有关资料的市场。

另外，房地产市场按照供货方式划分为坝房市场、期房市场；按照法律原则划分为合法房地产交易市场、非法房地产交易市场(隐形市场)；按照供求状况划分为买方市场、卖方市场。在商务经济生活中，不同的分类方式是交叉并用的，并没有单独割裂开来。表 3-1 所示是对房地产市场的分类进行了简要的概括。

表3-1　房地产市场的分类

	一级市场	二级市场	三级市场
市场要素	土地市场	土地市场 房地产增量市场	房地产存量市场
产权让渡关系	土地使用权出让市场	土地使用权转让 房屋所有权出让	房屋所有权转让与再转让
交易关系	房地产开发商与政府	开发商与开发商，开发商与业主	业主之间
交易形式	出租	出售	出租、出售

二、房地产市场的特点

由于房地产的特性，尤其是土地的特性，导致房地产市场有许多不同于一般商品市场的特点。

(一)区域性

房地产的实体由土地及地上建筑物和构筑物构成，土地的不可移动性决定了房地产实体是不可移动的。各地区的房地产市场在出现供过于求或供不应求时，不可能通过向其他地区或从其他地区进行调剂，来达到供求平衡。因此，不同国家、不同城市甚至一个城市的不同地区之间，房地产的市场条件、供求关系、价格水平等都有极大的差异，这是由房地产市场的区域性决定的。

(二)供给调节滞后性

由于房地产开发周期比较长，从获得土地到建成出售需要两至三年的时间，当市场供不应求时，供给的增加需要相当长的时间。由于房地产的耐耗性，决定了当市场供过于求时，多余的供给需要相当长的时间才能被市场消化。当市场需求变动后，供给需要相当长的一段的时间才能随之调节，以达到新的均衡。

房地产市场供给调节的滞后性，导致房地产市场供求关系的不平衡状态是经常会发生的。虽然价格和供求等市场机制会产生调整供求之间的非均衡态的作用，但随着诸多市场因素的发展变化，原有的均衡态将不断地被打破，因此，房地产市场供求之间的不平衡性将长时期存在，而均衡始终只能是相对的。

(三)消费和投资的双重特性

由于房地产可以保值、增值，有良好的吸纳通货膨胀的能力，因而作为消费品的同时也可以用作投资品。房地产的投资性将随着收入的提高得到进一步的拓展。从各个国家和地区的房地产市场发展历史来看，房地产市场的投机性仅次于金融市场，房地产的投机性又同金融市场密不可分。

(四)市场不完全性

由于房地产商品投资量大，开发周期长，交易形式复杂，买卖双方均不易随便进入或者退出市场。另外，房地产物质实体的不可移动性和多样性、价值量的巨大性以及价值界定的产权性，房地产的法律、法规、政策呈现复杂、多样和动态性，无论是房地产开发商还是购买者，都不可能对房地产市场的所有信息完全了解。因此，房地产市场是一类典型的不完全市场。

正因为市场不完全性，导致房地产市场需要特定的专业顾问服务，如房地产估价师、房地产经纪人等提供服务。房地产估价师受过专业的训练，能获得较新的市场资料，能通过其市场分析工作，较为准确地预测出市场的变化趋势，对房地产价值进行判断和估算。房地产经纪人根据所掌握的房地产交易价格信息，按照客户的意愿去寻找地段、面积、价格都符合要求的物业，帮助或代理客户谈判、为客户安排融资和保险等事宜。

(五)产权市场特性

尽管房地产商品的物质性不能被移动，但其产权是可以流动的。房地产的商品性主要取决于其产权性，房地产价值量的大小主要取决于其产权的界定与设置。同一宗土地或房地产，若附设的权益关系发生改变，其价格也会发生改变。比如一处完全产权的普通住宅在无抵押债务的条件下市场价值150万元，但若存在50万元未偿抵押债务，市场价值一定低于 150 万元，因为新的产权人有义务承担这笔债务。因此产权或产权设置决定了房地产价格，房地产市场是一类产权市场。

(六)金融高关联性

房地产市场和金融市场关系紧密，相互作用。房地产价值量大、开发周期较长，决定了房地产业是个资金密集型行业，不仅房地产开发需要大量的资金，对于一般的购房者而言，其购房款也是一笔庞大的资金。因此，房地产的供给和需求都离不开金融的支持，如果没有金融的支持，房地产交易的规模必将受到极大的限制。同时，金融政策、市场利率的变动，也会对房地产交易数据和交易价格产生影响。

(七)政府的强干预性

房地产市场是国民经济建设中的重要组成部分，房地产业涉及许多相关产业，是国民经济发展的先导产业，具有重要的地位和作用。房地产经济甚至是国民经济的晴雨表。一方面，这从客观上要求房地产市场必须得到正常的发育和发展，避免盲目发展和肆意投机。另一方面，房地产物质实体的不可移动性、房地产流动的产权性、投资资本的巨额性、开发周期与产品使用的长期性、居民住宅的民生性以及土地资源的有限性，决定了房地产市场在客观上涉及许多方面，包括政府管理部分(土地、规划、城建等)、金融机构、开发商、承包商、中介机构、律师、消费者等。因此，为了确保居民的基本生存条件，为了科学地利用土地资源，保证社会经济的稳定，政府都要对房地产市场进行必要的干预，来强化宏观调控与管理。

第二节　房地产市场的供求机制

市场是由市场主体、市场客体和市场环境所组成。所谓市场主体，是指参与市场供给与需求的交易双方；所谓市场客体，是指供需双方进行交易的对象或商品(包括劳务)；市场环境则是商品交易的场所，它可以是有形的，如集贸市场、装饰市场等，也可以是无形的，如房地产产权市场。市场机制是指市场供给和需求的规律或规则，是市场表现为秩序而不是混乱的根源。

房地产市场机制是市场机制在房地产范畴的反映。房地产市场是房地产消费者、投资者及其中介互相作用并共同决议房地产价格及其数量的机制。从市场角度而论，房地产价格代表了消费者和投资者愿意出卖及购置(租赁)房地产的条件，同时也传送了市场信息。假如消费者需求更多数量的某类房地产，比如住宅，则住宅的价格就会上升，并且向投资者传送供应缺乏的信息。因此，房地产价格是投资者和消费者市场决策的依据：过高的价格趋向于抑制消费者购买，同时会刺激投资；而过低的价格则鼓励消费者购买。

一、房地产市场的供给与需求

(一)房地产市场的供给

房地产市场的供给是指生产者在某一特定时期，在每一价格水平上愿意而且能够提供的房地产商品或劳务的数量。由于房地产产品的异质性，在具体进行房地产供给分析时，往往指特定的某一类房地产。影响房地产供给的因素众多，具体而言包括以下几方面。

1. 某一类特定房地产的价格水平

某类房地产的价格越高，越有利可图，开发商就会增加供给量；反之，则减少供给量。

2. 生产要素的价格

首先，土地价格是房地产价格的重要组成部分。房地产商品的供给能力从根本上说取决于可供房地产开发建设使用的土地数量。由于土地是一种稀缺资源，因此一个时期内能提供给房地产开发建设用的土地数量取决于经济发展水平、房地产产业发展水平以及城市改造状况。可以将土地看作是房地产的一个生产要素，土地价格的提高对开发商来说是房地产生产成本的上升。一般来说，开发商可供选择的对策，一是提高容积率，降低单位建筑面积的地价；二是缩小生产规模和放慢开发进度，当地价上涨幅度过大而难以承受消化时，开发商可以缩小生产规模或放慢开发进度，这样，同样的资金能够运作的房地产规模就会相应减少，从而会引起房地产供给的减少。其次，建筑材料及人工费也是影响房地产供给的重要因素。建筑材料的价格是影响房地产价格的重要因素，建筑材料的供应能力、建筑施工能力和技术水平也是制约房地产开发规模和水平的物质基础，是决定房地产供给的直接因素。

3. 开发商对未来的预期

开发商凭借对市场信号的判断，预测未来的价格走势，对供给量的多少作出决策。这种预期包括对国民经济发展形势、通货膨胀率的预期，对未来房地产价格走势的预期，对经济发展周期的预期，对国家房地产政策、产业政策的预期等。由于房地产生产周期长，对未来的预期就显得十分必要。对于房地产开发商而言，如果开发商对于未来的预期看好，预期该种房地产的价格会上涨，则在制订投资开发计划时会增加开发量，导致未来的供给增加，同时会把现在开发的房地产留着不卖，待价而沽，从而会减少该种房地产的现期供给；如果开发商对未来的预期是悲观的，而反之。

4. 开发商对自身竞争力的判断

开发商对自身竞争力的判断包括开发商对自身资金、人才的把握，以及对某一类特定房地产的运作能力等的判断。

5. 政策因素

政府的有关政策，如房地产政策、产业政策、税收政策等，都是影响房地产供给的重要方面。政府往往根据房地产市场的运行状况，采取各种宏观调控手段，对房地产开发经营活动进行引导和约束，从而引起房地产供给数量和结构的变动。例如，如果实行优惠税收政策，减免某些房地产税收或纳税递延，则会降低房地产开发成本。开发成本的降低，既使得同量资金的房地产实物量供给增加，又会提高开发商的盈利水平，从而将更多的资金吸引到房地产部门中来，使房地产供给量增加。反之，如果房地产开发和销售的税费增加，则会直接增加房地产的开发成本，降低开发商的盈利水平，最终导致房地产供给的减少。

(二)房地产市场的需求

房地产需求是指消费者在某一特定时期，在每一价格水平上愿意而且能够购买的房地产商品或劳务的数据，也可称为房地产市场的有效需求。由于房地产产品的异质性，在具体进行房地产需求分析时，往往指特定的某一类房地产。在对房地产市场的需求进行分析时，首先要区分需求的类别。

1. 消费需求

消费需求是指购买或租赁房地产直接用于生活或生产的需求。

2. 投资需求

投资需求是指购买房地产用于出租获取收益或通过低价买进高价售出来获取利差的需求，一般要求持有一定年限以上。

3. 投机需求

投机需求是指短期内利用房地产价格的涨落变化，购买房地产以期从中获取利差的行为。关于投机的界定没有统一的标准，有的将所购房地产持有 5 年以下视为投机炒房。

投资需求、投机需求最终如果不回归到消费需求上，就会成为虚假需求，从而引起房地产价格的异常波动。

(三)影响房地产需求的因素

影响房地产需求的因素要比影响供给的因素复杂，除了价格、预期、政策等因素外，还包括社会经济发展水平和城市化水平、人口因素等。

1. 房地产的价格水平

根据需求规律，价格上涨，需求减少，价格下降，需求增加。房地产商品与其他商品一样，价格的高低对于房地产的需求有很大的影响，一般来说遵循需求规律，价格与需求量之间存在着反方向变动的关系。然而，由于房地产商品具有自身的特殊性，所以房地产价格对房地产需求的影响又呈现出复杂的变化规律，如在投机性需求占据主导地位时，房地产需求与价格往往呈现出一种正向变动的关系，人们像投资股票一样，对房地产的需求买涨不买跌，房价越上升，对房地产的需求越大，也就是所谓的"追涨杀跌"。

2. 消费者的收入水平和消费偏好

消费者的收入决定消费者的消费边界，消费者的消费偏好则决定其消费结构。消费者收入水平对房地产需求的影响，表现在两个方面：一方面直接影响住宅需求，二者基本上呈正向变动的关系；另一方面是间接影响生产性房地产需求，即收入水平的提高会促进生产的发展，进而又扩大对生产性房地产的需求。居民消费结构对房地产需求的影响主要表现在居民收入中住房消费的比重的变化，这个比重将直接影响到住房商品化以后的租售购买力。

3. 心理预期

对未来政治、经济的发展形势预期以及周围其他经济个体的行为直接影响着房地产需求者的消费和投资行为。对未来政局、政策和经济形势乐观的消费者看好市场走势，则对房地产商品的需求会增长，反之则需求会减少。

一般来说，对收益性物业的投资需求，主要取决于对未来宏观经济发展形势的预测、对该行业未来发展状况的预测。如果其预测是乐观的，对房地产需求就会增加；反之，则减少。对非收益性物业，比如住宅的消费性需求或投资性需求而言，主要取决于对未来房地产价格走势的预测，尤其是后者，当房地产作为一种投资品特别是投机的对象时，对未来房价的预期成为当前房地产需求的最主要因素。在房地产市场，常常出现这样的情况，在住房价格下跌时，即使跌幅很大，如果消费者预期还会跌，则他们会持币待购，迟迟不肯入市；当房地产价格上涨时，如果消费者预期还会上涨，即使价格偏高，也可能形成现实的房地产需求。

4. 城市化水平和社会经济发展状况

一般而言，社会经济越发展，工业化、城市化水平越高，对房地产市场的需求也就越大。而城市土地最终又影响到农村，伴随着城市化进程的加快，大量农业生产用地被转化为城市建设用地。

5. 政策因素

国家的房地产政策、货币政策和财政政策等，对房地产的投资需求和消费需求都会产生很大的影响。税收政策的调整，在相当程度上能影响房地产的价格交易费用，进而影响房地产的需求。例如，当利率升高时，居民个人住房贷款利率相应升高，从而直接影响消费者的支付能力，对房地产需求产生抑制作用。

6. 城市人口结构及增长状况

居民是房地产商品消费的主体，城市人口数量是决定房地产需求的重要因素。从一定意义上看，一个城市或地区社会经济发展的程度是由其所拥有的人口状况决定的。住房总面积是人均住房面积与人口数量之积。同时，城市人口的结构对住房市场的影响也很大。

所有这些影响房地产需求的因素将共同影响消费者的决策。

二、房地产市场的供给与需求弹性

(一)房地产的供给弹性

房地产供给弹性是指由于影响供给的诸因素发生变化后，供给量作出反应的程度。房地产供给弹性的大小可以客观地反映房地产生产过程中市场风险的大小，用于房地产企业的市场风险分析、预测及防范。房地产的供给弹性主要包括供给的价格弹性和供给的要素成本弹性。

(1) 房地产供给的价格弹性=房地产供给量变化的百分率/房地产价格变化的百分率。

(2) 房地产供给的要素成本弹性=房地产供给量变化的百分率/要素价格变化的百分率。

就开发周期长短不同的房地产来看，在一定时期内，对于开发周期较短的房地产，开发商可以根据市场价格变化比较及时地调整开发量，供给弹性就相应地比较大；反之，开发周期较长的房地产，供给弹性就相应地比较小。

(二)房地产的需求弹性

房地产的需求弹性是指由于影响需求的诸因素发生变化后，需求量作出反应的程度。房地产的需求弹性主要包括需求的价格弹性、需求的收入弹性、需求的人口弹性、需求的交叉价格弹性。

1. 需求的价格弹性

房地产需求的价格弹性=房地产需求量变化的百分率/房地产价格变化的百分率。

房地产需求的价格弹性，用来表示在一定时期内一种房地产需求量的相对变动对于该种房地产自身价格的相对变动的反应程度。房地产需求的价格弹性是反映消费者选择行为的一个指标，主要对生产者(开发商)有用，即通过需求价格弹性与销售总收入(总收益)的关系来确定为了增加总收益而应该采取的价格策略，或者通过需求价格弹性来确定利润最大化的价格水平。

2. 需求的收入弹性

房地产需求的收入弹性=房地产需求量变化的百分率/消费者收入量变化的百分率。

房地产需求收入弹性可用于分析一国(地区、家庭)的住宅消费水平以及住宅消费结构的变化。西方学者的实证研究结果表明，住宅需求的财富(或固定收入)弹性系数大约等于1，1986年 Goodman & KaWai 提出为 0.64~1.1，1999年 Mills 提出为 0.7~1.0。可见，对于住宅的需求基本保持与家庭财富(或固定收入)相同的增减幅度。

房地产供给或需求的弹性数值越大，说明房地产供给或需求对于特定影响因素变动的反应程度越大，越敏感；反之，则越不敏感。

3. 需求的人口弹性

房地产需求的人口弹性=房地产需求量变化的百分率/人口数据变化的百分率。

房地产需求的人口弹性可用于分析人口变化引起的房地产需求变化，可用于房地产需求预测。

4. 需求的交叉价格弹性

房地产需求的交叉价格弹性=一种房地产需求量变化的百分率/另一种房地产价格变动的百分率。

房地产需求的交叉价格弹性可用于考察政策制定过程中替代性房地产投入量所能起到的平抑房价的效应。

(三)房地产供求的弹性数值

房地产供求弹性较大的数值说明一个变量对另一个变量的变化是较敏感的，弹性较小的数值说明一个变量对于另一个变量的变化是较不敏感的。

在经济学里，主要针对价格弹性，将弹性数值(取绝对值)分为以下几种类型。

(1) 弹性数值大于1，称为富有弹性。

(2) 弹性数值小于1，称为缺乏弹性。

(3) 弹性数值等于1，称为单一弹性。

(4) 弹性数值无穷大，称为完全弹性。

一般来讲，由于土地资源的稀缺性以及土地获得与房地产开发需要一定的周期，因此房地产供给在短期内缺乏弹性，长期来看具有一定的弹性，但受到城市规划等的限制，价格弹性也不是很大。从需求方面来看，房地产商品(主要是住宅)是人们居住生活的必需品，因此缺乏弹性。西方学者实证研究的结果也证明住宅需求的价格弹性是比较缺乏的，例如H.Rosen 在 1979 年得出的住宅需求价格弹性系数为-0.67，Macrae & Turner 在 1981 年得出为-0.89，Cronin 1983 年得出在-0.63～-0.79 之间，Goodman & Kawai 1986 年得出的在-0.63～-1.2 之间，可能在-0.75 左右。这些结论总体来说对我国城市住宅是适用的，因为住宅作为人们的居住之所，是生活必需品的特性不会改变。但是，对于中低收入家庭或者住房条件不足、需要改善居住条件的家庭来讲，随着房价的不断上升，房地产已成为一种奢侈品，在某一特定时期，其需求富有弹性。此外，房地产商品的差异性、用途特定性等决定了房地产商品的可替代性程度低，因而需求的价格弹性较小。例如城市豪宅往往占据了独特的资源环境(人文的或者自然的)，商业房地产占据了黄金地段，这些商品的需求价格弹性较小，并且有可能表现为正值。

三、房地产市场的供求均衡与非均衡分析

依据西方经济学的解释，均衡是指这样一种状态：经济系统相互抗衡的力量势均力敌，简单地说就是供求相等时，经济系统不再发生变化的状态。在市场经济中，经济学家借助市场均衡模型，即根据供求相等时的价格与数量水平来实现对资源的优化配置。均衡是市场价格运行的必然趋势，如果市场价格由于某种因素的影响而脱离了均衡价格，就必然会形成短缺或过剩，导致买方之间或卖方之间的竞争，产生价格上升或下降的压力和趋势，并最终趋向于均衡价格。

(一)房地产市场的供求均衡分析

房地产市场的供求均衡，包括均衡数量和均衡价格两种，均衡数量是指消费者愿意并且能够购买的房地产数量(即需求量)和开发商愿意并且能够提供的房地产数量(即供给量)相等时的状态。均衡价格是指房地产的需求量与市场供给量相等时的价格，也就是房地产的市场需求曲线与市场供给曲线相交时的价格。

如图 3-1 所示，房地产市场在供给曲线 S 和需求曲线 D 的共同作用下于 E_0 点达到均衡，

均衡数量为Q_0，均衡价格为P_0。如果此时提高房地产价格到P_1，一方面，开发商因为有利可图，将增加房地产投资，一段时间后，市场上的供给量增加为Q_{S1}；另一方面，由于房地产价格上升导致需求减少，市场上的需求量减少为Q_{D1}，这时房地产市场出现供过于求。为了改变这种局面，开发商不得不降低房价，而同时需求开始上升，这种趋势会一直持续到P_1-P_0。反之，如果降低房地产价格，也同样会出现向着均衡点靠近的运动过程。

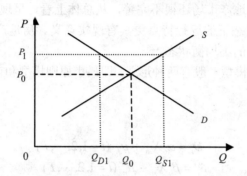

图 3-1 房地产市场的供求均衡示意图

房地产市场供求均衡模型的基本形式如公式(3-1)～公式(3-3)。

$$D = \beta_1 X_D + \alpha_1 P + \mu_1 \qquad (3-1)$$
$$S = \beta_2 X_S + \alpha_2 P + \mu_2 \qquad (3-2)$$
$$Q = D = S \qquad (3-3)$$

式中：D——房地产需求量；

$\quad\quad S$——房地产供给量；

$\quad\quad P$——房地产价格；

$\quad\quad Q$——市场交易量；

$\quad\quad X_D$——除价格P以外影响需求的外生变量的向量；

$\quad\quad X_S$——除价格P以外影响供给的外生变量的向量；

$\quad\quad \beta_1$，α_1，β_2，α_2——待估参数；

$\quad\quad \mu_1$，μ_2——随机变量。

可见，最基本的房地产市场供求的均衡模型是由三个方程组成的一个联立方程组，即需求方程(3-1)、供给方程(3-2)和交易方程(3-3)，其中交易量方程(3-3)是一个恒等式，即在均衡条件下，市场交易量等于供给量也等于需求量。

(二)房地产市场的供求非均衡分析

均衡是一种理想状态，是暂时的、相对的，而非均衡是经常的、绝对的。

非均衡是指非瓦尔拉斯均衡，即当市场不完善或价格体系不灵敏时所达到的均衡。在非瓦尔拉斯均衡的分析中，主要强调数量调节，而非价格调节。价格调节是指在价格具有充分灵活性的条件下，交易者完全根据市场的价格方面的信息，进行需求量和供给量的调整，这是瓦尔拉斯均衡中的情况。在价格调节时，交易不受供求数量的限制。在瓦尔拉均衡价格体系中，成交量等于需求量，需求量等于供给量。数量调节与价格调节不同，数量调节是指在价格存在黏性的情况下，交易者除了要根据市场的价格信息来调整需求量和供给量而外，还要从市场的供给数量和需求数量方面取得信息，以调整自己的经济活动。也就是说，交易者和交易行为都受到供求数量的限制。

现代非均衡理论从市场供求不相等的现实出发，研究非均衡条件下资源的优化配置，目的是通过有效的政策措施弥补市场的不完善，使非均衡不断地趋向于均衡。我国的房地产业发展的时间较短，房地产市场还很不完善，从总体上看，呈现非均衡发展态势，因此，研究房地产市场非均衡状态下的运行特点更具有现实意义。房地产市场的非均衡指的是房地产总需求与总供给之间的不均衡状态。

房地产市场的非均衡模型一般有两种形式，即最小原则模型和市场聚合条件下的非均衡模型。

1. 最小原则模型

$$D_t = \alpha_0 X_{dt} + \mu_{dt} \ (t = 1, 2, \cdots, T) \tag{3-4}$$

$$S_t = \beta_0 X_{st} + \mu_{st} \ (t = 1, 2, \cdots, T) \tag{3-5}$$

$$Q_t = \min(D_t, S_t) \tag{3-6}$$

式中：D_t ——时期 t 的房地产需求量；

S_t ——时期 t 的房地产供给量；

X_{dt} ——各种影响房地产需求的外生变量的向量；

X_{st} ——各种影响房地产供给的外生变量的向量；

Q_t ——时期 t 的房地产实际交易量；

α_0，β_0 ——待估参数；

μ_{dt}，μ_{st} ——随机误差项。

在非均衡体系中，需求量和供给量并不相等。在供求失衡时，市场交易量遵循最小原则，即在自愿交易的条件下，当供给大于需求时，需求较小，市场的交易量等于需求量；反之，当供给小于需求时，供给较小，市场的交易量等于供给量。

2. 市场聚合条件下的非均衡模型

一般的宏观非均衡模型都是以最小原则方程为基础的，但该方程并不完全符合现实复杂的宏观经济生活。其主要原因是当市场存在摩擦的情况下，宏观经济系统存在市场聚合效应。

房地产市场具有较典型的市场聚合效应。即从房地产宏观市场角度来看，存在市场结构的缺陷，房地产市场经常出现短缺和过剩同时存在的现象。因此，经过聚合后的房地产宏观市场既存在宏观总量的非均衡，同时存在宏观结构的非均衡，宏观市场不符合短边规则。对聚合后的房地产宏观市场来说，市场效率假设不成立，聚合后的交易量会小于总供给和总需求中的任意一个，如图 3-2 所示。

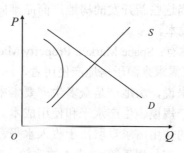

图 3-2　房地产聚合后的交易量曲线

通常情况下，市场聚合后非均衡模型可以采用 CES 生产函数形式和双曲线形式。当房地产市场处于短缺和过剩共存的状态时，则更适于用双曲线形式。考虑到我国的实际情况，这里主要介绍用双曲线形式表示市场聚合后的房地产市场非均衡模型，具体公式如下。

$$D_t = \alpha_0 X_{dt} + \mu_{dt} \ (t = 1, 2, \cdots, T) \tag{3-7}$$

$$S_t = \beta_0 X_{st} + \mu_{st} \ (t = 1, 2, \cdots, T) \tag{3-8}$$

$$Q_t = \frac{1}{2}(D_t + S_t) - \frac{1}{2}[(D_t - S_t)^2 + 4r^2 D_t S_t]^{1/2} \tag{3-9}$$

对于任意的 r，由公式(3-7)～公式(3-9)可得：

$$Q < \min(D, S)，且 \lim Q = \min(D, S) \tag{3-10}$$

以上各式中符号的含义同最小原则模型。

第三节　房地产市场的运行机制

一、房地产资产市场和物业市场的联系

房地产是一种耐用商品，具有消费品和投资品双重属性。将房地产市场看作两个市场，房地产资产市场(进行房地产的买卖是为了投资)和房地产物业市场(承租或购置房地产的目的是自己使用)。在房地产作为一种投资品时，资产(投资)市场决定其价格和生产；而作为一种消费品时，物业(空间)市场决定了房地产的租金水平。这两个市场是相互联系的。

房地产资产市场的英文名称有：Asset Market, Capital Market, the Market for Real Estate Asscts 等。在这个市场中，需求方是希望能拥有住宅的家庭和希望拥有其他房地产的投资者，影响需求量的因素包括价格和租金收入[1]，供给的来源是新建的建筑物，供给量的大小取决于房地产价格与重置成本之间的关系。在房地产资产市场中，供给和需求相等时对应的价格即为房地产的市场价格。从长期来看，有效的资本市场应该使房地产价格等于包含土地成本在内的重置成本。但在短期内，由于建设滞后和信息不充分等因素的影响，这两者之间常常相差甚远。例如，如果拥有物业的需求突然增加，而房地产资产的供给短时间内又是固定的，这肯定会导致物业价格上升。当房地产价格高于房地产开发成本时，开发商有

---

① 从本质上讲，投资者购买房地产资产的目的就是获得当前和未来收益的一组现金流。

动力去开发新的房地产项目。当这些新开发的房地产商品推向市场后，需求得到了满足，价格又开始回落直至接近开发成本。

房地产物业市场的英文名称有：Space Market, Property Market, the Market for Real Estate Use 等。在房地产物业市场中，需求来源于房地产使用者，这些使用者可以是租客或业主，也可以是企业或家庭。对企业来说，房地产是众多生产要素中的一种，和其他要素一样，其使用的数量取决于企业的生产规模、生产水平和使用成本。对家庭来说，住宅是其诸多消费品中的一种，家庭对住宅的使用需求量取决于收入水平、住房支出数量，以及这一数量与其他消费品(如食物、服装、文化娱乐等)的成本的比较。对于企业或家庭来说，使用物业的成本即获取房屋使用权益的年支出——租金。

租金是由房地产物业市场上的空间使用情况来确定的，而不是由房地产资产市场上的所有权价值确定。在房地产物业市场上，使用空间的供给量由房地产资产市场给定了，房地产的需求取决于租金和其他一些经济因素，如生产水平、家庭收入或家庭总数等。供给和需求相等时对应的租金即为物业市场的租金水平。当家庭数量增加或企业生产规模扩大而造成房地产需求增加，而房地产供给固定时，租金就会上涨。

房地产资产市场和物业市场在两个方面存在着联系：第一，在物业市场上被确定的租金水平决定资产市场的需求；第二，物业市场的供给由资产市场所决定。资产市场和物业市场中经济变量之间的联系可以在如图 3-3 所示的四象限静态模型中得到体现。每一个象限对应着一个方程，反映的是在市场均衡状态下，房地产的租金、价格、新建量和存量之间的相互依存关系。需要说明的是，这个模型只能表现在某一时点的市场均衡状态，而无法反映整个市场从不均衡逐渐调整的均衡的动态过程。

按照顺时针方向对图 3-3 进行解释，右侧的两个象限(第Ⅰ象限和第Ⅳ象限)代表空间使用的物业市场，左侧的两个象限(第Ⅱ象限和第Ⅲ象限)所有权的资产市场。

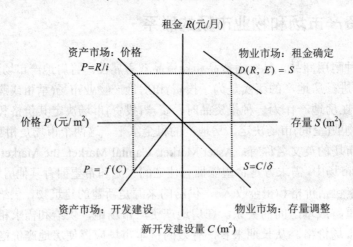

图 3-3　房地产资产市场与物业市场的联动关系静态模型

E—经济状况；D—需求；S—供给；i—资本化率；δ—损耗率；

C—新开发建设量(增量)；R—租金水平；P—房地产资产的价格

1. 第 I 象限

第 I 象限以存量为横轴、租金为纵轴，曲线描述的是在给定外部经济条件的情况下，对物业空间的使用需求如何随着租金而变化。从纵轴上可以看出，租金变化时所对应的物业需求数量。如果不管租金如何变化，家庭或企业所需要的物业需求数量不变(非弹性需求)，那么曲线会变成一条几乎完全垂直的直线；如果物业需求量相对于租金的变化特别敏感(弹性需求)，则曲线就会变成一条几乎完全水平的直线。如果社会经济状况发生变化，则整个曲线的位置会移动：当经济增长时曲线向上移动，表明在租金不变的情况下，物业需求会增加；当经济衰退时，曲线会向下移动，表明物业需求减少。

在平衡状态下，市场调整和确定适当的租金水平 R，使需求 D 等于供给 S。需求 D 是租金 R 和经济状态 E 的函数：

$$D(R,E) = S \tag{3-11}$$

如前所述，物业市场上的存量供给是由资产市场确定的。因此在图 3-3 中，对于横轴上的某一数量的物业存量，向上画一垂直线与需求曲线相交，然后从交点再画一条水平线与纵轴相交，按照这种方法可以找出与之对应的租金水平。在使用物业的这种租金水平下，进入第 II 象限。

2. 第 II 象限

第 II 象限代表了资产市场的第一部分，以租金和价格为坐标轴。以原点为起点的这条射线，其斜率代表了房地产资产的资本化率，即租金和价格的比值，是投资者愿意持有房地产资产的当前期望收益率。一般来说，确定资本化率需要考虑四个方面的因素：①整个经济体系中的长期利率，长期利率升高，则资本化率提高，反之亦然；②租金的预期增长率，预期增长率越高，资本化率就越低，反之亦然；③租金收入现金流的风险程度，一般来说，风险越高，资本化率就越高，反之亦然；④房地产税收政策，税收越优惠，资本化率就越高，反之亦然。

在这个象限中，资本化率被看作是外生变量，它是根据利率和资本市场上各种资产(股票、债券、短期存款)的投资回报而定的。因此，这个象限的目的是对于租金水平 R，利用资本化率 i 来确定房地产资产的价格 P，公式为：

$$P = \frac{R}{i} \tag{3-12}$$

房地产资产的价格通过以下方式得出，对于第 I 象限中的某种租金水平，画一条垂直于纵轴的直线直到与第 II 象限的射线相交，从交点再向下画一条垂直于横轴的直线，该直线与横轴的交点便是给定租金水平下所确定的资产价格。

3. 第 III 象限

第 III 象限是房地产资本市场的另一部分，描述了房地产价格与新建量(增量)之间的关系。曲线 $f(C)$ 代表房地产的重置成本(包括土地成本和开发成本)，假设新项目开发建设的重置成本是随着房地产开发活动(C)的增多而增加，所以曲线向左下方延伸。它在横轴(价格)的截距是保持一定规模的新开发量所要求的最低单位价格。如果重置成本不受开发数据的影响，则该曲线接近于垂直；如果建设过程中的瓶颈因素、土地的稀缺或者其他一些影响开发的因素导致供给非弹性变化，则该曲线接近于水平。影响重置成本的其他因素将会导致整个曲线的移动，重置成本升高将使曲线向左平移，重置成本降低将使曲线向右平移。

从第Ⅱ象限某个给定的房地产资产价格，向下垂直画出一条直线，再从该直线与重置成本曲线相交的这个交点画出一条水平线与纵轴相交，由纵轴交点便可以确定在此价格水平下的新开发建设量(平衡数量)，此时重置成本等于资产的价格。如果房地产新开发建设量低于此平衡数量，则开发商可以获取超额利润；反之，如果新开发建设量高于这个平衡数量，则开发商无利可图。所以，新的房地产开发建设量 C，应该保持在使物业价格 P 等于房地产重置成本 $f(C)$ 的水平上，即：

$$P = f(C) \tag{3-13}$$

4. 第Ⅳ象限

第Ⅳ象限描述了新开发建设量与存量的关系。年度新开发建设量 C 被转换成房地产物业的长期存量。在一定时期内，存量变化 ΔS，等于新建房地产数量减去由于房屋拆除(折旧)导致的存量损失，如果损失率以 δ 表示[①]，则：

$$\Delta S = C - \delta S \tag{3-14}$$

当物业的损失量与新开发建设量相等时(即 $\Delta S = 0$)，物业存量保持不变，即 $S = C/\delta$ 成立。第Ⅳ象限以原点为起点的这条射线代表了每年的新建设量正好等于物业的损失量时所对应的存量水平，即第Ⅳ象限假定了某个给定数据的新开发建设量，同时确定了假设在新开发建设量永远继续的情况下导致的存量水平。

对于图 3-3 的四象限模型，以上进行了 360 度的全方位分析。从某个存量开始，在物业市场确定租金；这个租金水平通过资产市场转换成物业价格；接着，资产价格导致形成一个新的开发建设量，再转回到物业市场，新的开发建设量最终会形成新的存量水平。当存量的初始水平与结束水平相同时，物业市场和资产市场达到均衡状态。假如存量的结束水平与初始水平之间存在差异，那么图 3-3 中的四个变量(租金、价格、新开发建设量和存量)的值将并不处于完全的均衡状态。假如初始存量低于结束存量，租金、价格和新开发建设量必须增长以达到均衡。

二、房地产市场的运行过程

利用图 3-3 四象限模型还可以解释宏观经济变量对房地产市场的影响。经济可能增长也可能萎缩，长期利率或其他因素的变化可能导致对房地产资产的需求发生变化，短期信贷能力或新出台的地区性房地产法规可能会影响房地产新增供给和重置成本。不论何种情况，都可以借助于四象限模型进行分析，都首先确认哪个象限受到直接的影响，然后分析其他象限的联动影响，最终达到一个长期的平衡。

例如，当经济增长时，第Ⅰ象限的曲线外移，最终的均衡状态将使得租金、价格、增

---

① 房地产市场的当期存量 S_t 是由上一期的存量 S_{t-1} 加上本期的新增建设量 C_t，再减去本期的损耗量 δS_t 构成的，因此有等式：$S_t = S_{t-1} + C_t - \delta S_t$，把 S_{t-1} 移项到等式的左边，得：$\Delta S_t = C_t - \delta S_t$，即 $\Delta S = C - \delta S$ 成立。

量和存量均上升；当长期利率下调时，风险降低，资本化率降低，第Ⅱ象限的曲线逆时针转动，从而使价格增加，增量和存量均上升，租金下降；当短期利率上升时，建设融资困难，政府规划限制变得更严格，导致建设成本上升，第Ⅲ象限的曲线向左平移，增量和存量下降，进一步地使租金、价格上升。

1. 经济增长和房地产使用需求

当经济增长时，第Ⅰ象限曲线外移，表明需求上升。当生产增加，家庭收入和家庭数量增加时也会出现这种情况。此时，如果房地产可供使用的量保持在一个不变的水平上，租金就会相应地提高。提高后的租金会导致第Ⅱ象限内资产市场价格的上升，从而促使第Ⅲ象限内房地产新的开发建设量的增加，最后导致第Ⅳ象限内房地产存量的增大。

如图 3-4 所示，新的市场平衡为虚线所示的矩形，处于原市场平衡线(实线所示矩形线)的外侧。此时，房地产市场上的租金、价格、增量和存量都有不同程度的增加。当然，这种增加并不一定是等比例的，新市场平衡线的形状取决于各条曲线的斜率。例如，假如开发建设相对于价格来说弹性很大，那么第Ⅲ象限内的曲线就会变得更垂直，此时房地产市场的租金和价格可能只有少许的增加，但市场的增量和存量可能会有很大的增长。当经济不景气时，房地产租金下降，对价格、增量和存量的联动反应与经济影响正好相反。

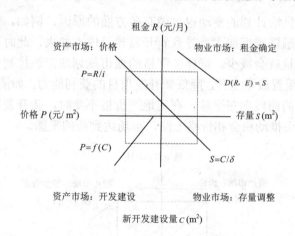

图 3-4　房地产资产市场与物业市场(物业需求增加)

2. 长期利率与房地产资产需求

资产市场的投资需求变化与物业市场的使用需求变化，两者对房地产市场组合的影响是不一样的。影响房地产资产市场的需求变化的因素很多，例如，当经济领域其他部门的利息率上升(或下降)，则相对于拥有固定收入的债券投资来说，房地产投资的当前收益率就会降低(提高)，使得投资者将其投资撤出(进入)房地产市场。当房地产的风险特性预计变坏(变好)，相对于其他投资来说，房地产投资的当前收益率就可能变得不足以(足以)补偿房地产投资所承担的风险。此外，政府对房地产投资收益的税收政策的变动也会影响房地产的投资需求。

如图 3-5 所示，当长期利率下调、预期房地产投资风险的降低或政府税收的优惠，会导致房地产资产投资需求的上升，第Ⅱ象限的曲线逆时针转动，如果租金固定不变，就会使房地产价格上涨，价格上涨又促使开发商开发新的房地产项目，最终导致房地产存量的增加和租金水平的下降，从而达到新的平衡。如果房地产投资需求减少，则会带来反方向的变化，即价格下降、增量和存量的减少、租金上涨。

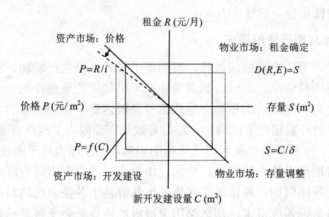

图 3-5　房地产资产市场与物业市场(投资需求的变化)

3. 短期信贷、开发成本和新增供给

房地产市场新开发供给计划的变动也可能有多方面的原因，例如，短期信贷资金利率高，开发商的开发项目融资难度加大，导致新开发建设成本加大，此时如果房地产价格不变，房地产新开发建设量就会减少。同样，严格的城市规划或建筑控制、高昂的拆迁安置或土地价格，都会导致重置成本上升，降低新开发项目的获利能力。如图 3-6 所示，重置成本的上升使得第Ⅲ象限的曲线向左平移，在房地产价格不变时，新开发建设数据减少，导致房地产存量减少，从而推动租金和价格上涨，市场达到新的平衡。

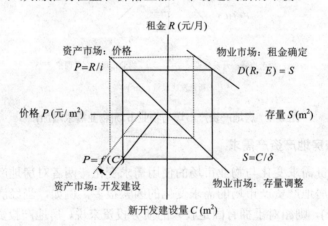

图 3-6　房地产资产市场与物业市场(重置成本变动)

在以上房地产资产市场与物业市场的联动分析中，均假设在其他市场因素不变的条件下，某单一因素的变化对房地产市场的影响。但是，由于社会经济因素变化的复杂性和特殊性，特别是国家经济高速发展时期，常有多个因素一起变动，这时对房地产市场的影响分析就变得比较复杂。例如，在经济高速发展的时候，对房地产的使用需求就会大大增加，

同时，资金供给短缺使长期贷款利率和短期贷款利率上调，其他投资市场收益率上升，使投资者对房地产投资需求减少，房地产开发成本增加使开发难度加大，开发获利能力降低，新开发项目减少。这众多因素的同时变化实际上已经不是单一因素变化的简单叠加，因此要找到房地产市场新的平衡点的难度就大大增加了。

第四节　土地市场的运行机制

一、土地市场的含义及特点

土地市场也称为地产市场，是以土地及其地上建筑物、附着物作为商品进行交换的市场。在我国，土地市场是指国有土地使用权单独或连同其地上建筑物、附着物以价值形态流通过程的集合。土地市场是市场经济的一个重要组成部分。

依据市场理论，在一定价格下，似乎所有的土地均可出售。但就现实的土地市场而言，市场供给只是土地总量中的待售部分。由于土地位置的固定性和土地市场的地域性，无法形成统一的市场价格，各市场之间地产增值、贬值等相互影响不强烈，价格只依赖于当地市场的供给和需求。土地市场交易中的权利受到一系列法律的约束，任何权利的申请、转移，都必须有依据。由于普通的土地买卖者不了解市场行情或缺乏经验，为了使价格公平合理，必须有地产经纪人为其提供服务。地产经纪人对土地市场行情有较充分的了解，也有丰富的经验，能促使交易顺畅进行，因而，这种服务通常也是收费的。

一般而言，土地市场具有以下特点。

(1) 地域性。由于土地位置的固定性，使土地市场具有强烈的地域性特点。在各地域性市场之间相互影响较小，难以形成全国性的统一市场。

(2) 不充分性。土地市场参与者不多，市场信息获得较难，使土地市场的竞争不充分。

(3) 供给滞后。土地价值较大，用途难以改变且开发周期较长。土地供给是根据前期需求确定的，当市场需求发生变化时，土地供给难以及时调整。

(4) 供给弹性较小。从总体上来说，土地资源一般不可再生，土地自然供给没有弹性，土地的经济供给弹性也相对较小。在同一地域性市场内，土地价格主要由需求来决定。

(5) 低效率性。土地市场是地域性市场，参与者相对较少，投资决策受价格以外的因素的影响较大，而且同一用途不同区域的土地具有较小的替代性，因而土地市场相对一般商品市场来讲，交易效率较低。

(6) 政府管制较严。土地是一个国家重要的资源，其分配是否公平有效，对经济的发展和社会的稳定具有十分重大的作用，因此各国政府都对土地的权利、利用、交易等作出较多的严格限制。

二、土地市场的运行机制

土地市场是依靠以价格形成机制为核心的市场机制的作用来运行的，土地价格的形成是由土地的供给与需求来决定的。土地的供求机制和价格决定机制是土地市场运行机制的核心。

土地供给是在某一特定时间内，在某一土地市场，某类用途土地在某一价格下可供出售或出租的数量，这是一种有效供给。美国斯坦福大学斯蒂格利茨教授在其编著的《经济学》中指出："供给概念说明家庭或厂商在一定价格上愿意出售的物品或劳务的数量"，"在不动产市场，假定生产成本维持固定的情况下，供给是在特定期间与特定市场，某类型不动产在不同价格可供出售或出租的数量"。土地市场是一个地域性市场，在不同的地域市场内，某一时期的某一土地价格下，土地的供给是不相同的。同时，土地的用途不同，就如同不同的商品，即使在同一地域市场内，其市场价格也是不同的，在某一价格下商业用地供给增加并不表明工业用地的供给也增加。

一般而言，无论市场上土地的价格如何变动，土地的自然供给是不变的，即土地自然供给基本无弹性。但是，由于土地用途是可以改变的，对某一用途的土地而言，土地的供给是可以变化的。例如，随着城市化进程的加快，城市人口迅速增加，城市对建设用地的需求急剧增长，从而引起城市土地价格上涨，导致城市周围更多的农业用地转化为城市建设用地。这就是土地经济供给的变化，即某一用途的土地在某一特定市场随着市场价格的变化，其市场供给也发生变化。可见，土地的经济供给是有弹性的。在市场价格不变的情况下，由于决定土地供给量的其他因素发生变化，供给也会发生变化。

决定土地经济供给量的因素主要有：土地价格、税收等政府政策、土地利用计划和规划、土地开发成本及机会成本、建筑技术水平等。一般情况下，某种用途的土地市场价格越高，其供给量越大；市场价格越低，其供给量越小。在土地市场实际运行中，供给的关键在于时间。由于土地开发投入的资金量较大，开发期较长，且土地用途在短期内很难改变，因此，土地的经济供给一般跟不上需求的变化，表现为滞后性。这样，在短期内，土地的经济供给也很难改变，表现为无弹性或弹性很小；但从长期来看，土地的用途是可以改变的，因此，土地的长期供给表现为有弹性。

土地需求是在某一特定时间内，在某一土地市场，某类用途土地在某一价格下被购买或租出的数量。对不动产而言，假定其他因素如人口、所得及消费者偏好维持不变的情况下，需求是在特定期间与特定市场，某类型不动产在不同价格被希望购买或承租的数量。在不同的地域市场内，某一时期的某一土地价格下，土地的需求是不相同的。不同用途的土地，即使在同一地域市场内，其市场类型也是不同的，如某城市商业用地市场和工业用地市场，在某一价格下商业用地需求的增加并不能说明工业用地的需求也增加。

土地作为一种生产要素，其需求是一种引致需求。由于土地的产品，如农产品、房屋等，是消费者的最终消费品，人们对其消费，能给投资者带来利润。消费者对土地产品的欲望和需求最终引致投资者对土地的需求。城市人口对城市住宅需求的增加，引致住宅价格的上涨，住宅价格上涨，使住宅投资利润增加，从而吸引更多的社会资金投资住宅生产，最终导致对城市住宅用地需求的增加。因此土地需求是有弹性的。

土地需求量的决定因素主要有：土地价格、消费者或投资者的货币收入和融资能力、土地投机、人口因素和家庭因素、消费者或投资者偏好、对未来的预期等。一般而言，土地价格越高，对土地的需求越小；土地价格越低，对土地的需求就越大。当消费者的货币收入增加，购买住房的能力增强时，对住宅用地的需求就增加。当投资者在社会上能更方便、更容易地获得资金，因而对土地开发的能力增强时，对土地的需求就增加。土地市场的投机程度及政府对投机的限制程度，城市人口的增加或减少，家庭单元的细化或融和，对不动产投资的偏好或者是否把土地投资当作抵御通货膨胀的手段等，都会引起土地需求量的变化。

土地价格和地租是由土地的供给与需求二者共同决定的。根据上述土地的供给和需求原理，在某一土地市场，当土地的价格持续上升，土地的供给量增加，但土地的需求量减少，最后该市场的土地供给量就会超过需求量，出现过剩，从而会使部分土地卖不出去，土地价格就会下降；相反，当土地价格持续下降时，土地需求量就会增加，但土地供给量就会减少，最后该市场的土地需求量就会超过供给量，出现短缺，从而会使土地价格上涨。需求与供给二者相互作用的结果，最终使土地的供给和需求会在某一价格上相等，这时，既没有过剩，也没有短缺，出现了市场均衡，这时的价格就称为均衡价格。

三、我国城市的土地市场

土地市场的主体是土地买卖双方，客体是土地，主体之间的种种利益关系构成了市场。价格是市场的中心，土地市场也可以说是土地供求双方为确定土地交换价格而进行的一切活动或安排。在土地市场交换的有土地所有权，也有土地使用权、租赁权、抵押权等。各国制度与法律不同，土地市场交换的内容也有所不同。我国 1982 年的宪法规定："任何组织或者个人不得侵占、买卖、出租或者以其他形式非法转让土地。"因此，在 1988 年宪法修改前不存在法定的土地市场。1988 年修改后的宪法规定：土地作为生产要素之一，可以进入市场进行流通，如土地使用权出让、转让、出租、抵押等。

根据《宪法》、《土地管理法》和《城镇国有土地使用权出让和转让暂行条例》的规定，城市土地属于国家所有，土地所有权不进入市场。国家只对国有土地使用权实行有期限的出让、转让和出租等。在土地使用权出让市场，也就是一级土地市场，土地的供给者只有国家，即国家对一级土地市场的供给进行垄断。每个城市每年要进入出让市场的土地数量、位置和用途等，都由各级政府根据市场需求和土地利用计划、规划等来确定。转让市场即二级土地市场则完全放开，土地供求双方根据市场行情自由转让、出租和抵押土地使用权。

(一)土地使用权出让市场

土地使用权出让是指国家以土地所有者身份的把土地使用权在一定年限内让与土地使用者，并由土地使用者向国家支付土地使用权出让金的行为。市场的主体，供给方是市、县级人民政府(受国务院委托)，需求方是中国境内外的公司、企业和其他组织和个人；市场的客体是国有土地使用权，通过出让取得的土地使用权，可以转让、出租和抵押。

我国现行国有建设用地使用权的出让方式就包括四种：拍卖、招标、挂牌和协议出让。我国法律规定土地使用权出让的最高年限是居住用地 70 年，商业、旅游、娱乐用地 40 年，工业、教育、科技、文化、卫生、体育用地或者其他用地 50 年。

土地使用权出让市场是一个垄断性很强的市场。土地的供给者只有一个，即国家。土地的供应量、供给时间和供给地点、土地利用条件等，均由国家控制。目前由于土地使用市场中大部分土地使用权是以协议的方式出让的，因此，市场价格基本上是由国家(市、县政府)控制的，市场机制的作用仍不是很强。对土地使用权出让市场，政府应逐步减少过多的干预，扩大招标拍卖范围，严格限制协议出让和行政划拨供地的范围。

图 3-7 所示描述了我国土地一级市场的供应机制，其中增量土地是指新征用而来的农村集体土地转化为城市国有土地，然后通过使用权出让或租赁进入土地市场的土地。土地征用是土地所有权从农民集体所有向国家所有(全民所有)转移的方式，这是获取增量城市土地的主要来源，也是我国唯一合法的土地所有权供给方式。

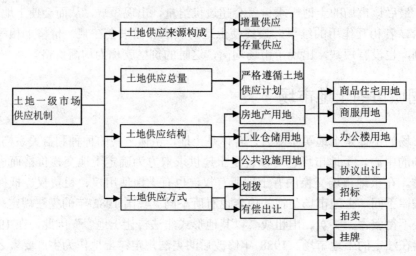

图 3-7　我国土地一级市场供应机制

城市土地供应总量严格遵循土地供应计划。城市土地供应计划是指城市政府每年制订的一个可操作性的土地供应计划，其内容不仅包括计划年度内土地供应总量，而且包括每一块土地的编号、位置、土地用途、出让方式和占用面积等。

城市土地供地方式主要有行政划拨和有偿出让，而有偿出让又有协议、招标、拍卖和挂牌等四种形式。国家土地使用权招标拍卖，是政府供应土地的重要手段，也是国有土地有偿使用的重要方式。我国今后将按照资源市场配置的基本原则，缩小划拨地范围，扩大有偿使用覆盖面，最终取消土地供应双轨制。除军事、保障性住房、特殊用地可以继续划拨使用外，其他用地均实行有偿使用。

土地使用权划拨是指县级以上人民政府依法批准，在土地使用者缴纳补偿、安置等费用后将该土地交付其使用，或者将土地使用权无偿交付给土地使用者使用的行为。依照《房地产管理法》规定以划拨方式取得土地使用权的，除法律、行政法规另有规定之外，没有使用期限的限制。

(二)土地使用权转让市场

土地使用权转让是指国有土地使用者将土地使用权再转移的行为，包括出售、交换和赠与。市场主体一方是拥有中国境内土地使用权的土地使用权人，另一方是中国境内外的公司、企业、其他组织和个人；市场客体是国有土地使用权，可以转让的土地使用权主要有如下几种。

(1) 通过出让方式取得的土地使用权和原行政划拨土地以补交出让金的方式取得的土地使用权。国家作价出资(入股)或授权经营土地使用权也属此类。这种土地使用权的转移要符合土地使用权出让合同所规定的期限和投资开发利用的条件。

(2) 土地承租人以租赁方式取得、按规定支付了土地租金并完成开发建设的承租土地使用权。

(3) 以转让的方式取得的土地使用权。土地使用权转让时，土地使用权出让合同和租赁合同中所载明的权利义务也随之转移。

土地使用权转让市场是一个竞争性市场，有多个土地供给者和多个土地需求者。转让方式和转让价格均由市场决定，市场机制的作用较强。

(三)土地使用权租赁市场

土地使用权租赁是指土地所有者或土地使用者作为出租人将土地使用权出租给承租人使用，由承租人向出租人支付租金的行为。

1999 年以前，土地使用权租赁仅是指以出让方式取得土地的土地使用权人再次出租土地的行为。在 1999 年国土资源部颁发的《规范国有土地租赁的若干意见》中规定："承租人在按规定支付土地租金并完成开发建设后，经土地行政主管部门同意后或根据租赁合同约定，可将承租土地使用权转租、转让或抵押。"

(四)土地使用权抵押市场

土地使用权抵押是指土地使用权人(抵押人)以其合法的土地使用权以不转移占有的方式向抵押权人提供债务担保的行为。土地使用者(土地使有权人)为获得资金，以自己合法取得的土地使用权向抵押权人担保，抵押权人不对设定抵押权的土地使用权直接占有和使用，而是仍由土地使用者(抵押人)使用并取得收益。当债务人不履行债务时，抵押权人有权依法拍卖抵押的土地使用权，并从拍卖所得价款中优先受偿。1999 年以前，土地使用权抵押仅是指以出让方式取得的土地使用权，随着 1999 年国土资源部《规范国有土地租赁若干意见》的发布，承租土地使用权也可以抵押。《城市国有土地使用权出让和转让暂行条例》规定："土地使用权抵押时，其地上建筑物、其他附着物随之抵押。地上建筑物、其他附着物抵押时，其使用范围内的土地使用权随之抵押。"

土地抵押市场与土地出让、转让市场相伴而生，逐步由弱小走向繁荣。由于土地开发需要大量资金，土地抵押成为土地开发商取得资金的主要途径之一。

本 章 小 结

房地产市场可以按区域、地上物类型、交易顺序和交易方式等不同的角度进行分类。由于房地产的特性，尤其是土地的特性，导致房地产市场有许多不同于一般商品市场的特点，主要表现为：区域性、供给调节滞后性、消费和投资的双重特性、市场不完全性、产权市场特性、金融高关联性和政府的强干预性。

房地产市场是依靠以价格形成机制为核心的市场机制的作用来运行的，房地产的供求机制和价格决定机制是房地产市场运行机制的核心。影响房地产供给的因素主要有：某一特定房地产的价格水平、生产要素的价格、开发商对未来的预期、开发商对自身竞争力的判断、政策因素。影响房地产需求的因素要比影响供给的因素复杂，除了价格、预期、政策等因素外，还包括社会经济发展水平和城市化水平、人口因素等。

房地产供给弹性是指由于影响供给的诸因素发生变化后，供给量作出反应的程度。房地产的需求弹性是指由于影响需求的诸因素发生变化后，需求量作出反应的程度。房地产的需求弹性主要包括需求的价格弹性、需求的收入弹性、需求的人口弹性和需求的交叉价格弹性。

房地产市场的供求均衡，包括均衡数量和均衡价格两种。均衡是一种理想状态，是暂时的、相对的，而非均衡是经常的、绝对的。非均衡是指非瓦尔拉斯均衡，即当市场不完善或价格体系不灵敏时所达到的均衡。房地产市场的非均衡模型一般有两种形式，即最小原则模型和市场聚合后的非均衡模型。

房地产是一种耐用商品，具有消费品和投资品双重属性。在房地产作为一种投资品时，资产(投资)市场决定其价格和生产；而作为一种消费品时，物业(空间)市场决定了房地产的租金水平。这两个市场是相互联系的。资产市场和物业市场中经济变量之间的联系可以在四象限静态模型中得到体现，每一个象限对应着一个方程，反映的是在市场均衡状态下，房地产的租金、价格、新建量和存量之间的相互依存的关系。利用四象限模型还可以解释宏观经济变量对房地产市场的影响。

在我国，土地市场具有地域性、不充分性、供给滞后、供给弹性较小、低效率性及政府管制较严等特性。土地的供求机制和价格决定机制是土地市场运行机制的核心。决定土地供给量的因素主要有：土地价格、税收等政府政策、土地利用计划和规划、土地开发成本及机会成本、建筑技术水平等。土地需求量的决定因素主要有：土地价格、消费者或投资者的货币收入和融资能力、土地投机、人口因素和家庭因素、消费者或投资者偏好、对未来的预期等。

我国现行土地使用权出让市场是一个垄断性很强的市场，土地的供给者只有一个，即国家。土地使用权转让市场是一个竞争性市场，有多个土地供给者和多个土地需求者。转让方式和转让价格均由市场决定，市场机制的作用较强。

复习思考题

1. 房地产市场有哪些特点？
2. 影响房地产供给的因素有哪些？
3. 影响房地产需求的因素有哪些？
4. 试分析房地产资产市场和房地产物业市场之间的联系。
5. 利用四象限静态模型，分析当经济增长时，房地产资产市场和物业市场的联动。
6. 土地市场有哪些特点？
7. 简述我国土地一级市场的供应机制。

第四章

房地产估价基本理论

【本章学习要求及目标】

通过本章的学习，了解地租与地价理论的发展；掌握地租与地价之间的关系；理解土地价值理论的发展；掌握房地产估价中的价值与价格的内涵；掌握西方房地产估价中的价值类型；了解主要的区位理论；掌握区位理论对房地产估价的指导；了解产权理论的基本概念；掌握我国房地产产权的概念体系。

第一节 地租与地价理论

从土地基本特性可知，我们要对房地产在一定权利状态和一定时点的市场价值作出推测和判断，首先需要理解土地价值的由来及构成、土地价值与价格之间的关系、土地区位及权利状态对土地价值的决定作用。

地租与地价理论是房地产评估的基本理论，主要论述了房地产资产价值的由来及构成。地租理论可以帮助我们了解土地资源和资产的重要性及房地产产权的特殊意义，也可以解释土地资源在各种用途之间的竞争和配置，对于认识地租与地价的本质特征及其发展规律具有重要的现实意义。

一、地租理论

(一)地租的概念

地租是一个历史范畴，其含义可以从不同层面上来理解。从广义的层面上来说，地租泛指土地所有者将其所拥有的土地及与土地相关的房屋或其他附着物租给他人使用所获取的报酬，是一种不限于土地的租金。狭义的地租，仅指土地的使用者租用土地所需支付的租金，是其所获得利润中超过平均利润的那部分。

就一般的特征来讲，地租是直接生产者在农业(或其他产业)中所创造的生产物被土地所有者占有的部分，是土地所有权在经济上的实现形式，是社会生产关系的体现和反映。正如马克思所讲的"地租是土地所有权借以实现的经济形式"。

(二)西方经济学的地租理论

人类进入资本主义时代以后，地租成为社会经济生活中日益重要而普遍的现象。因此，经济学家在资本主义制度发展的早期就开始对地租问题进行了研究。

地租理论在西方经历了一个产生和发展的过程，大体可以分为古典政治经济学的地租理论、庸俗政治经济学的地租理论和现代西方经济学的地租理论三个阶段。

1. 古典政治经济学的地租理论

1) 威廉·配第的地租理论

17世纪后期，英国古典政治经济学创始人威廉·配第(Willian Petty，1623—1687)对地租理论的形成和发展作出了开拓性的贡献。其最著名的经济学著作《赋税论》中最早提出了地租理论，认为地租是土地上生产的农作物所得的剩余收入，是劳动产品扣除种子、口粮及换取其他生活必需品后剩下的谷物，其实质是剩余价值的基本形态，并指出，由于土壤肥沃程度和耕作技术水平的差异以及产地距市场距离的不同，地租和地价也不同。级差地租概念，最初就是由配第提出的。他不仅提出由同等面积的土地，因土地的肥沃程度不同而产生级差地租，而且还提出由于距离市场的远近不同以及投在等量土地上的劳动生产力的差别而产生的级差地租。

2)　重农学派的地租理论

法国重农学派的代表安内·罗贝尔·雅克·杜尔哥(Anne-Robert-Jacques Turgot，1727—1781)在1766年发表的《关于财富的形成和分配的考察》一书中指出，由于农业存在一种特殊的自然生产力，所以能使劳动者所生产出来的产品数量，扣除为自己再生产劳动力所必需的数量还有剩余，这是自然恩赐的"纯产品"，也是土地对劳动者的赐予。这种纯产品是由劳动者用自己的劳动向土地取得的财富，但却为土地所有者占有，这就是地租。土地所有者之所以能不劳而获地占有"纯产品"(地租)，是因为他们拥有法律保护的土地私有权。杜尔哥初步揭示了地租与土地所有权的关系。

3)　亚当·斯密的地租理论

亚当·斯密(A.Smith，1723—1790)在经济学发展历史上，最先系统地研究了地租。他看到了地租是土地私有制发生以后出现的范畴。他在1776年出版的《国民财富的性质和原因的研究》一书中，指出地租是作为使用土地的代价，是为了使用土地而支付的价格。这个代价是产品或产品价格超过补偿预付资本的普通利润后的余额，土地所有者把它作为自己土地的地租而据为己有。

4)　大卫·李嘉图的地租理论

大卫·李嘉图(David Ricardo，1772—1823)作为英国古典政治经济学的理论完成者和杰出代表，运用劳动价格论研究地租，对级差地租理论作出了突出的贡献。他在1817年出版的《政治经济学与赋税原理》一书中，集中地阐述了他的地租理论。他认为，土地的占有产生地租，地租是为使用土地而付给土地所有者的部分。他提出地租产生需要两个条件：土地的有限性和土地肥沃程度及位置的差异。他认为，土地产品的价值是由劣等地的生产条件，即最大的劳动消耗决定的。因此，优等、中等地的产品价格，除补偿成本并获得利润外还有超额利润，因而形成了级差地租。这实际上是马克思论述的级差地租Ⅰ。对所谓的级差地租Ⅱ，大卫·李嘉图也作了考察，他认为，随着对产品需要的增加，要不断扩大种植劣等地，在"土地报酬递减规律"的作用下，新投入耕种的劣等地的产品决定产品价格，原耕种的土地就必然出现级差地租。但是，他否定了绝对地租的存在。

5)　詹姆斯·安德森的级差地租理论

英国经济学家詹姆斯·安德森(James Aaderson，1739—1808)最早研究了级差地租理论的基本特征。马克思称之为"现代地租理论的真正创始人"。安德森的级差地租理论主要包括三个方面的内容。①同一的市场价格是形成地租的前提，"等量谷物，不论它来自哪一个等级的土地，可以按照同一价格出售。"②他发现了土地肥沃程度不同而形成的级差地租，即级差地租Ⅰ。他认为，等量资本投入肥力不同的各级土地，产量不等，但是他们的产品是按照同一市场价格出售的。因此，耕种较为肥沃的土地所得的超额利润，转化为级差地租。③安德森还分析了级差地租Ⅱ，他指出："可是，如果租地农场直接依靠他花费的资本和他的努力得到较大量的产品，那就不能指望他能够把产品中几乎同样大小的份额当作地租来支付；但是，如果土地肥力在一定时间内稳定在同样高的水平上，尽管这块土地本来是靠他的努力才提高了肥力，他将乐于支付上述数量的地租。"他还指出："不是地租决定土地产品的价格，而是土地产品的价格决定地租。"安德森同样否定了绝对地租。

2. 庸俗政治经济学的地租理论

法国政治经济学的创始人让·巴蒂斯特·萨伊(Jean Baptiste Say，1767—1832)认为，价值是由劳动、资本和土地三个要素"协同创造"的，因此，每个要素都应得到相应的收入，即工人得到工资，资本家得到利润，土地所有者得到地租。

英国政治学家托马斯·罗伯特·马尔萨斯(Thomas Robert Malthus，1766—1834)提出，地租是总产品价格中的剩余部分，或者如果用货币来计算，是总产品价格中扣除劳动工资和耕种投资利润后的剩余部分。产生这个剩余部分的原因之一是土地的性质(指土地的肥力)，土地能生产出比维持耕种者的需要还多的生活必需品；原因之二是土地能引致对它自身的需求。例如，粮食的充裕可以加快人口增长，形成对土地新的需求，使粮食价格在支付各种费用后还有剩余，从而形成地租；原因之三是肥沃土地的相对稀缺性。其中土地的性质是剩余产品产生的主要原因。因此地租是"自然对人类的赐予"。

3. 现代西方经济学的地租理论

现代西方经济学的地租理论不再纠缠地租的社会属性问题，而将重点放在影响地租量的因素及地租量的决定等问题上，如西方经济学的代表人物之一保罗·安东尼·萨缪尔森(P.A.Samuelson)认为地租是使用土地支付的代价，土地供给数量是固定的，因而地租量完全取决于土地需求者之间的竞争。美国著名的现代土地经济学家雷利·巴洛维(R. Barlowe，1979—)在他的著作《土地资源经济学》中指出："地租可以简单地看作一种经济剩余，即总产值或总收益减去总要素成本之后余下的那一部分……各类土地上的地租额取决于产品价格水平和成本之间的关系。"

西方经济学将地租分为契约地租及经济地租。契约地租是指土地主人将土地或其他附着物出租，形成一种租赁契约，租用人按契约如期缴纳的租金。经济地租是依据理论分析，计算土地或其他生产要素所得的收益，除去利用土地过程中所支出的成本的剩余部分，即人们利用土地或其他生产资料所得中超出成本的那部分经济收入。这部分收入实际包括平均利润和超额利润两部分，前者为农业资本家所得，后者才是由农业资本家付给土地所有者的。

以上介绍的地租与马克思所分析的地租有着本质的区别。

(三)马克思主义的地租理论

马克思主义的地租理论是在批判古典政治经济学派，特别是大卫·李嘉图(David Ricardo，1772—1823)地租地价理论的基础上发展起来的。马克思肯定了古典政治经济学派亚当·斯密(Adam Smith，1723—1790)和大卫·李嘉图等人关于地租理论的正确观点，并对其错误的部分进行了批判。通过运用科学的劳动价值论、剩余价值论以及科学的利润理论和生产价格理论，对古典政治经济学派的地租进行了深入分析。马克思指出，资本主义地租是以资本主义土地私有制为前提的，是土地所有者凭借土地所有权不劳而获的收入，其特点在于土地所有权和使用权的分离。无论地租的性质、内容和形式有何不同，其都是土地所有权在经济上的实现。马克思把地租分为级差地租和绝对地租等形式，并指出这是资本主义地租的基本形式。

1. 级差地租

马克思认为资本主义的级差地租是经营较优土地的农业资本家所获得的，并最终归土地所有者占有的超额利润，其来源是产品的个别生产价格与社会生产价格的差额。因为这种地租与土地等级相联系，在等量投入的情况下，土地等级不同，土地收益便不同，地租额也不同，这样就形成了不同层次的地租，故称之为级差地租。

马克思认为，资本主义级差地租产生的条件，是土地自然条件的差别。土地的好坏不同，收入也会不同。但是，土地的自然条件不是超额利润的源泉，而只是超额利润的一种自然基础。资本主义级差地租产生的原因，是土地的有限性所引起的土地在经营上的垄断。级差地租来源于农业工人创造的剩余价值，即超额利润，它不过是由农业资本家手中转到土地所有者手中。另外，马克思将级差地租形成的条件分为三种：土地肥沃程度的差别；土地位置的差别；在同一地块上连续投资生产的劳动生产率的差别。马克思按级差地租的形成条件不同，将级差地租分为两种形式：级差地租的第一形态(级差地租 I)和级差地租的第二形态(级差地租 II)。

1) 级差地租 I

级差地租 I 是指农业工人因利用肥沃程度高和位置较好的土地所创造的超额利润而转化成的地租(即由前两个条件产生)。例如，假定有三块面积相同的土地，分成劣等、中等和优等三类。在各块地上投入的资本相等，各为 100 元(假定全部资本的价值转移到新产品中)，但产量不同，每公顷土地粮食产量分别为 $4t$、$5t$ 和 $6t$，优等和中等便会产生不同的级差地租。

2) 级差地租 II

级差地租 II 是指对同一地块上连续增加投资，使得各自投资的生产率不同而产生的超额利润转化的地租。在资本主义农业发展初期，农业劳动主要是手工操作，农业生产的发展主要靠扩大耕地面积，即把各个资本投入到并列的不同土地，实行粗放经营。因此，那时级差地租的主要形式是级差地租 I。后来，可开垦的土地日益减少，农业科学技术也不断发展，因此，进一步发展农业生产需要改变经营方式，即由主要靠扩大耕地面积改为主要在原有土地上追加投资，提高单位面积产量，也就是由粗放式经营改为集约式经营。与这一发展过程相适应，级差地租 II 日益成为级差地租的主要形式。

级差地租 I 和级差地租 II 虽然各有不同的产生条件，但两者的实质是一样的，二者都是由产品的个别生产价格低于社会生产价格的差额所产生的超额利润转化而成。级差地租 I 是级差地租 II 的前提、基础和出发点。

2. 绝对地租

绝对地租是指土地所有者凭借土地所有权垄断所取得的地租。马克思在分析级差地租时，为了说明级差地租而假定劣等土地是不缴纳地租的，但是，假如劣等土地不能给土地所有者带来任何好处，土地所有者就宁愿让土地荒芜，也绝不肯白白供农业资本家使用。所以，即使是劣等土地，也必须使土地所有者获得一定量的地租。因此，绝对地租是指土地所有者凭借土地所有权垄断所取得的地租。

二、地价理论

地价的本质是一种产权价格，是土地所有者让渡土地权利所要求的报酬，或者是放弃土地权利所应获得的补偿，是土地需求者获得土地权利所要付出的代价。

土地价格是购买土地所支付的货币数额。从土地价格的构成来看，土地价格应由三个部分组成——真正的地租、土地资本折旧及土地资本的利息，即三部分总和资本化为土地价格。

土地价格是购买土地收益——地租权力的代价。所以土地价格包括若干年的土地纯收益，即地租贴现值的总和，这部分是土地价格的主要构成部分，是由土地所有权的存在所决定的。经过人类长期开发的土地，凝结着人类的劳动，这种投入属于固定资产范畴，也要求通过土地经营的过程得到收回，且通常是以资本折旧和利息的形式在租金中得以体现的。

一般情况下，土地价格是指公开市场条件下形成的土地价格。无论是土地估价还是土地交易，其价格条件是指公开市场。事实上，在现实土地交易中，由于土地市场的特殊性，这种公开市场条件很难完全具备，这种价格也就很难形成。但是，它是一个很好的参照物，为各种价格的比较建立了标准。

地价理论揭示了土地价格的实质是一种权益价格，由于土地价格不是土地价值的货币表现，因此一般不依生产成本定价。在现实中，土地供给缺乏弹性，土地价格主要是由土地需求决定的，随着经济的发展、人口的增长，对土地的需求不断增长，因而土地价格呈总体上升趋势。由于各地的经济发展状况、市场发育程度不同，土地价格呈现强烈的区域性特点。这就使得土地价格一般是在地域性市场内根据其供求关系，形成各自不同的市场价格。

(一)现代西方经济学的地价理论

西方经济学关于土地价格的理论大多是在市场价格理论的基础上发展起来的，如以供求理论、土地收益理论等来分析土地价格。

1. 土地收益理论

土地收益理论认为，土地价格是土地收益即地租的资本化。其中，地租是指经济地租，即土地总收益扣除总成本的余额。土地收益是指：①正常情况下的土地收益。所谓正常情况是指有较好的生产能力、正常的经营管理能力和正常的年份。②处于最佳利用方向的土地收益。土地具有多项用途，测定土地价格时，必须用其处于最佳利用方向的土地收益。③土地纯收益。它是指扣除生产成本及一切赋税的总收益的剩余值。

美国土地经济学家伊利(R.T.Ely, 1854—1943)是土地收益理论的主要代表之一，他认为："土地的收益是确定它的价值的基础。"土地具有不同于其他生产资料的特点之一是，土地的使用可以不断地、年复一年地产生收益，这也就是土地年收益系列，或称为地租流。"把预期的土地年收益系列资本化而成为一笔价值基金，这在经济学上就称为土地的资本价值，一般称为土地的售价。"即土地价格就是土地收益的资本化。伊利同时认为，由于"未来收益不如现在收益那样受到欢迎，并且，未来的期限越远，就越不受重视。……为了求现利，情愿把将来的收益折扣出让。……这种折扣率……就是现行的利率。"

而关于土地收益与土地价格的关系，伊利认为，不是土地价格决定土地收益，而是土地收益决定土地价格。他说："应当注意，并不是资本价值决定收益，而是收益决定资本价值。"在实际估价中收益评估模型大都是以这一原理为依据的。土地的价格就是土地收益的资本化，用公式(4-1)和公式(4-2)表示。

$$土地价格 = \frac{土地收益}{利息率(或资本化率)} = \frac{经济地租}{利息率(或资本化率)} \tag{4-1}$$

$$土地收益(经济地租) = 土地总收益 - 土地总成本 \tag{4-2}$$

2. 土地供求理论

土地供求理论的代表人物有马尔萨斯(Thomas Robert Malthus，1766—1834)、萨伊(Jean Baptiste Say，1767—1832)、马歇尔(Alfred Marshall，1842—1924)、萨缪尔森(Paul A. Samuelson，1915—2009)等。他们认为，土地这一生产要素的价格完全由其需求来决定；在自由市场经济中，土地与其他商品一样，其价格取决于本身的供给和需求。土地供给增加，需求不变，则地价下跌；土地供给减少，需求增加，则地价上升。

在一般的价格决定中，土地的供给和需求都是能够变动的，价格是二者相互运动的结果。土地供给既非完全无弹性，亦非有无限弹性。土地供给受各种因素的影响而时刻在变动，如产业结构的变动、土地供应计划的改变等；土地需求亦随着经济的发展、人口的增加而变动。即使在地域性市场的短期分析中，二者的变动也同样存在。需求的扩大，致使价格上升，从而进入供给的土地数量增加，而价格的进一步上升，又会导致需求的减少，从而使价格回落。

因此，可以将土地收益理论和土地供求理论这两种观点下的土地价格理解为一种是土地的收益价格，另一种是土地的市场价格，是土地价格的两种不同表现形式。一般情况下，同一块土地的收益价格与市场价格是不一致的。由于土地供给弹性不足，土地需求日益增大，因此土地的市场价格通常要高于收益价格。

在土地私有制下，土地所有权可以买卖，土地所有者出卖土地，就是把收取地租的权利出卖给他人；购进土地，也就是买入别人收取地租的权利。因此，土地价格主要是指土地所有权的价格。对于我国城市土地来说，所有权属于国家，不允许买卖，因此土地价格主要是指土地使用权的价格。

(二)马克思主义的地价理论

马克思主义地价理论是马克思劳动价值论的具体运用。运用劳动价值论阐述土地价格及其形成过程，解释土地不是劳动产品却具有价格的原因。马克思提出"把土地物质和土地资本区别开来"，有助于我们把握土地价格的内涵。土地物质即土地资源，是土地作为自然资源的一部分，是上天对人类的恩赐，没有投入人类劳动。根据马克思的劳动价值理论，商品必须具备价值与使用价值，价格是商品价值的货币表现，价值是凝结在商品中的无差别的人类劳动，作为非劳动产品的土地资源部分虽然具有使用价值，但不具有劳动价值，因此无法通过价值确定土地资源的价格。针对这种情况，马克思又提出土地资源具有非价值形成的、虚幻的价格，"价格可以完全不是价值的表现。有些东西本身不是商品，例如良心、名誉等，但是也可以被它们的所有者出卖以换取金钱，并通过它们的价格，取得商品的形式。因此，没有价值的东西在形式上可以具有价格。……唯一必要的是它能够被人独占并且能够被人卖出。"因此，土地资源的价格取决于社会需要以及土地所有权的存在。

土地资本即土地资产，是通过人类劳动投入、凝结于土地之中的固定资产，具有使用价值和价值，土地资本价格是其价值的货币表现，在数量上表现为土地开发的成本加上平均利润。现实中，很难从地价中区分出土地资源价格和土地资本价格，但从经济理论上是能明显区别的：土地资源价格是土地权利在经济上的实现形式，土地资本价格是土地的投资及其带来的利息性地租的资本的收回。

比较马克思主义地租和地价的形成原因，发现地租和地价在本质上是相同的，即都是由于土地所有权存在而为土地所有者带来的经济收入，只不过地租按年支付，地价是一次性全部支付，因此地租和地价之间存在着某种内在的联系。在资本主义制度下，任何一定的货币收入都可以资本化，所谓资本化就是将一定的货币收入看作是一定资本的利息。因此，马克思指出"土地价格的实质是地租的资本化"，也就是说将地租按一定的利息率还原成一个资本量，就是土地价格，用公式表达为

$$土地价格 = \frac{地租}{利息率(或资本化率)} \tag{4-3}$$

(三)地价理论的运用

通过对地价理论的梳理和分析，接下来分析地价理论在现实中的运用，对现实经济活动中地价所呈现出的本质特性以及地价的发展规律进行总结。

1. 地价的本质特性

地价理论揭示了土地价格的实质是一种权益价格，由于土地价格不是土地价值的货币表现，因此一般不依生产成本定价。在现实中，土地供给缺乏弹性，土地价格主要由土地需求决定，随着经济的发展、人口的增长，对土地的需求不断增长，因而土地价格呈总体上升趋势。由于各地的经济发展状况、市场发育程度不同，土地价格呈现强烈的区域性特点。这就使得土地价格一般是在地域性市场内根据其供求关系，形成各自不同的市场价格。

2. 地价的发展规律

土地价格的总体发展规律是：总体上升，阶段性波动。

地价不断上涨是地价运行的总体发展趋势。具体来讲，地价的上涨主要有四种原因：投资性增值、供求性增值、用途性增值和货币政策性增值。所谓投资性增值，是指对土地进行直接、间接投资所形成的劳动价值的增加而使土地增值，从而引起地价上涨。其具体分为两种形态：一是宗地直接投资性增值；二是外部投资辐射性增值，即投资的外部性收益。所谓供求性增值，是指随着经济、社会的发展，对土地的需求日益增加，形成了相对无限的需求对相对有限的土地的争夺，造成供不应求程度不断加剧，引起地价上涨。供求

性增值的本质是由于土地的稀缺性，主要是土地物质部分的稀缺性造成的，因此又称为稀缺性增值。所谓用途性增值，是指当投资水平和供求状况不变时，现一宗地由低效益用途转为高效益用途时，由于收益水平提高，地价相应提高。所谓货币政策性增值，是指由于货币政策的变化引起地价的上升，例如，利息率受利润率下降规律的驱动而呈现下滑趋势，导致地价上升。

地价的阶段性波动也是地价的一般表现形式。地价的运行通常要受宏观经济周期或政府调节的影响。从市场内部来看，由于土地市场的调节具有滞后性，即需求取决于现有土地价格，而供给则取决于前一个时期的土地供给，因此也会导致地价波动。

三、地租与地价之间的关系

通过以上地租、地价理论的分析可知，地租与地价密不可分，是一个事物的两个方面。地租与地价本质上是一致的，只是形式不同而已。地租是地价的基础和出发点，地租理论对地价评估具有理论指导作用；地价是地租的货币表现和结果，是地租的定量化。地租和地价的关系是房地产估价的一个基本关系，折射出租金与售价的关系，也是房地产基本估价方法——收益法的直接理论来源。

地价具有强烈的区位性，而地租，尤其是级差地租与区位具有强烈的关系。因此，地租理论对房地产估价具有良好的指导性。

1. 绝对地租是土地价格的存在根源

绝对地租是土地所有权的反映，是土地所有者凭借土地所有权所取得的收益。无论土地区位和质量优劣，土地所有者都要求土地使用者支付一定的经济收益，即地租。城市绝对地租是由城市周边农用地的地租水平所决定的。

2. 级差地租是决定城市土地价格高低差异的主要因素

级差地租是城市地租的主要形态。级差地租Ⅰ是由不同区位所产生的不同水平的地租，例如，某些沿海、沿江区域，往往由于便利的自然交通条件，能够提供较其他区域更多的地租，形成较高的地价；同一城市的不同地段，如不同街道，由于其优越的区位、方便的交通和良好的商服条件，形成了较高的土地价格，这是级差地租Ⅰ的反映。

级差地租Ⅱ是由于对土地的连续投入所引起的地租量的差异，以致形成不同的土地价格。例如，耕地由于人类劳动，较荒地具有更多的地租；而城市中心的土地，往往由于较高的基础设施等的投入，其价格远大于郊区的土地价格。

第二节 价值与价格理论

一、土地价值理论

关于价值与价格的争论，尤其是对价值的本质的争论，在理论经济学中从未间断过。

在胡代光和高鸿业主编的《西方经济学大辞典》中对"价值争论"的解释为："关于价值的争论恐怕是经济学说史上历史最为悠久的理论争论之一,因为人们对于价值的看法从来就没有真正一致过。"关于土地价值(Value)理论,有不同的学说,主要包括马克思劳动价值论、西方经济学价值论、西方产权经济学价值论和资源环境经济学价值论。

(一)马克思劳动价值论

劳动价值论的基本思想最早来源于英国古典经济学威廉·配第(William Petty,1623—1687)的《赋税论》,其后亚当·斯密和大卫·李嘉图进一步完善和系统化,形成了古典经济学的价值论基础——劳动价值论,而后经马克思、恩格斯加以改造和完善,形成了马克思主义劳动价值论,认为劳动是价值的唯一源泉这一论断是其核心观点。

马克思在运用劳动价值论分析土地价值时,把土地区分为"土地物质"和"土地资本",认为自然存在而未经人类利用的土地是"土地物质";而经过人类利用成为生产资料的已利用土地是"土地资本"。土地物质是指土地的自然物与自然力,马克思对土地价格的考察是以劳动价值论为基础的,按其逻辑推理,没有价值的东西是没有价格的,作为未利用土地没有人类劳动,当然没有价值,自然也没有价格。但是马克思又指出:"因为土地是有限的,而有水力资源的土地更是有限的,……这种自然力的占有,在它的占有者手中形成一种垄断。"

而"土地是生产者的主要工具,因此生产者不管什么价格都必须购买它"。因此,作为未利用土地的土地物质是人类赖以生存和发展的物质基础,是稀缺的自然资源,具有重要的使用价值,在它被占有转让其产权时就有了价格,其价格是对土地所有权的报酬,是资本化的地租。土地资本是人类劳动的产品,既有价值也有使用价值,并能创造价值。土地资本来自土地经营使用者为改良土地、提高土地的产品价值和土地的使用价值而投入的,他追求资本的利息和利润。但土地资本不是独立存在的,是附属于土地物质实体上的,两者的结合使自然状态的土地物质变为生产资料,使自然土地变为已利用土地,使土地成为自然生态和社会经济等多属性的统一体。

根据马克思所说,未利用土地是原始的自然物,土地物质没有价值只有使用价值,其价格是"虚幻价格"。已利用土地是土地物质和土地资本的统一体,其价格包含两个方面:一是土地物质价格,即"虚幻价格";二是土地资本价格,即真实价格,或价值价格,这两种价格因素又"耦合"为一体,构成了完整的已利用土地价格。因此,土地价格由土地物质价格和土地资本价格构成。

(二)西方经济学价值论

自18世纪以来,西方相继出现了"要素价值论"、"效用价值论"和"均衡价值论",反对劳动是创造价值的唯一源泉,主张价值多元化,虽将价格与使用价值、价值与价格、价值与效用混为一谈,但都将这些所谓的"价值"集中在价格和使用价值上,从而构成了较为完整的价格理论体系。

1. 要素价值论

要素价值论的基本思想最早来源于英国古典经济学威廉·配第(William Petty,1623—

1687)的《赋税论》，在这本书中，他从使用价值角度考察了土地和劳动两个因素对商品价值的作用。后来，亚当·斯密(Adam Smith，1723—1790)吸收并发展这一思想，最后由法国经济学家萨伊(J.B. Say，1694—1774)和英国经济学家马尔萨斯(Thomas Robert Malthus，1766—1834)等人进一步深化完善。萨伊认为只有人的劳动才能创造价值是不符合事实的，他通过严密的分析表明，一切价值都来自人的劳动加上自然力和资本的作用，即劳动、土地、资本三个要素共同创造价值，这就是他的"三位一体"的公式。因此，他们提倡按贡献分配，认为资本、土地参与了价值的创造，也要参与分配，劳动获得工资，土地获得地租，资本获得利润。

2. 效用价值论

所谓效用价值论，就是认为效用决定价值的一种价值理论。它在历史上是作为一种和劳动价值论直接对立的理论而出现的，是古典政治经济学瓦解后出现的绝大多数西方经济学流派包括当前西方主流学派的理论基础。

效用价值论认为：人的欲望及满足是一切经济活动的出发点，物品的效用是物品能够满足人的欲望程度、满足人的需要的能力，价值则是人对物品能满足人的欲望的主观估计。效用是价值的源泉，稀缺性是价值的条件，边际效用规律是价值的一般规律，边际效益决定价值。

最早提出效用价值论并以此为基础形成系统理论的萨伊指出，所谓的效用，就是"某种东西所具有的能够满足人类各种需要的固有性质"，而"创造具有任何效用的物品就是创造财富，因为物品的效用就是它们的价值的基础，而它们的价值就构成财富"，"生产不是创造物质，而是创造效用"，"人们赋予任何东西以价值时，那是考虑到它的有用的特性，一点用处都没有的东西，他们是不给它价格的"。在萨伊看来，效用是物品满足人类需要的固有属性，物品的价值取决于效用，效用决定价值。有了这样的前提，就十分自然地得出结论：既然价值是由效用决定，而生产有效用的商品，除了需要劳动外，还需要资本和自然要素(土地)。因此，各要素应根据各自的贡献获得报酬(要素价值论)，商品价值是三种生产要素的函数。

萨伊的效用价值论主张决定价值的效用是商品的固有属性，被称为客观效用价值论。效用价值论存在"价值之谜"：为什么像水这样效用大的商品交换价值反而小，而像钻石这样效用小的物品反而具有较高的交换价值呢？从18世纪中叶开始，边际效用价值论(主观效用价值论)为解开这个谜提供了契机：决定水和钻石价值的不是总效用，而是其边际效用。"边际"即"新增"的意思，"效用"表示"满足"，通常可以理解为消费主体从一种物品或服务中得到的主观上的享受或有用性。边际效用是指消费者新增一单位时所带来的新增的效用，它决定着商品的价值。这样，商品的价值就变成了一种人的主观感受和主观评价。新古典经济学家威廉·斯坦利·杰文斯(William Stanley Jevons，1835—1882)认为经济理论是一种"愉快与痛苦的计算"，他说明理性的人们应该以每一物品的边际效用为基础来作出他们的消费决策。西方经济学理论认为：效用就是决策者对于决策后果(损益值)的一种感受、反应或倾向，是决策者的价值观和偏好在决策活动中的综合反映。

效用价值论的主要观点是：资产的价值由资产为其占有者带来的效用所决定，效用即意味着收益，效用越大，资产的价值就越高；资产的价值越高，价值的外在表现形式——

价格也就越高。针对土地这类特殊的资产，价值则是由土地为农民带来的效用所决定，同样，其效用与价值呈正相关。

3. 供需均衡价值论

很多经济学家如萨伊等较早地提出了供求价格论的思想，英国经济学家阿尔弗雷德•马歇尔(Alfred Marshall，1842—1924)将其完善和发展，使供需均衡价格论成为其经济理论的基础和核心。均衡理论认为在其他条件不变的情况下，商品的价值是由该商品的供给与需求共同决定的，即用均衡价格衡量商品的价值。马歇尔在吸收借鉴了其他学者生产费用论和边际效用论的基础上提出了均衡价格论，他用生产费用论说明供给的变化，用边际效用论说明需求的变化。根据边际效用递减规律认为需求价格是随着商品数量的增加而递减的。

均衡理论认为商品的价格是由市场上供给和需求的均衡点形成的。所以土地价格的形成也不例外，也取决于土地供求关系和供求规律。但由于土地资源的有限性，供给无弹性，在供给量不变的情况下，土地价格通常是由需求所决定的。

自马歇尔之后，西方经济学的主流就不再关注原来意义上的价值论，而是关注供需均衡价格论。凯恩斯(J.M.Keynes，1883—1946)及萨缪尔森(P.A.Samuelson，1915—2009)等，对其作了进一步的发展，通过借鉴气体分子运动理论和耗散结构理论对供需价格论作了自然科学的诠释。

(三)西方产价值论

产权理论是美国新制度经济学派("芝加哥学派")创立的，研究资本主义制度下产权的界定和交易的经济学理论体系。

最早比较系统的论述可追溯到古希腊学者亚里士多德(Aristotle,公元前384—公元前322)的《政治学》中，之后法国学者卢梭(Jean Jacques Rousseau，1712—1778)、英国古典经济学家亚当•斯密(Adam Smith，1723—1790)、李嘉图(David Ricardo，1772—1823)等，都对保护私人产权的必要性作过论述，科斯(Ronald H.Coase，1910—2013)使其进一步完善与发展。科斯发于1937年的《企业的性质》和1960年的《社会成本问题》，冲破了西方主流价格理论不研究产权关系的束缚，用交易成本理论论证了保护私人产权的必要性，促成了西方产权学派的形成，以至被某些人认为是给经济学带来了全新的理论思维视角，掀起了理论分析范式的革命。

科斯提出通过产权分析可以处理外部效应问题，并使资源配置达到帕累托最优状态。之后阿尔钦(Armen Albert Alchian，1914—2013)和德姆赛茨(Harold Demsetz，1930—)在《美国经济评论》上发表了《生产、信息费用和经济组织》一文，为丰富与发展产权理论作出了重要贡献。西方学者从各自的研究视角对产权的定义做出了不同的表述，但经济学界大多接受德姆赛茨的定义："产权就是使自己或者他人受益或受损的权利。"可见，产权是某人具有的特殊权利，表面是人与物的关系，实质是人与人之间的权利关系。产权经济学认为，资源的市场价格是资源的产权价格，只有在产权明晰的情况下，资源的市场价格才会等于相对价格。

产权是对特定财产完整的权利，是一束权利合集，它可以统一也可以分离，就土地产权而言，它是上述一系列财产权利束在土地中的集合体，从法制上确认土地所有制形式下土地所有者对土地所享有、占有、使用、收益和处分的权利。土地所有权、占有权、使用权、收益权和处分权是土地所有权的总和，它们可以相互结合，也可以相互分离而各自独立。

(四)资源环境经济学价值论

随着人口的增加、经济的发展、科技的进步以及人类生活水平的提高，人类面临前所未有的资源环境生态问题，人类所居住的地球面临着前所未有的资源环境生态压力。自然资源作为人类生存的重要基础，其价值并不是人类劳动所产生的，而是人类对资源的利用并引起资源稀缺以至生态环境问题等产生的。对于自然资源是否存在价值的问题已不是理论上无谓的争论，也不是经济学甚至是哲学意义上的论辩了，而是如何来科学地度量的问题了。

资源环境经济学起源于 20 世纪五六十年代，它从理性、最优化、均衡等基本假定出发，构筑环境资源的供求曲线和均衡价格，以福利经济学的外部性作为分析的理论工具，并把宏观经济理论引入环境问题的研究，主要从资源的稀缺性出发，来研究资源的定价、租金等问题，从而求得资源的永续利用。

环境经济学家克鲁第拉(John V. Krutilla，1922—2003)的《自然保护的再认识》一文首次提出了"舒适性资源的经济价值埋论"，他在他的论义中为自然环境资源的内涵件了经典的定义。另外，他还把自然环境资源的价值作了分类：使用价值、选择价值和存在价值。这个理论为后来研究舒适性资源的经济价值奠定了基础。随后他和费舍尔(Anthony C. Fisher)的著作《自然环境经济学：商品性和舒适性资源价值研究》(1989)，对自然环境资源经济价值评估的理论进行了完善。皮尔斯(Pearce)把环境资源的价值分类为：使用价值和非使用价值。另外又细分为直接使用价值、间接使用价值、选择价值和存在价值四种类别。

二、房地产的价格与价值

(一)房地产的价格与价值内涵

从以上理论分析可知，现代主流西方经济学者对马克思的"价值"和"价格"并未作严格区分，而是把其看作是完善的市场经济中，价值和价格达到和谐统一。人们在经济活动中一般简称的价值，指的是交换价值。

一种商品的使用价值，是指该种商品能满足人们某种需要的效用。交换价值是指该种商品同其他商品相交换的量的关系或比例，通常用货币来衡量，即交换价值表现为一定数量的货币或其他商品。任何物品能够成为商品，首先必须是有用物，能用来满足人们的某种需要。没有使用价值的东西不会被交换对方所接受，也就不能成为商品，不会有交换价值。所以，使用价值是交换价值的前提，没有使用价值肯定就没有交换价值。但是反过来不一定成立，即没有交换价值不一定没有使用价值，如空气。作为商品的房地产，既有使用价值也有交换价值。

西方房地产估价理论中一般所说的价值(Value)，也是指交换价值，是指房地产市场供需双方协同竞争并达到动态均衡的结果。房地产估价是对一定权利状态和一定时点的市场价值所作出的推测和判断。

价格(Price)表示在一定的交易条件下，某一特定的买者同意支付，同时某一特定的卖者同意接受的金额。价格一经确定，即是一种买卖或交易价格，代表一种交易，即价格是一种既成的事实。因此，价值是一定市场条件下供需达到动态均衡的反映，而价格是就某一商品达成的实际交易结果。

《国际资产评估标准(94、95 卷)》对价值的定义是：价值是指在特定时间，买方或卖方对商品或服务所值货币的估计值。价值是一个表示可购买的商品或服务与买卖双方之间的货币关系的经济概念，但价值不是一个事实，而是在一定时期内按照特定的价值定义对商品或服务所值货币的估计值。

(二)房地产的价值类型

在房地产估价中，价值有许多不同的含义，采用何种定义需要根据内容和用途来确定。例如某一块不动产，对买卖双方的价值与其对贷款人、保险协调员或者会计的价值均有所不同。这种情况之所以存在，主要原因在于价值本身是非常主观的事物。例如，房地产的买卖双方，具有根据其个人的愿望和需求衡量价值的倾向；而对于贷款人而言，房地产的价值概念，在更多的时候是和市场这一客观的观念联系在一起的，与相似房地产的挂牌价格以及估价对象最可能的销售价格相关联。而保险协调员的价值观点(根据政策)可能严格地与一旦发生火灾和其他灾害时，该建筑物的重置成本有关；会计人员则可能根据原始的购买成本、成本基数以及所谓的房地产账面价值考虑其价值。在所举的例子中，每一个权益方头脑中的价值概念都有所不同，而且这些概念均局限于各自的目的和定义。

在房地产估价中，价值的定义取决于房地产类型和估价目的。由于房地产估价中的价值与特定估价时点相对应，因此价值是资产、商品或服务对于买卖双方在特定估价时点货币值的体现。为防止概念上的混淆，西方房地产估价中依据估价目的将价值区分为市场价值(Market Value)、使用价值(Use Value)、投资价值(Investment Value)、持续经营价值(Going-Concern Value)、课税价值(Assess Value)等。市场价值是大多数房地产估价的核心，对市场价值的评估是大多数估价的目的。

1. 市场价值

大量的房地产确实是通过市场测量和比较的价格在公开市场交易的，在这种情况下，我们把这类价值称为市场价值。大多数正式估价是为了估计市场价值，因此，理解市场价值与其他价值的区别，以及为什么要评估市场价值非常重要。市场价值的概念对商业房地产活动极为重要。每年有大量的债务的权益资本进行房地产投资和抵押贷款领域，这些均建立在市场价值的基础上。房地产税、诉讼、立法也都与市场价值息息相关。实际上，从房地产行业的每个角度以及政府各个层次的法规来看，市场价值的评估都是经济稳定的根本。

市场价值被广泛地理解为"在自愿买方和自愿卖方的假定条件下，一宗房地产应该销售的价格"。然而，市场价值发展演变的经济和法律定义包含一些重要的额外标准。

美国联邦金融机构对市场价值的定义是：公平交易的条件下，买卖双方自愿的，充分掌握市场信息而且价格没有受到不适当刺激的情况下，某一房地产在竞争和公开市场中所体现的价值。在这一定义中所隐含的交易在特定日期完成，以及产权由卖方向买方的转移是在以下条件下完成的：买方和卖方通常是有动机的；买卖双方均掌握充分信息，买卖双方均自认为采取了利益最优的行动；在公开市场中允许合理的陈列时间；用现金支付或基于可比的融资计划；价格代表所售房地产的正常状态，没有受到特殊的或独特的融资以及与该房地产销售相关的人员所施与的销售妥协等的影响。

国际估价标准委员会的市场价值定义如下：市场价值是一宗房地产在经过适当的市场推广后，在估价时点由一个自愿的卖方出售给一个自愿的买方的正常交易中所形成的金额。在交易过程中，买卖双方掌握充分的信息、行事谨慎且没有受到胁迫。

美国估价学会价值定义特别工作组在区别市场价值、处理价值和清算价值时，对市场价值的定义如下。

(1) 交易发生在某一特定的时点。

(2) 估价对象房地产权利处在一个公开、竞争的市场中。

(3) 买卖双方的行为是谨慎和理智的。

(4) 价格是自发形成的。

(5) 买卖双方都有典型的动机。

(6) 买卖双方都以自身利益最大化为目标。

(7) 市场作用充分发挥，并且该房地产在公开市场上已经停留了一段合理的时间。

(8) 以现金方式支付，货币为美元或其他可比的财政货币。

(9) 价格代表的是正常条件下的房地产交易，不受特殊的融资方式或销售条件的影响。

综上所述，尽管关于市场价值的定义很多，但"市场价值来源市场参与者的共同价值判断"这一观点被普遍认可。综合以上分析，我们可以给出市场价值的定义：如果买卖双方是理性的、掌握充分的信息并以自身利益最大化为目标，同时假设双方均未受到不当的胁迫，则市场价值是某一特定的房地产权利在公平交易和完全竞争市场中已经停留了一段合理的时间后最可能实现的价格，无论该价格是以现金、现金等价物还是其他明确界定的交易方式表示。

为了给出与房地产用途和价值相匹配的价格，潜在的买方和卖方必须知道该房地产的用途和目的。即使在普通的市场中，买卖双方也缺乏来自房地产经纪人、销售人员以及估价师的专业建议，某一交易的双方均可能产生错误的价值观点，双方同意的价格也可能不代表市场价值。

利用市场价值这一概念，可以清晰地识别价格和价值，因此在估价中这些概念相当重要。价格不仅反映了交易的条款和条件，而且反映了买卖双方独特的，有时甚至是主观的动机。因此，市场价值是指以货币形式表示，信息互动的买卖双方在分开交易中所实现的房地产对一般大众的价值。总之，市场价值可以理解为在上面所提到的条件均具备的情况下，最有可能的销售价格。

大多数房地产估价的目的是估计市场价值。市场价值与其他价值类型的不同主要在于它是衡量房地产的交换价值，而不是使用价值。交换价值是指大众的价值，而不是对某一特定使用者的价值。

2. 使用价值

经济理论认为大多数的价值都可以归入两个基本类型，即使用价值和交换价值。

使用价值是指一个物品或物体对某一特殊使用者的价值。例如，距离某地区批发市场较近的住宅，对于经营批发生意的家庭来说，其价值就比一般公众要高。这种较高的价值对其使用者来讲是独一无二的，这就是通常所说的主观价值(Subjective Value)的概念。

交换价值是指一个东西对一般大众的价值。这种价值可以定义为客观价值(Objective Value)。只有那些在市场上经常买卖的物品和财产，才有交换价值，即"交换"货币或其他等价物的价值。

在房地产估价中，使用价值是指在保持当前使用状态下(而不考虑其他用途)时的房地产价值。例如，法律已规定保护农地、林地或其他城市边缘空地时，对这些地块的估价，也被称作使用中的价值，或现状价值。

《国际评估准则》(1997版)IVS 2中对现状价值(Value in Use)的定义是："现状价值是指某一特定资产对其所属企业的价值。此价值类型并不考虑资产的最佳最有效使用(Highest and Best Use)和资产出售时可能实现的货币价值。现状价值是某一项资产对于特定使用者特定用途的一种价值，因而也是与市场无关的一种价值。"现状价值是在现状使用下的价值。现状使用包括目前的用途、规模、档次等，它可能是最高最佳使用，也可能不是最高最佳使用。现状价值一般低于市场价值。但如果现状使用是最高最佳使用的，则现状价值等于市场价值。

在实际进行的房地产活动中，常常要求估价师考虑市场以外的其他类型的价值。其中，使用价值的概念建立在商品生产力的基础上。使用价值是某一特定房地产相对于某一特殊用途的价值。在评估使用价值时，估价师会关注房地产对其所从属的企业的贡献，而不是考虑房地产的最高最佳使用或其销售后所能实现的货币额。使用价值会依据房地产管理水平和外部条件(如营业环境)的改变而发生改变。例如，一个有特殊装配过程的加工厂，在装配技术改变前后，会有不同的使用价值。

房地产有使用价值和市场价值。例如，一个仍然被公司使用的旧工厂，对该公司来说具有相当大的使用价值，但对其他公司来说仅具有一个名义上的市场价值。

使用价值评估用于进行合并、兼并以及抵押担保时需要的资产(包括房地产)估价中。当工业企业拥有房地产时，有时也会采用使用价值的概念进行工业房地产的估价。

诉讼裁决和其他特殊的法令也可能会要求对使用价值进行评估。例如，美国许多州在对农场征收房地产税时，就要求进行农场的使用价值评估，而不是对建立在最高最佳使用之上的价值进行判断。

当对某一类不常进行交易或租赁的房地产进行估价时，很难决定市场价值的判断是否会得到合理的支持，这种有限市场可能会给估价师带来特别的问题。有限市场中的房地产是指在某一特定时点，潜在购买者相对很少的房地产，有时候是由独特的设计特征或变化的市场条件导致。大型制造工厂、铁路支线和研发类房地产都是这样的例子，其潜在的购买者极少。

许多有限市场的房地产包括因独特设计或使用了特殊的建筑材料或者限制了使用规划条件而导致效用受到限制的构筑物。这些房地产转换用途的能力有限，因此通常被称为特殊目的或特殊设计的房地产，如教堂、博物馆、学校、公共建筑和俱乐部等。

有限市场的房地产可以在其当前的使用状态或最可能的一种替代用途的基础上进行估

价。由于相对较小的市场，以及销售所需相对较长的市场停留时间，很少有证据来支持基于其当前使用状态的市场价值意见。它们与其他有充分市场交易的房地产的区别在于相关市场数据的可获得性。如果对于有限市场的房地产来说也存在一个市场，那么估价师就必须去竭力寻找支持市场价值的任何可获得的依据。

如果某一房地产当前的使用状态太特殊，以至于没有可以用来寻找依据的市场，但它的使用是可行的并能够继续，那么只要该委托允许提交市场价值以外的其他类型的价值，估价师可能会提供对其使用价值的意见。这种估价不应与市场价值的判断相混淆。如果没有可以寻求依据的市场，或数据不可得，那么估价师就不能形成对市场价值的判断，并且应在估价报告里予以说明。有时为了法律目的，在这种条件下提供对市场的判断是必需的，在这些情况下，估价师必须遵循法律的要求，依靠自己的判断作出估价，无论是否可获得直接的市场证据。需要注意的是，采用哪种类型的价值并不是由房地产类型、市场规模或发育情况，以及估价的难易程度决定的；估价的预期用途决定了采用哪种价值。如果委托人需要市场价值，那么估价师必须采用市场价值，而不能采用使用价值。

3. 投资价值

投资价值是指某 房地产基于投资需求针对特定的某一个或某一类投资者的特定价值。投资价值与市场价值不同，市场价值与具体的人是无关的和独立的。

使用价值关注的是某一房地产的特定用途，而投资价值则代表了某一特定房地产对特定投资者而言的价值。在估价委托中，投资价值是建立在个人(或企业)投资需求基础上的对于某一特定投资者而言的房地产价值。与市场价值不同，投资价值是相对于个体而言的价值，而不是市场范围的价值。

投资价值反映了某一特定投资与给定投资项目之间的主观关系。其含义与市场价值不同，尽管两者的数值有时很相近。如果投资者特别强调市场，那么此时的投资价值就等于市场价值。如果以现金计量，投资价值是投资者根据项目满足个人期望、需求和投资目标的能力而愿意支付的价格。为了判断投资价值，估价师必须了解详细的评估标准。房地产投资价值的评估标准不是由各投资者制定，而可以由房地产和投资评估的专家例如评估师确立的。

4. 持续经营价值

持续经营价值是指一个已设立且无期限持续经营的企业在整体出售时，所有有形和无形的资产的市场价值。

持续经营企业是指一个已设立正在运营的企业，该企业没有明确的未来寿命。对于某些类型的房地产(如旅馆、汽车旅馆、餐馆、保龄球馆、制造企业、运动俱乐部、垃圾处理厂)，房地产实体是持续经营企业的不可或缺的部分。这类财产(包括持续经营企业的全部有形和无形资产，就像整体销售那样)的市场价值通常被称为持续经营价值。估价师可能会被要求评估投资价值、使用价值或者其他类型的持续经营价值，但大多数持续经营价值的评估与市场价值无关。

传统上，持续经营价值被定义为已证实的财产的价值。新的持续经营价值的定义假定企业未来继续良好地运营(实际上这一点无法确定)；与此相反，清算价值则假定企业将停止运营。持续经营价值包括不同于房地产价值的企业经营带来的增值。持续经营价值包括正在运营的企业价值的无形提升，这是由土地、建筑物、劳动力、设备和市场营销的组合而产生的。这种组合创造了一个经济上可行、可以持续发展的商机。持续经营价值就是企业财产的全部价值，包括房地产价值和无形资产带来的企业价值。

从企业的总值中分离出土地和建筑物的市场价值可能比较困难，但美国联邦有关规定通常要求将房地产与非房地产的价值分开。当估价师不能有效地将房地产的市场价值与企业价值分开时，应当说明评估价值包含了房地产市场价值和企业价值，估价师无法对二者进行区分。

5. 课税价值

课税价值是指从价税表中的房地产价值，可能高于或低于市场价值，或者是市场价值的某个百分比。课税价值应用于从价税中，为税表中的房地产价值。课税价值可能与市场价值不一致，但它通常以市场价值为基础进行计算。

第三节 区 位 理 论

区位是人类经济活动所选择的地区、地点和场所，即在空间上的位置。区位经济理论简称区位理论，亦称空间经济论，是关于人类经济活动地域空间组合优化的理论。

区位论的发展大体经历了三个阶段：古典区位论，包括农业区位论和工业区位论，立足于单一企业或中心，着眼于成本和运费的最低，侧重于第一产业和第二产业；近代区位论，主要是中心地理论，立足于一定的地区或城市，着眼于市场的扩大和优化，侧重于第二产业和第三产业；现代区位论，立足于整体国民经济，着眼于地域经济活动的优化组织，侧重于第三产业。然而，古典和近代区位论始终是区位中最重要的方法论基础。

一、主要的区位理论

(一)农业区位论

农业区位论创始人是德国的经济学家冯·杜能(J.H.Von Thunen，1783—1850)，产生于19 世纪 20 年代至 30 年代，他的代表著作是《孤立国对农业和国民经济之关系》(简称《孤立国》)。

假设条件：在一个沃土平原的孤立国里只有一个位于中央的城市，是提供周围工业品的唯一场所，并从周围土地获得农产品，据市场供求，调整经营品种；交通的唯一工具是马车；农业经营以取得最大现金收益为目的。在这种假设条件下，提出各种产业按距离远近形成的杜能环，如图 4-1 所示。

孤立国理论建立了农产品生产地、农产品消费地的距离对土地利用类型产生影响的"孤立国"模式。在这个理论模式中，杜能系统地研究了围绕农产品消费中心(城市)的农业土地经营种类、经营强度以及应当如何安排土地利用的空间结构问题；初步阐明了区位地租的概念，认为不同地方对中心城市距离远近所带来的运费差，就决定了不同地方单一农产品的纯收益的大小，纯收益是市场距离的函数。

杜能认为，在什么地方种植何种作物最为有利完全取决于利润，即农业土地利用类型和方式取决于利润。而利润(P)则是由农业生产成本(E)、农产品的市场价格(V)与把农产品运到市场上的运费(T)等三个因素决定的，用公式表示为

$$P = V - (E+T)$$

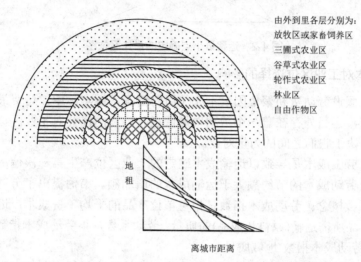

由外到里各层分别为：
放牧区或家畜饲养区
三圃式农业区
谷草式农业区
轮作式农业区
林业区
自由作物区

地租

离城市距离

图4-1 杜能环

"孤立国"在一定时期内市场价格固定；生产条件相同、成本固定，$P + T = V - E = K$，即利润只与距离有关。

解决问题：如何通过合理布局使农业生产达到节约运费，从而最大限度地增加利润。

从经济实质上看，杜能环的理论基础是农业位置级差地租。孤立国条件下的杜能环，是一种完全均质条件下的理论模式，完全的"孤立国"在现实中很少存在。杜能首先考察了河流的影响，其次考察了其他小城市的影响，最后考察了谷物价格和土质的影响。

(二)工业区位论

德国的经济学家阿尔申尔德·韦伯(A.Weber，1868—1958)是工业区位论的奠基人。

工业区位论的理论核心：工业企业理想区位应选择在生产成本费用最低点，而运输、劳动力及集聚是对企业生产成本费用起决定作用的因素。

1. 运费对工业区位选择的影响

韦伯认为：假设劳动费和聚集因素不起作用，工业企业自然应选择在原料和成品二者的总运费最小点的地方。

假设 M_1，M_2 为两个原料地，C 为市场地，在最小成本点 P 为最佳区位，如图4-2 所示。此为龙哈德的工业区位三角形，韦伯在此基础上依据燃料、原料的特性进行了进一步分析，说明 P 点的可能位置。

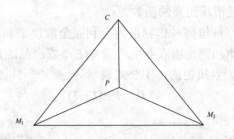

图 4-2　运费最小点确定的最佳区位图

2. 劳动成本对工业区位选择的影响

上述分析是假设劳动费和聚集因素不起作用的情况，而实际中，运费最低点不一定是生产成本最低点，当另外存在着一个劳动费最低点时，它同样会对工业区位施加引力。工业区位的确定取决于它们之间的力量对比。

韦伯认为：劳工成本是导致以运输成本确定的工业区位产生第一次偏离的因素。迁移厂址的前提是：劳动成本的节约额大于运输成本的增加额。韦伯提出了劳动成本指数、地域质量和劳动系数概念。劳动成本指数是指每单位产品的平均工资成本；地域质量是指每生产一个单位产品所需运输(原料和成品)的质量；劳动系数是指劳动成本指数与地域质量之比。劳动系数=劳动成本指数/地域质量。

凡劳动系数大的工厂企业，厂址的选择应离开运输成本最低点，偏向与劳动成本最低点，使劳动成本的节约额大于运输成本的增加额；反之亦然。

对劳动成本和运输费用的均衡，韦伯还用临界等费用线进行了分析。如图 4-3 所示，围绕总运输费用最小点 P 的封闭连线为等费用曲线，即在该曲线任何位置上从资源地 M_1 和 M_2 的运输费用与到市场 C 的运输费用总和相同。在这些等费用线中，与低廉劳动供给地 L 的劳动成本节约额相等的那条等费用线称为临界等费用线。

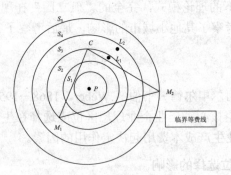

图 4-3　劳动费用最低区位图

在图 4-3 中，P 为运费最低点。如果在 L_1，L_2 处布局工厂，分别比 P(最小运输地点)处劳动费低 3 个单位。临界等费用线是标记为 S_3 的等费用线，因 L_1 临界等费用线的内侧，即增加运费低于节约的劳动费，工厂区位将移向 L_1 处。

3. 集聚因素对工业区位选择的影响

由于生产企业在特定场所集中(或分散)将带来生产成本的降低，使运费和劳动力定向的区位发生偏离。集聚与分散是相反方向的吸引力。

1) 集聚因素的作用

因为经营规模扩大或多种企业在空间上集中会产生集聚现象，引导企业生产成本降低，当集聚节约额大于运费增加额时，工厂将从运费最小点移向集聚地区，同样，当集聚获得的利益大于工业企业从运费最小点迁出增加的费用额时，企业就可以进行集聚。

如图 4-4 所示，两个工厂分别布局在费用最小点。假设两个工厂集聚可分别节约生产成本 2 个货币单位，但为得到这一集聚效益，工厂必须放弃原有的费用最小地点。当运费的增加低于 2 个货币单位，趋利性将引导工厂偏离运费最低点。

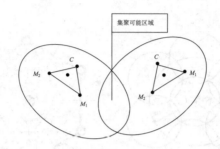

图 4-4 集聚可能区域图

图 4-4 中围绕各工厂的封闭连线，是因集聚利益而节约的成本相等的运费增加额曲线，即临界等费用线。在斜线部分两个工厂集聚可以带来 2 个单位成本的节约，并且又都在临界等费用线内侧，是最有可能发生集聚的区域。

为了判断集聚的可能性，韦伯提出了加工系数的概念，即加工系数等于单位区位质量的加工价值。该系数高的工业，集聚的可能性就大；相反，集聚的可能性就小。

2) 分散因素的作用

在聚集规模扩大的同时，地租与劳动力的价格会随之上涨，原料供应与产品销售距离也会随之增大。这些分散因素给聚集规模的扩大造成了某种阻力。当阻力增大到一定程度时，聚集的经济效益就会完全丧失，以致走向反面，这时分散因素的作用开始占上风。

(三)中心地理论

中心地理论是关于城市区域的一种理论，由德国地理学家克里斯塔勒(W.Christaller，1893—1969)首创。在他的重要著作《德国南部中心地原理》一书中，从城市中心居民点的商品供应、行政管理和交通运输等主要职能的角度，阐述了中心地的数量、规模、结构、形成过程和分布模式，系统地建立起了具有重大影响的中心地理论。

假设条件：在土地肥沃的均质平原上资源、人口分布均匀；人们的收入水平和消费方式一致；有一个统一的交通系统，同等级中心地交通便捷程度相同，费用与距离成正比；消费者和厂商都是经济人；平原上的货物不受任何关税或非关税壁垒的限制，完全可以自由流动。

克里斯塔勒探讨了中心地对周围地区担负中心服务的范围，为距离最近、最便于提供货物和服务的地点，应在于圆形商业地区的中心。他指出，对于一个孤立的中心地的市场而言，圆形是最合理的市场区图形，圆的半径是最佳的服务半径。但在多个中心地并存的情况下，圆形市场区不再是最合理的市场区图形，因为这时相邻中心地的服务范围会产生空白或重叠交叉，从而得不到效果。克里斯塔勒根据周边最短而面积最大和不留空当的弥合性原则，认为市场区最合理、最有效的图形是正六边形体系，如图4-5所示。

中心地提供的服务和货物有高级、低级之分，且一般低级的门槛较低，相应的服务范围也较小，高级的门槛较高，相应的服务范围也较大。克里斯塔勒认为，不同的中心地都能按照一定的规则排列成有顺序的等级体系，一定等级体系的中心地不仅提供相应级别的货物和服务，还提供所有低一级别的货物和服务，而且按市场原则、交通原则和行政原则形成不同的中心地等级体系。

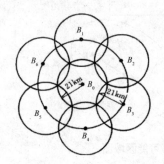 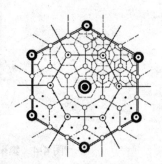

(a) 单一中心商品构成地的中心分布结构　　(b) 六边开网络的中心地系统

图4-5　克里斯塔勒的中心地体系

克里斯塔勒的中心布局设想如下。

(1) 各个大小城市及其市场区、各个大小商业中心及其市场区，形成了大小不同的层层六边形。

(2) 愈是高级地区，其所能提供的商品及劳务种类愈全，其中包括那些价格昂贵的高级商品；而低级中心则仅仅限于提供少数几种需求频率高的日常需要的消费品。

(3) 同一等级中心的市场区是相等的，因此两个相邻的同一等级中心之间的距离也是相等的，愈是级别低的中心，相邻两个中心之间的距离就愈短。

(4) 不同等级中心的市场区按市场原则、交通原则和行政原则，严格成比例。

(四)城市地域结构记

城市地域结构论，或称城市形态理论，其发源可追溯至杜能的农业区位论，即将杜能的农业土地利用圈层结构模式直接应用到城市土地利用方面，并形成阿兰索竞租原理。

城市的形成和发展取决于自然条件和社会经济要求。城市是劳动地域分工中的一个枢纽点，城市形态就是因其土地利用的内在差异而构成的一种地域结构。不同城市具有不同的形态，但又符合一定的规律。

城市内部一般可分为工业区、居住区、商业区、行政区、文化区、旅游区和绿化区等，各个功能区有机地构成了城市整体，但城市的性质、规模不同，以及离心力和向心力的差异，使内部结构的复杂性也不同。

城市地域结构诸要素中，最重要的是工业区、居住区和商业区。一般来说，工业区是城市形成和发展的主要动力,也是城市内部空间布局的主导因素;居住区是城市居民生活和社交文化活动的地方;商业区是城市各种经济活动特别是商品流通和金融流通的中枢。城市地域结构的各种组成要素,在空间布局上虽然可以划分出功能区,但并不是截然分开的,往往交叉和混杂在一起。例如,在居住区内往往有一些对居民生活影响不大或无污染的工业企业;而在工业区也常常有一些住宅和公共服务设施。

20世纪以来城市化过程加速,城市人口大大增加,用地规模不断扩展,城市内部的工业、交通、商业和居住区等布局结构日趋复杂。为了揭示和解释城市成长的规律,各国学者特别是美国学者对城市地域结构作了种种理论概括,归纳起来,主要有以下三种。

1. 同心带学说

同心带学说主要是由芝加哥大学的一些社会学家,特别是E.W.伯吉斯(E.W.Burgess,1886—1966)于1925年提出的。伯吉斯通过对美国芝加哥的研究,总结出城市社会人口流动对城市地域分异的五种作用力:向心、专门化、分离、离心和向心性离心。在这些作用力的综合作用下,城市地域产生了地带分异。按照这种理论,一般城市发展的结构形式可划分为五个圆形地带,如图4-6所示。

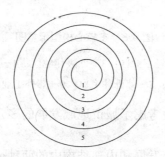

图4-6 同心圆模式示意图

1—中心商务区;2—中心边缘区(批发商业及轻工业);3—过渡区;4—一般家庭带;5—高级住宅带

2. 扇形(楔形)学说

扇形(楔形)学说是1939年由美国的H.霍伊特(H.Hoyt)提出。他认为城市的发展总是从城市的中心出发,沿着主要的交通干线或沿着阻碍最少的路线向外放射,沿交通线向外伸展的地区又有不同的特点,如图4-7所示。

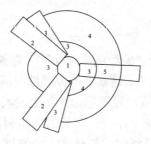

图4-7 扇形(楔形)模型示意图

1—中心商务区;2—中心边缘区(批发商业及轻工业);3—过渡区;4—一般家庭带;5—高级住宅带

扇形学说是从许多城市的比较研究中抽象出来的，在研究方法上比同心圆学说进了一步。但这种学说仍没有脱离城市地域的圈层概念，其最大的缺陷是依靠房租单一指标来概括城市地域的发展运动，忽视了其他因素。

3. 多核心学说

多核心学说是1945年由芝加哥大学著名地理学家哈里斯(C.D.Harris，1936—)和乌尔曼(E.L.Vllman)提出。根据作者分析，大部分人口50万以上的美国大都市都可分为：中心商业区、批发商业和轻工业区、重工业区、住宅区和近郊区，还有一些相对独立的卫星城镇，如图4-8所示。

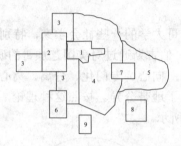

图 4-8　多核心模型示意图

1—中心商务区；2—批发、轻工业区；3—低级住宅区；4—中级住宅区；5—高级住宅带；

6—重工业区；7—公共设施；8—郊外住宅区；9—郊外工业区

哈里斯和乌尔曼的多核心说考虑了城市地域发展的多元结构，触及地域分化中各种职能的结节作用。

以上三种理论都反映了城市发展和内部结构中的两种彼此矛盾的趋向，即城市的离心倾向和向心倾向，但用来指导实践有一定的局限性。此外，还有将这三种学说互相中和的折中学说和三地带学说等。现代城市地域变动很大，很难用模式图的方法了解城市地域的本质，因此许多学者采用分析城市地域结构中存在的结节性和均质性这两个最基本的特性的方法，划分结节地域。他们认为城市地域中存在一些对人口和物质能量流动起到聚焦作用的结节点，这些结节点起作用的区域称为吸引区，而吸引区与结节点的组合就是结节地域。

二、新经济地理理论

20世纪90年代，被誉为天才的经济学家保罗·克鲁格曼(P. Krugman，1953—)将"经济学的手搭在了地理学的大门上"，这就是西方区域经济学领域的最新进展——新经济地理理论。1911年，克鲁格曼在《政治经济学杂志》上发表了论文《收益递增与经济地理》，对新经济地理理论进行了初步探讨，并在随后的一系列论著中进行了深入阐述。传统的区域经济理论主要建立在新古典经济学的基础之上，通过无差异空间、无运输成本等严格假定，提出相应的区位理论、区域增长理论等。克鲁格曼认为，以往的主流经济学正是由于缺乏分析"规模经济"和"不完全竞争"的工具，才导致空间问题长期被排斥在主流经济学之外。现在由于"规模经济"、"不完全竞争"等分析工具的发展，有望将空间问题纳入到主流经济学的范畴。"新经济地理理论"是将运输成本纳入到了理论分析框架之中，因为运输成本的减少会引发聚集经济、外部性、规模经济等问题，把这些要素融入到企业区位选择、区域经济增长及其收敛与发散性问题中，就会得出不同于传统理论的观点。

克鲁格曼的"新经济地理理论"主要研究"报酬递增规律"如何影响产业的空间集聚，即市场和地理之间的相互联系。他的基本观点是，产业在空间上的分布不均匀性是"报酬递增"的结果。现实经济生活中"报酬递增"现象广泛存在，而且可以应用到多个领域。例如，如果我们把一家工厂孤立地建在大荒原上，无论工厂如何做大做强，最终也逃脱不了"规模报酬递减"的命运。但是，如果我们把工厂建立在大城市里，情况就会大不相同，因为城市的规模越大，一般来说工业基础就越健全。这样，无论所建工厂在原料供给上有什么新要求，在生产工艺上有什么新标准，都可以在城市这个空间范围内得到满足。伴随着工厂的扩张和城市的发展，劳动生产率会越来越高，收益也随之提高，这样就实现了"报酬递增"。克鲁格曼认为这才是把握住了现代国际贸易的核心。

克鲁格曼运用了一个简单的"核心——外围"模型，分析一个国家内部产业集聚的形成原因。在这个模型中，处于中心或核心的是制造业地区，外围是农业地区，区位因素取决于规模经济和交通成本的相互影响。假设工业生产具有报酬递增的特点，而农业生产的规模报酬不变，那么随着时间的推移，工业生产活动将趋向于空间集聚。在资源不可流动的假设下，生产总是聚集在最大的市场，从而使运输成本最小并取得递增报酬。但需要注意的是，经济地理集中的形成是某种力量的历史过程。中心外围理论的意义在于，它可以预测一个经济体中经济地理模式的渐进化过程：初始状态时，一个国家的地理区位可能有某种优势，它对另一地区的特定厂商具有一定的吸引力，并导致这些厂商的工厂生产区位的改变；一旦某个区位形成行业的地理集中，则该地区的聚集经济就会迅速发展，并获得地区垄断竞争优势。

三、区位理论对房地产估价的指导作用

区位理论是研究特定区域内关于人类经济活动与社会、自然等其他事物和要素相互之间的内在联系和空间分布规律的理论。

土地作为人类一切活动的场所和载体，虽不可移动，但是，因为人们在其上从事的活动内容不同，使之在空间上表现出不同的利用类型。具有不同地租、地价的地块之间不仅有距离和方位特征，还具有确定的空间分布规律。而这些空间分布规律、变化演替过程及区位特征又都与各种地理要素和社会经济活动的影响有密切联系。因此，如果把土地作为区位论研究的客体，而把各种已有的地理要素和社会经济活动的空间配置作为区位条件，分析研究这些条件在土地上的分布和变化特点以及它们相互组合对土地发生的综合影响作用，就可以揭示城镇土地的空间变化规律及其数量特征，并根据土地区位条件的不同造成的区位空间差异，进一步评估出土地价格。

1. 区位理论指导整个城市规划，包括土地利用及城市建设工作

城市土地利用规划的实质就是人们自觉地运用区位规律、合理地安排土地用途的方向

和规模，以获取最大的效益。其原因在于土地的稀缺性、区位可变性、报酬递减性和经营的垄断性等。

从城市土地规划的角度看，必须重视土地区位的地域差异。土地的自然特性决定了自然条件和包括土地在内的自然资源的差异性，也就是不同地区的自然条件和资源条件是存在差异的，只有充分和合理地运用当地的各种资源条件才会使土地配置达到最佳状态。

区位经济差异是由自然条件和社会经济条件，即人们社会经济活动中的一系列因素造成的，城市土地规划只有符合土地区位规律，才会符合土地最优利用的原则，才能形成优化的区位。

(1) 住宅区位与城市规划。城市住宅建设的区位选择要服从城市土地利用总体规划和功能分区规划。各经济主体、居民对距离市中心远近不同的地段，愿意支付的地租数额是不一样的。在城市级差地租杠杆的调节下，住宅用地的区位选择有一定的向外移动的特性。

(2) 非住宅区位与城市规划。城市非住宅区发展规划要服从城市土地利用规划和城市发展总体规划的基本要求，城市非住宅区规划必须体现综合开发的原则，要突出公共建筑设施配套功能。

城市规划对房地产开发活动具有制约作用，房地产的开发方向、开发结构、开发强度、开发地段的选择等方面，都应该遵循区位理论以及城市规划的具体要求，以保障房地产开发项目取得合理的社会经济效益。房地产开发是房地产市场的新增供给者，最终通过供需均衡对房地产的价格产生影响。

2. 区位因素是决定房地产价格的关键要素，区位条件成为房地产估价最首要的因素

从区位理论来看，区位对城市土地起着极其重要的作用，是决定房地产价格的主要因素。在城市，由于土地区位不同，产生不同的使用价值，使得同类行业在不同的区位上获得的经济效益会相差很大，不同行业在同一位置上经济收益也相差很大。例如，同一条街道，临街或背街、临街宽度、临街深度等条件的差异，都会影响到商业用地的效益。区位优劣成为衡量地租、地价高低的标尺。它促使土地使用者在选用土地时，必须把自己所能在该土地上获得的区位收益与所需支付的区位地租进行比较，然后选择与其经济水平相适应的地段，从而使土地利用在地租、地价这一经济杠杆的自发调节下，不断地进行用途置换，从而使土地收益和租金趋向于最佳用途水平的合理的空间结构。因此，以区位理论作指导，从区位条件入手，用因果关系推理思路，根据各种条件下形成的区位类型(自然、经济和交通)对不同区位土地产生的影响，及其在空间上表现出的不同的使用价值和市场交易中形成的地价和土地收益，就能较准确地估算出土地价格。

不同区位之所以影响房地产价格，可以归纳为两个方面的原因：一个原因是由于区位是影响企业生产成本的重要因素，如区位不同，就会导致交通成本和土地开发成本的差异，从而影响企业的生产成本；另一个原因是区位也影响到土地使用者的方便程度，如基础设施和公共设施的完备状况均会影响土地的利用程度。

3. 区位理论是城镇土地分等定级的依据，是土地估价的基础

城镇土地分等定级是根据城镇土地的经济和自然两方面的属性及其在城镇社会经济中的地位和作用，综合评定土地质量，划分城镇土地等级的过程。城镇土地分等定级包括两

个方面，即城镇土地分等和城镇土地定级。

城镇土地分等是指通过对影响城镇土地质量的经济、社会、自然等因素进行综合分析，揭示城镇之间的土地在不同地域之间的差异，选用定量和定性相结合的方法对城镇进行分类排队，评定城镇土地等。土地等反映的是城镇与城镇之间土地质量的地域差异。分等的对象是城市市区和建制镇镇区土地。

城镇土地定级是指根据城镇土地的经济、自然两方面属性及其在社会经济活动中的地位、作用，对城镇土地使用价值进行综合分析，通过揭示城镇内部土地质量在不同地域的差异，评定城镇土地级。土地级反映的是城镇内部土地质量的差异。土地定级的对象是土地利用总体规划确定的城镇建设用地范围内的所有土地。城镇以外的独立工矿区、开发区和旅游区等用地可一同参与评定。

对于土地估价来说，城镇土地分等定级是基础，评出的等级是土地价格稳定的本质表现。城镇土地分等定级评定的是土地使用价值，土地估价是评定土地使用价值在市场上反映出的价格。一般来说，城镇土地的使用价值优、等级高，地价就高，反之，地价就低。

4. 区位理论是市场比较法的理论基础

房地产估价中的市场比较法，将估价对象与同一供需圈内近期已经发生了交易的类似房地产进行比较的一种估价方法。依据区位理论，在同一供需圈的类似房地产与估价对象才具有相互替代性。因此，在市场比较法中，需要进行区域因素修正，即对类似房地产相对于估价对象因区域条件差异而造成交易价格的差异进行剔除。区域因素修正是构成房地产所在地区特性并对地区房地产价格产生重要影响的区域性因素，如商服繁华程度、交通条件、基本设施等。

综上所述，区位理论主要反映了房地产估价的空间问题，从空间角度构成了房地产估价的基本理论。因此，房地产价格的空间问题，即从空间角度分析房地产及其价格问题，是房地产估价必须予以重视的，也是房地产估价能否客观正确地反映房地产真实市场状况和价格水平(Value)的前提。从这一角度出发，房地产估价并不是方法的应用，也不是对估价方法的机械套用，而是在从宏观上把握房地产市场状况以及空间结构的前提下，对估价方法的正确运用和对待估房地产价格的正确判断。

第四节　产　权　理　论

产权是人们(财产主体)围绕或通过财产(客体)而形成的经济权利关系，它是一定社会中人与人之间财产关系在法律上的表现。房地产产权是指房地产所有者对其所有的房地产享有的占用、使用、收益和处分的权利。

一、产权的概念

(一)物权的含义

房地产属于物权的范畴，所以我们首先应该对物权有一定的基本了解。物权是指民事主体在法律规定的范围内，直接支配特定的物而享受其利益，并得排除他人干涉的权利。物权包括所有权、用益物权和担保物权。物权的主要特征有以下五个方面。

1. 物权是支配权

物权是权利人直接支配的权利，即物权人可以依自己的意志就标的物直接行使权利，无须他人的意思或义务人的介入。此处的支配，是占有、使用、收益、处分权能的综合。具体来说，其包括两层含义：一是物权主体是特定的人，可以根据自己的意志依法对物进行占有、使用或采取其他支配的方式，任何其他人未经权利人同意，不得对其权利进行侵害或干涉；二是物权人无须征得他人的同意，可以以自己的意志独立支配其物。

2. 物权是绝对权(对事权而言)

物权的权利主体只有一个，权利人是特定的，义务人是不特定的第三人，且义务内容是不作为，即只要不侵犯物权人行使权利就履行义务，所以物权是一种绝对权。

3. 物权是财产权

物权是一种具有物质内容的、直接体现为财产利益的权利，财产利益包括对物的利用、物的归属和就物的价值设立的担保，与人身权相对。

4. 物权的客体是物

物权的客体是物，一般来说是具体物，不包括行为和精神财富。因为物权以有体物为支配对象，不仅是由物权的经济属性决定的，同时还是物权区别于知识产权等权利的一个重要标志。

5. 物权具有排他性

首先，物权的权利人可以对抗一切不特定的人，所以物权是一种对事权；其次，同一物上不允许有内容不相容的物权并存(最典型的就是一个物上不可以有两个所有权，但可以同时有一个所有权和几个抵押权并存)，即"一物一权"。应该注意的是，在共有关系上，只是几个共有人共同享有一个所有权，并非一物之上有几个所有权。在担保物权中，同一物之上可以设立两个或两个以上的抵押权，但效力有先后次序的不同。因此，共有关系以及两个以上抵押权的存在都与物权的排他性不矛盾。

(二)产权的概念

产权是社会经济生活中广泛应用的一个概念，但由于各学科使用的目的不同以及认识问题和研究问题的角度不同，不同学科对产权的解释和理解存在着差异。

一般认为，产权(Property Rights 或 Property Right)即财产权利，也称为财产权，有时又与所有权交替使用，是指存在或设定在一切客体之中或之上的完全权利。产权是人们(财产主体)围绕或通过财产(客体)而形成的经济权利关系，它是一定社会中人与人之间财产关系在法律上的表现。

在经济生活中，存在着各种各样的主体，而不同的主体或一个范围较大的主体的不同部分，对财产发挥的职能或作用是不同的。他们不仅与物质资料有不同的关系，而且通过自己的不同职能、作用，彼此之间通过物质资料形成一定的关系，这就是产权关系。

由此可见，产权的直接形式虽是人对物的关系，但实质上却是产权主体之间的关系。只有当人们在财产上发生了一定的关系，如排斥他人侵犯已为某些人占有的财产，或者在财产的支配、使用上进行一定的联系，人对物的关系才成为权利关系。

产权是一个复杂的体系，有时它指完整的产体体系，有时它指一组或一束产权(Property Rights)，有时它仅仅指单个的产权，有时它甚至是由某个产权派生或衍生出来的细小产权(Property Right)。例如，所有权包含了物权、债权，在股份公司出现后，出资者的所有权体现有股权，而股权还可派生出股票转换权、股票期权和配股权等。

任何一项产权，都包括了主体的权能和利益两个部分的内容。所谓权能，是指产权主体对财产的权利、职能或作用；所谓利益，则是指财产对主体的具体效用或所带来的好处。权能与利益互相依存，不可分割，存在着内在统一的关系。从产权主体来看，利益是取得权能的目的，有权是为了得利。权能是利益的存在前提和基础，有权才能有利。利益是权能行使的结果，有权就能得利。

产权包括和主体的责任、权利和利益。强调明确产权，不仅要明确规定产权主体对财产能做什么，还应包括他们不能做什么；明确他们可以做什么的同时，还要规定他们必须尽哪些义务和责任。因此，可以说产权是人们围绕一定的财产发生和形成的责、权、利的关系。

(三)产权的类型

大陆法系国家的民法，一般将产权界定为由物权和债权两种权利类型所构成的。物权直接基于物而产生，是当事人对物的权利，如所有权；而债权则是一方当事人对相对方当事人的权利，亦即相对方对该方当事人承担的义务，如租赁权。物权和债权构成了财产权利的"脊梁"。

物权包括自物权和他物权，如图 4-9 所示。自物权，即所有权。所有权是最重要最完整的物权，是权利主体对自己所有的财产依法享有的物权。他物权是所有权的派生权利，设定于第三人的物之上，包括用益物权和担保物权。用益物权主要有使用权、用益权、地役权和地上权等；担保物权主要有抵押权、典权和留置权等。

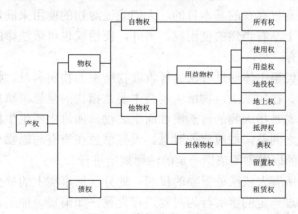

图 4-9 产权分类示意图

1. 所有权

所有权是所有人依法对自己财产所享有的占有、使用、收益和处分的权利。它是一种财产权，所以又称财产所有权。所有权是物权中最重要也最完全的一种权利，具有绝对性、排他性和永续性三个特征，具体内容包括占有、使用、收益和处置四项权利。

所有权的特征有以下几方面。

(1) 所有权的独占性。财产所有权是一种独占的支配权，所有人的所有权不允任何人妨碍或侵害，非所有人不得对所有人的财产享有所有权。

(2) 所有权的全面性。财产所有权是所有人在法律规定的范围内对所有物加以全面支配的权利。所有人对所有物享有占有、使用、收益和处分的完整权利，是最完整、最全面的一种物权形式。

(3) 所有权的单一性。财产所有权并非占有、使用、收益和处分四项权利的简单相加，而是一个整体的权利。

(4) 所有权的存续性。法律不限制各项财产所有权的存续期限。

(5) 所有权的弹力性。财产所有权的各项权能可以通过法定的方式或合同约定的方式同作为整体的所有权相分离，例如设定他物权。

所有权的内容有以下几方面。

(1) 占有，是指所有人对物的实际控制的事实状态。占有权是指对所有物加以实际管领或控制的权利。

① 所有人占有和非所有人占有。所有人占有是指所有人在行使所有权过程中亲自控制自己的财产。非所有人占有是指所有人以外的其他人实际控制和管领所有物。

② 合法占有和非法占有。这是对非所有人占有的进一步分类。合法占有是指基于法律的规定或所有人的意志而享有的占有权利。非法占有是指无合法依据亦未取得所有人同意的占有。

③ 善意占有和恶意占有。这是对非法占有的再分类。善意占有是指非法占有人在占有时不知道或不应当知道其占有为非法。恶意占有则是指非法占有人在占有时已经知道或应当知道其占有为非法。

(2) 使用，是指依照物的属性及用途对物进行利用，从而实现权利人利益的权利。所有人对物的使用是所有权存在的基本目的，人们通过对物的使用来满足生产和生活的基本需要。所有人在法律上享有当然的使用权，另外，使用权也可依法律的规定或当事人的意思移转给非所有人享有。

(3) 收益，是指民事主体通过合法途径收取物所生的物质利益。收益权即民事主体收取物所生利益的权利。在民法上，物所生利益主要是指物的孳息。孳息包括天然孳息和法定孳息两类。天然孳息是指因物的自然属性而生之物，如母牛所生牛犊；法定孳息是指依一定的法律关系而生之利益，如股票的股息。天然孳息在没有与原物分离之前，由原物所有人所有；法定孳息的取得则需依据一定的法律规定进行。

(4) 处分，是指所有人依法处置物的权利。处分包括事实上的处分和法律上的处分。事实上的处分是指通过一定的事实行为对物进行处置，如消费、加工、改造、毁损等；法律上的处分是指依照法律的规定改变物的权利状态，如转让、租借等。

2. 用益物权

用益物权是以物为标的使用、收益为内容的物权，是物权学理上的一种分类，与担保物权相对应。

(1) 用益权，是指对他人之物使用和收益的权利，以保存物的本体和基本条件。除处分权之外，用益权人具有与所有人相同的权利。

用益权具有以下主要特征：①用益权是物权的一种，具有权利的对抗性和独立性；②用益权具有时间性，即用益权的续存总是暂时的，永久性权利不能成为用益权；③用益权是所有权的派生权利，用益权人具有对物的使用、收益、管理和部分处分的权利，具有维护物的正常状态和不改变物的用途的义务。

(2) 地役权，是指为另一所有人的不动产之使用或需要而对某一不动产所强加的负担，亦即地役权是施加于不动产(称供役地)的负担，以使其他不动产(称需役地)获益的一种物权。地役权必附设于土地，是一种永久性的权利。同时，地役权也是一种自身不可分割的权利。

(3) 地上权，是指对他人所有土地之上(建筑、树木)或之下(隧道、地下仓库、泊车位等)行使的一种物权，但并非是对土地的权利，即地上权人不拥有土地所有权，但具有对土地使用和收益的权利。

(4) 使用权，是用益权的一种。使用权赋予权利人及其家属对财产进行使用及获得必要的收益的权利，使用权人行使权利被限制在权利人的范围之内。因此，物权概念中使用权的范围是较狭窄的。我国城镇土地有偿使用权具有其特殊性，较物权之使用权的概念广泛得多，是一种类似于所有权权能而在某些权能方面有所削弱的物权。

3. 担保物权

担保物权从属于债权，是对债权效力的加强。担保物权赋予债权人就设定担保的财产的优先受偿权(即使债务人已将财产转让)。但担保物权不是一种直接对物的权利，而仅是一种对物的经济价值的权利。房地产担保物权中最重要的是抵押权。抵押权是债务人或第三人以其不动产所有权作为债务的抵押物，当债务人不能履行债务行为时，债权人可将抵押物变现并享有优先受偿的权利。

4. 债权

债是特定的当事人之间请求特定行为的民事法律关系。债不仅指借贷关系，而且还是通过合同、侵权行为等法律事实所产生的人与人之间的权利与义务关系。债权则是指一方当事人对相对方当事人的权利，即相对方对该方当事人承担的义务。债权亦即"对人"，与物权之"对物权"相对。债权反映了两人之间，即以物为对象的债权人与债务人之间的关系，债权不直接指向物，但其包括债权人对抗债务人的权利和债权人扩张至债务人全部财产的权利。

(三)房地产产权的概念

房地产产权是指将房地产这一不动产作为一种重要的特殊的财产而形成的物权，是依照国家法律对其所有的房地产享有直接管理支配并享受其利益以及排除他人干涉的权利，包括房地产所有权和房地产他项权。

房地产产权具有绝对性和排他性。绝对性是指只有产权人才具有对房地产的充分、完整的控制、支配权，以及从而享有的利益；排他性是指产权人排除他人占有、干涉的权利。这种权利包括直接的物权，也包括由此派生的典权、抵押权等他项权利。

房地产所有权是房地产所有人在法律规定的范围内，独占性地支配其所有财产的权利。房地产所有人可以对其所拥有的房产行使占有、使用、收益、处分的权利，并可以排除他人对于其财产违背意愿的干涉，它是一种最充分、最完整的财产权或物权。

房地产所有者对其所有的房地产享有占有、使用、收益、处分的权利，并将其称为"权利束"（Bunch of Rights）。

(1) 占有。所谓占有，是合法取得和拥有的意思。它是指事实上对房地产的控制和支配。占有是房地产产权的基本内容。占有房地产的可以是所有者本身，也可以是非所有者通过合法手续对房地产的占有。

(2) 使用。所谓使用，是指房地产的占有者按照房屋的性能及使用价值对房屋合理地加以利用。房地产的权属所有人可以自己行使使用权，如自住、自用等；也可以依据一定的条件把房地产的使用权转让给他人，如出租、出借、抵押等。

房地产的使用权和占有权是密不可分的，没有占有权，使用权就失去了存在的基础，而使用权又可以从所有权中分离出来，即有使用权不一定就有所有权，但却一定有占有权。

(3) 收益。所谓收益，是指房地产所有权人按照法律规定，从履行权利义务关系中得到的权益，如出租房屋收取的租金。房地产收益是房地产所有权内固有的要求，它是所有权实现的重要途径之一。

(4) 处分。所谓处分，是指房屋所有权人在法律允许的范围内，根据自己的意志，对房地产进行处理的权利，如依法对自己所有的房地产出售、赠与、抵押、变换等。

二、房地产产权体系

房地产产权属物权范畴，依据物权的法定原则，房地产产权的各类、内容和方式必须由法律明确规定，不允许当事人自由创设。依据我国房地产产权法律制度，地产和房产分别设定权利：土地实行公有制，即国家所有和集体所有；非土地所有人的房产所有者只有房屋所有权，对房屋使用范围内的土地只有土地使用权。同时，我国实行房、地权利一致原则，即拥有了土地使用权便获得了建筑在该土地上的房屋所有权；反之，拥有房屋所有权也就同时拥有了该房屋使用范围内的土地使用权。而且，当以房地产进行抵押时，房屋所有权与该房屋占用范围内的土地使用权亦同时抵押。

房地产所有权是指房地产所有人依法对自己所拥有的房地产享有占有、使用、收益、处分的权利，即房地产所有人可以在法律规定的范围内独占性地支配其所有财产的权利，并可以排除他人对于其财产违背其意志的干涉。房地产所有权具有同其他财产一样的法律特征和权能。房地产所有权包括土地所有权和房屋所有权。

(一)土地所有权

土地所有权是土地所有者对自己所有的土地依照法律规定享有完全的占有、使用、收益和处分，并依法排除他人干扰的权利。土地所有权是土地产权制度在法律上的体现。我国实行土地社会主义公有制，即全民所有制和劳动群众集体所有制，习惯称之为国有土地和集体所有土地。

1. 国有土地

国有土地是最完整、最充分的占有、使用、收益和处分的权利。这不仅表现为土地所有权的本质——绝对性、排他性和永久性，而且体现于其无限制性，即国有土地为国家最高法律所确认和保护，拥有对国有土地的最终处分权。与此相对，即使是最完整的土地私有制国家，其私有土地所有权也会因公共利益的需要而受到法律的限制。例如：交通运输和电力输送导致大量的地役权的产生；电话、电信等现代通信方式对于土地所有人享有的"空间"权利的大量限制；航空技术毫无疑问地只有在"牺牲"土地所有人的"空间"的权利的前提下才能获得发展。

国有土地所有权的主体具有唯一性，即中华人民共和国，其所有权由国务院代表国家行使。

国有土地所有权的客体具有多样性，主要包括以下几方面。

(1) 城市市区的土地。

(2) 农村和城市郊区中已经依法没收、征收、征购为国有的土地(依法划定确定为集体所有的除外)。

(3) 国家依法征用的土地。

(4) 依法不属于集体所有的林地、草地、荒地、滩涂及其他土地。

(5) 农村集体经济组织全部成员转为城市居民的，原属于其成员集体所有的土地。

(6) 因国家组织移民、自然灾害等原因，农民成建制地集体迁移后不再使用的原属迁移农民集体所有的土地。

国家实行土地所有权与使用权相分离的原则，国有土地实行有偿、有限期使用制度，通过有偿出让的土地使用权可以依法进入土地(房地产)市场，但行政划拨的国有土地使用权除外。

2. 集体所有土地

集体土地所有权是我国土地公有制的另一表现形式。农村和城市郊区的土地，除由法律规定属于国家所有的以外，全部属于农民集体所有；宅基地和自留地、自留山，属于农民集体所有。

农民集体所有的土地依法属于村农民集体所有的，由村集体经济组织或者村民委员会经营、管理；已经分别属于村内两个以上农村集体经济组织的农民集体所有的，分别由其农村集体经济组织或者村民小组经营、管理；已经属于乡(镇)农民集体所有的，由乡(镇)农村集体经济组织经营、管理。

集体所有土地同样具有对其土地享有占有、使用、收益和处分的权利，但其权利的完全性和充分性在一定条件下受到一定的"限制"，国家因公共利益的需要，可以依法对集体所有的土地实行征用。

集体所有土地的限制表现为以下几方面。

(1) 国有土地与集体所有土地存在让渡，但只能是单向的，即由集体所有土地通过法定程序征用为国有土地，而不能相反。这是我国唯一的土地所有权让渡形式。但是，这种让渡不管是征用还是征收，并不是市场意义上的所有权的让渡。

(2) 集体所有土地的最终处分权属于国家。如国家因铁路、公路等大型交通设施或其他基础设施如环境保护等建设的需要而征用集体所有土地的，集体土地所有单位应服从国家建设和发展的需要，同意征用，具有明显的强制性；集体土地所有权不能转让，但可以承包，既可以承包给本集体经济组织的成员，也可以承包给本集体经济组织以外的单位或个人；集体所有土地只能经征用转化为国有土地后，才能出让、转让，从而进入土地(房地产)市场。

(3) 集体所有土地的经济利益得不到应有的保证。尽管对集体所有土地的征用有一定的经济补偿，但仅仅是补偿，并非是对等的经济交换关系，也不会考虑实际市场情况及其发展趋势。然而，土地的价格主要是由土地未来能给所有者或使用者可能带来的经济收益所决定的，而不是过去的收益的水平。过去的收益水平仅是一种参考。此外，集体所有土地，尤其是耕地，具有重要的社会保障功能和社会福利功能，在一定条件下也将是粮食安全的根本。

正是由于集体所有土地在征用过程中，不能客观地体现其经济关系，因此在土地、房地产开发方面容易出现圈地行为，大量开发区同时产生，导致农用地，尤其是耕地和优质耕地大量锐减，威胁国家的农业基础地位和粮食安全。

(二)建筑物(房屋)所有权

建筑物所有权是建筑物所有者在法律规定的范围内对其所有的建筑物享有占有、使用、收益和处分，并依法排除他人干扰的权利。

1. 建筑物(房屋)所有权类型

我国建筑物所有权存在多种所有制形式，主要有：建筑物的国家所有权、建筑物的集体所有权、建筑物的个人所有权和建筑物合资或独资所有权等。

1) 建筑物的国家所有权

这是我国社会主义全民所有制在法律上的体现，是国家财产所有权的重要组成部分。建筑物国家所有权是我国城镇房屋产权的主要部分，主要包括国家授权城镇房地产管理部门直接管理的公共建筑物；国家授权给机关、团体、企事业单位自行管理的公共建筑物和宗教类建筑物。

2) 建筑物的集体所有权

这是我国劳动群众集体所有制在法律上的体现，是我国社会主义公有制的另一表现形式。建筑物的集体所有权的主体可以是具有法人资格的各种集体经济组织。建筑物的集体所有权所主要是城镇集体组织的工业、商业、交通运输业、文化教育等建筑物及其设施。

3) 建筑物的个人所有权

这是国家保护公民合法财产在法律上的体现。城镇个人所有的建筑物大部分是住宅。近年来，随着多种经济成分的形成，个体、私营和股份制经济的发展，城镇个人非住宅房屋的比价也在逐步提高。公民个人建筑物所有权的取得主要有以下途径：兴建、购置、继承、接受赠与以及其他根据法律规定所取得的。

4) 建筑物的合资或独资所有权

建筑物的合资或独资所有权，包括如外国政府、社团、国外及港澳台企业、私人等在我国境内所有的建筑物；我国企业与经济组织和外国政府、国外与港澳台企业或个人合资建造、购买的建筑物。

5) 其他性质的建筑物所有权

除 1)~4)所指的所有制性质的所有权以外，还包括如宗教团体所享有的建筑物所有权等其他性质的所有权形式。

2. 建筑物(房屋)所有权的形式

建筑物(房屋)所有权的形式包括独有、共有、按份共有和共同共有等形式。

(1) 独有。建筑物的单独所有简称独有，是指一个人(公民或法人)单独享有某一建筑物的所有权，即建筑物所有权的主体是单独的。

(2) 共有。建筑物的共同所有简称共有，是指两个或两个以上的权利主体(公民或法人)享有同一建筑物的所有权。我国《民法通则》第七十八条确认了财产所有权的两种共有形式：按份共有和共同共有。

① 按份共有。按份共有又称为分别共有，是指两个或两个以上的共有人按照各自的份额对共有的房地产享有权利和承担义务的一种共有关系。在按份共有关系中，共有人按照各自的份额对共有房产分享权利、负担义务。这种份额一般都是事先按法律规定由共有人约定的。

② 共同共有。共同共有是指两个或两个以上的共有人对共有的房地产不分份额、平等地享有权利和承担义务的一种共有关系。共同共有与按份共有的最显著的区别在于：共同共有不确定份额的共有，只要共同关系(如夫妻关系)存在，共有人就不能划分自己对房屋的份额，只有在共同共有关系消灭、对共有财产进行分割时，才能确定各个共有人应得的份额。

按份共有和共同共有的房屋分割，都可以采用变价分割和作价补偿的方法。

3. 建筑物区分所有权

建筑物区分所有权是指权利人即业主对于一栋建筑物中自己专有部分的单独所有权、对共有部分的共有权以及因共有关系而产生的管理权的集合。

建筑物区分所有权是指在同一栋建筑物上存在多个所有权的情形。这种状况主要是现代社会大量高层或多层楼房的出现带来的。我国改革开放以来，住房制度的改革，大量商品房的出现，在城市已形成了很多住宅小区，业主的建筑物区分所有权已经成为私人不动产物权中的重要内容。物权法适应现实的要求，确立了我国的建筑物区分所有权。

根据《物权法》规定，业主的建筑物区分所有权，包括三个方面的基本内容。

(1) 对专有部分的所有权。即业主对建筑物内属于自己所有的住宅、经营性用房等专有部门可以直接占有、使用，实现居住或者经营的目的；也可以依法出租、出借，获取收益和增进与他人感情；还可以用来抵押贷款或出售给他人。

(2) 对建筑区内的共有部分享有共有权。即每个业主在法律对所有权未作特殊规定的情形下，对专有部分以外的走廊、楼梯、过道、电梯、外墙面、水箱、水电气管线等共有部分，对小区内道路、绿地、公用设施、物业管理用房以及其他公共场所等共有部分享有占有、使用、收益、处分的权利；对建筑区内，规划用于停放汽车的车位、车库有优先购买的权利。

(3) 对共有部分享有共同管理的权利。即业主有权对共用部位与公共设备设施的使用、收益、维护等事项通过参加和组织业主大会进行管理。

业主的建筑物区分所有权三个方面的内容是一个不可分离的整体。在这三个方面的权利中，专有部分的所有权占主导地位，是业主对共有部分享有共有权以及对共有部分享有共同管理权的基础。如果业主转让建筑物内的住宅、经营性用房，其对共有部分享有共有和共同管理的权利则也一并转让。

业主享有建筑物区分所有权的同时，也必须履行相应的义务。例如行使专有部分所有权时，不得危及建筑物的安全，不得损害其他业主的合法权益；装修房子时不能破坏建筑物的整体结构；在住宅里面不得存放易燃易爆等危险物品；对公共部分行使共有权时，要遵守法律的规定和业主委员会的约定；认缴建筑物共有部分的维护资金等。

(三)城镇国有土地使用权

城镇国有土地使用权是指国有土地的使用人依法利用土地并取得收益的权利。国有土地使用权的取得方式有划拨、出让、出租、入股等。有偿取得的国有土地使用权可以依法转让、出租、抵押和继承。划拨土地使用权在补办出让手续、补缴或抵交土地使用权出让金之后，才可以转让、出租、抵押。

1. 国有土地使用权的类型

根据《土地管理法》、《土地登记办法》的相关规定，土地使用类型只有土地划拨和土地出让两种形式。

1) 划拨土地使用权

划拨土地使用权是指经县级以上人民政府依法批准，在土地使用者缴纳补偿、安置等费用后，取得的国有土地使用权，或者经县级以上人民政府依法批准后无偿取得的国有土地使用权。

行政划拨的土地使用权主要有：国家机关用地和军事用地；城市基础设施用地和公益事业用地；国家重点扶持的能源、交通、水利等项目用地；法律、行政法规规定的其他用地。

2) 出让土地使用权

出让土地使用权是指国家以土地所有者的身份将国有土地使用权在一定年限内让与土地使用者。由土地使用者向国家支付土地使用权出让金后取得的土地使用权。取得出让土地使用权有以下几个特征。

(1) 取得的土地使用权是有偿的。土地使用者取得一定年限内的土地使用权应向国家支付土地使用权出让金。国家凭借土地所有权取得的土地经济效益，表现为一定年期内的地租，一般以土地使用者向国家支付一定数额的货币为表现形式。

(2) 取得的土地使用权是有期限的。土地使用者享有土地使用权的期限是以出让年期为限。出让年限由出让合同约定，但不得超过法律限定的最高年限。

(3) 取得的土地使用权是一种物权。土地使用权出让是以土地所有权与土地使用权分离为基础的。土地使用权出让后，在出让期限内受让人实际享有对土地占有、使用、收益和处分的权利，其使用权在使用年限内可以依法转让、出租、抵押或者用于其他经济活动，合法权益受国家法律保护。土地使用权出让的形式有三种，即协议出让、招标出让和拍卖出让。

2. 出让土地使用权的权益

物权法中，单纯的使用权是一个权利等级较小的介于物权与债权之间的过渡型权利，仅"使用"而已。在我国现阶段，有偿出让的城镇国有土地使用权是一个等级较高的权利，仅次于所有权。它不仅包含了"使用"的权利，还包含了所有权所具有的权利束中的其他权利，如占有权、使用权、收益权、处分权，只不过这类权利受到一定的限制，是一种"准所有权"。

(1) 占有。出让土地使用权人对国家所有土地具有合法前提下的占有，但其占有时间视出让合同具有一定的限制。例如最高出让年期，商业、旅游、娱乐用地为40年，居住用地为70年，工业、综合和其他用地为50年。

(2) 使用。出让土地使用权具有使用的权能，但其使用，一是受出让年期的限制；二是使用必须是积极的，即土地使用权人不得履行不使用土地的消极权，如不得使土地闲置、荒芜，不得使土地不节约、集约利用等。

(3) 收益。出让土地使用权具有收益的权能。因利用土地而产生的收益归土地使用者所有，但由于经济社会的发展、城市化、土地周围基础设施与环境的改善等而产生的土地增值收益应归国家(土地所有者)所有。

(4) 处分。出让土地使用权具有部分处分的权能。土地使用权人可以将其使用的土地或连同土地上的建筑物及其附着物一并处分，如转让、出租、抵押等。

就2007年实施的《物权法》中对用益物权的划分而论，城镇国有土地使用权与建设用地使用权、地役权、居住权等权益类型直接相关。

(四)房地产的用益物权

房地产权益设置中除土地所有权和城镇国有土地使用权外，还包括用益物权、担保物权和相关的债权。其中用益物权主要有转让权、地役权和地上权等。

1. 转让权

房地产转让是指房地产权利人通过买卖、交换、赠与或者其他合法形式将其所拥有的房地产转移给他人的行为。这里的房地产是指房屋所有权及其房屋占有范围内的土地使用权。根据房地不可分离的原则，房(房屋所有权)与土地(土地使用权)必须同时转让。房地产转让是房地产商品交易的一种形式，可以直接形成市场价格。

当土地上无任何房屋或其他构筑物时，其转让为单纯的土地使用权的转让。单纯的土地使用权的转让需具备以下条件：按照合同已支付全部土地使用权出让金，获得土地使用权证书的；按照出让合同约定进行投资开发，属于房屋建设工程的；完成开发投资总额的25%以上，属于土地成片开发的；需形成工业用地或者其他建设用地条件的；行政划拨土地使用权不得转让或变相转让。

2. 地役权

地役权是指为使用自己的土地(需役地)的便利或提高其效益而按照合同约定利用他人土地(供役地)的权利。地役权对地役权人来说是其权利的扩大，而对地役人来说是一种义务或对自己权利的限制。其一，地役权是按照当事人的约定设立的用益物权。其二，地役权是存在于他人不动产上的用益物权。其三，地役权是为了需役地的便利而设立的用益物权。

(1) 设立地役权的形式：应当采取书面形式订立地役权合同。

(2) 地役权登记效力：当事人要求登记的，可以向登记机构申请地役权登记；未经登记，不得对抗善意第三人。

(3) 地役权的期限：地役权的期限由当事人约定，但不得超过土地承包经营权、建设用地使用权等用益物权剩余的期限。

(4) 土地所有权人享有地役权或者负担地役权的，设立土地承包经营权、宅基地使用权时，该土地承包经营权人、宅基地使用权人继续享有或者负担已设立的地役权。

(5) 地役权的效力如下。

① 地役权自地役权合同生效时设立。

② 土地上已设立土地承包经营权、建设用地使用权、宅基地使用权等权利的，未经上述用益物权人同意，土地所有权人不得设立地役权。

③ 地役权不得单独转让。土地承包经营权、建设用地使用权、宅基地使用权等转让的，地役权一并转让，但合同另有约定的除外。

(6) 地役权的抵押：地役权不得单独抵押。土地承包经营权、建设用地使用权等抵押的，在实现抵押权时，地役权一并转让。

(7) 地役权的变动如下。

① 需役地以及需役地上的土地承包经营权、建设用地使用权、宅基地使用权部分转让时，转让部分涉及地役权的，受让人同时享有地役权。

② 供役地以及供役地上的土地承包经营权、建设用地使用权、宅基地使用权部分转让时，转让部分涉及地役权的，地役权对受让人具有约束力。

地役权与相邻权既有联系又有区别。

相邻权是指不动产的所有人或使用人在处理相邻关系时所享有的权利。具体来说，在相互毗邻的不动产的所有人或者使用人之间，任何一方为了合理行使其所有权或使用权，享有要求其他相邻方提供便利或者接受一定限制的权利。相邻权实质上是对所有权的限制和延伸。

相邻不动产的所有人或使用人在行使自己的所有权或使用权时，应当以不损害其他相邻人的合法权益为原则。如果因权利的行使，给相邻人的人身或财产造成危害的，相邻人有权要求停止侵害、消除危险和赔偿损失。在处理相邻关系时，相邻各方应该本着有利生产、方便生活、团结互助、公平合理的原则，互谅互让，协商解决；协商不成，可以请求人民法院依法解决。

地役权和相邻权主要有以下几个区别。

① 地役权为他物权的用益物权，而相邻权不是一种单独的物权，是所有权的延伸和限制，是所有权权能的体现。

② 两者受到损害后的救济请求权不同。相邻关系受到侵害后，不能直接以相邻关系为基础提起损害赔偿诉讼，而应该提起所有权的行使受到妨害之诉。地役权受到损害之后，受害人可以直接提起地役权受损害的请求之诉。

③ 两者提供便利的内容也有所不同。地役权的设立是为了使所有权人的权利得到更好的行使，是一个比较高的标准。而相邻关系的规定是为了调和不同所有权人之间的权利，对他们的各自权利给予一定的限制，使得大家共同方便使用。这是为了达到使用的最低标准。

④ 相邻关系通常都发生在相互毗邻的不动产之上，而地役权则不要求相互毗邻，甚至相隔很远的土地之间都可以通过协议来得到更有效的利用和经营。

⑤ 相邻关系的产生一般都是无偿的，而地役权的设立一般都是有偿的。

3. 地上权

地上权又称"借地权"，是指以在他人土地上有建筑物或以其他工作物为目的而使用他人土地的权利。地上权是用益物权的一种。它因具有物权的性质和物权的一切法律特征，而与作为债权的土地租赁权区别开来。地上权的设定、丧失和变更，非经登记，不生效力。地上权具有长期稳定的特点，这也是制定地上权目的之所在。大多数国家的民法对地上权的期限规定较长，但具体期限由当事人自行约定。在地上权存续期间，地上权人享有对土地的占有、使用和收益的权利，还有对地上权本身的处分权，如以地上权设定担保，地上权可以继承。地上权人享有的使用土地的权利，不因建筑物或树木的灭失而消失。地上权可以按照法律或协议设定。各国民法都规定，设定地上权可以是有偿的，也可以是无偿的。在地上权终止时，地上权人有权收回其建筑和树木，或向土地所有人取得补偿，但地上权人也有义务恢复土地原状。

(五)房地产的担保物权

房地产的担保物权包括抵押权、典权等。

1. 房地产抵押权

抵押权是指债权人对于债务人或者第三人不转移占有而提供担保的财产，在债务人不履行债务时，依法享有的就担保的变价并优先受偿的权利。抵押权是一种担保物权，是为了担保债的履行而设定的物权。

房地产抵押是指房地产的所有人在法律许可的范围内在不转移房地产占有的情况下，将房地产作为债权的担保；当债务人不履行债务时，债务人有权依法处分该房地产并由处分所得的价款优先受偿。这里的房地产是指房屋所有权与该房屋占有范围内的土地使用权，在进行房地产抵押时，房屋所有权与该房屋占有范围内的土地使用权须同时抵押。提供房地产作为担保的，为抵押人，接受房地产担保的债权人，为抵押权人。在房地产抵押关系中，抵押权人对作抵押物的房地产享有处分权和优先受偿的相关权利。房地产抵押在我国立法上主张通过双方当事人订立书面抵押合同来设定抵押，并要求以抵押合同登记作为生效的要件，当事人未办理抵押登记的，不得对抗第三人。

2. 房地产典权

典权是我国特有的财产法律制度，早在我国汉、唐时代就已有民间广泛流传，开成一些固有的习惯。房地产典当是指房地产权利人出典人在一定期限内，将其所有的房地产，以一定典价将权利过渡给承典人的行为。房地产设典的权利为房屋所有权。设典时，承典人可以占有、使用房屋；也可以在行为上不占有、使用该房屋，但有权将出典的房屋出租或将房屋典权转让。设典时，一般应明确典期，出典人应在典期届满时交还典价和相应利息，从而赎回出典的房屋；也可以双方约定，由承典人补足典房的差额而实际取得房屋的所有权。房屋出典后，出典房屋的所有权仍归出典人享有。在典期内，出典人不能回赎。典当双方当事人可约定典期，也可不约定典期。当事人未约定典期的，出典人可随时要求回赎；当事人约定典期，在典契载明的典期届满出典人逾期不赎的即作绝卖，出典人丧失回赎权，出典房屋归当承典人所有而无须再支付对价。

房地产典当具有以下法律特征。

(1) 房屋典当是一种双方法律行为。房屋典当必须是出典人和承典人双方意思表示一致，订立典当合同。

(2) 房屋典当是一种有偿的民事法律行为。典权人占有、使用出典房屋，必须支付一定的典价。出典人必须移转房屋的占有以换取典权人的典价。

(3) 房屋典当是一种要式法律行为。房屋典当合同必须以书面形式签订，并到当地的房屋管理部门备案。

(4) 房屋典当一般有典期和回赎期。

房地产典当与抵押表面上看都是以房屋作为抵押物的融资行为，但实际上，二者在法律关系和操作上有明显的区别。

(1) 房屋处理方式不同。房屋典当属于质押贷款，房产典当期间是要封存起来并置于典当行的监管之下，典当人不能再使用已出典的房屋。房地产抵押是指抵押人将其合法的房地产以不转移占有的方式向抵押权人提供债务履行担保的行为。房屋在抵押期间，不需要房屋产权人交出房屋，而是限制其产权转移，房屋仍归原产权人使用。

(2) 融资期限不同。房屋典当时承典人不是全额付款，而是针对房屋价值按不同的比例放款，利于典当期内赎回出典房屋，一般回赎期是三个月至半年，是一种快速的短期的融资行为，对于需在短期内周转资金的企业和个人来说，房屋典当是比较合适的方式。银行的抵押贷款是按照抵押物的实际价值借贷，贷款期限一般较长，短则几年，长则几十年。

(3) 评估方式不同。房屋典当不考虑出典人的还款能力，房屋在典当行办理质押贷款的前提是出典房屋没有产权纠纷，而且要封存，只是单纯地考查房产的价值。而房地产抵押贷款的前期评估是比较复杂的，不仅要保证房屋没有产权纠纷，还要考查抵押人是否有还款能力。

(六)房地产租赁权

租赁权是指房屋所有权人或土地使用权人依法作为房地产出租人将其所有的房屋或依法占有的土地及土地使用权出租给承租人使用，并向承租人收取租金的权利。目前，我国房地产市场中单纯针对有偿出让土地使用权的租赁较少[①]，并没有明确的法律界定，故房地产租赁权的设定对象是指房屋所有权及其该房屋占有范围内的土地使用权。

房地产租赁权的设置实际上是房地产所有权权益的暂时让渡，承租人具有暂时的占有、使用乃至收益的权利，但具有不损坏房屋本体的义务。出租人则从承租人手中获取一定的租金，以作为房地产暂时让渡的补偿。

租赁权属债权，《中华人民共和国民法通则》、《中华人民共和国合同法》和《城市房地产管理法》对此均作了规定，房地产租赁是房地产交易的最普遍的形式。房地产转让、抵押和出租是房地产二级市场行为，各种权益的设定均需由双方当事人签订合同，明确规定双方的权利、义务和应注意的事项，并应向当地房地产管理部门进行登记备案，以保护双方当事人的合法权益。

三、产权理论在房地产估价中的作用

产权理论表明，不同的产权设置，产权人(所有者或使用者)的权利是不同的。不同的权利将给产权人带来不同的收益或效用，而不同的收益将会产生不同的价格。

(一)产权是房地产价格的基础

房地产价格从本质上来说是其权益的价格，而非实体的价格。房地产的产权性决定了房地产权益人对房地产这一特殊商品占有、使用、收益和处分的权利及程度。因此，了解产权状况，实质是只有了解房地产的权益及其未来可能的收益，才可能正确地评估房地产的价值。

(二)明确产权是房地产估价的前提

房地产估价是对待估房地产一定产权状态下的价值的推测与判断。产权是房地产价格的基础，因此，进行房地产估价，首先必须明确和了解待估房地产的产权状况，如对国有土地使用权出让用地进行抵押评估时，必须首先了解其是否存在其他产权设置，是否存在已抵押的情况等；在拆迁时，必须了解待估房地产的产权及其合法性。只有在明确产权设置的前提下，才可能进行客观的评估。

(三)不同产权设置对房地产估价的影响

房地产估价实务中，可能存在各种复杂的产权状况，如共有、分割、兼具抵押与租赁、

[①]　有偿出让土地使用权的租赁属于二级土地市场，而国家以土地所有者的身份将土地使用权按年租赁给土地使用者，属于一级土地市场，两者有根本的区别。详细内容见本书第三章房地产市场中的相关章节。

产权纠纷、历史遗留问题等，不同产权类型的设置及其相应权益会对房地产价格具有直接的影响。对于复杂产权的房地产，应根据我国的产权制度，结合产权理论、类型及其主要特点，仔细分析待估房地产的实际产权情况及其合法性，研究各类产权设置对房地产价格的影响及其程度，正确评估房地产。

本 章 小 结

本章介绍地租与地价理论、价值与价格理论、区位理论和产权理论，并且分析了相关理论对房地产估价的指导作用。这些理论构成了房地产估价的基本理论体系，其中，地租与地价理论论述了房地产资产价值的由来及构成，对房地产估价具有理论指导作用；价值与价格理论的辩证分析，是理解房地产价值与价格关系的基础；区位理论研究人类经济社会活动空间分布及其空间中相互关系，是土地价值决定的重要因素；研究以物为基础的产权类型特征的产权理论，是房地产估价的前提，也是房地产估价的基本理论。

地租理论在西方经历了一个产生和发展的过程，大体可以分为古典政治经济学的地租理论、庸俗政治经济学的地租理论和现代西方经济学的地租理论三个阶段。马克思指出"土地价格的实质是地租的资本化"，也就是说将地租按一定的利息率还原成一个资本量，就是土地价格。西方经济学关于土地价格的理论大多是在市场价格理论的基础上发展起来的，如以供求理论、土地收益理论等来分析土地价格。地租和地价的关系是房地产估价的一个基本关系，也是房地产基本估价方法——收益法的直接理论来源。

发达国家的房地产估价理论中所说的价值，是指交换价值，是指房地产市场供需双方协同竞争并达到动态均衡的结果。在房地产估价中，房地产估价是对一定权利状态和一定时点的市场价值所作出的推测和判断。价值的定义取决于房地产类型和估价目的。西方房地产估价中依据估价目的将价值区分为市场价值、使用价值、投资价值、经营价值和课税价值等。市场价值是大多数房地产估价的核心，对市场价值的评估是大多数估价的目的。

区位理论是研究特定区域内关于人类经济活动与社会、自然等其他事物和要素相互之间的内在联系和空间分布规律的理论。区位对城市土地起着极其重要的作用，是决定房地产价格的主要因素。主要的区位理论包括农业区位论、工业区位论、中心地理论和城市地域结构论以及新经济地理理论。

大陆法系国家的民法，一般将产权界定为由物权和债权两种权利类型所构成。物权包括自物权和他物权。自物权，即所有权，是最重要最完整的物权，是权利主体对自己所有的财产依法享有的物权。他物权是所有权的派生权利，设定于第三人的物之上，包括用益物权和担保物权。用益物权主要有使用权、用益权、地役权、地上权等；担保物权主要有抵押权、典权、留置权等。

房地产产权是将房地产这一不动产作为一种重要的特殊的财产而形成的物权，是依照国家法律对其所有的房地产享有直接管理支配并享受其利益以及排除他人干涉的权利，包括房地产所有权和房地产他物权。我国房地产产权方面主要包括土地所有权、建筑物所有权、城镇国有土地使用权、房地产用益物权、房地产担保物权和房地产租赁权等权能。

房地产估价是以所有权为基础，不同产权类型设置实质是对所有权权利束的相应约束，从而产生相应的不同价格。对于其他权益价格，其估价原理是一样的，即需要分析判断各类权益对所有权权益的影响程度，从而评估其相应权益的价格水平。

复习思考题

1. 简述马克思地租理论。
2. 简述现代西方经济学中的主要价值理论。
3. 简述西方房地产估价的"价值"与"价格"内涵。
4. 西方房地产估价中的价值类型有哪些？
5. 简述区位理论对房地产估价的指导作用。
7. 试述我国土地所有权形式。
8. 我国建筑物(房屋)所有权的形式有哪几种？
9. 试述获得国有建设用地使用权的途径或方式。

第二篇 估价方法篇

第五章

房地产估价原则、程序及报告

【本章学习要求及目标】

通过本章的学习，掌握房地产估价原则；掌握房地产估价基本程序；了解房地产估价具体每个程序的事项；掌握房地产估价报告的基本内容；了解房地产估价报告模板。

第一节　房地产估价原则

人们在房地产估价的反复实践和理论探索中，逐渐认识了房地产价格形成和变动的客观规律，在此基础上总结、提炼出了一些简明扼要地进行房地产估价所应依据的法则或标准。这些法则或标准就是房地产估价原则。本节介绍六条基本原则：①独立、客观和公正原则；②合法原则；③最高、最佳利用原则；④价值时点原则；⑤替代原则；⑥谨慎原则。

一、独立、客观、公正原则

独立、客观、公正是房地产评估的基本原则，这项原则要求评估师站在独立的立场上，以客观事实为依据，对评估对象作出公平合理的价值判断。所谓"独立"，一是要求评估机构本身应当是一个独立机构；二是要求评估机构和评估人员与评估对象及相关当事人没有利害关系；三是要求评估机构和评估人员在评估中不应受外部干扰因素的影响。所谓"客观"，是要求评估机构和评估人员不带着自己的好恶、情感和偏见，完全从实际出发，按照事物的本来面目去评估。所谓"公正"，是要求评估机构和评估人员在评估中应公平正直，不偏袒任何一方。

二、合法原则

合法原则，即要求评估结果是在估价对象依法判定权益下的价值。所谓依法判定的合法权益，具体包括合法产权、合法使用、合法处分等方面。

(一)以合法产权为前提

以合法产权为前提，即要求判别估价对象合法产权时，应以房地产权属证书、权属档案的记载或者其他合法证件为依据。我国现行的房地产权属证书有土地权属证书、房屋权属证书和统一的房地产权属证书。土地权属证书有《国有土地使用证》、《集体土地所有证》、《集体土地使用证》和《土地他项权利证明书》四种。房屋权属证书有《房屋所有权证》、《房屋共有权证》和《房屋他项权证》三种。县级以上地方人民政府由一个部门统一负责房产管理和土地管理工作时，会制作、颁发统一的房地产权证书。统一的房地产权证书有《房地产权证》、《房地产共有权证》和《房地产他项权证》三种。

以合法产权为前提，不是指只有合法产权的房地产才能成为估价对象，而是指依据法律、法规和政策等的规定，估价对象是哪种权利状况的房地产，就应当将其作为该种权利状况的房地产来估价。例如，行政划拨的土地不能当作有偿出让的土地来评估；违法占地不能当作合法占地来评估；临时建筑不能当作永久建筑来评估；部分产权的房地产不能当作完全产权的房地产来评估等。

(二)以合法使用为前提

以合法使用为前提，要求在判定估价对象使用权利时，应以城市规划、土地用途管制等为依据，按照规定的土地用途、建筑高度、容积率、建筑密度等进行估价。例如，城市规划确定了某宗土地的用途、建筑高度、容积率、建筑密度等，那么，对该宗土地进行评估时就必须以其使用符合这些规定为前提。

(三)以合法处分为提前

以合法处分为前提，是要求依法判定估价对象处分权利时，应以法律、法规或者合同(如土地使用权出让合同)等允许的处分方式为依据，处分方式包括买卖、租赁、抵押、典当、抵债、赠与等。法律、法规和政策规定或者合同约定不得以某种方式处分的房地产，不应作为以该种处分方式为估价目的的估价对象。如果委托人要求评估该种处分方式下的价值的，其评估价值应当为零。以抵押为例，法律、行政法规规定不能抵押的房地产，不能作为抵押评估为目的的评估对象，或者说这类房地产没有抵押价值。法律、法规规定应当符合一定条件才能转让的房地产，评估其抵押价值时，应该符合转让条件，否则不应当作为抵押评估的评估对象。评估拖欠评估对象所占土地的使用权如果是以划拨方式取得的，评估房地产抵押价值时，不考虑土地使用权出让金。工程款的房地产的抵押价值时，该房地产的抵押价值是其市场价值扣除拖欠工程款后的余额部分。

(四)应符合国家的价格政策等规定

具体而言，评估政府定价或政府指导价的房地产，应遵循政府定价或政府指导价。例如，房改房的价格，应当符合政府有关此价格的测算要求；新建的经济适用房价格，应当符合国家规定的经济适用住房价格构成和对利润率的限定；农地征用和城市房屋拆迁补偿评估，应当符合政府有关农地征用和城市房屋拆迁补偿的法律、行政法规等。

三、最高、最佳利用原则

最高、最佳利用是指法律上许可、技术上可行、经济上合理，并经过充分合理的论证，使评估对象价值最大化的，一种最可能的利用。在房地产估价中通常使用三个方面、四个标准、三个原理来解释最高、最佳使用原则。

(一)三个方面

所谓"三个方面"，是指最高最佳使用的内涵包括三层含义：①最佳用途，即在规划许可的前提下，最大限度地发挥房地产的使用效果。例如在中心城市商服繁华地段，若规划用途为综合，而有一宗房地产因为历史原因，目前为工业用途或为菜场，估价时就不应以现状用途为估价依据，而应以可能的最优用途(即商服业)来进行估价。②最佳规模，即在土地要素一定的条件下，资本、劳动和管理等要素投入量的最合理配置和组合。例如一宗土地，建筑物的面积太小或太大，均不能发挥房地产的最佳效益。③最佳集约利用度，即要求土地、建筑物与周围环境相协调，比如建筑规模应与周边绿地面积比率、配套设施成熟度，以及相邻竞争性房地产的规模和分布等环境条件相匹配，实现包括生态环境、社会经济要素在内的、综合的、广义意义下的最佳集约利用。

(二)四个标准

寻找估价对象最高、最佳使用的利用方案，需先尽可能地设想出各种潜在的使用方式，然后通过四个标准依序筛选。"四个标准"包括：①法律上许可，即对于每一种潜在的使用方式，首先检查其是否为法律所允许，如果是法律不允许的，应被淘汰；②技术上可能，即对于法律所允许的每一种使用方式，要检查它在技术上是否能够实现，包括建筑材料性能、施工技术手段等能否满足要求，如果技术上达不到的，应被淘汰；③经济上可行，即使用方案未来的收入和支出流量净现值大于零；④价值是否最大，即在所有具有经济可行性的使用方式中，能使评估对象的价值达到最大的使用方式，才是最高、最佳的使用方式。

(三)三个原理

进一步来讲，"三个经济学原理"有助于我们把握最高、最佳使用原则。

(1) 收益递增递减原理。收益递减规律对于一宗土地来说，表现在该宗土地的使用强度(如建筑层数、建筑高度、容积率、建筑规模)超过一定限度后，收益开始下降。在确定房地产扩大规模时，一般先经过一个规模的收益递增阶段，然后经过一个规模的收益不变阶段，最后经过一个规模的收益递减阶段。因此，对于一宗土地来说，存在最优的土地使用限度(如建筑层数、建筑高度、容积率、建筑规模)，一旦超过一定限度后，收益开始下降。

(2) 均衡原理。均衡原理是以房地产内部各构成要素的组合是否均衡，来判定是否为最高、最佳使用，也可以用来确定最佳集约度和最佳规模。例如，建筑物与土地的组合，建筑物与土地组合过大或过小，或者档次过高或过低，则建筑物与土地的组合都不是均衡状态，房地产的效用就不能得到有效发挥，从而会降低该房地产的价值。

(3) 适合原理。适合原理是以房地产与其外部环境是否协调，来判定是否为最高、最佳使用，可以确定最佳用途。例如，在日用必需品的零售商店集中地区，开设专卖店并不一定能获得高收益，从而在这样的地区开设专卖店就不是最高、最佳使用。

四、价值时点原则

价值时点原则，也称为估价时点原则，即要求房地产估价结果是在由估价目的决定的某个特定时间的价值。由于影响房地产价格的因素是不断变化的，房地产市场和货币的购买力也是不断变化的，因此同一宗房地产在不同时间往往会有不同的价值，每一个价值都对应着一个时间，不存在"没有时间的价值"。这个特定时间既不是委托人，也不是房地产估价师可以随意假定的，必须根据估价目的来确定，一般用公历年、月、日来表示。

价值时点，也称为估价时点，除了说明评估价值对应的时间之外，还是估价对象价值的时间界限。例如政府有关房地产的法律、法规、税收政策等的发布、变更、实施日期等，均有可能影响估价对象的价值。因此，估价时究竟采用什么时间段的政策法规等，应根据价值时点来确定。同时运用市场比较法评估房地产价值时，也需要参考价值时点，将可比实例成交日期时的价格进行价格指数调整。

价值时点确定在先，价值估算在后。如何正确地确定价值时点，取决于估价目的、估价对象的状况和房地产市场状况三个方面。一般来说，在实际估价中通常是评估现在的价值，房地产估价师将实地查看估价对象期间或者估价作业日期内的某个日期确定为价值时点。但价值时点并非总是在此期间，也可以因特殊需要，将过去或者未来的某个时间确定为价值时点。

价值时点为过去的情形，大多出现在房地产纠纷案件中，特别是对估价结果有异议而引起的复核估价或估价鉴定。例如，某宗房地产被法院强制拍卖后，原产权人认为法院委托的房地产估价机构的估价结果过低，引发了该估价结果究竟是否过低的争论，此时首先应当回到原价值时点，估价对象的产权性质、使用性质、建筑物状况以及房地产市场状况等，也都要以原价值时点时的状况为准。

价值时点为现在，估价对象为历史状况下的情形，大多出现在房地产损害赔偿和保险理赔案件中。例如，投保火灾险的建筑物被火烧毁后，评估其损失价值或损失程度时，通常是估计将损毁后的状况恢复到损毁前的状况(到实地查勘，估价对象已不存在了)，在现行的国家财税制度和市场价格体系下所必要的费用。

价值时点为现在，估价对象为未来状况下的情形，如评估期房的价值。在城市房屋征收拆迁中，拆迁补偿实行房屋产权调换方式且所调换房屋为期房的，为结算房屋产权调换的差价评估所调换房屋的房地产市场价格就属于这种情况。

估价对象为未来的情形，多出现在为房地产市场预测、为房地产项目投资分析提供价值依据的情形下，特别是预估房地产在未来开发完成后的价值。

五、替代原则

替代原则要求房地产评估结果不得不合理地偏离类似房地产在同等条件下的正常价格。根据经济学原理，同一种商品在同一市场上具有相同的市场价格，尽管房地产的独一无二性使得完全相同的房地产几乎没有，但在同一市场上具有相近效用的房地产，其价格应是接近的。

替代原则对于具体房地产估价，指明了两点：一是如果估价对象附近存在着若干相近效用的房地产并抑制它们的价格时，可以依据替代原则，由相近效用的房地产已知价格推算出估价对象的未知价格；二是思考估价对象的价值，不能孤立测算，而应考虑到相近效用房地产价格的牵掣。同一个估价机构，在同一个城市、同一个时期，按照同一种估价目的，对不同区位、档次的房地产的估价结果应有一个合理的价差，否则就不合理，就要对估算结果进行调整。针对估价结果而言的，不论采用何种估价方法进行估价，最后都需要把估价结果放到市场中去衡量。只有当估价结果没有不合理地偏离类似房地产在同等条件下的正常价格时，估价结果才可以说是客观合理的。

六、谨慎原则

谨慎原则是评估房地产抵押价值时应当遵守的一项特殊原则。它要求在存在不确定因素的情况下，作出评估的相关判断时，应当保持必要的谨慎，充分估计抵押房地产在处置时可能受到的限制、未来可能发生的风险和损失，不高估假定未设立法定优先受偿权利下的房地产市场价值，不低估房地产估价师知悉的法定优先受偿款，并在评估报告中作出必要的风险提示和风险分析。

房地产估价原则可以使不同的房地产估价师对房地产估价的基本前提具有一致性，对同一估价对象在同一估价目的、同一价值时点下的评估价值趋于相同或近似；帮助房地产估价师如何去思考和衡量估价对象的价值，把估价对象的评估价值首先框定在一个基本合理的范围内，然后结合估价方法的测算，就可以评估出一个更加精准的价值。因此，房地产估价师应该熟知并正确理解房地产估价原则，以此作为估价时的指南。

第二节　房地产估价程序

房地产估价程序是指完成一个房地产估价项目所需要做的各项工作，按照它们之间的内在联系排列出的先后次序。房地产估价的基本程序是：①获取估价业务；②受理估价委托；③拟定估价作业计划；④搜集资料、实地查勘；⑤确定估价结果；⑥撰写估价报告；⑦内部审核、交付报告及资料归档。在实际估价中，上述估价程序中的各个工作步骤之间不是割裂的，可以有某些交叉。如搜集估价所需资料可在受理估价委托时要求委托人提供，在实地查勘估价对象时可进一步补充搜集有关资料。估价程序有时也需要一定的反复，但不得随意简化和省略。

一、获取估价业务

估价业务的来源可归纳为"被动接受"和"主动争取"两大渠道。"被动接受"是指坐等估价委托方找上门来要求为其提供估价服务。估价委托方可能是个人，也可能是企业、事业单位、政府及其有关部门或者其他组织；可能是房屋所有权人、土地使用权人，也可能是房屋所有权人、土地使用权人以外的投资者、债权人等。"主动争取"是指走出去，力争为估价潜在委托方提供估价服务。如积极向潜在的估价委托方宣传估价的必要性和作用，将其潜在的估价需要变为现实的估价需求；密切关注商业银行、房屋征收部门、人民法院等发布的遴选入围估价机构、估价项目招标、委托评估等信息，积极申请加入入围估价机构名单，参加估价项目投标，报名参加委托评估等。

不论以怎样的渠道获取估价业务，争取估价业务都应通过提高估价技术水平和服务质量，提升估价机构的知名度和品牌，做恰当的宣传等方式进行，而不得采取不正当手段。如迎合委托人的高估或低估要求、恶意低收费、给予回扣，或利诱、贬低其他估价机构或估价师等。

二、受理估价委托

(一)不应承接估价业务的情形

在获取估价业务中，估价机构和估价师通过与估价委托方沟通，根据所了解的估价目的、估价对象等情况，从是否超出本机构的业务范围；是否与自己有利害关系或利益冲突；自己的专业能力是否能够胜任；以及该估价业务的风险程度等方面，衡量是否承接该估价业务。

其一，估价机构和估价师与估价相关当事人有利害关系，或与估价对象有利害关系的业务，不能承接。承接该类业务，可能会影响估价师独立、客观、公正地进行估价，估价结果也会招致怀疑，缺乏公信力。

其二，估价业务超越估价机构资质等级许可的业务范围的，不能承接。《房地产估价机构管理办法》第二十四条规定："一级资质房地产估价机构可以从事各类房地产估价业务。二级资质房地产估价机构可以从事除公司上市、企业清算、司法鉴定以外的房地产估价业务。三级资质房地产估价机构可以从事除公司上市、企业清算、司法鉴定、城镇房屋拆迁、在建工程抵押以外的房地产估价业务。"

其三，如果估价机构或者估价师感到受本身专业知识和经验所限难以评估客观合理的价值的，不应承接。如房屋中镶嵌的古董和艺术品、地上的特殊树木等，可以聘请相关专家，采用"分包"方式聘请他们出具专业意见解决估价问题。

(二)需明确的估价基本事项

在分析、测算和判断特定价值之前，必须弄清估价目的、估价对象、价值时点和价值类型。这四个方面，在一个估价项目中，存在着内在联系，其中估价目的是龙头。只有明确了估价目的，才能够明确估价对象、价值时点和价值类型。

1. 明确估价目的

任何估价项目都有估价目的。估价目的一般由委托人基于其估价需要而提出并决定。但是实际中，委托人往往不懂得要提出估价目的，不懂得如何表达其估价目的，所以估价师需要主动与委托人进行充分沟通，认真细致地了解委托人的目的，用符合估价要求的表述将其表达出来，然后请委托人确认。例如以城市房屋征收估价目的，根据征收补偿方式不同，可以分为货币补偿的估价目的和房屋产权调换补偿的估价目的。估价师对前者的表述应当为"为确定被征收房屋货币补偿金额而评估其房地产市场价值"，对后者表述应当为"为结算房屋产权调换的差价而评估被征收房屋的房地产市场价值和所调换房屋的房地产市场价值"。

2. 明确估价对象

估价对象应是由委托人指定，但不是完全由其决定的。它应是估价师在委托人制定的基础上，根据已明确的估价目的，依据法律、法规和政策并征求委托人同意后确定的。明确估价对象的内容包括明确估价对象的实体状况、权益状况和区域状况。

(1) 明确估价对象的实体状况，即要明确评估对象是如何构成的，范围有多大。估价对象是土地、建筑物，还是房地合一状态；是一宗房地产，还是多宗房地产，或是一宗房地产的某个部分。对于正在经营、使用的房地产，还要明确是否包含其中的家具、电器、装饰品、专业设备等房地产以外的财产等。

(2) 明确估价对象的权益状况，首先要搞清楚估价对象的现实法定权益状况，包括土地使用权性质、土地使用权的批租年限、已使用年限、剩余使用年限是否受到限制，还有估价对象是否已设定了租赁权、抵押权和地役权等，其年限如何。然后在此基础上，根据估价目的，明确估价对象是评估现实法定权益下的价值，还是设定权益下的价值。例如法院委托对强制处分房地产估价，被强制处分房地产可能由于抵押、债务未偿等原因被强制拍卖，现实权利不完整。但是此类估价业务的规范要求将被强制处分房地产设定在完整权利状态下评估其市场价值。

(3) 明确估价对象的区域状况，是要搞清楚估价对象的位置、交通、环境景观、外部配套设施等。估价对象的用途和实体状况不同，对其区位状况的诉求点也会有所不同。例如估价对象是一个住宅小区与估价对象是该住宅小区内的一套住宅，对区位状况的界定是不同的，后者的区位状况还应当包括楼层和朝向。

3. 明确价值时点

价值时点是估价师根据估价目的、在征求委托人同意后确定的。明确价值时点是明确所要评估的价值是哪个特定时间(通常为某个年、月、日)的价值。如果价值时点不明确，将难以进行估价，具体参看本章价值时点原则的解释。

4. 明确价值类型

明确价值类型是要确定将要评估的价值具体是哪种价值，包括价值的名称、定义或内涵。如果价值类型不明确，将无法估价。同一房地产存在不同类型的价值，即使采用相同的估价方法，其中参数的取值或者测算依据也会存在不同。本质上，价值类型既不是由委托人决定的，也不是由估价师决定的，而是由估价目的决定的。大多数估价项目的价值类型是市场价值属性，但在某些情况下，需要评估的可能是投资价值、清算价值或者抵押价值等。

(三)签订估价委托合同

在明确了有关事项之后，估价机构与委托人应当签订委托合同。房地产估价委托合同的内容一般包括：①委托人、估价机构和估价师的基本情况。如委托人的名称或者姓名和住所，估价机构的名称、资质等级和住所，估价师的姓名和注册号等。每个估价项目应至少明确一名能够胜任该项目估价工作的注册房地产估价师担任项目负责人；②本估价项目的估价基本事项，包括估价目的、估价对象、价值时点和价值类型；③委托人应提供的估价所需资料，包括资料的目录和数量。如委托人应向估价机构提供估价对象的权属证明、历史交易价格、运营收入和费用、开发成本以及有关会计报表等资料；④估价过程中双方的权利和义务。如估价机构和估价师应保守估价活动中知悉的委托人的商业秘密，不得泄露委托人的个人隐私等；⑤估价费用及收取方式；⑥估价报告及其交付，包括交付的估价报告类型、份数以及估价报告交付期限、交付方式等；⑦违约责任；⑧解决争议的办法；⑨其他需要约定的事项。

三、拟定估价作业计划

估价作业方案的核心是解决将要做什么、什么时候做、由谁来做以及如何去做，它是关于未来一系列行动的计划。估价作业方案的内容主要包括：①拟采用的估价技术路线和估价方法；②拟调查搜集的资料及其来源渠道；③预计需要的时间、人力和经费；④估价作业步骤和时间进度安排。其中搜集资料的内容及调查渠道详见估价程序的步骤四。

(一)拟采用的估价技术路线和估价方法

每一种估价方法都有各自的适用范围和条件，详见本书第六章。只要是估价对象在理论上适用，市场比较法、收益法、成本法、假设开发法都应当初步入选，不得随意取舍。估价方法间的关系有以下三种：一是可以同时使用，相互验证，但不能相互替代。例如在建工程评估可以同时用成本法和假设开发法进行评估，两种方法得到的评估结果互为验证。二是可以相互引用。例如在用收益法评估写字楼的市场客观租金水平时，可以运用市场比较法，依据类似写字楼的实际租金，通过因素修正得到被评估写字楼的客观租金价格。估价师需要基于估价目的、估价对象的特征和属性，选择恰当的估价技术路线，具体参见本书第七章和第八章不同类型房地产估价。

(二)预计需要的时间、人力和经费

估价项目需要人力、财力和物力的配合。估价项目有大小、难易和缓急之分，估价师所擅长的房地产类型或者估价方法各有差异，所以在估价对象、估价目的、估价技术路线等已初步明确之后，估价机构需要确定由哪些房地产估价师参加更为合适，并确定项目组成员和项目经理等人选。有时根据估价项目的复杂性和专业性要求，估价机构还需要聘请相关领域的专家协助，如建筑师、城市规划师、设备工程师、造价工程师等，并将其工作成果作为估价报告附件在"重要专业帮助"中加以说明。

(三)估价作业步骤和时间进度安排

拟定估价作业步骤和时间进度，通常采用线条图或网络计划技术，对所需要的时间、人员、经费等作出具体安排，以便于控制进度及协调合作。对于大型、复杂的估价项目，会附以流程图、进度表等，以保证计划的合理和优化。

四、搜集资料、实地查勘

(一)搜集资料

估价所需资料主要包括四类：①反映估价对象状况的资料；②相关实例资料，即类似

房地产的交易、收益(包括收入、运营费用)、开发建设成本(包括价格构成、成本、费用、税金、利润)等资料;③对估价对象所在地区(子市场)的房地产价格有影响的资料;④对房地产价格有普遍影响的资料。针对本次估价应当搜集什么样的实例资料,主要取决于拟采用的估价方法。例如,对出租的写字楼拟选用收益法估价,则需要搜集租金水平、出租率或空置率、运营费用、竞争性项目等方面的资料;对房地产开发用地拟选用假设开发法估价,则需要搜集开发完成后的市场价格、开发成本费用等方面的资料。

搜集估价所需资料的渠道主要有:①委托人提供;②估价师实地查看获取;③询问有关知情人士;④查阅估价机构资料的资料库;⑤到政府有关部门查询;⑥查阅有关报刊或登录有关网站等。

(二)实地查勘

估价人员必须亲临现场,实地查明有关情况,包括感受估价对象的位置、交通、环境景观、外部配套设施的优劣,对此前获得的估价对象的坐落、四至、面积、土地性质、建筑结构等情况进行核对,并拍摄必要的景象资料,调查了解估价对象历史使用状况、周边乃至当地类似房地产的市场行情等,将有关情况和数据认真记录在"实地查看调查表"中,作为估价报告的重要附件存档。

实地查看不仅有利于加深估价人员对估价对象的认知,同时也可以通过和被查看房地产有关的人员和四邻交谈,发现和杜绝伪造估价对象或权属证书的情况。对于已经消失的房地产,虽然不能进行完全意义上的实地查看,但估价人员也应去估价对象原址进行必要的调查了解。

五、确定估价结果

在资料调查、收集与整理的基础上,估价人员应选择合适的估价方法,设计恰当的估价技术路线,测算出估价结果。不同的估价方法测算出的结果可能不同,这是很自然的。但如果这些测算结果之间有较大差异时,应寻找原因,并消除不合理的差异。估价人员可以从下列方面进行检查:①测算过程是否有误;②基础数据是否准确;③参数选取是否合理;④公式选用是否恰当;⑤所选用的估价方法是否切合估价对象和估价目的;⑥是否符合估价原则;⑦房地产市场是否处于特殊状态。例如房地产市场存在泡沫,租金明显低于售价的合理比例,造成租金收益法得到的住宅价值低于市场比较法得到的结果。

在确认所有测算结果无误,并且不同估价方法的测算结果差异不是很大的情况下,可以选用简单算术平均法、中位数法、加权算术平均法、众数法等求出不同估价方法测算结果的综合结果。

六、撰写估价报告

估价人员在确定了最终估价结果后,应当撰写估价报告。估价报告是估价机构履行估价委托合同、记述估价过程、反映估价成果的文件,是给予委托人关于估价对象价值的正式答复，也是关于估价对象价值的研究报告。为了保证其质量，在撰写估价报告时要遵循掌握内容全面、格式清晰、简明扼要、突出评估依据的原则。评估报告纸张、封面设计、排版、装订应有较好的质量，尽量做到图文并茂。

七、内部审核、交付报告及资料归档

为了保证出具的估价报告的质量，估价机构应当建立估价报告内部审核制度。由为人正直、责任心强、业务水平高的内部房地产估价师或者聘请的外部房地产估价专家担任审核人员，按照合格的估价报告的要求，对撰写完成尚未出具的估价报告，从形式到内容进行全面、认真、细致的检查，确认估价结果是否客观合理，并提出审核意见。

估价报告经内部审核合格后，由负责该估价项目的至少两名注册房地产估价师签名，并加盖估价机构公章，以估价机构名义出具。其他参与该估价项目的人员、估价机构法定代表人或执行合伙人通常也在估价报告上签名。完成签名、盖章等手续后的估价报告，应及时交付给委托人。同时对估价报告中的某些问题，估价师可以主动或者根据委托人的要求，作口头说明或解释。

向委托人出具估价报告之后，估价机构应及时对该项估价业务中形成的各种文字、图表、声像等不同形式的资料进行清理，对有保存价值的资料进行整理、分类，并妥善保存和归档。归档的估价资料应当全面、完整。估价档案保存期限自估价报告出具日期开始算，应当不少于 10 年。

第三节　房地产估价报告

房地产估价是一项实操性很强的业务，其最终成果是通过估价报告来体现的。估价报告是评估机构出具的关于评估对象价值的专业意见，可视为评估机构提供给委托人的"产品"；是评估机构履行评估委托合同、给予委托人关于评估对象价值的正式答复；也是记述评估过程、反映评估成果的文件及关于评估对象价值的分析报告。因此，房地产估价师必须具备撰写评估报告的能力。

房地产估价报告的写作，是房地产评估师必须熟练掌握的专业技能。写好估价报告，不仅要求房地产评估师具备房地产评估的专业知识，以及与房地产评估有关的各类知识，能够了解和分析房地产市场的运行规律；同时还要掌握评估报告的体裁特点，灵活运用其写作技巧。学习和掌握评估报告的写作，是房地产估价师一项很重要的专业训练。能否成为一名合格的房地产估价师，达到执业要求，评估报告的写作能力，是必不可少的检验标准。

一、估价报告的形式

评估报告书有定型式(或称表格式)、自由式与混合式三种，可根据评估活动的具体情况灵活选用。

(1) 定型式评估报告书，又称封闭式评估报告书，是固定格式、固定内容，评估人员必须按要求填写，不得随意增减。其优点是一般事项反映全面，填写省时省力；缺点是不能根据评估对象的具体情况而深入分析某些特殊事项。如果能针对不同的评估目的和不同类型的房地产，制作相应的定型式评估报告书，则可以在一定程度上弥补这一缺点。

(2) 自由式评估报告书，又称开放式评估报告书，是由评估人员根据评估对象的情况而自由撰写的、无一定格式的评估报告书。其优缺点与定型式评估报告书恰好相反。

(3) 混合式评估报告书，是兼取前两种报告书的形式，既有自由式部分，又有定型式部分的评估报告书。

二、估价报告的规范格式

根据《房地产估价规范》的规定，一份完整的评估报告应包括八项内容：①封面；②目录；③致委托人函；④注册房地产估价师声明；⑤估价的假设和限制条件；⑥估价结果报告；⑦估价技术报告；⑧附件。

(一)封面

房地产估价报告(标题)：重点突出报告的使用用途，如房地产抵押估价报告的标题为"房地产抵押估价报告"。

项目名称：说明估价项目的全称，重点突出估价对象所在的区位、名称及用途。

委托方：委托人单位的全称，个人委托的为个人姓名。

估价方：估价机构的全称。

估价人员：负责本次估价的注册房地产估价师的姓名及其注册号。

估价作业日期：本次估价的起止日期，具体为正式接受估价委托的年、月、日至出具估价报告的年、月、日。

估价报告编号：说明本报告在本估价机构内的编号。

(二)目录

目录(标题)。

第一部分 致委托方函。

第二部分 估价师声明。

第三部分 估价假设和限制条件。

第四部分 估价结果报告。

第五部分 估价技术报告(可不提供给委托方，供估价机构存档和有关部门查阅等)

附件。

(三)致委托方函

致委托方函(标题)。

致函对象：为委托人的全称。

致函正文：说明评估对象、评估目的、评估时点、价值类型和评估结果。

致函落款：为评估机构的全称，并加盖评估机构公章，法定代表人签字、盖章。

致函日期：为致函的年、月、日。

(四)估价师声明

估价师声明(标题)。

我们郑重声明：

(1) 估价报告中估价人员陈述的事实，是真实的和准确的。

(2) 估价报告中的分析、意见和结论，是估价人员自己公正的专业分析、意见和结论，但受到估价报告中已说明的假设和限制条件的限制。

(3) 估价人员与估价对象没有利害关系，也与有关当事人没有个人利害关系或偏见。

(4) 估价人员是依照中华人民共和国国家标准《房地产估价规范》进行分析，形成意见和结论，撰写的估价报告。

(5) 估价人员已对估价对象进行了实地查勘，并应列出对估价对象进行了实地查勘的估价人员的姓名。

(6) 没有人对估价报告提供了重要专业帮助(若有例外，应说明提供重要专业帮助者的姓名)。

(7) 其他需要说明的事项。

参加本次估价的注册房地产估价师签名、盖章(至少有一名)。

注意：注册房地产估价师声明是注册房地产估价师对估价报告的合法性、真实性、合理性以及估价的独立、客观、公正性等问题的说明和保证。所有参加估价项目的注册房地产估价师都应当在声明中签名，但非注册房地产估价师不应在该声明中签名；该声明对签字的注册房地产估价师也是一种警示。

(五)估价假设和限制条件

估价假设和限制条件(标题)。

估价假设和限制条件要求有针对性，并尽量简洁地说明估价所必要、但不能肯定、而又必须予以明确的前提条件。假设与限制条件一般包括：①说明估价人员已经对委托人提供的、估价所依据的资料进行了审慎地检查，估价报告的使用者无理由怀疑委托人提供资料的合法性、真实性、准确性和完整性。②说明未经调查核实或者无法调查核头的估价所依据的资料和数据。例如估价人员未到有关部门或机构对估价对象的权属证明材料及其记载的内容进行核实等。③说明在情况不明或资料不全的情况下，估价人员是以何种情形来估价的。例如在估价对象无明确的法定用途或容积率下是如何确定其用途、容积率并以此来估价的。④说明估价中的一些特殊处理。例如在估价对象的实际用途、土地权属证书记载的用途、房屋权属证书记载的用途以及规划用途存在不一致的情况下，是假设何种用途来估价的。⑤说明在估价中未考虑的因素。例如特别指出估价报告中，估价人员无理由怀疑建筑物存在安全隐患，假定建筑结构是安全的。⑥说明评估结果的价值类型，说明其主要条件。例如评估的结果是市场价值类型，评估报告需说明市场价值结果成立所假定的市场条件状况。

设置估价假设和限制条件的目的，一方面是为了规避估价风险，保护估价师和估价机构；另一方面是为了告知、提醒估价报告使用者注意，保护估价报告使用者。同时，需要防止出现以下三种情况：①随意编造估价假设和限制条件；②应说明的假设和限制条件不予说明；③无针对性地列举一些与本估价项目无关的假设和限制条件。

(六)估价结果报告

房地产估价结果报告(标题)。

1. 委托方

写明本估价项目委托单位全称、法定代表人和住所；如果是个人委托评估，要写明委托人姓名、住所和身份证号码。

2. 估价机构

写明本估价项目的估价机构全称、法定代表人、住所及估价机构资格等级。

3. 估价对象

概要地说明估价对象的状况，包括区位状况、实物状况和权益状况。对土地的说明应包括：名称、坐落、四至、面积、形状、周围环境、景观、基础设施完备程度、土地平整程度、地势、地质、水文状况、规划限制条件、利用现状、权属状况。对建筑物的说明应包括：名称、坐落、面积、层数、用途、建筑结构、装修、设施设备、平面布置、工程质量、建成年月、维护、保养、使用情况、公共配套设施完备程度、利用现状、权属状况。

4. 估价目的

说明本次估价目的和估价结果的具体用途。例如，房地产转让评估目的可表述为"为委托方转让评估对象提供市场价值参考"；企业入股、合并等涉及的房地产评估目的可表述为"为企业入股、合并等发生房地产权属转移的作价提供价值依据"；房地产投资决策分析和咨询服务评估目的可表述为"为房地产投资提供价值参考依据"。

5. 价值时点

说明估价对象的客观合理价格或价值对应的年、月、日。

6. 价值定义

说明本次估价所采用的价值类型及其内涵，例如，房地产转让价值可界定为"公开市场价值，不考虑房屋租赁、抵押、查封等因素的影响"。

7. 估价依据

说明本次估价所依据的法律法规和技术标准，国家和地方的法律、法规，委托人提供的有关资料，估价机构和估价人员搜集和掌握的有关资料等。

8. 估价原则

说明本次估价遵循的房地产估价原则，参考本章第一节。

9. 估价方法

说明本次估价所采用的方法以及这些估价方法的定义。

10. 估价结果

说明本次估价的最终结果，应分别说明总价和单价，并附大写金额；若用外币表示，应说明价值时点中国人民银行公布的人民币市场汇率中间价，并注明所折合的人民币价格。

11. 估价人员

列出所有参加本次估价活动人员的姓名、执业资格或职称，并由本人签名、盖章。

12. 估价作业日期

估价作业日期是指本次估价的起止日期，该日期要与封面上的估价作业日期相一致。

13. 估价报告使用期限

估价报告使用的有效期可表达为到某个年、月、日止，也可表达为多长年限。估价报告应用的有效期自完成估价报告日起原则上规定为一年。但在市场状况变化较大时，估价报告应用的有效期一般不超过半年。

(七)估价技术报告

估价技术报告(标题)。

1. 实物状况分析

要详细说明、分析评估对象的实物状况，包括土地实物状况和建筑物实物状况。

2. 区域状况分析

要详细说明、分析评估对象的区位状况。通过区域范围、街路配置、交通设施与接近条件、基础设施、商业服务设施等方面，由点及面，由里及外，层次清楚地对评估对象的区位状况加以说明和分析。特别是对区域特征及变动趋势的分析，可以为后面的技术分析测算做良好的铺垫。

3. 市场背景分析

要说明和分析类似房地产的市场状况，包括过去、现在和可预见的未来市场状况。市场背景分析说到底是要分析影响类似房地产价格的主要因素。由于估价对象的类型不同，估价目的不同，所以影响其市场价格变动的主要因素会有所不同。或者虽然是影响因素相同，但它们对估价对象价格的影响程度也有所不同。因此不同的房地产估价报告，其市场背景分析会有较大的差异，这一部分也是房地产估价报告写作当中难度较大的部分，特别是一些大型项目的估价报告。

4. 最高最佳使用分析

要说明和分析估价对象的现实用途或目前的利用方式是否符合最高、最佳使用，目的是为了使评估符合最高、最佳使用原则。对估价对象目前的用途或每一种潜在用途，都必须审查分析估价对象是否为法律所许可，不被法律许可的估价对象，其价值是无法在市场中实现的。

5. 估价方法选用

详细说明估价思路和采用的方法及其理由。在房地产估价报告的撰写过程中，常常是在估价方法选用部分只说明了选用的方法及理由，而将估价思路合并为技术路线，在评估测算中加以阐述。

6. 估价测算过程

详细说明运用某种估价方法的全部测算过程及相关参数的确定，尤其是技术复杂的估价报告，报告的撰写者要在准确掌握各种评估方法的基础上，按照估价方法的操作步骤，明确地、条理清楚地表述每种估价方法的测算过程。对于相关参数的确定既要符合有关公式的要求，又要符合逻辑推理。

7. 估价结果确定

估价结果确定就是要说明本次评估的最终结果以及它是如何确定的。因为我们在估价报告中要采用两种或两种以上的方法进行评估测算。用不同估价方法得出的结论会有一定的差异，为此最终选用何种方法确定估价结果或对其进行进一步的调整都需在此说明理由。

(八)附件

附件(标题)。

附件中包括可能会打断叙述部分的一些重要资料，通常包括：①估价委托书；②估价对象位置图；③估价对象外观、内部状况和周围环境景观的图片；④估价对象权属证明；⑤估价中引用的其他专用文件资料；⑥估价机构资质证书复印件、估价机构营业执照复印件；⑦估价师注册证书复印件等。

三、估价报告的文字要求

(一)对词义的要求

(1) 用词准确，即要善于根据内容表达的需要，在众多同义词、近义词中选用最确切的语句，以准确地表现事物的特征和作者要表达的意图。例如"这里有可能成为繁华商业区"、"预计这里将成为繁华商业区"和"这里必然会成为繁华商业区"，用词强度不同，表达的意思也不同。

(2) 语意鲜明，不能含混不清，即要求表达分寸的词语，要有客观恰当的把握，不能使用"大概"、"可能"等字样。例如"估价对象房地产每平方米建筑面积的价格大约在

800 元左右"，"大约"这样的词出现在估价结论中是不妥当的，不如表述为"估价对象房地产每平方米建筑面积的价格在 790～810 元之间"。

(3) 用词中性，即要求用词的褒贬要得当，避免采用华丽的辞藻，尽量使用中性词汇。例如"该地区发展潜力不可小视"，这样模糊、带有主观的评价缺少客观描述的语句，应该尽量避免。

(4) 用词简练、标准，即要求估价报告的用词应该规范，不用非标准、堆砌的，或者生造的词语。例如"该小区居住人群的收入较高，质素修养较高"，应该将"质素"改为"素质"。

(二)对语句的要求

(1) 语句简洁，概括性强。房地产估价报告应使用简洁的文字对所涉及的内容进行高度概括，该省的一定要省，不能出现杂糅、啰唆的语句，同时注意保证句子的完整性以清楚表达所要表述的内容。

(2) 搭配得当。语义上要符合情理，符合语法规则，同时要衔接。语句与语句之间，意思也要衔接、连贯，不能脱节。

(3) 逻辑严密。不能出现自相矛盾的现象。比如前后没有照应，或者数据来源没有出处或是有错误等。

(三)常见的错误

(1) 估价报告格式不规范，报告缺项或缺某部分内容，从而导致估价报告不完整，估价结论数字没有大写，估价结果未标明货币单位，如人民币等。

(2) 估价要素等关键内容交代不清，如估价对象的产权状况未明确说明"他项权利状况"，土地使用年限未说明"土地有效使用年限的有效期限，起止的年、月"等。

(3) 估价计算错误，包括数字计算错误导致中间计算及结果的错误，公式选用错误等等。

(4) 概念混淆。例如将建筑物的技术耐用年限与有效经济耐用年限混淆，将建筑物折旧与设备折旧混为同类处理等。

(5) 报告内容、数据前后矛盾，如估价结果报告与技术报告的相关数据和结果数额不一致，面积、年限等数据前后不一致等。

(6) 应用不同方法时，错误地理解和运用估价方法。例如成本法中利息常容易被计算错误，或设定的折旧年限超过土地使用权年限，或在收益法中未采用市场的客观收益水平等。

估价方法的原理具体可以参看第六章及第七章不同类型房地产的估价。

本 章 小 结

房地产估价原则是人们观察、分析处理房地产价格评估问题的准绳。本章介绍了房地产估价的六条主要原则，即独立客观公正原则、合法原则、最高最佳使用原则、替代原则、价值时点原则和谨慎原则。

房地产估价程序，是指房地产评估按其内在联系，所形成的各个具体操作步骤和环节。一般而言，评估一宗房地产主要包括七个基本步骤：获取估价业务；受理估价委托；拟定估价作业计划；搜集资料、实地查勘；确定估价结果；撰写估价报告；内部审核、交付报告及资料归档。

房地产估价是一项实操性很强的业务，其最终成果是通过估价报告来体现的。估价报告是估价机构出具的关于估价对象价值的专业意见，可视为估价机构提供给委托人的"产品"；是估价机构履行估价委托合同、给予委托人关于估价对象价值的正式答复；也是记述估价过程、反映估价成果的文件及关于估价对象价值的分析报告。因此，房地产估价师必须具备撰写估价报告的能力。

根据《房地产估价规范》的规定，一份完整的估价报告应包括八项内容：封面；目录；致委托人函；注册房地产估价师声明；估价的假设和限制条件；估价结果报告；估价技术报告；附件。

复习思考题

1. 如何理解房地产评估的最高、最佳使用原则？
2. 在房地产评估的评估时点原则中，评估时点有过去、现在和将来三种情形，请分别举例说明其对应的房地产市场状况及评估对象状况。
3. 简述房地产评估的程序。
4. 房地产评估报告的基本构成要素。

第六章

房地产估价方法

【本章学习要求及目标】

通过本章的学习，熟练掌握市场比较法、成本法、收益法、假设开发法、路线价法、基准地价修正法等的基本原理、操作步骤及其应用，包括方法的理论原理、适用范围、基本公式、基本要素的内涵及估算要点。

第一节   市场比较法

一、市场比较法的基本原理

(一)含义

市场比较法又称为交易实例比较法，即将待估房地产与在较近时期已经成交的类似房地产进行比较，根据已经成交房地产的实际价格，通过多项因素的修正，最终得到待估房地产的客观合理价值，其估算的价格又称为"比较价格"。

(二)理论依据

市场比较法的理论依据是替代原理，即在完全竞争的市场条件下，理性的消费者总是在同一市场中选择价格相同、效用更大或者效用相同、价格更低的商品，这使得具有同等或相似效用的商品之间产生替代效应，这类商品具有相同的价格或一致的比价关系。因此，待估房地产的价格可以通过对类似已成交房地产的价格进行修正得到。

(三)适用范围

市场比较法适用于市场公开透明、交易频繁，市场中存在足够多与待估对象类似的交易实例的评估对象。对于医院、学校、古建筑、教堂、寺庙、风景名胜区土地、图书馆、体育馆等房地产，因为缺乏市场性不适合用市场比较法评估价值。对于具有市场性的房地产，有时由于有特殊的交易目的和利用状态，缺少类似的交易实例，也不适合直接用市场比较法。例如，清算状态下的办公楼，划拨性土地上的普通住宅。

(四)基本公式

市场比较法是"以价求价"的思路，即以可比交易实例的成交价格为基础，将可比交易实例与待估对象进行特征比较，将因素特征差异量化为价格修正系数。如通过交易情况因素修正，将可比参照物修正为正常交易情况下的价格。例如通过交易日期因素修正，将可比参照物价格修正为评估基准日下的价格；再如通过房地产状况因素，将可比参照物价格修正为被估对象房地产状况下的价格，最终得到待估对象特征状态下的理论价格。其中，房地产的状况因素修正可以进一步细分为区位状况修正、权益状况修正和实物状况修正。容积率和土地使用年期这两个因素属于权益状况，由于这两个因素的影响力较大，情况特殊，可以拿出来单独修正。

综上所述，在房地产评估实务中，主要采用公式(6-1)或公式(6-2)。

被估房地产价值=参照物交易价值×交易情况修正系数×交易日期修正系数×

区域因素修正系数×个别因素修正系数×容积率修正系数×   (6-1)

土地剩余年限修正系数

或

$$被估房地产价值 = 参照物交易价值 \pm 交易情况修正值 \pm 交易日期修正值 \pm$$
$$区域因素修正值 \pm 个别因素修正值 \pm 容积率修正值 \qquad (6\text{-}2)$$

二、市场比较法的操作步骤

运用市场比较法评估房地产价值，一般经过六个步骤：①搜集交易案例；②选择可比实例；③建立可比实例统一的价格比较基础；④对可比实例价格进行因素差异修正；⑤估算可比实例修正后价格并确定被估对象的比较价格。

(一)搜集交易案例

搜集大量房地产市场交易案例资料，是运用市场比较法评估价格的基础和前提。交易案例需满足两个基本要求，一是客观性，即交易案例能反映该类房地产市场的真实情况，代表大多数正常交易情况下的价格水平；二是全面性，即所搜集交易案例的资料内容应该全面，不能遗漏，包括交易价格、交易日期、交易目的、利用方式(坐落、位置、用途、土地状况、交通条件、基础设施、繁华程度、产权设置等)。

搜集交易案例的途径是多样的，包括：①查阅政府有关职能部门的交易资料；②查阅报纸杂志网站的交易信息；③查访房地产经办人、交易当事人或中介机构；④同行之间相互提供；⑤参加交易展销会、交易信息发布会等。房地产众多交易案例搜集不是一蹴而就的，需估价师和估价机构日积月累，并借助计算机数据库软件进行管理和查询，例如利用GIS软件建立交易案例的空间数据库。

(二)确定可比实例

评估某一宗房地产，需从大量交易实例中筛选出与待估对象特征更为接近的交易实例作为可比实例。可比实例应符合三个基本条件：①实体特征与估价对象尽可能相似，如处在同一供需圈，用途相同、建筑结构相同等；②交易类型应与估价目的吻合；③成交日期应尽量接近价值时点，成交价格应尽量为正常价格。可比实例的数量一般选取三个以上、十个以下即可。

(三)建立统一价格比较基础

选取可比实例之后，一般应先对可比实例的成交价格进行换算处理，使它们之间的口径一致、形式相同、相互可比。建立同一比较基础一般包括：①统一付款方式，如将分期支付修正为一次性支付；②统一采用单价，如将成交总价换算为成交单价；③统一币种和货币单位，如采用人民币"元"计价；④统一面积内涵，如按照建筑面积计价；⑤统一面积单位，如采用平方米计价等。

【例 6-1】 搜集有甲、乙两宗交易实例，甲交易实例的建筑面积为 200 平方米，成交总价为 80 万元人民币，分三期付款，首期付 16 万元人民币，第二期于半年后付 32 万元人民币，余款 32 万元人民币于一年后付清。乙交易实例的使用面积为 2 500 平方英尺，成交总价 15 万美元，于成交时一次性付清。假设人民币的年存款利率为 8%，1 平方米=10.764 平方英尺，使用面积：建筑面积=3：4，交易时点的汇率是 1 美元=8.3 元人民币。

请将甲、乙的价格调整为以"元/平方米"计价，按建筑面积测算的单价形式。

【解】　　　甲交易总价 $= 160\,000 + \dfrac{320\,000}{(1+8\%)^{0.5}} + \dfrac{320\,000}{(1+8\%)} \approx 764\,216(元)$

$$甲交易总价 = \frac{764\,216}{200} \approx 3821(元/平米)$$

$$乙交易总价 = \frac{150\,000 \times 8.3}{(2500/10.764) \times (4/3)} \approx 4020(元/平米)$$

(四)确定因素修正系数

如前所述，因素修正包括交易情况修正、交易日期修正和房地产状况修正等。

1. 交易情况修正

交易情况修正，即剔除交易行为中一些特殊的或微观情况造成的交易价格的偏差，使交易价格的概念建立在正常价格的基础上。房地产交易中的特殊情况较为复杂，主要有以下几种情况。

(1) 有特殊利害关系的经济主体间的交易，如亲友之间、有利害关系的公司之间、公司与本单位职工之间，通常都会以低于市价的价格进行交易。

(2) 交易时有特别的动机，以急于脱售或急于购买最为典型。例如，有人为了扩大经营面积，收买邻近的建筑用地，往往会使交易价格抬高。

(3) 买方或卖方不了解市场行情，往往造成房地产交易价格偏高或偏低。

(4) 其他特殊交易的情形。例如契税本应由买方负担，却转嫁给了卖方。

(5) 特殊的交易方式。例如拍卖、招标等。

有上述特殊交易情况的交易实例，需进一步对其成交价格进行交易情况修正，计算公式如公式(6-3)。其中正常情况指数设为 100，如果可比实例交易时的价格低于正常情况下的交易价格，则分母小于 100；反之，则大于 100。

$$交易情况修正后的正常价格 = 可比实例成交价格 \times \frac{正常情况指数}{可比实例情况指数} \qquad (6-3)$$

2. 交易日期修正

交易实例的交易日期与待评估房地产的评估基准日往往有一段时间差。在这一期间，房地产市场可能不断地发生变化。例如政府出台了新的政策措施，利率发生了变化，出现了通货膨胀或通货紧缩，消费观念有所改变等，都会导致估价对象或可比实例房地产市场供求关系、货币购买力发生变化，以至即使两宗完全相同的房地产，在这两个不同时间的价格也会不同。因此需要根据房地产价格的变动比率，将交易实例房地产价格修正为评估基准日的房地产价格。房地产价格的变动率一般用房地产价格指数来表示。利用价格指数进行日期修正的公式如下：

$$评估基准日价格=可比实例成交价格×\frac{评估基准日价格指数}{可比实例交易时点价格指数} \qquad (6-4)$$

鉴于交易日期因素中，可比实例的交易日期发生在先，估价对象的评估基准日在后，不同时间点相应的价格指数中，一般以前一时期价格指数为基准，因此交易日期修正系数一般以可比实例的价格水平为基准，定为100。具体修正系数如何确定，需要依据物价指数的定义而定。一般物价指数可以分为定基物价指数和环比物价指数，如例题6-2和例题6-3。我们需要了解不同物价指数的含义，正确应用价格指数的资料。

【例6-2】 某地区某类房地产2004年4月至10月的定基价格指数分别为79.6，74.7，76.7，85.0，89.2，92.5，98.1(2002年1月的价格指数为100)。其中某宗房地产在2004年6月的价格为1 800元/平方米，则其价格进行交易日期修正，2004年10月的价格为多少？

【解】 房地产价格$=1\,800×\frac{98.1}{76.7}≈2\,302$(元/平米)

【例6-3】 现有一宗可比房地产实例，成交价格为6 000元/平方米，成交日期为2010年7月。假设2010年1月至2011年7月，该类房地产价格每月比上月上涨1%，2011年7月至2012年1月，该类房地产价格每月比上月下降0.2%，则对该可比实例进行交易日期修正后，2012年1月的房地产价格为多少？

【解】 房地产价格$=6\,000×(1+1\%)^{12}×(1-0.2\%)^{6}$
　　　　　　　　$=6\,000×1.127×0.988$
　　　　　　　　$≈6\,681$(元/平方米)

3. 房地产状况修正

房地产状况可以分为区位状况、实物状况和权益状况。

(1) 区位状况也可称为区域状况，其比较调整的内容主要包括：位置(所处的方位、距离、朝向、楼层等)、交通(进、出的方便程度等)、环境景观(自然环境、人文环境和景观等)、外部配套设施(基础设施和公共服务设施等)影响房地产价格的因素。

(2) 实物状况比较调整的内容很多，对于土地主要包括面积(大小)、形状(规则与否)、进深、宽深比、地势(高低)、土壤及地基状况、基础设施完备程度和场地平整程度等因素；对于建筑物主要包括建筑规模(建筑面积大小)、建筑结构、设施、设备、装饰装修、空间布局、外观、防水、保温、隔热、隔音、通风、采光、日照、使用率(得房率)、层高、完损程度(包括工程质量、建筑物年龄、维修养护情况)等影响因素。

(3) 权益状况比较调整的内容主要包括：土地使用期限、城市规划限制条件(容积率)等影响房地产价格的因素。

对于实物状况和区位状况的比较和调整，一般采用多因素综合评分法，即先将区位状况和实物状况进一步细分为多个因素，每个因素进行估价对象和可比实例的特征比较，以估价对象的状况为基准，确定可比实例价格的相对高低百分率$R_i\%$(当可比实例价格偏高时，$R_i\%>0$；偏低时，$R_i\%<0$)，计算公式如下：

$$可比实例修正后价格=可比实例成交价格\times\frac{估价对象特征指数}{可比实例特征综合指数}$$

$$=P\times\frac{100}{\left(100+\sum_{i=1}^{n}R_i\%\right)} \tag{6-5}$$

对于容积率因素的修正，因容积率与地价的关系并非呈线性关系，需根据具体区域的情况具体分析。若已知容积率与价格之间的关系，容积率因素修正可采用如下公式计算。

$$可比实例修正后价格=可比实例成交价格\times\frac{待估宗地容积率价格指数}{可比实例价格指数} \tag{6-6}$$

对于土地使用年期因素，因为我国国有土地使用权实行有限期出让制度，因而土地有效剩余年限越短，其价值越低。相同区位、实物状况特征的土地，有效使用年期不等，则土地价值应该不等，所以需对土地的使用年期因素进行修正。土地使用年期修正系数计算如下：

$$土地使用年期因素修正系数=\frac{1-1/(1+r)^m}{1-1/(1+r)^n} \tag{6-7}$$

式中：m——待估土地剩余使用年期；

n——可比实例土地剩余使用年期。

(五)确定被估对象的比较价格

经过交易情况修正、交易日期修正、房地产状况修正后，可以得到评估基准日可比实例的修正后价格。若干可比实例修正后价格并不一定完全一致，一般采用算术平均法、加权平均法、众数法等，综合得到被评估对象的比较价格。

三、应用举例

【例6-4】 有一待估宗地，剩余使用年限为40年，土地报酬率为6%，现收集到A、B、C、D四宗地交易实例，具体情况如表6-1所示，表6-1中交易情况、区域因素和个别因素都是交易实例与估价对象比较，以估价对象的状态为标准确定调整比率。该城市此类用地容积率与地价的关系为：当容积率在1.0～2之间时，容积率每增加0.1，宗地地价比容积率为1.0时增加1%。该城市从2004年到2008年，每月地价环比上升1%。

请修正可比实例A、B、C、D的交易价格，通过算术平均法得到待估宗地2008年1月的比较单价。

表6-1 待估宗地与可比实例情况对比说明表

宗 地	成交单价/(元/平方米)	交易时间	交易情况	容积率	区域因素	个别因素	土地剩余年限
估价对象		2008.1	0	1.7	0	0	40年
A	2 200	2007.1	−1%	1.6	+3%	−1%	38年
B	2 400	2007.6	−4%	1.8	+2%	+3%	40年

续表

宗　　地	成交单价/(元/平方米)	交易时间	交易情况	容积率	区域因素	个别因素	土地剩余年限
C	2 300	2007.4	+3%	1.7	+4%	−5%	39 年
D	2 100	2006.1	−2%	1.6	+4%	−1%	38 年

【解】

(1) 交易日期修正：

　　实例 A：$(1+1\%)^{12}=1.1268$　　实例 B：$(1+1\%)^{7}=1.0721$

　　实例 C：$(1+1\%)^{9}=1.0937$　　实例 D：$(1+1\%)^{24}=1.2697$

(2) 交易情况修正

　　实例 A：$\dfrac{100}{100-1}=\dfrac{100}{99}$　　实例 B：$\dfrac{100}{100-4}=\dfrac{100}{96}$

　　实例 C：$\dfrac{100}{100+3}=\dfrac{100}{103}$　　实例 D：$\dfrac{100}{100-2}=\dfrac{100}{98}$

(3) 容积率因素修正：

根据已知条件，得到容积率价格指数表 6-2，则修止系数如下：

　　实例 A：$\dfrac{107}{106}$　实例 B：$\dfrac{107}{108}$　实例 C：$\dfrac{107}{107}$　实例 D：$\dfrac{107}{106}$

表 6-2　容积率价格指数表

容积率	1.0	1.1	1.2	1.3	1.4	1.5	1.6	1.7	1.8
价格指数	100	101	102	103	104	105	106	107	108

(4) 区域因素修正：

　　实例 A：$\dfrac{100}{100+3}=\dfrac{100}{103}$　　实例 B：$\dfrac{100}{100+2}=\dfrac{100}{102}$

　　实例 C：$\dfrac{100}{100+4}=\dfrac{100}{104}$　　实例 D：$\dfrac{100}{100+4}=\dfrac{100}{104}$

(5) 个别因素修正：

　　实例 A：$\dfrac{100}{100-1}=\dfrac{100}{99}$　　实例 B：$\dfrac{100}{100+3}=\dfrac{100}{103}$

　　实例 C：$\dfrac{100}{100-5}=\dfrac{100}{95}$　　实例 D：$\dfrac{100}{100-1}=\dfrac{100}{99}$

(6) 土地剩余年期修正：

　　实例 A：$\dfrac{1-1/(1+6\%)^{40}}{1-1/(1+6\%)^{38}}\approx1.0135$

　　实例 B：$\dfrac{1-1/(1+6\%)^{40}}{1-1/(1+6\%)^{40}}=1$

　　实例 C：$\dfrac{1-1/(1+6\%)^{40}}{1-1/(1+6\%)^{39}}\approx1.0066$

实例 D：$\dfrac{1-1/(1+6\%)^{40}}{1-1/(1+6\%)^{38}} \approx 1.0135$

(7) 可比实例交易价格修正见表 6-3。

表 6-3　可比实例单价修正计算表

项　目	实例 A	实例 B	实例 C	实例 D
交易价格(元/平方米)	2 200	2 400	2 300	2 100
交易日期修正	1.1268	1.0721	1.0937	1.2697
交易情况修正	100/99	100/96	100/103	100/98
容积率修正	107/106	107/108	107/107	107/106
区域因素修正	100/103	100/102	100/104	100/104
个别因素修正	100/99	100/103	100/95	100/99
土地剩余年期修正	1.0135	1	1.0066	1.0135
综合修正系数	1.1419	1.0531	1.0818	1.2874
修正后单价(元/平方米)	2 512	2 527	2 488	2 704

(8) 计算待估土地比较单价：
比较单价=(2512+2527+2488+2704)÷4 ≈ 2558(元/平方米)

第二节　成　本　法

一、成本法的基本原理

(一)含义

成本法又称"重置成本法"，是指在价值时点以假设重新建造开发待估房地产所需耗费的各项必要费用以及正常的利润、税金、折旧等为依据来确定待估房地产价格的一种估价方法，所得到的价格称为"成本价格"。

(二)理论依据

成本法的理论依据是生产费用价值论。对于卖方，他所愿意接受的最低价格不能低于他为开发建设该房地产已经花费的代价；对于买方，他所愿意支付的最高价格，不能高于他预计重新自主建设该房地产所需花费的代价。因此，在买卖双方理性竞争的相互制衡条件下，估价人员可以根据开发建设评估对象所需的正常费用、税金和利润之和来测算其价格。现实中，房地产的价格直接取决于其效用，而非花费的成本。成本的增减一定要对效用有所作用才能影响价格。换一个角度讲，房地产成本的增加并不一定能增加其价值，投入的成本不多也不一定说明其价值不高。

(三)适用范围

只要是新近开发建设、可以假设重新开发建设或者计划开发建设的房地产，都可以采用成本法评估。成本法特别适用于评估那些既无收益又很少发生交易的房地产。如学校、图书馆、体育场馆、医院、政府办公楼、军队营房、公园等公用、公益房地产，以及化工厂、钢铁厂、发电厂、油田、码头、机场等有独特设计或只针对个别用户的特殊需要而开发建设的房地产。对于单纯建筑物的评估、新开发区土地的估价，成本法都是一种有效的方法。另外，成本法也适用于评估市场不完善或狭小市场上无法运用市场比较法评估的房地产。例如，房地产保险(包括投保和理赔)及其他损害赔偿中，通常采用成本法评估，因为在保险事故发生后或其他损害中，房地产的损毁往往是局部的，需要将其恢复到原貌。对于发生全部损毁的，有时也需要用重置或重建的办法来解决。

成本法评估比较费时费力，测算重新购建价格和折旧也有一定的难度，需要评估人员针对建筑物进行实地勘察，依靠其主观判断；同时要求评估人员有专业知识和丰富的经验，特别是要具有良好的有关建筑材料、建筑设备和工程造价等方面的专业知识。

(四)基本公式

针对不同的估价对象，成本价格的内涵及估价公式是不同的。

(1) 新开发土地的成本价格构成如下：

$$新开发土地价格=待开发土地取得费用+土地开发成本+管理费用+销售费用+投资利息+销售税费+开发利润 \tag{6-8}$$

(2) 新开发房地产的成本价格构成如下：

$$新开发房地产的价格=土地取得成本+开发成本+管理费用+销售费用+投资利息+销售税费+开发利润 \tag{6-9}$$

(3) 新建筑物成本价格构成如下：

$$新建成建筑物的价格=建筑物建造成本+管理费用+销售费用+投资利息+销售税费+开发利润 \tag{6-10}$$

(4) 旧建筑物成本价格构成如下：

$$旧建筑物价格=建筑物重新购建价格-建筑物折旧$$
$$=建筑物重新购建 \times 建筑物成新率 \tag{6-11}$$

(5) 旧房地产成本价格构成如下：

$$旧房地产价格=房地产重新购建价格-建筑物折旧$$
$$=土地重新购建价格+建筑物重新购建价格-建筑物折旧$$
$$=土地重新购建价格+建筑物重新购建价格 \times 建筑物成新率$$
$$=类似土地重新购建价格 \times 土地年期修正系数$$
$$+建筑物重新购建价格 \times 建筑物成新率 \tag{6-12}$$

(五)操作步骤

成本法的操作步骤如下。

(1) 搜集有关房地产开发的成本、税费、利润等资料。

(2) 估算土地或建筑物重新购建的价格。

(3) 估算建筑物的折旧。

(4) 求取成本价格。

二、成本价格的构成

运用成本法估价，首先需了解从获取土地一直到房屋竣工验收乃至完成租售全过程中需要做的各项工作，以及在该全过程中的必要支出及其支付标准、时间和依据，然后在此基础上结合估价对象的实际情况，确定估价对象价格的具体构成并测算各构成项目的金额。以房地产开发商取得房地产开发用地进行房屋建设，然后销售建成商品房为例，房地产的重新购建价格可以分为七个大项：①土地取得成本；②开发成本；③管理费用；④销售费用；⑤投资利息；⑥销售税费；⑦开发利润。

(一)土地取得成本

土地取得成本是指取得房地产开发用地的必要支出。目前取得土地使用权的途径可分为三种：通过市场购买取得；通过征收集体土地取得；通过城市房屋拆迁取得。

(1) 若从市场购买取得，土地取得成本一般由购买土地的价款和买方缴纳的税费构成。其中购买土地的价款可以采用市场比较法，或者基准地价修正法求取；买方应当缴纳的税费包括契税、印花税和交易手续费等，可以根据相关税法规定测算。

(2) 若征收集体土地取得，土地取得成本包括征地补偿安置费用、土地使用权出让金和相关税费三部分：①征地补偿安置费用进一步细分为土地补偿费、安置补助费、地上附着物和青苗补偿费；②土地使用权出让金需依照当地相关规定测算；③相关税费则包括征地管理费、耕地占用税、耕地开垦费和新菜地开发建设基金等，需参照当地有关规定测算。征收集体土地所发生的必要支出及其标准可参见本书第十章。

(3) 若拆迁城市房屋取得，土地取得成本包括房屋拆迁补偿安置费用、土地使用权出让金及相关费用三部分。①房屋拆迁安置费用进一步细分为五个部分：被拆迁房屋成本补偿费；被拆迁房屋内自行装修补偿金；搬迁补助费；安置补助费；非住宅房屋造成的停产停业补偿费等。②土地使用权出让金依据当地基准地价标准及相关规定测算。③相关费用则包括房屋拆迁管理费、拆迁服务费、拆迁估价费及房屋拆除和渣土清运费等。城市房屋拆迁所发生的必要支出及其标准可参见本书第十章。

(二)开发成本

开发成本是指在土地上进行基础设施建设、房屋建设所必要的直接费用、税金等，主要包括以下几项。

(1) 勘察设计和前期工程费，包括市场调查、可行性研究、工程勘察、环境影响评价、规划及建筑设计、建设工程招投标、施工的七通一平(通上水、通下水、通电、通路、通信、通气、通热，土地平整)及临时用房等开发项目的前期工作所必要的费用。

(2) 建筑安装工程费,包括建筑商品房及围墙、水池、绿化等附属工程所发生的土建工程费用、安装工程费用和装饰装修工程费用等,要注意不要与下面的基础设施建设费、公共配套设施建设费等重复。

(3) 基础设施建设费,包括城市规划要求配套的道路、给排水、电力、燃气、热力、电信、有线电视等设施的建设费用。

(4) 公共配套设施建设费,包括城市规划要求的配套教育(如幼儿园)、医疗卫生(如医院)、文化体育(如文化活动中心)、社区服务(如居委会)、市政公用(如公共厕所)等非营业性设施的建设费用。

(5) 其他工程费,包括工程监理费、竣工验收费等。

(6) 开发期间税费,包括有关税收和地方政府收取的费用,如绿化建设费、人防工程费等。

上述开发成本可划分为土地开发成本和建筑物建设成本,以上六项费用需在土地和建筑物之间进行合理分摊,具体分摊比例需根据土地的投入大小而定。开发成本减去土地开发成本的余额,即属于建筑物的建设成本。

(三)管理费用

管理费用包括房地产开发经营人员的工资及福利费、办公费、差旅费等,为组织和管理房地产开发经营活动所必要的费用合计,一般按照土地取得成本与开发成本的一定比例(如5%)进行估算。

(四)销售费用

销售费用是指预售未来开发完成的房地产或者销售已经完工的房地产所必要的费用,包括广告费、销售资料制作费、样板房建设费、售楼处建设费、销售人员费用或销售代理费等。销售费用通常按照售价乘以一定比例测算,如售价的4%。

(五)投资利息

投资利息与财务费用不完全相同,是指房地产开发完成或实现销售之前发生的所有必要费用应计算的时间成本,不仅包括真实发生的借款利息和手续费,还包括自有资金的应计利息。因此土地取得成本、开发成本、管理费用都应考虑投资利息。各项费用的计息期的起点,一般是该费用的发生时点,终点是开发期的终点,不考虑预售和延迟销售的情况。有些费用是均匀分散在一个时期内发生(如一段时间内持续发生),计息期的起点假设为这个时间段的期中,计息期的终点仍然是开发期的终点。计息方式有单利和复利两种,一般采用复利计息方式。利息率一般按照资本市场同期平均资金成本率测算。

(六)销售税费

销售税费是指预售未来开发完成的房地产或销售已完工房地产,应由卖方缴纳的税费,包括销售税金及附加(如营业税、城市维护建设税和教育费附加费,简称"二税一费")以及其他销售税费(如印花税、交易手续费等)。销售税费中一般不包括卖方应缴纳的土地增值税和企业所得税。因为土地增值税是以纳税人转让房地产取得的增值额为计税依据，按照累进税率计征，每笔转让房地产的增值税额都可能不同。企业所得税也面临着不同企业不同项目应缴纳税额不等的问题。

(七)开发利润

开发利润是房地产开发商的利润，一般按照土地取得成本、开发成本及管理费用合计的一定比例进行估算。利润的计算基数一般不包括投资利息、销售税费。注意，此处的开发利润并不是建筑承包商的利润，后者已经被包含在建筑安装工程费用中。

三、重新购建价格和建筑物折旧

(一)房地产重新购建价格

重新购建价格是指假设在价值时点重新取得或者重新开发建设全新状况的估价对象，所必要支出和应得利润的合计。需要注意，重新购建价格应是价值时点(或称估价时点)的价格水平；应反映市场平均水平的客观成本费用；应是全新状态下，大多数类似估价对象所应耗费的必要支出及应得利润的累积，不包括偶然、特殊的支出项目。

求取房地产重新购建价格有两大途径：一是将该房地产作为整体，模拟房地产开发商的开发过程，按照本节第二部分的价格构成，每一个成本项目的测算，最终累加合计；二是将房地产分为土地和建筑物两个相对独立的部分，先求取土地的重新购建价格，再求取建筑物的重新购建价格，最后两者相加。如果采用后一种思路，详见下文中土地重新购建价格和建筑物重新购建价格的解释说明。

(二)土地重新购建价格

土地重新购建价格，即假设没有建筑物，土地状况维持不变的情况下的重新取得价格，一般采用市场比较法，或者基准地价修正法求取。如果估价对象土地的使用年期和可比实例宗地或基准地价土地的使用年期不一致，需对可比实例宗地成交价格或者基准地价进行土地年期因素修正，具体修正方法参见市场比较法的具体解释。

(三)建筑物重新购建价格

建筑物重新购建价格是指采用价值时点时的建筑材料、建筑构配件、建筑设备和建筑技术及工艺等，在价值时点的市场价格体系下，重新建造与估价对象具有同等功能效用的全新建筑物的必要支出和应得利润的合计。

建筑物重新购建价格可采用单位比较法、分部分项法、工料测算法及指数调整法。

1. 单位比较法

单位比较法本质上是一种市场比较法，是以估价对象建筑物为整体，首先选取某种计量单位(如单位建筑面积、单位体积等)作为比较单位，然后调查在价值时点的近期建成的类似建筑物这种计量单位的建筑安装工程费标准，并对其进行必要的修正、调整，包括剔除不正常的建筑安装工程费，将建造日期的费用调整到价值时点水平，根据类似建筑物与估价对象之间的差异调整建筑规模、设备、装饰装修等方面的费用差异等，就得到估价对象价值时点的单位建筑安装工程费，加上相应的专业费用、管理费用、销售费用、投资利息、销售税费和开发利润等，最终得到建筑物的单位重新购建价格。

【例 6-5】 需评估一幢独立式住宅的建筑物重新购建价格，建筑面积为 300 平方米，经查阅资料得知该类用途、类似建筑结构和档次的房屋的单位建筑面积建筑安装工程费用为 1 200 元/平方米，但没有厨房和空调设备，与估价对象的实体状况不符。估价人员经测算，该独立住宅的建筑物重新购建单价为 2 266 元/平方米，重新购建总价为 679 800 元，估算过程如表 6-4 所示。

表 6-4 估价对象的建筑物重新购建价格估算过程表(四舍五入)

项 目	解释说明	结 果
a. 建筑安装工程费用基本价格(类似建筑物)		1 200 元/平方米
b. 规模和形状修正	基本价格×(0.03)	−36/平方米
c. 修正项目		+500 元/平方米
其中：c-1 厨房设备	+200 元/平方米	
c-2 空调设备	+300 元/平方米	
d. 建筑安装工程费用	a+b+c	1 664 元/平方米
e. 专业费用	d×8%	133 元/平方米
f. 管理费用	(d+e)×3%	54 元/平方米
g. 投资利息 (开发期为一年，开发成本均匀投入，单利计息)	(d+e+f)×5%×0.5	46 元/平方米
h. 销售费用	$P×4\%$	$P×4\%$
r. 开发利润	(d+e+f)×15%	278 元/平方米
P. 重新购建单价	d+e+f+g+h+r	2 266 元/平方米
y. 重新购建总价	$P×300$	679 800 元

2. 分部分项法

分部分项法是先假设将估价对象建筑物分解为各个独立的构件或分部分项工程，并测算每个独立构件或分部分项工程的数量，然后调查了解价值时点时各个独立构件或分部分项工程的数量，最后将各个独立构件或分部分项工程的数量乘以相应的单位价格或成本后相加，再加上相应的专业费用、管理费用、销售费用、投资利息、销售税费和开发利润等，求得建筑物重新购建价格。

【例 6-6】 估算某旧办公楼 2007 年 6 月 30 日建筑物重新购建价格。经实地查勘，得知该办公楼共 10 层，总建筑面积 8 500 平方米，建筑物重新购建价格计算过程如表 6-5 所示，旧办公楼的建筑物重新购建单价为 3 594 元/平方米。

表 6-5 旧办公楼建筑物重新购建价格估算过程表(四舍五入)

序号	项　目	费用标准/(元/平方米)	备　注
一、	建筑安装工程费合计	2 398	(1)+(2)+(3)+(4)+(5)
(1)	土建工程直接费合计	781	
1.1	基础工程	100	
1.2	墙体工程	80	
1.3	梁板柱工程	282	
1.4	墙混凝土(电梯井壁、混凝土剪力墙)	74	
1.5	楼梯混凝土工程	32	
1.6	零星混凝土工程	25	
1.7	屋面工程	20	
1.8	脚手架工程	25	
1.9	室外配套工程	143	
(2)	安装工程直接费合计	445	其中：人工费合计 47 元/平方米
2.1	电梯工程	130	其中：人工费 9 元/平方米
2.2	给排水工程	85	其中：人工费 12 元/平方米
2.3	采暖通风工程	70	其中：人工费 10 元/平方米
2.4	电气工程	113	其中：人工费 8 元/平方米
2.5	消防工程	17	其中：人工费 3 元/平方米
2.6	综合布线工程	30	其中：人工费 5 元/平方米
(3)	装饰装修工程直接费合计	902	其中：人工费合计 45 元/平方米
3.1	门窗工程	135	
3.2	内部装饰工程	455	
3.3	外墙玻璃幕等工程	312	其中：人工费 45 元/平方米
(4)	综合费合计	189	
4.1	土建工程综合费	117	土建工程直接费×15%
4.2	安装工程综合费	38	安装工程人工费×80%
4.3	装饰装修工程综合费	34	装饰装修人工费×75%
(5)	税金合计	81	建安费的(直接费+综合费)×3.5%
二、	专业费用合计	144	建筑安装工程费合计×6%
三、	管理费用合计	76	(建安费+专业费)×3%
四、	销售费用	$P×3\%$	重新购建价格×3%
	投资利息	145	
五、	说明：开发期 2 年，第一年投入 60%，第二年投入 40%，年利率 5%，各年均匀投入，建安费和专业费、管理费三项合计考虑投资利息，复利计息 计算过程：投资利息=(建安费+专业费+管理费)×[60%×$(1+5\%)^{1.5}$+40%×$(1+5\%)^{0.5}$−1]		
六、	销售税费	$P×5.53\%$	售价×5.53%

续表

序号	项　目	费用标准 (元/平方米)	备　注
七、	开发利润	524	(建安费+专业费+管理费)×20%
八、	建筑物重新购建价格(设为P)	3 594	[第(一)~第(七)项]合计
	计算过程：$P=2\ 398+144+176+P\times3\%+145+P\times5.53\%+524$，所以重新购建价格 $P=3\ 594$ 元/平方米		

3. 工料测算法

工料测算法是先假设将估价对象建筑物还原为建筑材料、建筑构配件和设备三部分，并测算重新建造该建筑物所需要的这三部分的种类、数量和人工时数，然后调查、了解价值时点时相应的单价和人工费标准，最后将各种建筑材料、建筑构配件、设备的数量和人工时数乘以相应的单价和人工费标准后相加，再加上相应的专业费用、管理费用、销售费用、投资利息、销售税费和开发利润等，最终得到建筑物重新购建价格。工料测量法的优点是详细、准确，缺点是比较费时、费力，并需要建筑师、造价工程师等专家的参与，主要用于估算具有历史价值的建筑物的重新购建价格。

4. 指数调整法

指数调整法也称为账面价值调整法，即利用有关成本指数或价格变动率，将估价对象建筑物的历史账面成本调整到价值时点的价格水平。这种方法并未考虑技术进步所带来的成本的节约，而只考虑价格因素对成本的影响，通常用于检验其他方法的测算结果。

(四)建筑物折旧

建筑物折旧是指各种原因造成的价值折损，其金额为价值时点建筑物重新购建价格与市场价值之差。造成折旧的原因包括物质折旧、功能折旧和经济折旧。

(1) "物质折旧"又称有形损耗，是指建筑物在实体上的老化、磨损、损坏所造成的价值损失，如外墙涂料脱落、管道老化漏水等。

(2) "功能折旧"又称为无形损耗，是指由于设计缺陷、消费观念的改变、技术进步或建筑标准的变化等造成待估建筑物在功能上缺乏、落后或过剩所造成的价值损失，如老公房的客厅暗厅，无独立卫生间，无电梯等。

(3) "经济折旧"，也称外部性折旧，是指由于外部市场供需变化，或者政策的改变、区位环境的变化，造成建筑物收益潜能减少，市场价值折损，如新建垃圾焚烧厂造成周边住宅价格下降、出租率降低等。

建筑物折旧的估算方法有很多种，如耐用年限法、实际观察法、综合法等。

1. 耐用年限法

耐用年限法又称定额法，该方法假设建筑物的价值损耗是均匀的，在耐用年限内每年的折旧额相等。

(1) 建筑物折旧额的估算公式如下：

$$建筑物累积折旧=建筑物年折旧额\times已使用年限 \tag{6-13}$$

$$建筑物年折旧额 = \frac{建筑物重建价格-建筑物净残值}{建筑物经济年限}$$

$$= \frac{建筑物重建价格 \times (-残值率)}{建筑物经济年限} \tag{6-14}$$

(2) 建筑物的经济年限，是指建筑物对房地产价值有贡献的时期，具体从建筑物竣工之日开始，到建筑物对房地产价值不再有贡献之日终止，是正常市场和运营状态下，房地产收入大于运营费用的持续时间。经济寿命可能小于或者等于自然寿命，计算如下：

$$建筑物经济年限=建筑物已使用年限+剩余经济年限 \tag{6-15}$$

其中：剩余经济年限=min(建筑物剩余经济年限，土地剩余经济年限)。

① 若建筑物剩余经济年限早于土地使用期限结束，应按照建筑物的剩余经济年限计算建筑物的总经济年限。

② 若建筑物剩余经济年限晚于土地使用期限结束，应按照土地剩余经济年限计算建筑物的总经济年限。

建筑物会因为维护及时、养护手段适当，延长其总的经济年限，即缩短已使用年限。建筑物也可能因为提前拆迁等原因，造成总经济年限的缩短。

2. 实际观察法

实际观察法是指通过估价人员对待估建筑物结构、装修、设备等完好情况进行实地观察，并判断由物理、功能和经济因素引起的各类价值减损情况，予以主观判断建筑物的折旧程度或成新度。该方法需要估价人员具有扎实的建筑物鉴定技术和丰富的估价实务经验。同时，我国原城乡建设环境保护部也曾发布了《房屋等级评定标准》(1984)，对建筑物结构、装修、设备三个组成部分的完好、损坏程度划分为五类：完好房、基本完好房、一般损坏房、严重损坏房和危险房。

(1) 完好房，即结构构件完好，基础未出现不均匀沉降；装修和设备齐全、完好，使用正常，或虽个别构部件有轻微损坏，但经过小修后就能修复的。

(2) 基本完好房，即结构基本完好，少量构部件有轻微损坏，基础出现不均匀沉降但已稳定；装修基本完好，油漆缺乏保养；设备、管道现状基本良好，能正常使用。

(3) 一般损坏房，即结构一般性损坏，部分构部件有损坏或变形，屋面局部漏雨；装修局部破损、油漆老化；设备、管道不够畅通，水卫、电照管线、器具和零件有部分老化、损坏或残缺。这类房屋，需要进行中修或局部大修，更换部件。

(4) 严重损坏房，即房屋年久失修，结构有明显变形或损坏，屋面严重漏雨；装修严重破损、油漆老化见底；设备陈旧不全，管道严重堵塞，水卫、电照管线、器具和零部件残缺及严重损坏。这种房屋需进行大修或翻修、改建。

(5) 危险房，即承重构件已属危险构件，结构丧失稳定及承载能力，随时有倒塌的可能。这类房屋，不能确保住用安全。

房屋的完损等级对应着成新率，完好房的成新率为十成、九成、八成；基本完好房的成新率为七成、六成；一般损坏房的成新率为五成、四成；严重损坏房及危险房的成新率为三成以下。

3. 综合法

耐用年限法与实际观察法各有优缺点：前者客观，但不乏机械；后者存在较大的主观性，对估价人员的专业素质要求较高。因此在估价实务中，通常将耐用年限法和实际观察法结合起来，综合测算建筑物的折旧情况和程度。

四、应用举例

【例 6-7】 某市经济技术开发区内有一块土地面积为 15 000 平方米，该地块的土地征地费用(含安置、拆迁、青苗补偿费和耕地占用税)为每亩 10 万元，土地开发费为每平方公里 2 亿元，土地开发周期为两年，第一年投入资金占总开发费用的 35%，第二年投入剩余开发费用的 65%，资金在各年均匀投入。开发商要求的投资利润率为 10%，银行贷款年利息率为 6%。试评估该土地的重新购建价值。

【解】

(1) 计算土地取得费。

$$土地取得费=10(万元/亩)=100\ 000/666.7≈150(元/平方米)$$

(2) 计算土地开发费。

$$土地开发费=2(亿元/平方公里)=2×10^8/(1×10^6)=200(元/平方米)$$

(3) 计算投资利息。

土地取得费的计息期为 2 年，土地开发费为分段均匀投入，则：

$$土地取得费利息=150×[(1+6\%)^2-1]$$
$$=18.54(元/平方米)$$

$$土地开发费利息=200×35\%×[(1+6\%)^{1.5}-1]+200×65\%×[(1+6\%)^{0.5}-1]$$
$$=6.39+3.84$$
$$=10.23(元/平方米)$$

(4) 计算开发利润。

$$开发利润=(土地取得费+土地开发费)×利润率$$
$$=(150+200)×10\%$$
$$=35(元/平方米)$$

(5) 计算土地价值。

$$土地单价=土地取得费+土地开发费+投资利息+开发利润$$
$$=150+200+18.54+10.23+35$$
$$=413.77(元/平方米)$$
$$土地总价=413.77×15\ 000=6\ 206\ 550(元)$$

【例 6-8】 某房地产的土地面积 1 000 平方米，建筑面积 2 000 平方米。土地于 1999 年 8 月 1 日通过有偿出让方式取得，法定使用年限为 50 年，当时单价为 2 000 元/平方米。建筑物于 2000 年 8 月 1 日竣工投入使用，技术耐用年限为 60 年，结构为钢筋混凝土，残值为零，当时建造成本为 1 800 元/平方米。2004 年 8 月 1 日对该房地产进行评估。据调查，资料情况如下。

(1) 与该房地产所占土地的地段、用途、生熟程度相同，50 年期土地的单价为 2 200 元/平方米(包括土地取得费、土地开发费、投资利息及合理利润等)，假设土地报酬率为6%。请问被估房地产所在土地的剩余使用年限为多少？利用已知数据，被估土地在价值时点的成本价格为多少？

(2) 价值时点市场同类建筑物的重新建造成本为每建筑平方米 3 000 元(包括建筑安装工程费、管理费、投资利息及合理利润等)，请问价值时点，被估房地产所有建筑物的已使用年限和剩余经济年限为多少？用定额法测算，其年折旧额为多少？被估建筑物于价值时点的成本价格为多少？

(3) 请估算 2004 年 8 月 1 日，该房地产的成本总价及成本单价。

【解】

(1) 土地剩余使用年限=50-5=45(年)

土地成本价格=类似土地重新购建价格×土地年期修正系数

$$=2200 \times \frac{1-\left[1-(1+6\%)^{-45}\right]}{1-\left[(1+6\%)^{-50}\right]}$$

$$=2200 \times \frac{0.9273}{0.9457}=2200 \times 0.9805 \approx 2157(元/平方米)$$

(2) 建筑物已使用年限=4 年

建筑物剩余经济年限=min(建筑物剩余年限，土地剩余年限)=min(60-4.45)=45(年)

建筑物年折旧额=3 000×(1-0%)÷(45+4)=61.22(元/平方米)

建筑物成本价格=建筑物重新购建价格-年折旧额×已使用年限

$$=3\,000-61.22 \times 4 \approx 2\,755(元/平方米)$$

(3) 房地产成本总价=2 157×1 000+2 755×2 000=766.7240(万元)

房地产单价=7 667 240÷2 000≈3 833(元/平方米)

第三节 收 益 法

一、收益法的基本原理

(一)含义

收益法，又称为收益资本化法、收益还原法，是指将房地产预期未来各年正常纯收益以适当的资本化率折现求和，求取估价对象在一定价值时点、一定产权状态下的价格。通常把收益法得到的价值简称为收益价格。

(二)理论依据

收益法的理论依据是预期收益原理，即房地产的价格由其未来能给权利人带来的全部经济收益的现值来决定。对于购买房地产的投资者，付出房地产价格成本是为了获得该房地产将来较长时间内所能带来的效用(收益)。对于出售房地产的卖者，让渡房地产的权益就是为了提前收回将来可能产生的全部收益。如果未来的收益小于付出的价格成本，或者现实的价格收入小于未来失去的收益，理性的买卖双方都会放弃交易。因此，在理性、竞争的市场条件下，双方都能接受的价格就是该房地产未来权利期限内可能产生的全部收益的现值之和。

(三)适用范围

收益法适用于具有收益或潜在收益的房地产，如商场写字楼、旅馆、公寓等。收益法不限于估价对象现在是否有收益，只要估价对象所属这类房地产有获取收益的能力即可，例如自用或闲置的住宅。进一步说，运用收益法需要考虑未来收益和风险是否可以量化和估算。例如标准工业厂房，由于可比租赁交易案例比较充分，大多具备运用收益法评估的条件，而对于老工业厂房，由于缺少收益资料，往往不适合运用收益法估价。同理，收益法对于政府机关、学校、公园等公用、公益性房地产的价值评估大多不适用。

(四)操作步骤

收益法的操作步骤如下。
(1) 搜集有关房地产收入与费用的资料。
(2) 估算潜在的有效毛收入。
(3) 估算必要的运营费用。
(4) 确定净收益。
(5) 选用适当的报酬率。
(6) 选择适宜的收益法计算公式，求出被估对象的收益价格。

(五)基本公式

根据预期收益原理，房地产的价值是等于未来净运营收益的现值累计。根据年净收益的变化规律，收益法公式分为"净收益每年相等"、"净收益有规律变化"和"其他情况"三类。根据收益期限是有限期或无限期的不同假设，每类收益法公式又存在差别，具体见公式(6-16)至公式(6-25)。

1. 基本公式

$$P = \frac{a_1}{(1+r_1)} + \frac{a_2}{(1+r_1)(1+r_2)} + \cdots + \frac{a_n}{(1+r_1)(1+r_2)\cdots(1+r_n)}$$
$$= \sum_{i=1}^{n} \frac{a_i}{\prod_{j=1}^{i}(1+r_j)} \tag{6-16}$$

式中：P——房地产在价值时点的收益价格；

a——房地产未来净运营收益，简称净收益，其中 a_1、$a_2 \ldots a_n$ 表示相对于价值时点未来第1期、第2期、……、第 n 期末的净收益；

r——房地产的报酬率(或称折现率、还原利率)，其中 $r_1, r_2 \cdots r_i$ 分别为第1期、第2

期、……、第 i 期的报酬率，且 $r>0$；

n——房地产的收益期限，即从价值时点开始计算未来可获得收益的持续时间。

2. 净收益每年相等的公式

(1) 收益期限为有限年，每年净收益相等：

$$P=\frac{a}{r}\left[1-\frac{1}{(1+r)^n}\right] \tag{6-17}$$

(2) 收益期限为无限年，每年净收益相等：

$$P=\frac{a}{r}=a\times\left(\frac{1}{r}\right)=a\times 倍数 \tag{6-18}$$

公式(6-18)也被称为直接资本化公式或收益乘数公式，其中 r 称为资本化率。

3. 净收益有规律变化的公式

(1) 净收益按等差递增或递减变化，收益期有限期：

$$P=\left(\frac{a}{r}+\frac{b}{r^2}\right)\left[1-\frac{1}{(1+r)^n}\right]-\frac{b}{r}\times\frac{n}{(1+r)^n} \tag{6-19}$$

(2) 净收益按等差递增或递减变化，收益期无限期：

$$P=\frac{a}{r}+\frac{b}{r^2} \tag{6-20}$$

(3) 净收益按一定比率递增或递减变化，收益期有限期：

$$P=\frac{a}{r-s}\left[1-\left(\frac{1+s}{1+r}\right)^n\right] \tag{6-21}$$

(4) 净收益按一定比率递增或递减变化，收益期无限期：

$$P=\frac{a}{r-s} \tag{6-22}$$

式中：b 表示每年收益递增或递减的数额。当 $b>0$ 时，年净收益 a 递增；当 $b<0$ 时，年净收益 a 递减。s 表示每年收益递增或递减的比率。当 $s>0$ 时，年净收益 a 递增；当 $s<0$ 时，年净收益 a 递减。r 表示报酬率或资本化率。当收益期为有限期时，r 通常被称为报酬率；当收益期为无期限时，r 通常被称为资本化率。

4. 其他公式

(1) 净收益在前 t 年有变化，其后保持稳定，收益期限为有限年：

$$P=\sum_{i=1}^{t}\frac{a_i}{(1+r)^i}+\frac{a}{r(1+r)^t}\left[1-\frac{1}{(1+r)^{n-t}}\right] \tag{6-23}$$

(2) 净收益在前 t 年有变化，其后保持稳定，收益期限为无限年：

$$P=\sum_{i=1}^{t}\frac{a_i}{(1+r)^i}+\frac{a}{r(1+r)^t} \tag{6-24}$$

(3) 净收益在 n 年保持稳定，且预知收益期期末第 n 年年末的价格 P_n：

$$P = \frac{a}{r}\left[1 - \frac{1}{(1+r)^n}\right] + \frac{P_n}{(1+r)^n} \qquad (6\text{-}25)$$

式中字母的含义见公式(6-16)的说明。

二、净收益

(一)净收益的基本原理

"净收益"是指仅由房地产这一生产要素产生的、业主可以自由支配的,扣除各种费用后的纯收益。由其他生产要素,如资金、管理、经营等发挥作用而产生的纯收益以及收益中不能被业主自由支配的部分(如缴纳的税),不属于净收益,应剔除。年净收益的计算公式如下:

年净收益=潜在毛收入-空置等造成的损失-运营费用=有效毛收入-运营费用 (6-26)

(1) 潜在毛收入,是指房地产在充分利用、没有空置的条件下所能获得的归属于房地产的总收入。

(2) 有效毛收入,是指从潜在毛收入中扣除空置和收租损失以后得到的归属于房地产的总收入。有效毛收入是客观的,即排除实际收益中特殊的、偶然的因素后获得的一般正常收益水平。实际毛收入,因为是在当前经营管理状况下取得,一般不能直接用于估价。

(3) 运营费用,是指维持房地产正常使用或营业所必要的费用,包括房地产税、保险费、人员工资及办公费用、保持房地产正常运转的成本、为承租人提供服务的费用(如清洁、保安)等。运营费用与会计上的成本费用不同,此处的运营费用不包含抵押贷款的还本付息额、房地产折旧额、房地产改扩建费用和所得税。

"折旧"在会计处理中视为一种费用,是针对固定资产——土地、建筑物及其附属的较大价值设备等预提的一笔再投资准备金。如果这笔再投资准备金没有被使用,则折旧是一种没有发生实际支出的"费用",不应当从毛收入中扣除;如果在收益期内将被使用,则可以分期以折旧的形式从毛收入中扣除。基于以上原理,在评估中,土地、建筑物等房地产的折旧费视同一笔虚拟支出,一般不从毛收入中扣除;而附属设备的折旧费视同一笔实际支出,分摊到每年的运营费用中进行扣除。另外运营费用中不包括所得税,因为所得税税额高低与特定业主的经营状况相关,而与房地产本身的品质没有直接关系。

(二)不同类型的净收益

净收益的具体求取因估价对象收益类型的不同而有所不同,本书重点分析出租型房地产、经营型房地产和混合型房地产的净收益的估算方法。

1. 出租型房地产的净收益

出租型房地产是指出租的住宅、写字楼、商场、停车场、标准工业厂房、仓库等,收入的来源主要是出租房地产所获得的租金。有效年租金收入除包括房地产本身的租金外,还可能包括附属设施(如地下车位)的租金以及租赁保证金或押金的利息收入等。同时需要考虑出租率,也就是考虑空置损失。

出租型房地产的运营费用包括年维修费用、管理费用、保险费用、年房地产税、年土地使用税和折旧费(不包括房地产的折旧)等。租赁期限需要根据待估房地产的租赁合同及自身的状态等多方因素最后确定。

2. 经营型房地产的净收益

经营性房地产的最大特点是,房地产所有者既是经营者,又是所有者,房地产的租金与经营者的利润没有分开。商业经营型房地产的年有效毛收入为商品的销售收入,年运营费用包括商品的销售成本、经营费用、商品的销售税金及附加、管理费用、财务费用和商业利润等。工业生产型房地产的年净收益则根据产品的销售收入扣除生产的成本、产品的销售费用税金、管理费用、财务费用及厂商利润等求取。农业用地的年净收益则是由农业用地的平均年产值扣除种苗费、肥料费用、人工费、投资利息和农业利润等。经营性房地产需从年有效毛收入中扣除房地产其他要素所创造的商业利润、厂商生产利润,或农业生产利润等。

3. 混合型房地产的净收益

混合型房地产的收益类型较为复杂,有出租型,也有经营型。比如星级宾馆一般有客房、会议室的出租收入,也有餐厅、娱乐中心的经营收入。对此类混合型房地产,可以先估算各单一收益类型房地产的净收益,再将各部分的净收益加和,视为待估房地产的净收益。也可以先估算各种类型房地产的毛收入,再估算各种类型房地产的总运营费用,两者相减的余额为待估房地产的年净收益。

其中混合型房地产的运营费用可以分变动费用和固定费用来分别估算。以一个有客房、会议室、餐饮、商场、商务中心、娱乐中心的星级宾馆为例,客房的变动费用就是与入住客人的多少直接相关的费用,会议室部分的变动费用就是与会议室的使用次数相关的费用支出等,固定费用就是指人员工资、固定资产折旧、房地产税和保险费等,不论是否经营都必须发生的支出。

(三)租约限制的收益

有租约限制的,租赁期限内的租金应采用租约约定的租金,而租赁期限外的租金应采用正常客观的市场租金。

【例 6-9】 某商店的土地使用期限为 40 年,自 2003 年 10 月 1 日起计算。该商店共有两层,每层可出租面积各为 2 000 平方米,总建筑面积 2 300 平方米。一层于 2004 年 10 月 1 日租出,租赁期限为 15 年,可出租面积的月租金为 150 元/平方米,且每年不变;二层现在暂时空置。附近类似商场一二层可出租面积的正常月租金分别为 200 元/平方米和 120 元/平方米,运营费用率为 25%。该类房地产空置率为 10%,收益报酬率为 5%(即折现率)。请计算该商场 2013 年 10 月 1 日带租约出售时的正常总价。

【解】

(1) 一层商场的续租年期=15-9=6(年)

(2) 一层商场客观租金的收益年期=40-1-15=24(年)

(3) 二层商场客观租金的收益年期=40-10=30(年)

(4) 一层商场续租租金的收益总价 $= 150 \times 12 \times 2\,000 \times (1 - 25\%) \times \dfrac{1 - \dfrac{1}{(1+5\%)^6}}{5\%}$

$$= 1\,370.436\,8\,(\text{万元})$$

(5) 一层商城客观租金的收益总价 $= 200 \times 12 \times 2\,000 \times (1 - 25\%) \times \dfrac{1 - \dfrac{1}{(1+5\%)^{24}}}{5\%}$

$$\times \frac{1}{(1+5\%)^6} \times (1 - 10\%)$$

$$= 4\,967.511\,0 \times 0.746\,2 \times 90\% = 3\,336.149\,9\,(\text{万元})$$

(6) 二层商城客观租金的收益总价 $= 120 \times 12 \times 2\,000 \times (1 - 25\%) \times \dfrac{1 - \dfrac{1}{(1+5\%)^{30}}}{5\%} \times (1 - 10\%)$

$$= 2\,988.404\,5\,(\text{万元})$$

(7) 带租约的商场总价值 $= 1\,370.436\,8 + 3\,336.149\,9 + 2\,988.404\,5 = 7\,649.991\,2\,(\text{万元})$

(四)净收益的其他求取方法

实际估价中，一般假设未来每年净收益保持不变，年净收益也可以采用下列几种方法进行预测估算。

(1) 过去数据的简单算术平均法：过去 3～5 年的净收益的平均值。

(2) 未来数据的简单算术平均法：调查预测未来若干年的净收益，然后简单平均。

(3) 未来数据的资本化公式法：调查预测未来 3～5 年每年不等的可能净收益，用现值年金公式求得等值的年金，作为未来更长收益期内的年纯收益值，公式如下：

$$\sum_{i=1}^{i=n} \frac{a_i}{(1+r)^i} = \frac{a}{r} \times \left[1 - \frac{1}{(1+r)^n} \right]$$

$$\Rightarrow a = \left[\sum_{i=1}^{i=n} \frac{a_i}{(1+r)^i} \right] \times \frac{r \times (1+r)^n}{(1+r)^n} \tag{6-27}$$

式中字母的含义见公式(6-16)的说明。

三、报酬率

(一)报酬率的内涵

报酬率也称为回报率或还原利率、折现率，是与利率、内部收益率同性质的比率。报酬率的本质是一种投资收益率，其大小与投资风险成正比，风险大的投资，报酬率也高，反之则低。因此，报酬率原则上应等同于在同等风险条件下给房地产投资者带来同等纯收益的投资收益率。

报酬率和资本化率都是将房地产的预期收益转换为价值的比率，但两者在量上有较大的区别：资本化率用于直接资本化法，如公式(6-18)，它仅表示从收益到价值的比率，并不区分净收益流的模式差异，在所有情况下都是未来第一年的净收益与价格的比率；报酬率用于净收益折现法，如公式(6-17)，它是将房地产未来预期净收益转换为现值的比率，类似内部报酬率，它的运用需明确区分净收益流的模式，收益流模式不同，具体计算公式就有所不同。本书所有章节涉及收益法公式时，并未严格区分报酬率和资本化率的字母表示形式，都统一用小写 r 表示。但严格来说，当收益期为无限期时，r 应称为资本化率；当收益期为有限期时，r 则称为报酬率、折现率，或还原利率。

(二)报酬率的表现形式

根据房地产的物质存在形态，报酬率或资本化率可分为土地报酬率或资本化率、建筑物报酬率或资本化率、综合报酬率或资本化率三类。

(1) 土地报酬率或资本化率，即求取土地价值时应当采用的报酬率或资本化率。对应的年净收益只包括土地产生的净收益，不包含建筑物带来的净收益。

(2) 建筑物报酬率或资本化率，即求取建筑物价值时应当采用的报酬率或资本化率。这时对应的年净收益应是归属于建筑物的净收益，不包含土地带来的净收益。

(3) 综合报酬率或资本化率，即求取房地产价值时应当采用的报酬率或资本化率，所对应的年净收益是由土地和建筑物共同产生的。

以上分类隐含的理论假设是，房地产的价值可以物理地分为单纯土地价值和单纯建筑物价值，因而以资本化率为例，三类资本化率的关系如公式(6-28)～公式(6-30)所示。

$$r_0 = \frac{r_L \times P_L + r_B \times P_B}{P_L + P_B} \qquad (6\text{-}28)$$

$$r_L = \frac{(P_L + P_B) \times r_0 - P_B \times r_B}{P_L + P_B} \qquad (6\text{-}29)$$

$$r_B = \frac{(P_L + P_B) \times r_0 - P_L \times r_L}{P_B} \qquad (6\text{-}30)$$

式中：r_0——综合资本化率；

$\qquad r_L$——土地资本化率；

$\qquad r_B$——建筑物资本化率；

$\qquad P_L$——土地价值；

$\qquad P_B$——建筑物价值。

请注意：由于土地的投资风险小于建筑物的投资风险，所以土地资本化率一般比建筑物资本化率小，中国评估师给的调整幅度一般为2个百分点。

(三)报酬率的影响因素

影响报酬率或资本化率的因素有很多，包括：①资本投资的基准报酬率，即安全利率；②投资房地产行业不同类型物业的行业系统性风险因素；③通货膨胀的系统性风险因素；④政策调整带来的市场供需波动风险因素；⑤债务融资带来的利息成本因素；⑥经营管理的非系统性风险因素；⑦房地产本身的区位增值潜力、变现流动性等因素的非系统性风险因素；⑧其他风险因素。

(四)报酬率的求取方法

收益价格对报酬率非常敏感,报酬率的较小单位的变动,往往会引起收益价格几万、几十万元的差异。因此我们需要从本质入手,寻求更合适的方法确定报酬率。

1. 累加法

累加法,又称为风险调整法,即将报酬率视为基准报酬率(或称安全利率)和风险报酬率两大部分,其中基准报酬率分为真实安全利率和通货膨胀率;风险报酬率,根据风险动因的细分,进一步分为投资风险补偿率、管理负担补偿率、缺乏流动性补偿率和投资带来的优惠率等,公式如下:

$$
\begin{aligned}
报酬率 &= 基准报酬率 + 风险报酬率 \\
&= 安全利率 + 风险报酬率 \\
&= (真实安全利率 + 通货膨胀率) + (投资风险补偿率 + 管理负担补偿率 + \\
&\quad + 缺乏流动性补偿率 - 投资带来的优惠率)
\end{aligned}
\tag{6-31}
$$

2. 市场提取法

评估人员通过收集同一市场上类似房地产的净收益、价格等资料,选用相应的收益法计算公式,求出报酬率。这种方法所采用的数据资料均来源于市场,能直接地反映房地产市场的供求状况。因此,计算出的报酬率能够反映房地产投资的报酬率。

【例 6-10】 在房地产市场中收集到五个与待估房地产类似的交易实例,如表 6-6 所示。根据已知条件,确定合适的资本化率。(说明:本题目采用 $r = \dfrac{a}{P}$ 公式确定资本化率)

表 6-6 净收益与售价交易实例

可比实例	净收益/(元/年平方米)	交易价格/(元/平方米)	资本化率/%
1	418.9	5 900	7.1
2	450.0	6 000	7.5
3	393.3	5 700	6.9
4	459.9	6 300	7.3
5	507.0	6 500	7.8

【解】 对以上五个可以实例的资本化率进行简单算术平均就可以得到资本化率为:
$r = (7.1\% + 7.5\% + 6.9\% + 7.3\% + 7.8\%)/5 = 7.32\%$

3. 排序插入法

估价人员收集市场上各项投资的收益率资料,然后把各项投资按收益率的大小排序。估价人员估计被估房地产的投资风险,并将它插入其中,然后确定报酬率的大小。

四、收益期限

收益期限是指估价对象房地产理论上的、客观的、可以实现的、预期最长的收益期限。它受制于政策法规、经济合同、所有权人的投资方式和目的等多重因素的影响。当不考虑经济合同和投资方式的因素影响时，评估土地与建筑物的价值时，若遇到土地的使用年限与建筑物的经济寿命结束的时间不一致的情况，应选择两者中较小的值作为收益期限。

比如以出让的方式获得土地使用权的土地上建造的普通住宅，已知土地使用权出让年限为 70 年，建筑物的技术耐用年限为 50 年。在价值时点，土地使用权已经使用 9 年，建筑物已使用 5 年，请判断在价值时点该套住宅未来有效收益期为多少年？答案是 45 年。

注意：当建筑物的寿命先于土地使用权结束，那么房地产价值等于以建筑物剩余经济寿命为收益期限计算的房地产价值，加上建筑物剩余经济寿命结束后的剩余期限土地使用权在价值时点的价值之和。

五、收益残余法

(一)收益残余法的基本原理

收益残余法认为房地产的价值可以物理地分为单纯土地的价值与单纯建筑物的价值，因而当土地上存在建筑物，需要对其中的土地或建筑物价值进行部分价值评估时，可以从整体房地产的净收益中扣除已知的、另一部分建筑物或土地的净收益，得到估价对象部分土地或建筑物的净收益，再将它除以相应的资本化率或报酬率，选取合适的收益法公式，得出房地产未知部分的价值。残余法可分为土地残余法和建筑物残余法。

(二)收益残余法的基本公式

1. 假定土地及建筑物的收益期为无限期

土地价值的公式如下：

$$P_L = \frac{a_0 - P_B \times r_B}{r_L} \tag{6-32}$$

建筑物价值的公式如下：

$$P_B = \frac{a_0 - P_L \times r_L}{r_B} \tag{6-33}$$

2. 假定土地及建筑物的收益期为有限期

土地价值的公式如下：

$$P_L = \left\{ a_0 - P_B \times \frac{r_B[(1+r_B)^n]}{[(1+r_B)^n - 1]} \right\} \times \frac{[(1+r_L)^n - 1]}{r_L[(1+r_L)^n]} = \{a_0 - a_B\} \times \frac{[(1+r_L)^n - 1]}{r_L[(1+r_L)^n]} \tag{6-34}$$

建筑物价值的公式如下：

$$P_B = \left\{ a_0 - P_L \times \frac{r_L[(1+r_L)^n]}{[(1+r_L)^n - 1]} \right\} \times \frac{[(1+r_B)^n - 1]}{r_B[(1+r_B)^n]} = \{a_0 - a_L\} \times \frac{[(1+r_B)^n - 1]}{r_B[(1+r_B)^n]} \tag{6-35}$$

公式(6-32)～公式(6-35)中：P_L 为土地价值；P_B 为建筑物价值；a_0 为房地产年净收益；a_B 为建筑物年净收益；a_L 为土地年净收益。

六、应用举例

【例 6-11】 在一处 3 000 平方米的土地上建成建筑面积为 2 000 平方米的房屋，根据成本法，建筑物的现时建造成本为 1 200 元/平方米，建筑物的无限期资本化率为 12%，土地的无限期资本化率为 10%。假定该房地产以每月每平方米 100 元的租金标准出租，出租面积为建筑面积的 60%，空置率为 0，租赁费用为租金毛收入的 20%，则用残余法确定该土地的总价和单价。

【解】
(1) 该房地产的年净收益=100×12×(2 000×60%)(1-20%)=115.2(万元)
(2) 该建筑物的年净收益=1 200×2 000×12%=28.8(万元)
(3) 该土地的年净收益=115.2-28.8=86.4 万元
(4) 该土地的收益总价=86.4÷10%=864(万元)
(5) 该土地的收益单价=864×10 000÷3 000=288(元/平方米)

【例 6-12】 有一宗土地，出让年期为 50 年，报酬率为 10%，预计未来前 5 年的净收益分别为 15 万元、16 万元、18 万元、15 万元、20 万元，第 6 年开始净收益大约可以稳定在 25 万元左右。试评估该宗土地的收益价值。

【解】 土地总价值 $= \dfrac{15}{1+10\%} + \dfrac{16}{(1+10\%)^2} + \dfrac{18}{(1+10\%)^3} + \dfrac{15}{(1+10\%)^4} + \dfrac{20}{(1+10\%)^5}$

$\qquad\qquad + \dfrac{20}{(1+10\%)^5} + \dfrac{25}{10\%(1+10\%)^5} \times \left[1 - \dfrac{1}{(1+10\%)^{50-5}} \right]$

$\qquad = 216.1 (万元)$

【例 6-13】 某房地产开发公司于 2002 年 3 月以有偿出让的方式取得一块土地 50 年的使用权，并于 2004 年 3 月在此地块上建成一座砖混结构的写字楼，当时造价为每平方米 2 000 元，技术耐用年限为 60 年，残值率为 0。目前，该类建筑重新购建价格为每平方米 2 500 元。该建筑物占地面积 500 平方米，建筑面积为 900 平方米，现用于出租，每月平均实收租金为 3 万元。另据调查，当地同类写字楼出租租金一般为每月每建筑平方米 50 元，空置率为 10%，每年需要支付的管理费为年租金的 3.5%，维修费为建筑重建价格的 1.5%，土地使用税及房产税合计为每建筑平方米 20 元，保险费为建筑重建价格的 0.2%，土地报酬率为 7%，建筑物资本化率为 8%。假设土地使用权出让年限届满，土地使用权及地上建筑物由国家无偿收回。

试根据以上资料评估该宗地 2008 年 3 月的土地使用权价值。

【解】
(1) 选定评估方法。该宗房地产有经济收益，适宜采用收益法。

(2) 计算总收益。总收益应该为客观收益而不是实际收益。

$$年总收益=50×12×900×(1-10\%)=486\ 000(元)$$

(3) 计算总费用。

年管理费$=486\ 000×3.5\%=17\ 010(元)$

年维修费$=2\ 500×900×1.5\%=33\ 750(元)$

年税金$=20×900=18\ 000(元)$

年保险费$=2\ 500×900×0.2\%=4\ 500(元)$

年总费用$=17\ 010+33\ 750+18\ 000+4\ 500=73\ 260(元)$

(4) 计算房地产净收益。

年房地产净收益=年总收益-年总费用$=486\ 000-73\ 260=412\ 740(元)$

(5) 计算建筑物净收益。

① 计算年贬值额。年贬值额本来应该根据建筑物的耐用年限来确定，但是，在本例中，土地使用年限小于建筑物耐用年限，根据《城市房地产管理法》第二十一条规定，土地使用权出让年限届满，土地使用权由国家无偿收回。这样，建筑物重置价必须在可使用期限内全部收回。本例中，房地产使用权年期届满，地上建筑物一并由政府无偿收回。

建筑物剩余经济年限=min(土地剩余年限,建筑物剩余技术年限)=min(50-6,60-4)=44(年)

建筑物总经济年限=已使用年限+剩余经济年限$=4+44=48(年)$

年贬值额=建筑物重新购建价格/总经济年限$=(2\ 500×900)/48=46\ 875(元)$

② 计算建筑物成本现值。

建筑物成本现值=房屋重建价格-年贬值额×已使用年数$=2\ 500×900-46\ 875×4=2\ 062\ 500(元)$

③ 计算建筑物年净收益(假设房屋收益年期为无限年期)。

建筑物年净收益=建筑物成本现值×建筑物资本化率$=2\ 062\ 500×8\%=165\ 000(元)$

(6) 计算土地净收益。

土地年净收益=年房地产净收益-建筑物年净收益$=412\ 740-165\ 000=247\ 740(元)$

(7) 计算土地使用权价值。土地使用权在 2008 年 3 月的剩余使用年期为 50-6=44(年)。

$$土地总价=\frac{247\ 740}{7\%}×\left[1-\frac{1}{(1+7\%)^{44}}\right]=3\ 358\ 836.15(元)$$

单价$=3\ 358\ 836.15÷500=6\ 717.67(元/平方米)$

(8) 评估结果。本宗土地使用权在 2008 年 3 月的土地使用权价值为 3 358 836.15 元，单价为每平方米 6 717.67 元。

第四节 假设开发法

一、假设开发法的基本原理

(一)含义

"假设开发法"又称倒算法、剩余法或预期开发法，是根据待估对象预期开发完成后的价值，扣除未来的正常开发成本、税费和利润等，以此求取估价对象房地产在价值时点的客观合理价格或价值的方法。它的本质与收益法相同，是以房地产未来收益(具体为开发完成后的价值减去后续开发建设的必要支出和应得利润后的余额)为导向来求取房地产的价值。

(二)理论依据

假设开发法的理论依据与收益法相同，是预期原理。预期原理认为投资者愿意为待估对象支付的最高价格不应超过预测未来开发完成后的价值，减去需要追加支出的各项成本、费用、税金以及合理利润之后所剩的数额。假设开发法更深层的理论依据，类似"地租理论"，即认为投资者获得土地使用权的目的就是收取租金，即从土地的"生产物"中扣除有关成本费用及普通利润后的余额，待估对象的价值应该等于每年的租金剩余的一次性累计。

(三)基本思路

假设开发法的基本思路可以通过房地产开发商购置一宗待建土地的报价过程加以体现。某房地产开发商准备购置一块土地开发成房屋出售，为了获得一定的开发利润，确定购置该土地的最高价格，开发商需要首先研究这块土地的内外条件，如坐落位置、面积大小、周围环境、规划所允许的用途、容积率和建筑密度等，并分析房地产市场状况，据此选择这块土地的开发方案，比如建造一幢大楼。然后预测大楼建成后的总售价，计算建造该大楼需要支付的总费用(主要包括前期费、建安工程费、配套费以及利息和税收等)。这些数据确定之后，开发商就可将楼价减去总开发费用，再减去所要获得的开发利润后的余额，作为购置该土地的最高价值。

假设开发法的基本思路，从形式上是评估新开发完成的房地产价值的成本法的倒算法，但两者的主要区别是：成本法中的土地价值为已知，需要求取的是开发完成后的房地产价值；假设开发法中开发完成后的房地产价值已事先通过预测得到，需要求取的是土地价值。假设开发法在评估待开发土地价值时应用得最为广泛。

(四)基本公式

1. 一般公式

待开发房地产价值 P=开发完成后房地产价值-后续开发建设的必要支出和应得利润合计

(6 36)

(1) 开发完成后的房地产价值，可以出租经营获利，也可以出售获利，具体求取办法取决于收益方式。

(2) 开发建设必要支出成本，包括土地开发费用、房屋建筑物建造成本、期间费用、相关税费等。其中：土地开发费用是指七通一平和基础配套设施的建设费用；房屋建筑物建造成本是指前期工程费用、房屋建筑安装工程费用和公共配套设施费用；期间费用是指管理费用、财务费用、销售费用等；相关税费是指土地使用税、经营性税金和销售性税费等。

(3) 应得利润是根据待估对象的取得成本及追加建设期的支出合计，考虑一定成本利润比例估算得到的。

由于房地产开发周期一般较长，各项成本费用及其收益价值的发生时间不尽相同，因此运用假设开发法估价，必须考虑时间价值。资金时间价值的处理方式一般有两种：一种是静态分析法，即不考虑各项成本费用和收益的时间差异，但同成本法一样，需详细计算各项成本支出的利息，并考虑开发利润；另一种是动态分析法，也称为现金流折现法，即将未来各项成本费用和收益通过合适的折现率统一到价值时点，同时不再考虑利息和开发利润，因为折现率的确定中就已经包含了资本利息成本和合理利润增值。

2. 静态分析法公式

待开发房地产价值 P=开发完成后房地产价值-后续开发成本-管理费用-销售费用

　　　　-投资利息-销售税费-续建投资利润-取得待开发房地产的税费

$$(6-37)$$

3. 动态分析法公式

待开发房地产价值 P=开发完成后房地产价值-后续开发成本-管理费用-销售费用

　　　　-销售税费-取得待开发房地产的税费

$$(6-38)$$

注意：公式(6-38)中的每一项都是未来现金流在价值时点的现值。

(五)适用范围

假设开发法适用于具有投资开发或再开发潜力的房地产的估价，其适用范围如下。
(1) 待开发土地(包括生地、毛地、熟地)的估价。
(2) 将生地、毛地或旧房地产整理成可直接利用的成熟地或旧房地产的估价。
(3) 再开发待拆迁的房地产的估价。
(4) 具有装修改造潜力或改变用途的旧房地产的估价。
(5) 在建工程的估价。

(六)应用条件

估价的技术要求包括：①是否根据房地产估价的合法原则和最佳使用原则，正确判断房地产的最佳开发利用方式；②是否根据估价对象所在区域的房地产的供求状况，正确预测未来开发完成后的房地产价值；③是否根据所确定的用途及建筑形态，正确估计开发周期及成本、利息、利润、税费等各项费用。

假设开发法结果的合理性依赖于有关参数预测选用的准确性，而尚未发生的预测数据的正确与否，要求有良好的经济社会环境的支持。外部环境要求包括：①要有一个明朗、开放及长远的房地产政策；②要有一套统一、严谨及健全的房地产法规；③要有一个完整、公开及透明度高的房地产资料库；④要有一个稳定、清晰及全面的有关房地产投资开发和交易的税费清单；⑤要有一个长远、公开及稳定的土地供给计划。

二、假设开发法的操作步骤

根据假设开发法评估的基本思路，假设开发法估价一般分为六个步骤进行：①调查房地产的基本情况；②确定待估房地产的最佳开发经营方式；③估计开发建设期；④预测房地产开发完成后的房地产价值；⑤估算各项成本费用，测算开发利润，测算投资利息和税费等；⑥估算待估对象价值。

下面以评估一块待开发的土地价值为例介绍假设开发法的操作步骤。

(一)调查房地产的基本情况

(1) 调查土地的位置，包括土地所在城市的性质、土地所在地区的性质和土地的具体坐落状态三个方面。调查这些，主要是为选择最佳的土地用途服务的。

(2) 调查土地的面积大小、形状、平整程度、基础设施通达程度、地质和水文状况等。调查这些，主要是为估算开发成本、费用等服务。

(3) 调查政府的规划限制，包括调查规定的用途、建筑高度、容积率等。调查这些，主要是为确定最佳的开发利用方式服务。

(4) 调查房地产的各项权利，包括待估房地产的权利性质、使用年限、可否续期，以及对转让、出租、抵押等的有关规定等。调查这些资料，主要是为预估未来的售价、租金水平等服务的。

(二)确定待估房地产的最佳开发经营方式

根据调查的土地状况和房地产市场条件等，在城市规划及法律法规等限制所允许的范围内，确定地块的最佳经营开发方式，包括确定用途、建筑容积率、土地覆盖率、建筑高度、建筑装修档次等。在选择最佳的经营开发方式中，最重要的是选择最佳的土地用途。土地用途的选择，要与房地产市场的需求相结合，并且要有一定的预测。简而言之，最佳的经营开发方式就是满足最高、最佳利用原则，法律上许可、技术上可能、未来净现金流价值最大的利用方案。

(三)估计开发建设期

开发建设周期是指从取得土地使用权一直到房地产全部销售或出租完毕的这一段时期。开发建设期多为政府规定，有的由开发商自己确定。若不能从以上两方面得到，则根据市场同类开发项目所需时间来确定。另外，评估人员还必须估计出建设完成到租出或售出的时间。

估计开发建设期的主要目的是把握建筑物的竣工时间，为预测建筑物竣工时的价格、建筑费用等的投入、利息的负担以及各项收入与支出的折现计算等服务。估计开发建设期的方法应参照各地的工期定额指标进行估计，也可采用比较法，即根据其他相同类型、同等规模的建筑物已有正常建设周期进行估计。

(四)预测房地产开发完成后的价值

根据所开发房地产的类型，开发完成后的房地产总价可通过两个途径获得。

(1) 对于出售的房地产，如居住用商品房、工业厂房等，可采用市场比较法确定开发完成后的房地产总价，预测未来的价格。

(2) 对于出租的房地产，如写字楼和商业楼宇等，其开发完成后房地产总价的确定，可采用市场比较法确定所开发房地产出租的纯收益，再采用收益还原法将出租收益转化为房地产总价。

(五)估算开发费用和开发利润

不同的估价对象，不同的开发利用方案，所需追加的必要开发费用项目是不同的，应具体项目具体分析。本文以待开发土地的估价为例，开发费用等扣除项目有以下内容。

(1) 开发成本，可采用比较法来估算，即通过同类建筑物当前开发成本大致金额来估算，也可采用类似建筑工程概算的方法来估算。

(2) 管理费用，一般根据开发成本的一定比率估算。

(3) 销售费用，一般按照未来开发完成后的价值的一定比率来计算。

(4) 销售税费，一般按照开发完成后的价值的一定比率计算。

(5) 投资利息，只有在静态分析法中才需要测算。应计息的项目包括：①未知的、需要求取的、待开发房地产的价值；②取得待开发房地产的税费；③后续开发成本、管理费用和销售费用。其中销售税费不计利息。利息的计算方法参见成本法的相关内容。

(6) 开发利润，只有在静态分析法中才需要测算。利润的计算基数中一般不包括投资利息、销售税费，但应包括：①未知、需要求取的待开发房地产的价值；②取得待开发房地产的税费；③后续开发成本、管理费用和销售费用等。

(7) 取得待开发房地产应负担的税费，即假定价值时点一旦购置待开发房地产，购置时应由购置者缴纳的有关税费，如契税、交易手续费等。该项税费需依照税法及有关规定，按照待开发房地产求取的价值的一定比率来测算。

(六)确定估价额

根据估价目的及估价对象特征的需要，依照公式(6-36)或公式(6-37)，采用静态分析法或动态分析法得到待开发房地产的价值。如果采用动态分析法，估价人员还需估计项目合适的折现率，具体方法可参看收益法的相关内容。折现率相当于同一市场中类似房地产开发项目的平均报酬率，它体现了资金的利率和开发利润率两个部分。

三、应用举例

【例 6-14】 评估一块七通一平的待建设空地，土地总面积为 1 000m^2，形状规则，允许用途为商业、居住混合，允许容积率为 7，允许建筑密度≤50%，土地使用权年限为 50年，预出让时间为 2013 年 7 月，委托人要求评估该宗土地 2013 年 7 月的出售价格。

【解】

(1) 选择估价方法。该宗土地为待建设空地，适合采用假设开发法估价。

(2) 选择最佳开发利用方式。通过调查研究得知最佳开发利用方式为：建筑容积率为 7，建筑密度为 50%，建筑面积为 7 000m²，建筑物总层数为 14 层，各层建筑面积均为 500m²，地上一至二层为商店，总面积为 1 000m²，地上三至十四层为住宅，总面积为 6 000m²。

(3) 估计开发建设期。预计共需 3 年时间完成全部建筑，即 2016 年 7 月完成。

(4) 预测开发完成后的楼价。建筑完成后商业楼即可全部售完。住宅楼在建造完成后即可售完 30%，半年后售完 50%，一年后售完 20%。假定销售收入一次性发生在售完时刻，且商业楼出售的平均售价为 4 000 元/m²，住宅楼出售的平均售价为 2 000 元/m²。

(5) 估算开发费用及开发利润。开发成本为 500 万元，管理费用为开发成本的 6%，销售费用为楼价的 3%，销售税费为楼价的 4%，是指建成出售时所需由卖方承担的那部分营业税、印花税、交易手续费等，其他类型的税费已考虑在开发成本之中。在未来三年的建设期内，开发成本及管理费用的投入情况为：第一年需投入 50%，第二年需投入 30%，第三年需投入 20%，各年均匀投入。

(6) 房地产交易中买方需要缴纳的税、费为交易价格的 3%。

(7) 假定在静态分析法中，年利息率为 10%，单利计息；开发利润率为 20%。

在动态分析法中，折现率为 15%。

请同时用静态分析法和动态分析法估算 2013 年 7 月该土地的单价及楼面地价。

【解】第一种方法，静态分析法。

(1) 开发完成后的销售收入=4 000×1 000+2 000×6 000

$$=1\ 600(万元)$$

(2) 开发成本=500(万元)

(3) 管理费用=开发成本×6%=500×60%=30(万元)

(4) 取得待估土地应缴税费=P×3%=P×0.03(万元)

(5) 投资利息=(地价+取得待估土地应缴税费+开发成本+管理费用)×利息率×计息期

$$=P×10\%×3+P×0.03×10\%×3+500×(1+6\%)×50\%×10\%×2.5+$$
$$500×(1+6\%)×30\%×10\%×1.5+500×(1+6\%)×20\%×10\%×0.5$$
$$=P×0.309+95.4(万元)$$

上述利息的计算期至 2016 年 7 月止。各年开发成本和管理费用是均匀投入的，因而假设各年开发成本和管理费用的投入集中在各年的年中一次性投入，这样每年各项成本费用的计息期分别取 2.5、1.5 和 0.5。

(6) 销售费用=销售收入×3%=1 600×3%=48(万元)

(7) 销售税费=销售收入×4%=1 600×4%=64(万元)

(8) 开发利润=(地价+取得土地应缴税费+开发成本+管理费)×利润率

$$=地价×20\%+地价×3\%×20\%+(500+30)×20\%$$
$$=P×0.206+106(万元)$$

则：地价=(1)-(2)-(3)-(4)-(5)-(6)-(7)-(8)

$$P=1\ 600-500-30-P×0.03-(P×0.309+95.4)-48-64-(P×0.206+106)$$

$P=756.6-0.545P$

$P=489.7087(万元)$

则：土地单价=489.7087×10 000÷1 000≈4 897.09(元/平方米)

楼面地价=489.7087×10 000÷7 000=699.58(元/平方米)

第二种方法，动态分析法。

(1) 开发完成后的销售收入=$\dfrac{1000 \times 4000}{(1+15\%)^3} + 6000 \times 2000 \times$

$$\left[\frac{30\%}{(1+15\%)^3} + \frac{50\%}{(1+15\%)^{3.5}} + \frac{20\%}{(1+15\%)^4}\right]$$

$=2\ 630\ 000 + 7\ 417\ 920 = 1\ 004.792(万元)$

(2) 开发成本及管理费用=$500 \times (1+6\%) \times \left[\dfrac{50\%}{(1+15\%)^{0.5}} + \dfrac{30\%}{(1+15\%)^{1.5}} + \dfrac{20\%}{(1+15\%)^{2.5}}\right]$

$=450.7862(万元)$

(3) 取得待估土地应缴税费=$P \times 3\% = 0.03P(万元)$

(4) 销售费用=$1\ 004.792 \times 3\% = 30.143\ 76(万元)$

(5) 销售税费=$1\ 004.792 \times 4\% = 40.191\ 68(万元)$

(6) 地价 P=(1)-(2)-(3)-(4)-(5)

$P=1\ 004.792 - 450.7862 - 0.03P - 30.14376 - 40.19168 = 483.67036 - 0.03P$

$P \approx 469.5829(万元)$

则：土地单价=469.5829×10 000÷1 000≈4 695.83(元/平方米)

楼面地价=469.5829×10 000÷7 000≈670.83(元/平方米)

第五节 路 线 价 法

一、路线价法的基本原理

(一)含义

路线价法是指在特定的街道上设定标准临街深度，从中选取若干标准临街宗地求取平均价格，将此平均价格称为路线价，然后利用临街深度价格修正率表或其他价格修正率来测算该街道其他临街土地价值的一种方法。

(二)理论依据

路线价法实质上是一种市场比较法，其理论依据也是替代原理。在路线价法中，"标准宗地"可视为市场比较法中的"可比实例"；"路线价"可视为市场比较法中的"可比实例价格"。临接同一道路的估价对象土地的价格，是以路线价为基准，考虑其临街深度、土地形状(如矩形、三角形、平行四边形、梯形、不规则形)、临街状况(如一面临街、前后两面临街、街角地，以及长方形土地是长的一边临街还是短的一边临街，梯形土地是宽的一边临街还是窄的一边临街，三角形土地是一边临街还是一顶点临街)、临街宽度等，进行适当的因素修正求得的。这种因素修正过程实际上类似市场比较法中的"房地产状况调整"。

路线价法与一般的市场比较法有三方面的不同。一是不做"交易情况修正"和"交易日期调整"；二是先对多个"可比实例价格"进行综合，然后再进行"房地产状况调整"，不是先对"可比实例价格"进行有关修正调整，再进行综合；三是利用相同的"可比实例价格"——路线价，同时评估出多宗"估价对象"——该街区其他临街土地的价格，不是仅评估一宗"估价对象"的价格。在路线价法中不做"交易情况修正"和"交易口期调整"的原因是：①求得的路线价——若干标准宗地的平均价格，已是正常价格；②求得的路线价所对应的日期，与待估土地价格的日期一致，都是价值时点时的。

(三)适用范围

一般的土地估价方法主要适用于单宗土地估价，而且需要花费较长的时间。路线价法则被认为是一种快速、相对公平合理，能节省人力、财力，可以同时对城市商业街道两侧土地进行批量估价的方法，特别适用于房地产税收、市地重划(城市土地整理)、城市房屋拆迁补偿或者其他需要大范围内同时对大量土地估价的项目。这种方法在英美早已施行，1923年日本采用这种方法，在关东大地震后为复兴城市办理市地重划事业时，用于确定补偿金额标准，并且以后在课税方面也采用这种方法进行评估。

采用路线价法的前提条件是：①街道系统要完整、各宗土地排列比较整齐；②可以形成一个科学、合理的深度价格修正系数表。

二、路线价法的操作步骤

运用路线价法估价一般分六个步骤：①路线价区段的划分；②标准深度的确定；③标准宗地的选取；④路线价的评估；⑤深度百分率表和其他条件修正率表的制作；⑥宗地价值的计算。

(一)路线价区段的划分

路线价区段是沿着街道两侧带状分布的。一个路线价区段是指具有同一个路线价的地段。因此，在划分路线价区段时，应将可及性相当、地块相连的土地划为同一个路线价区段。两个路线价区段的分界线，原则上是地价有显著差异的地点，一般是从十字路或丁字路中心处划分，两个路口之间的地段为一个路线价区段；但较长的繁华街道，有时需要将两个路口之间的地段划分为两个以上的路线价区段，分别附设不同的路线价；而某些不很繁华的街道，同一个路线价区段可延长至数个路口。另外，在同一条街道上，如果两侧的繁华程度、地价水平有显著差异的，应以街道中心为分界线，将该街道的两侧各自视为一个路线价区段，分别附设不同的路线价。

(二)标准深度的确定

从理论上讲，标准深度是街道对地价影响的转折点：由此接近街道的方向，地价受街道的影响而逐渐升高；由此远离街道的方向，地价可视为基本不变。在实际估价中，设定的标准深度通常是路线价区段内临街各宗土地的临街深度的众数。例如，某个路线价区段内临街土地的临街深度大多为18米，则标准深度应设定为18米。

以临街各宗土地的临街深度的众数作为标准深度，可以简化以后各宗土地价格的计算。如果不以临街各宗土地的临街深度的众数作为标准深度，由此制作的深度价格修正率表，将使以后多数土地价格的计算都要用深度价格修正率进行修正。这不仅会增加计算的工作量，而且会使所求得的路线价失去代表性。

(三)标准宗地的选取

标准宗地是路线价区段内具有代表性的宗地。选取标准宗地的具体要求是：①一面临街；②土地形状为矩形；③临街深度为标准深度；④临街宽度为标准宽度(可为同一路线价区段内临街各宗土地的临街宽度的众数)；⑤临街宽度与临街深度比例适当；⑥用途为所在路线价区段具有代表性的用途；⑦容积率为所在路线价区段具有代表性的容积率(可为同一路线价区段内临街各宗土地的容积率的众数)；⑧其他方面，如土地使用年限、土地生熟程度等也应具有代表性。

(四)路线价的评估

路线价是附设在街道上的若干标准宗地的平均价格。通常在同一路线价区段内选择一定数量以上的标准宗地，运用收益法(通常是其中的土地剩余技术)、市场比较法等，分别求其单位价格或楼面地价，然后求这些标准宗地的单位价格或楼面地价的简单算术平均数或加权算术平均数、中位数、众数，即得该路线价区段的路线价。

路线价通常为土地单价，也可为楼面地价；可用货币表示，也可用相对数表示。例如用点数来表示，将一个城市中路线价最高的路线价区段以1 000点表示，其他路线价区段的点数依此确定。以货币表示的路线价比较容易理解，直观性强，便于土地交易时参考。以点数表示的路线价便于测算，可避免由于币值波动而引起的麻烦。

(五)制作价格修正率表

价格修正率表有深度价格修正率表和其他价格修正率表。深度价格修正率表，又称为深度指数表，是基于临街深度价格递减率制作出来的，它反映了距离街道的深度对土地价格影响的程度。临街土地中各部分的价值随着远离街道而有递减现象，或者说，距离街道深度越深，可及性越差，价值也就越低。如果将临街土地划分为许多与街道平行的细条，由于越接近街道的细条的利用价值越大，越远离街道的细条的利用价值越小，因此接近街道的细条的价值高于远离街道的细条的价值，如图6-1所示。

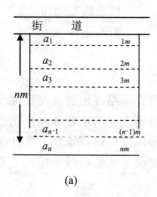
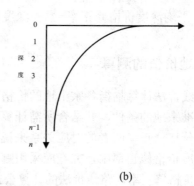

图 6-1　临街深度价格递减率说明

如图 6-1(a)所示，各细条的形状和面积是相同的，从临街方向起按顺序排列，则细条土地的价值存在 $a_1>a_2>a_3>\cdots>a_{n-1}>a_n$ 的关系。并且 a_1 与 a_2 之差最大，a_2 与 a_3 之差次之，之后逐渐缩小，至 a_{n-1} 与 a_{n-2} 之差可视为接近于零，如图 6-1(b)所示。图 6-1(b)中，相同面积土地价值对临街深度的变化越敏感，则曲线的弯曲程度越大，反之，则曲线的弯曲程度越小。如果将各细条的价值折算为相对数，则可以制作成临街深度价格修正表。

最简单且最容易理解的临街深度价格递减率是四三二一法则。如图 6-1 所示，首先将 1 英尺宽，100 英尺深作为标准宗地面积，其路线价设定为 100%。然后，将标准宗地划分四等份，每个等份依据与街道的距离，其价格占整块面积土地价值的比重依次为 40%、30%、20%、10%。最后，超过标准深度的土地，每 25 平方英尺的土地根据距离街道的深度为整块土地价值的 9%、8%、7% 和 6%，如表 6-7 所示。

表 6-7　临街深度价格修正率形式(四三二一法则)

临街深度/英尺	25	50	75	100	125	150	175	200
四三二一法则/%	40	30	20	10	9	8	7	6
单独深度价格修正率/%	40	30	20	10	9	8	7	6
累积深度价格修正率/%	40	70	90	100	109	117	124	130
平均深度价格修正率/%	40 (160)	35 (140)	30 (120)	25 (100)	21.8 (87.2)	19.5 (78)	17.7 (70.8)	16.25 (65.0)

临街深度价格修正率表的制作形式有：单独深度价格修正率(个别深度百分率)、累计深度价格修正率和平均深度价格修正率三种，二者的关系如下。

(1)　单独深度价格修正率：$a_1>a_2>a_3>\cdots>a_n$；

(2)　累积深度价格修正率：$a_1<(a_1+a_2)<(a_1+a_2+a_3)<\cdots<(a_1+a_2+a_3+\cdots+a_n)$

(3)　平均深度价格修正率：$a_1>(a_1+a_2)/2>(a_1+a_2+a_3)/3>\cdots>(a_1+a_2+a_3+\cdots+a_n)/n$

表 6-7 充分反映了上述三类深度价格修正率的关系。注意，表 6-7 中的平均深度价格修正率有两种表示形式，括号中的形式是将临街深度 100 英尺的平均深度价格修正率 25%乘以 4 转换为 100%。同时为了保持其他数字相对关系不变，其他数字也相应乘以 4 得到。括号中的平均深度价格修正率与累积深度修正率的关系如下：

$$平均深度价格修正率=累积深度价格修正率×\frac{标准临街深度}{所给临街深度} \tag{6-39}$$

(六)宗地价值的测算

运用路线价法计算临街各宗土地的价格时，需要弄清路线价的含义、深度价格修正率的含义、标准宗地的条件，并结合所需计算价格的临街土地的形状和临街状况。其中就路线价与深度价格修正率两者的对应关系来说，在单独深度价格修正率、累计深度价格修正率和平均深度价格修正率中，究竟应采用哪一种，要根据所给路线价的含义来确定。采用不同的深度价格修正率，路线价法的计算公式有所不同。

(1) 当以标准宗地整块面积的总价形式作为路线价时，应采用累积深度价格修正率。任意临街宽度和临街深度土地(规则矩形，一面临街)的估价公式如下：

$$待估临街土地总价P=路线价×对应的累积深度价格修正率×\frac{估价对象临街宽度}{标准临街宽度}$$

$$=路线价×\sum 单独深度价格修正率×\frac{估价对象临街宽度}{标准临街宽度} \tag{6-40}$$

(2) 当以标准宗地的单价形式作为路线价时，应采用平均深度价格修正率，任意临街宽度和临街深度土地(规则矩形，一面临街)的估价公式如下：

$$待估临街土地总价=路线价×平均深度价格修正率×估价对象土地面积$$

$$=路线价×平均深度价格修正率×估价对象临街宽度×估价对象临街深度 \tag{6-41}$$

三、应用举例

【例6-15】 有临街宗地 A、B、C，如图 6-2 所示，临街宽度都为 50 英尺，临街深度分别为 25 英尺、75 英尺和 125 英尺，已知该街区标准宗地的标准宽度为 100 英尺，标准宽度为 1 英尺。请根据以下不同路线价资料，按四三二一法则的价格深度修正率表测算三块土地的总价及单价(元/平方英尺)。

(1) 若已知标准宗地的路线价为 5 000 元，请测算宗地 A、B、C 的总价及单价。

(2) 若已知标准宗地的路线价为 50 元/平方英尺，请测算宗地 A、B、C 的总价及单价。

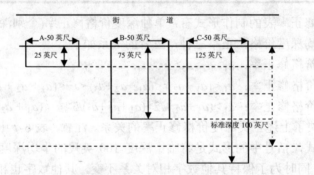

图 6-2　临街宗地 A、B、C 示例

【解】

(1) 若已知标准宗地的路线价为 5 000 元。

宗地 A 总价=5 000×40%×50=100 000(元)

宗地 B 总价=5 000×(40%+30%+20%)×50=225 000(元)

宗地 C 总价=5 000×(100%+9%)×50=272 500(元)

所以：宗地 A 单价=100 000/(25×50)=80(元/平方英尺)

宗地 B 单价=225 000/(75×50)=60(元/平方英尺)

宗地 C 单价=272 500/(125×50)=43.6(元/平方英尺)

(2) 若已知标准宗地的路线价为 50 元/平方英尺。

宗地 A 单价=50×160%=80(元/平方英尺)

宗地 B 单价=50×120%=60(元/平方英尺)

宗地 C 单价=50×87.2%=43.6(元/平方英尺)

所以：宗地 A 总价=80×(25×50)=100 000(元)

宗地 B 总价=60×(75×50)=225 000(元)

宗地 C 总价=43.6×(125×50)=272 500(元)

第六节 基准地价修正法

一、基准地价修正法的基本原理

基准地价修正法，是指利用城镇基准地价和基准地价修正系数表等评估成果，按照替代原理，将被估宗地的区域条件和个别条件等与其所处区域的平均条件相比较，并对照修正系数表选取相应的修正系数对基准地价进行修正，从而求取被估宗地在估价基准日价格的方法。在我国许多城市，尤其是房地产市场不太发达的城市，基准地价修正法是常用的方法。

所谓"基准地价"，是指以一个城镇为对象，在一定的区域范围内，根据用途相似、地块相连、地价相近的原则划分地价区段，调查评估出的各地价区段在某一时点的平均价格。本书第十二章将详细介绍城市基准地价评估的原理及操作流程。每个城镇的基准地价都有其特定内涵，包括价值时点(价格基准日)、土地用途、土地使用期限、土地开发程度、容积率等，具体参见第十二章上海市 2009 年基准地价体系说明。

二、基准地价修正法的适用范围

基准地价修正法可在短期内进行大批量宗地地价评估，但基准地价只适用于已经完成基准地价评估的城镇的土地估价，即该城市已具备基准地价成果和相应修正体系成果，并且这种方法的精度取决于基准地价及其修正系数的精度。因此，该方法一般在宗地地价评估中不作为主要的评估方法，仅作为一种辅助方法。

三、基准地价修正法的操作步骤

运用基准地价修正法估价一般分为以下几个步骤。

(1) 搜集该城镇有关基准地价的资料。

(2) 查出最新的、估价对象所处地段同类型土地的基准地价水平。

(3) 了解基准地价的内涵标准，进行交易日期因素修正，将其调整为价值时点的价格水平。

(4) 将估价对象宗地状况与基准地价标准条件对比，包括土地区位、土地使用期限、土地个别条件、容积率等，参照基准地价修正系数表，确定修正因子及其修正系数。

(5) 将修正系数代入公式(6-42)，得到待估土地的价格。

待估宗地地价=待估宗地所处地段的基准价×年限修正系数×日期修正系数

×容积率修正系数×其他因素修正系数 (6-42)

不同城镇基准地价的内涵、构成、表达方式可能有所不同，所以具体调整的因素内容和方法会存在差异。比如基准地价对应的土地生熟程度具体为几通一平；基准地价构成中是否包含市政配套费、拆迁补偿安置费；土地基准地价是土地单价，还是楼面地价；土地基准地价对应的土地使用期限和容积率标准为多少等。本书第七章案例 7.1 采用基准地价修正法得到估价对象土地使用权的楼面地价。

本 章 小 结

市场比较法是通过将待估房地产与近期已交易的类似房地产进行比较，修正得出待估房地产价格的一种方法。市场比较法操作的关键是：估价人员需根据待估房地产与比较实例房地产在地理位置、结构、小区配套及交易日期等方面的差异造成的对房地产价格的影响进行差别修正。差别修正的准确性直接影响估价结果的准确性。

成本法是以建造该类房地产需耗费的各项费用之和为基础。费用包括土地出让金、城市配套设施建设费、征地、拆迁安置补偿费、勘探设计及前期工程费、建筑安装工程费、基础设施建设费、管理费、银行利息、税金、销售费用、开发利润等。其中，地产价格可以以该块土地使用权的费用和土地开发成为熟地所需耗费的各项费用之和为基础，再加上正常的税金和利润来确定。

收益法是基于待估对象未来净收益的现值累计，求取房地产的价值。房地产的收益价值取决于三个要素：客观年净收益、报酬率和收益期限。客观年净收益，非待估房地产的实际年净收益，是反映市场同类房地产的平均收益能力，扣除客观、必要费用后的净收益。报酬率大小，需与待估房地产的收益风险大小相匹配。收益期，需同时考虑建筑物和土地的有效剩余使用年限。收益法的难点在于如何确定合适的报酬率。

假设开发法适用于具有投资开发或再开发潜力的房地产的估价。运用假设开发法估算的待开发房地产价值应为开发完成后的房地产价值扣除开发成本、管理费用、投资利息、销售税费、开发利润和投资者购买待开发房地产应负担的税费。运用此方法应把握待开发房地产在投资开发前后的状态，以及投资开发后的房地产的经营方式。

路线价法是在特定街道上设定标准临街深度，从中选取若干标准临街宗地求其平均价格，将此平均价格称为路线价，然后利用价格修正率对该平均价格进行调整来求取街道两侧的土地价值的方法。路线价法实质上是一种市场比较法，是市场比较法的派生方法，其理论依据与市场比较法相同，是房地产价格形成的替代原理。

基准地价修正法也称为基准地价系数修正法，是在政府确定并公布了基准地价的地区，利用有关调整系数将估价对象宗地所处的土地级别或地价区段的基准地价调整为估价对象宗地价格的方法。基准地价修正法是一种间接的估价方法，其估价结果的准确性主要取决于基准地价的准确性及各种调整系数的科学性。由于在不同的城镇，基准地价的内涵、构成、表达方式等可能有所不同，所以具体应调整的内容和方法也有可能不同。

复习思考题

1. 简述收益法、成本法、市场比较法、假设开发法、基准地价法和路线法的基本思路和适用范围。

2. 有一块待估宗地 X 需评估，现收集到与待估宗地条件类似的于 2012 年进行交易的 6 宗地块，具体情况如表 6-8 所示。

表 6-8　六宗可比实例情况对比说明表

宗　地	成交价/(元/平方米)	交易时间(2012 年)	交易情况	容积率	土地状况
A	6 800	4 月	+1%	1.3	+1%
B	6 100	4 月	0	1.1	-1%
C	7 000	3 月	+5%	1.4	-2%
D	6 800	5 月	0	1	-1%
E	7 500	6 月	-1%	1.6	+2%
F	7 000	7 月	0	1.3	+1%
X		7 月	0	1.1	0

说明：表 6-8 中交易情况、土地状况的调整系数，都是以待估宗地为标准态，负号表示案例条件比待估宗地差，正号表示案例宗地条件优于被估宗地，数值大小代表可比宗地地价因素评分的修正幅度。

该城市 2012 年的地价指数如表 6-9 所示。

表 6-9　2012 年 1~12 月城市地价指数(定基物价指数)

时间	1 月	2 月	3 月	4 月	5 月	6 月	7 月	8 月	9 月	10 月	11 月	12 月
指数	100	103	107	110	108	107	112	109	111	108	109	113

另据调查，该市此类用地容积率与地价的关系为：当容积率在 1~1.5 之间时，容积率每增加 0.1，宗地单位地价比容积率为 1 时的地价增加 5%；容积率超过 1.5 时，超出部分的容积率每增长 0.1，宗地单位地价比容积率为 1 时的地价增长 3%。

试根据以上条件，评估该宗土地 2012 年 7 月的价值。

3. 某写字楼项目的开发成本合计为 400 万元，开发期为 2 年，第一年投入 65%，第二年投入 35%，开发成本各年内均匀投入，同期银行贷款年利率为 8%，复利计息，则开发成本的应计投资利息为多少？

4. 欲评估某建筑物的成本价值，已知该建筑物建成于 2007 年 6 月，钢混结构，技术耐用年限为 70 年。建筑物所在土地的使用权于 1997 年 6 月取得，居住用途，法定使用年限为 70 年。2009 年 6 月对建筑物进行评估，据调查估算，该建筑物的重新购建价格为 180 万元，在土地使用期结束时处置，预计其残值率为 2%。请问该建筑物的剩余经济年限、总经济年限为多少？采用定额法，建筑物的年折旧额为多少？建筑物的成本价值为多少？

5. 现拟评估某大厦房地产于 2005 年 10 月 31 日的公开市场价值，已知大厦 2004 年 11 月 1 日竣工投入使用，建筑面积为 3 875.68 平方米，总高为 24 层，建筑物的技术耐用年限为 70 年。相应的土地面积为 5 148 平方米，权属性质为国有出让，土地使用期限为 2000 年 11 月 1 日至 2050 年 10 月 31 日，土地用途为综合。估价对象处于商业中心，周围交通等商业服务设施齐全，由于有稳定的收益，采用收益法评估。经过调查得知该大厦的实际可出租建筑面积为 3 500 平方米，实际出租率为 78%。同类大厦的月平均出租率为 85%，月平均租金水平为 19 美元/月·平方米，已知 2005 年 10 月的美元外汇比率为 1：8.274。其他必要费用包括年管理费用一般为年毛租金收入的 3%；年保险费为建筑物重新购建价格的 0.3%；年维修费和年保养费合计按建筑物重新购建价格的 2% 计算，年营业税和年房产税合计按照年毛租金收入的 17.55% 估算。如果已知 1 年期的贷款利率为 5.31%，定为基准报酬率，而根据委托对象同类房地产行业的投资收益水平，风险报酬率定为 3%，则折现率为多少？已知同类建筑物的单位重建价格为 3 800 元/平方米，运用收益法得到该房地产的收益价值为多少？

6. 需要评估一宗"七通一平"熟地 2003 年 9 月的价格。获知该宗土地的面积为 5 000 平方米，土地剩余使用年限为 65 年，建筑容积率为 2，适宜建造某种类型的商品住宅。预计取得该土地后建造该类商品住宅的开发期为 2 年，建筑安装工程费为每平方米建筑面积 800 元，勘察设计等专业费用及管理费为建筑安装工程费的 12%，第一年需要投入 60% 的建筑安装工程费、专业费用及管理费，第二年需要投入 40% 的建筑安装工程费、专业费用及管理费用，各年的开发费用均匀投入。预计该商品住宅在建成时可全部售出，假定一次性出售，预计出售时的平均价格为每平方米建筑面积 6 000 元，销售税费及销售税金分别为销售收入的 5% 和 5.5%。房地产交易中买方应缴纳的税费为交易价格的 4%。

试运用假设开发法的静态分析法和动态分析法分别估算该宗土地 2003 年 9 月的总价、单价和楼面地价。(静态分析法中的利息率选用银行存款利息率为 5%，行业的平均开发利润率假设为 10%，动态分析法的现金流折现率假设为 15%)。

第三篇　估价实务篇

第七章

商业及办公类房地产估价

【本章学习要求及目标】

通过本章的学习，了解商业房地产特点、影响因素、评估难点；掌握商业房地产评估常用方法；了解商务办公房地产特点、影响因素、评估难点；掌握商务办公房地产评估的常用方法。

第一节　商业房地产估价

一、商业房地产及其特点

商业房地产是指用于各种零售、批发、餐饮、娱乐、健身服务、休闲等经营用途的房地产，包括商场、购物中心、商业店铺、超级市场、批发市场、旅游房地产、餐饮和娱乐房地产等。商业房地产具有以下主要特点。

(一)收益性

商业房地产属于经营性房地产，其收益和获利方式大致分为两类：一类是房地产开发商开发后直接销售、投资转卖，如小区零星商铺、街铺；另一类是长期经营，有开发商自营、业主自营、出租给他人等方式。

(二)经营内容多，业态多样

在同一宗商业房地产特别是大体量的商业房地产中，往往会有不同的经营内容。例如一部分经营商品零售，一部分经营餐饮，一部分经营娱乐等，不同的经营内容(或者说不同的用途)一般会有不同的收益水平。如果用收益法估价，则应该对经营内容不同的各部门房地产采用不同的报酬率或资本化率。

(三)出租、转租经营多，产权分散复杂

商业房地产的业主常常将其房地产出租给他人经营，有的承租人从业主手上整体承租后又分割转租给第三者，造成商业房地产产权分散、复杂。因此，在进行房地产估价时要调查清楚产权状况，分清估价价值定义是出租人权益评估还是承租人权益评估，避免有的估价委托人仅是承租人，却以房地产产权人的身份委托。

(四)装修高档而复杂

为了营造舒适宜人的购物消费环境，商业房地产通常要进行相对高档的装修，而且形式各异，要准确估算其价值需要单独计算。经营者或承租者经常是买下或租下商业用房后，对其进行重新装修。因此在抵押估价、交易估价、转租估价等过程中，要考虑重新装修的情况。

(五)垂直空间价值衰减性明显

商业房地产的价值在垂直空间(立体空间)范围内表现出明显的衰减性。一般来说，商业房地产因为底层(如一楼)对于消费者而言具有最便捷的通达度而能获得最大的效益，导致其价值最高，而向上的楼层的价值呈现快速衰减。

二、影响商业房地产价格的因素

影响商业房地产价格的微观因素，包括区位状况因素和实务状况因素，其中区位状况因素也可称为区域因素，实物状况因素也可称为个别因素。商业房地产价格的形成特点决定了影响因素内容的特殊性。

(一)区位状况因素

1. 地段繁华程度

影响商业房地产价格的首要因素是商业房地产所处地段的商业繁华程度。商业繁华程度首先可用该地段是否处于商业中心区来考虑。每个城市一般都有一个或几个市级的商业中心区，它们的辐射力遍及全市，吸引着全市的购买力(特别是大宗商品的购买力，如家用电器、家具等耐用消费品)，这类市一级的商业中心区属于全市最繁华的地段。另外，在每个行政区或住宅聚集区也会有一个或更多的区级商业中心区，它们的辐射力低于市级商业区，一般限于本区域内，繁华程度也低于市级商业区。在每个居住小区通常还会有一个商业服务集中地带，或称为小区商业中心，其繁华程度又低一些。对于一般的商业房地产，首先要确定的就是它处于哪一级商业中心区，从而可知其所处地段的商业繁华程度；其次要确定商业房地产所处商业区的具体位置；最后需分析所在区域商业集聚度、经营差别化程度、人流量、消费结构和消费档次等。

另外，现在各地常有一些专业性市场或商业一条街，如建材一条街、布匹市场、电器市场等，专门经营某类商品的商业房地产，如果位于相应的专业市场(例如彩电专营店位于某电器市场内)，同样可以认为所处地段具有较高的繁华程度。

2. 交通条件

对商业房地产进行估价时，要从两方面考虑交通条件：一是顾客的角度，比如公共交通的通达度，可用附近公交线路的条线、公交车辆的时间间隔，以及公交线路连接的居民区人数等指标来衡量，另外还要考虑停车场地问题；二是经营者的角度，要考虑进货和卸货的便利程度。

道路交通条件的改善可以给沿途商业带来巨大的人流量，对于商业房地产而言，集中的人流量固然重要，但也要看这些人群是否是有效的消费群体。公共交通特别便利的地方不适宜作为高档的商业物业。

3. 临街状况

商业房地产一般都应该是临街的，其临街的具体分布状况对其价值产生较大的影响。一般来说，临街面越宽越好，如果多面临街，一般有利于商业房地产价值的提高。但要注意的是，位于街角交通要道的商业房地产如果没有足够的缓冲余地，不利于经营，会影响商业房地产的价值(贬值)。

(二)实物状况因素

1. 建筑品质及内部格局

商业房地产自身的建筑品质包括建筑结构、装饰、设施、建筑平面或空间利用的难易程度、可改造程度、外观，乃至建筑物的临街门面的宽窄等，都会对商业房地产的经营活动产生重要影响。此外，商业房地产的内部格局应有利于柜台和货架的布置和购物人流的组织。一些大型商业用房往往要分割出租，因此，要求内部空间能够灵活地间隔。

2. 楼层

一般来说，位于底层的商业用房当然优于楼上的商业用房，但如果有自动扶梯上下，楼上的商业用房与底层的差距将大大缩小。

3. 净高

商业房地产的室内净高应适宜。过低的净高则会产生压抑感，不利于经营活动的开展。如净高过高，建筑成本会增加，也无助于商业房地产价值的提高。

4. 营业面积

根据经营要求的不同，商业房地产所需的营业面积可能会不同。一般来说面积不宜太小，如果不是大型零售百货或大型交易市场，面积也不宜太大。因此，对商业房地产进行估价时，应区分不同的经营业态结构对面积的不同要求。

5. 装修

装修在商业房地产的价值中往往占有很大分量，同样的房屋，仅仅由于装修不同，价值会有很大的出入。

6. 无形价值

商业房地产价值中无形资产价值(如品牌、商标、企业文化等)所占的比重越来越大。因此，在对投资、交易等某些估价目的的情况下，估价应对附属于有形商业房地产的无形价值进行充分考虑。例如大型品牌超市的进驻，将带动商业中心价值明显上升。

三、商业房地产估价的常用方法

商业房地产的价值体现在它的获取收益的能力上，所以收益法是商业房地产最为常用的估价方法。商业房地产的转售、转租比较频繁，特别是小型商用，因此，较易获得租或售的比较案例，在商业房地产估价时，市场比较法也是一种常用的方法。对于将要转变用途的商业房地产，有时也可用成本法作为辅助评估方法。

四、商业房地产估价的技术路线和难点处理

商业房地产估价的估价方法虽然基本一致，但在具体的技术路线选择和处理上又各有

不同的特点。

(一)不同经营方式商业房地产估价的技术路线及难点处理

商业房地产根据其经营方式的不同可分为出租型商业房地产和运营型商业房地产两类。

1. 出租型商业房地产

出租型商业房地产主要采用收益法和市场法进行估价。采用收益法估价的关键是求取租金收益,租金的测算要区分租期内和租期结束两种情况。在租期内应根据合同租金来计算净收益;租期结束后,应根据市场租金水平、经营费用、税金等利用市场法求取待估商业房地产的净收益。

采用市场法对商业房地产估价时,应关注交易实例的交易形式、价格(或租金)的内涵。例如有些商业房地产的销售采取售后回租,价格要比非售后回租情况下的略高。再如商业物业的租金,有的包含了管理费、水电费、维修费等,价格略高,而有的较低的租金却没有包含以上内容。

2. 运营型商业房地产

运营型商业房地产主要靠经营获得收入,由于难以获取一手租金资料,因此主要采用收益法进行估价,公式如下:

$$年净收益=主营业务收入-主营业务成本和税金-管理费用-$$
$$财务费用-销售费用-商业利润$$

估价难点是对商业利润的扣除,一般做法是根据类似可比实例修正估算得出的租赁收入来确定商业房地产的净收益。

(二)不同规模商业房地产估价的技术路线及难点处理

1. 整幢商业房地产估价

整幢商业房地产估价主要采用收益法和市场法。对整幢商业房地产进行估价时,首先应详细了解不同楼层的商业业态、经营方式、类型、收入水平差异等;其次应了解同层商业房地产铺面的分布格局及价格分布影响因素;最后应根据不同楼层的具体情况、交易实例收集的难易程度、潜在租金及其经营费用测算的难易程度而选择不同的估价方法。

2. 整层商业房地产估价

整层商业房地产估价主要采用市场法和收益法。通常情况下整层出售或出租的交易实例较少。因此,经常选取类似估价对象的单个商铺的成交实例作为可比实例,然后进行修正得出整层商业房地产的价格。但需注意,整层商业房地产与分割商铺面临的客户群需求、交易价格水平、付款方式等是不同的,由单个商铺交易价格推算整层商铺转让价格,需对交易规模因素进行修正。

3. 同层商业房地产不同铺面估价

对于同层商业房地产不同铺面进行估价时,可先评估出一个铺面的价格,其余铺面的价格在此基础上进行适当的修正，得出不同铺面的估价结果。但是，这种技术处理方式要求对同层商业房地产铺面的分布格局及价格分布影响因素有充分的了解和认识。

(三)空置、烂尾商业房地产估价的技术路线及难点处理

在对空置、烂尾商业房地产进行估价时，一定要结合估价对象的具体情况，对其进行最高、最佳使用分析是十分必要的，而确定空置、烂尾商业房地产的最高、最佳使用方式是此类估价的难点。比如评估一宗空置的四层商用大楼的价值，考虑到该大楼在该区域整体作为餐饮、休闲娱乐等项目优于办公用途，所以估价人员以餐饮、休闲娱乐为估价对象的最佳利用方案，以周边类似用途的大楼收益状况作为参考，评估该大楼的收益价值。

(四)餐饮、娱乐房地产估价的技术路线及难点处理

酒楼、连锁快餐店、小吃店等都属于餐饮房地产，娱乐场、康乐中心、夜总会、影剧院等都属于娱乐类房地产，这类商业房地产的收入主要取决于房地产以外的因素，例如经营服务的内容、品质及社会声誉等。此类房地产属于运营型，首先需根据收入的特征客观地估计年总收益，例如餐饮房地产根据包间数、座位数、就餐次数、人均消费额等估算收益及经营成本，再如影院等娱乐房地产按照影票收入、服务项目收入等估算总收益；其次需从净收益中剔除非房地产带来的收益，按照行业平均商业利润额估算应扣商业利润的大小。

(五)旅馆、酒店房地产估价的技术路线及难点处理

此类商业房地产整体转让较多，很少采取部分转让的形式，且一次性投资较大、经营风险较大、投资回收期较长。因此此类房地产估价时，多采用收益法，较少采用市场法。市场法主要用于估算客房价格、其他功能用房的租金等。该类房地产功能多元化，所以一般需按照具体经营收益的形式，细分为客房、商场、餐饮、娱乐健身等，以客房收入、商铺出租或经营收入、餐饮服务收入、娱乐健身的服务收入等分别估算年总收益及年总费用，尤其注意在净收益计算中应考虑扣除商业利润。

五、案例分析

案例 7.1

临街店铺市场价值评估报告
房地产估价结果报告(节选)

一、项目名称

××区××路 90、92、50、52 号、88 弄 84 号店铺房地产抵押估价报告。

二、委托方(略)

三、评估机构(略)

四、估价对象

1. 估价对象概况(见表 7-1)

表 7-1　估价对象概况

名称及坐落	××区××路 90、92、50、52 号、88 弄 84 号			
宗地四至	东	住宅	南	××路
	西	××公路	北	住宅
总建筑面积	2 146.77 平方米			

2. 估价对象登记状况

(1) 登记状况及登记信息如表 7-2 和表 7-3 所示。

表 7-2　估价对象权利状况及登记信息

权证编号	×房地×字(2004)第××号		登记日	2004 年 3 月 29 日
权利人	××发展有限公司		房地坐落	××区 PC 路 88 弄
土地状况	使用权来源	出让	幢号	详见登记信息
	用途	住宅	室号或部位	详见登记信息
	地号	××区 JY 小区 105 街坊 1/2 丘	建筑面积	40 154.46 平方米
	宗地(丘)面积	38 694 平方米	房屋状况 类型	详见登记信息
	使用期限	2002 年 8 月 28 日至 2072 年 8 月 27 日止	用途	详见登记信息
	总面积	37 274.0 平方米	层数	详见登记信息
	其中 独用面积	2 369.9 平方米	竣工日期	详见登记信息
	分摊面积	34 904.1 平方米		

表 7-3　估价对象权利状况及登记信息

权证编号	×房地××字(2004)第××号		登记日	2004 年 1 月 9 日
权利人	××有限公司		房地坐落	××区 PC 路 90、92、50、52 号
土地状况	使用权来源	出让	幢号	详见登记信息
	用途	住宅	室号或部位	详见登记信息
	地号	××区 JY 小区 105 街坊 1/3 丘	建筑面积	1 933.14 平方米
	宗地(丘)面积	2 624 平方米	房屋状况 类型	详见登记信息
	使用期限	2002 年 8 月 28 日至 2072 年 8 月 27 日止	用途	详见登记信息
	总面积	2 624.0 平方米	层数	详见登记信息
			竣工日期	详见登记信息

根据 SH 市房地产登记信息，估价对象信息如表 7-4 和表 7-5 所示。

表 7-4　估价对象信息说明表

(88 弄 84 号商铺)

房屋坐落	××区××路 88 弄		
幢号	84	部位	84
建筑面积	213.63 平方米	其中地下建筑面积	0.00
房屋类型	店铺	房屋结构	混合 1
所有权来源	新建	竣工日期	2003 年
房屋用途	店铺	总层数	2
权利人	××有限公司		
房地产权证号	×××		

他项权利登记状况：于价值时点，估价对象未发现设立他项权利登记。

表 7-5　估价对象信息说明表

(PC 路 90 号、92 号、50 号、52 号)

产权信息	权利人		××有限公司			
	房产坐落		××区 PC 路			
权证或证明号			××			
幢号	部位	建筑面积	层数	房屋类型	房屋结构	竣工日期
90	201	39.05	3	店铺	钢混	2003 年
90	202	56.29	3	店铺	钢混	2003 年
90	203	55.21	3	店铺	钢混	2003 年
90	204	55.58	3	店铺	钢混	2003 年
90	205	54.51	3	店铺	钢混	2003 年
90	207	55.21	3	店铺	钢混	2003 年
90	208	54.13	3	店铺	钢混	2003 年
90	209	161.59	3	店铺	钢混	2003 年
90	211	181.47	3	店铺	钢混	2003 年
90	301	496.61	3	店铺	钢混	2003 年
92	392	507.77	3	店铺	钢混	2003 年
50	350	71.15	2	店铺	钢混	2003 年
52	352	144.57	2	店铺	钢混	2003 年
合　计		1 933.14 (平方米)				

他项权利登记状况：于价值时点，估价对象未设立他项权利登记。

3. 实物状况

(1) 建筑物状况。

经估价人员现场勘查，估价对象建筑物位于××区PC路90、92、50、52号、88弄84号。估价对象为"JHJ"住宅区配套商业用房，估价对象为总层数2层及3层的建筑物，外立面面砖饰面，铝合金窗，保养状况良好。

(2) 土地状况。

估价对象所在地块的土地形状较规则，四至为：东至住宅，南至××路，西至××公路，北至住宅；土地权属性质为出让，土地用途为住宅，①土地地号为：××区JY小区105街坊1/2丘；宗地(丘)面积：38 694平方米，其中独用面积2 369.9平方米，②土地地号为：××区JY小区105街坊1/3丘；宗地(丘)面积：2 624平方米，总面积2 624.0平方米。宗地地势平坦，水文条件较好，地质条件对地上建筑物无不良影响。根据SH市房屋土地管理局于2003年公布的《SH市基准地价表》，估价对象土地等级为SH市八级。

4. 区位状况

(1) 商业集聚度。

估价对象位于JY小区PC路，近JX公路，PC路及JX公路是JY小区内主要交通道路，路两侧均为生活配套商业店面，区域繁华度较好。

(2) 交通条件。

估价对象位于JY小区PC路，近JX公路，PC路及JX公路是JY小区内主要交通道路，附近设有多条公交路线，近轨道交通11号线JD北终点站，交通便捷度通畅。

(3) 基础设施完备度。

估价对象所在区域的市政基础设施良好，供水、供电、供气、通信、道路、排水等(六通)市政基础设施完备，保障率高。估价对象所在区域的市政基础设施条件能满足估价对象日常生产活动的需要。

(4) 环境质量优劣度。

估价对象所在地有一定空气、噪声污染，环境质量一般。

(5) 周边土地利用类型。

估价对象周边土地利用类型基本以住宅为主。

(6) 区域土地等级。

根据SH市房屋土地管理局于2003年公布的《SH市基准地价表》，估价对象土地等级为SH市八级。

5. 个别因素

(1) 建筑物状况及现状用途。

经估价人员现场勘查，估价对象建筑物位于JD区PC路90、92、50、52号、88弄84号。估价对象为"JHJ"住宅区配套商业用房，估价对象为总层数2层及3层的建筑物，外立面面砖饰面，铝合金窗，其中PC路92、50、52号及90号2楼部分现经营"某咖啡"，PC路90号2楼部分及90号3楼为某房地产发展有限公司办公楼，PC路88弄84号现经营"某房产"中介公司。

(2) 楼层。

估价对象为2层混合建筑及2层、3层钢混建筑。

(3) 面积。

估价对象总建筑面积为 2 146.77 平方米。

(4) 临街状况。

估价对象坐落于 JY 小区 PC 路，南临 PC 路，一面临路。

(5) 装修。

估价人员对现场进行了勘察，装修较好。

五、估价目的

为确定估价对象市场价值提供参考依据。

六、价值时点

2010 年 7 月 29 日。

七、价值定义(略)

八、估价依据(略)

九、估价原则(略)

十、估价方法(略)

十一、估价结果

本次估价遵守公认的估价原则，按照严谨的估价程序，运用成本法和收益法，进行了专业分析、测算和判断，满足本次估价的全部假设和限制条件的结论：估价对象市场价值为人民币 3 021 万元，大写：人民币叁仟零贰拾壹万元整，折合单价：14 072 元/平方米。

十二、估价人员(略)

十三、估价作业日期

2010 年 9 月 13 日至 2010 年 9 月 14 日。

十四、估价报告应用有效期

在本市房地产市场保持稳定的前提下，估价报告自出具报告之日起有效期为半年，即自 2010 年 9 月 14 日至 2011 年 3 月 13 日止。

房地产估价技术报告
(本技术报告需与结果报告配合使用)

一、个别因素分析(略)

二、区域因素分析(略)

三、市场背景分析(略)

四、最高、最佳使用分析(略)

五、估价方法选用(略)

六、房地产估价测算过程

(一)成本法

1. 土地重新取得价值

根据 SH 市基准地价更新成果(征求意见稿)(基准日 2003 年 6 月 30 日)，估价对象土地等级为 SH 市八级。估价对象土地用途为住宅，所对应的宗地基准地价为 700 元/平方米，如表 7-6 所示。

表 7-6　SH 市基准地价表(楼面地价)

(基准日为二○○三年六月三十日)

用途 级别	商　业		办　公		住　宅		工　业	
	基准地价 (元/平方米)	设定 容积率	基准地价 (元/平方米)	设定 容积率	基准地价 (元/平方米)	设定 容积率	基准地价 (元/平方米)	设定 容积率
1	12 260	3.5	8 200	3.5				
2	9 920		6 200		6 200	2.5		
3	7 500	3.0	4 550	3.0	4 550		4 200	2.0
4	5 280		3 300		3 300	2.0	2 100	
5	3 960	2.3	2 400	2.3	2 400	1.8	1 100	1.5
6	2 175		1 500		1 500		530	
7	1 269	1.2	940	1.2	940	1.2	295	
8	910		700		700		250	1.0
9	600	1.0	510	1.0	510	1.0	195	
10	370		370		370		150	
11	滩涂待定							

2. 影响估价对象地价因素修正值

根据综合用地基准地价修正系数标准(见表 7-7),结合估价对象现状用途,选取区域因素、个别因素进行修正,根据完善度状况,按优、较优、一般、较劣、劣五个等级分别确定影响估价对象地价因素总修正值(见表 7-8)。

表 7-7　SH 市 2003 年综合用地基准地价修正系数表(区域及个别因素)

优劣程度及修正幅度 影响因素		优	较优	一般	较劣	劣
		20%	10%	0%	-10%	-20%
区域繁华程度		好	较好	一般	较差	差
		2%	1%	0%	-1%	-2%
交 通 条 件	公交便捷度	通畅	较通畅	一般	较难	不通
		1.2%	0.6%	0%	-0.6%	-1.2%
	道路通达度	临主干道	临次干道	临支道	临街巷	不临
		1.2%	0.6%	0%	-0.6%	-1.2%
	距火车站距离 /公里	≤1	(1,2]	>2		
		0.8%	0.4%	0%		
	距机场距离 /公里	≤1	(1,2]	>2		
		0.8%	0.4%	0%		

优劣程度及修正幅度 / 影响因素			优 20%	较优 10%	一般 0%	较劣 -10%	劣 -20%
区域因素	基础设施	基础设施状况	七通以上完备度高 1.6%	七通以上比较完备 0.8%	六通一平 0%	五通一平 -0.8%	五通一平以下 -1.6%
		保证率 供水	100% 0.8%	99% 0.4%	95% 0%	90% -0.4%	<90% -0.8%
		保证率 供电	100% 0.8%	99% 0.4%	95% 0%	90% -0.4%	<90% -0.8%
		保证率 排水	100% 0.8%	99% 0.4%	95% 0%	90% -0.4%	<90% -0.8%
	环境质量	环境质量	环境优美 2%	环境较好 1%	环境一般 0%	环境较差 -1%	环境差 -2%
		周围土地利用类型	公园、绿地 2%	商业、办公 1%	住宅、市政、公用建筑 0%	工业、仓储、交通 -1%	特殊用地 -2%
个别因素		宗地形状	规则 1%	较规则 0.5%	一般 0%	较不规则 -0.5%	极不规则 -1%
		临街状况	好 2%	较好 1%	一般 0%	较差 -1%	差 -2%
		宗地面积	最佳 1%	较好 0.5%	一般 0%	有影响 -0.5%	严重影响 -1%

表 7-8　影响估价对象地价因素修正系数表

影响因素			优劣程度	修正幅度/k
区域因素		区域繁华度	较好	1%
	交通条件	公交便捷度	通畅	1.2%
		道路通达度	临主干道	1.2%
		距火车站距离/km	>2	0%
		距机场距离/km	>2	0%
	基础设施	基础设施状况	六通一平	0%
		保证率 供水保证率	99%	0.4%
		保证率 供电保证率	99%	0.4%
		保证率 排水保证率	99%	0.4%
	环境质量	周围土地利用类型	住宅、市政、公用建筑	0%
		环境质量	一般	0%

续表

影响因素		优劣程度	修正幅度/k
个别因素	宗地形状	较规则	0.5%
	临街状况	较好	1%
	宗地面积	一般	0%
	合计		6.1%

由表 7-8 得出，估价对象地价影响因素修正值 k

$$k=6.1\%$$

3. 使用年期修正系数

基准地价对应的使用年限，是各用途土地使用权的最高使用年期。根据委托方提供资料，估价对象土地使用年限为 2002 年 8 月 28 日至 2072 年 8 月 27 日止。至价值时点，估价对象土地已使用约 8 年，则土地剩余使用年限约为 62 年(自价值时点起计)。因此，估价对象年期修正系数为

$$y =[1-1/(1+r)^m]/ [1-1/(1+r)^n]$$
$$= [1-1/(1+5.5\%)^{62}]/ [1-1/(1+5.5\%)^{70}]$$
$$=0.9871$$

式中：r——土地还原利率。

其中本次土地还原利率的确定是根据安全利率并考虑风险调整因素。以价值时点中国人民银行一年期存款利率 2.25% 作为安全利率；风险调整值的确定是根据估价人员综合考虑以下因素：估价对象地区土地的平均收益状况、估价对象的地理位置、土地的用途等因素，最终确定为 2.75%。故本次估价还原利率为

$$r=2.25\%+2.75\%=5.5\%$$

4. 日期修正系数

基准地价对应的是基准地价确定日期的地价水平，随时间迁移，土地市场的地价水平会有所变化，因此必须进行期日修正，把基准地价对应的地价水平修正到宗地地价估价日期，计算公式为

$$T=宗地估价基准日的地价指数/基准地价确定基准日的地价指数$$

其中地价指数参照《2010 年上海统计年鉴》公布的土地交易价格指数中的土地交易价格指数，见表 7-9。

表 7-9　SH 市 2001—2009 土地交易价格指数

(以 2000 年价格为 100)

年份 类别	2001	2002	2003	2004	2005	2006	2007	2008	2009
土地交易价格指数	97.2	103.3	118.9	143.1	153.0	154.8	166.9	180.0	184.0
居住用地	92.2	102.3	125.1	161.8	170.6	169.7	177.2	189.5	195.0
工业用地	91.6	82.7	84.0	85.1	88.3	90.8	103.4	110.9	112.8

估价对象的基准地价公布日期为 2003 年，根据《SH 市统计局公报》至 2009 年对应的期日修正系数为 195.0÷125.1=1.56。估价人员根据掌握的资料信息分析 2009 年年底至价值时点××住宅用地价格水平基本保持平稳。则修正为

$$T=100\%\times1.56=1.56$$

5. 容积率修正系数

基准地价对应的是该用途土地在该级别或均质地域内的平均容积率，但各宗地的容积率有所不同，容积率对地价的影响极大，估价宗地价值时应考虑容积率因素。本次估价中设定估价对象容积率为平均容积率，故估价对象容积率修正系数为

$$k_{ij}=1.0$$

6. 估价对象楼面地价的确定

$$P_i=p\times(1+k)\times y\times T\times k_{ij}$$
$$=700\times(1+6.1\%)\times0.9871\times1.56\times1.0$$
$$=1\,137(元/平方米)(取整)$$
$$土地价值=1\,137(元/平方米)\times2\,146.77(平方米)$$
$$=244.09(万元)$$

7. 建筑物重置价值

建筑物重置价值是采用价值时点的建筑材料、建筑构配件、设备和建筑技术等，按价值时点的价值水平，重新建造与估价对象建筑物具有同等效用的新建筑物的正常价值，以此作为估价对象建筑物的重置价值。重置价值如下。

(1) 整体工程费用(包含外墙装饰以及必要的设备安装费用)1 050 元/平方米。

(2) 专业费(设计、勘探等费用取建安费用的 6%)。

$$1\,050\ 元/平方米\times6\%=63(元/平方米)$$

(3) 管理费(取上述费用的 3%)。

$$(1\,050+63)\times3\%=33.39(元/平方米)$$

(4) 利息(房屋建造周期按 24 个月计算，建筑费用等期间均匀支付，故计 1-3 项费用 1 年期利息，按价值时点中国人民银行一年期贷款利率 5.31% 计算)。

$$(1\,050+63+33.39)\times[(1+5.31\%)^1-1]=60.87(元/平方米)$$

(5) 利润(取上述 1-3 项的 8%)。

$$(1\,050+63+33.39)\times8\%=91.71(元/平方米)$$

(6) 重置价值(前五项合计数)。

$$1\,050+63+33.39+60.87+91.71=1\,299\ 元/平方米$$

8. 成新率

成新率是指采用实际观察法，即由估价人员亲临现场，了解建筑物的维修、保养情况，观察建筑物结构、装修、设备三个组成部分的各个项目的完好、损坏程度，以此综合判定建筑物的成新率。经现场勘察，估价对象维护保养情况良好，建筑物成新率取 90%。

9. 建筑物现值

$$1\,299\ 元/平方米\times2\,146.77\ 平方米\times90\%=250.99(万元)$$

10. 价值的最终确定

$$房地价值=土地价值+建筑物价值=244.09+250.99=495(万元)(取整)$$

(二)收益法

1. 年潜在毛收入确定

用市场比较法求取潜在毛收入，潜在毛收入分为两部分，即租金收入和押金利息。

(1) 租金收入。

经调查，估价对象所在同一供需范围内同类店铺出租较为活跃，故估价人员进行租金测算，如表 7-10 所示。

表 7-10　同类店铺租金情况表

名　称	交易情况	位　置	租赁价格	挂牌日期	面积/m²	装　修
实例一	挂牌	XX 路 Y 路口	3.9 元/ m²·天	2009.12	28	一般
实例二	挂牌	Y 路	3.2 元/ m²·天	2009.12	70	一般
实例三	挂牌	T 路	3 元/ m²·天	2009.12	60	一般
实例四	挂牌	Z 路	2.70 元/ m²·天	2009.12	40	一般

可比案例一、二、三、四均为价值时点一年内案例，估价人员根据该地区的平均租金水平并结合估价对象实际情况，确定估价对象的客观租金人民 3.70 元/平方米·天。

(2) 押金利息。

经估价人员了解，租赁保证金、押金等的利息收入占租金总收入的比例较少，故本次估价不予考虑。

2. 年有效毛收入确定

有效毛收入是由潜在毛收入(假定房地产在充分利用、无空置状况下可获得的收入和租赁保证金、押金等的利息收入)扣除空置、拖欠租金(延迟支付租金和不付租金)以及其他原因造成的收入损失后所得到的收入。

根据上述市场比较法的结果，本次租金取 3.70 元/平方米。

出租率取 94%(估价人员通过调查了解到，附近类似物业出租情况较好，平均每年有 3 个星期的空置期，折合平均空置率为 21/365=6%，出租率为 100%-6%=94%)。

一年以 365 天计，则估价对象年有效毛收入为

$$3.70 \times 365 \text{ 天} \times 2\,146.77 \times 94\% = 272.53(万元)$$

3. 年总费用确定

(1) 维修费。

维修费一般为建筑物重置价值的 1%~2%，本次取 2%，建筑物重置价格取 1299 元/m²。

$$维修费 = 建筑物重置价格 \times 2\%$$
$$= 1\,299 \times 2\,146.77 \times 2\% = 5.58(万元)$$

(2) 管理费。

管理费包括管理人员经费、综合费、广告费等，一般为年有效毛收入的 1%~3%，本次取 3%。

$$管理费 = 总收入 \times 3\% = 272.53 \text{ 万元} \times 3\% = 8.18(万元)$$

(3) 保险费。

保险费一般为建筑物现值的 1‰~2‰，本次取 2‰。建筑物现值根据重置价格 1 299 元/m²，估价对象成新率取 90%。

$$保险费=1\ 299 \times 2\ 146.77 \times 90\% \times 2‰=0.50(万元)$$

(4) 税金。

税金主要由营业税及其附加和房产税两部分组成，营业税及其附加税率为 5.565%，房产税税率为 12%，两者合计为 17.565%。

$$税金=总收入 \times 17.565\%=272.53 \times 17.565\%=47.87(万元)$$

(5) 年总费用。

$$总费用=维修费+管理费+保险费+税金$$
$$=5.58+8.18+0.50+47.87$$
$$=62.13(万元)$$

4. 年净收益确定

$$年净收益=年有效毛收入-年总费用$$
$$=272.53-62.13$$
$$=210.4(万元)$$

5. 年净收益变化情况

估价对象位于××路、××公路口，周边基本以住宅为主，根据估价对象所在区域的实际情况及对未来发展趋势的判断，本次估价设定年净收益保持不变。

6. 报酬率的确定

本次估价采用累加法求取报酬率，计算公式如下：

$$报酬率=安全利率+投资风险补偿率+管理负担补偿率+$$
$$缺乏流动性补偿率-投资带来的优惠率$$

(1) 安全利率，一般采用同一时期的一年期银行定期存款利率(目前为 2.25%)。

(2) 投资风险补偿率，投资者考虑到投资于周期较长、收益不稳定房地产时，承担了一定的风险，希望对其承担的额外风险给予一定的补偿。一般认为的商业房地产行业投资风险补偿率为 3.5%。

(3) 管理负担补偿率，投资者考虑投资房地产时，要付出的额外管理负担，希望对其承担的额外管理给予一定的补偿。一般认为的房地产行业管理负担补偿率为 0.10%。

(4) 缺乏流动性补偿率，投资者考虑投资房地产时，要投入大笔资金，而房地产开发周期长、变现时间也长，希望对其资金缺乏流动性给予一定的补偿。一般认为的房地产行业缺乏流动性补偿率为 1.25%。

(5) 投资房地产带来的优惠率，如投资房地产可向银行申请抵押贷款，易获得融资，投资者往往会因此而降低所要求的报酬率，一般为 0.50%；又如投资房地产往往可以抵扣部分所得税，从而得到一定的优惠，一般为 0.6%。因此，一般认为投资房地产带来的优惠率为 1.1%。

累加法求取报酬率如表 7-11 所示。

表7-11 累加法求取报酬率一览表

项 目	数 值	取值理由
无风险报酬率	2.25%	目前最新一年期存款利率为2.25%
投资风险补偿率	4%	目前商业经营稳定，因此投资风险补偿率按4%考虑
管理负担补偿率	0.2%	按照估价人员的经验按0.2%考虑
缺乏流动性补偿率	1.5%	按照估价人员的经验按1.5%考虑
易于获得融资的优惠率	-0.5%	按照估价人员的经验按0.5%考虑
所得税抵扣的优惠率	-0.6%	按照估价人员的经验按0.6%考虑
报酬率	6.85%	本次估价取6.85%

7. 估价对象收益年期确定

根据委托方提供的资料，估价对象土地使用年限为2002年8月28日至2072年8月27日止。至价值时点，估价对象土地已使用约8年，则土地剩余使用年限约为62年。

根据SH市房地产登记信息，估价对象建筑物竣工于2003年，考虑到建筑物在不断地得到修缮，其经济耐用年限相应地得到延长，因此，估价对象尚可收益年期按照土地剩余使用年限约为62年。本项目不扣减折旧费。

8. 收益法估算结果确定

$$净收益=潜在毛收入-空置等造成的收入损失-运营费用$$
$$=有效毛收入-运营费用$$

计算过程如下：

$$v=\sum_{i=1}^{n}\frac{A_i}{(1+R)^i} \tag{1}$$

$$v=\frac{a}{r-s}\times\left[1-\left(\frac{1+s}{1+r}\right)^n\right] \tag{2}$$

$$v=\frac{210.4}{6.85\%-0\%}\times\left[1-\left(\frac{1+0\%}{1+6.85\%}\right)^{62}\right]=3\,021(万元)(取整)$$

公式(1)：

v——房地产收益价值(元，元/m²)；

A_i——未来第i年的净收益(元，元/m²)；

R——报酬率(%)；

n——未来可获收益的年限(年)。

公式(2)：

v——估价对象房地产收益价值；

a——估价对象第1年净收益；

r——估价对象报酬率(%)；

s——净收益增长率(%)；

n——房地产的尚可收益年限(年)。

估价对象收益价格为 3 021 万元。

七、估价结果确定

1. 估价结果的分析

估价人员通过上述的估算，成本法的估价结果为 495 万元，价格与收益法的收益价格差异较大。成本法仅从估价对象的成本角度考虑其价值，并未充分考虑估价对象作为商业用途的收益，故成本法不能真实地反映估价对象的价格。

收益法的估价结果为 3 021 万元，本次估价对象为商业用房，同一商圈内租赁市场目前发展较成熟，出租率及租金水平资料可比性较强，比较能够反映房地产市场价值。故收益法的收益价格比较合理。

本次估价以收益法的估价结果为准，成本法的估价结果仅作参考，则估价对象的评估价值为 3 021 万元。

2. 估价结果的确定

本次估价遵守公认的估价原则，按照严谨的估价程序，运用成本法和收益法，进行了专业分析、测算和判断，如表 7-12 所示。满足本次估价的全部假设和限制条件的结论如下。

估价对象市场价值为人民币 3 021 万元。

大写：人民币叁仟零贰拾壹万元整。

折合单价：14 072 元/平方米。

表 7-12　估价结果明细

估价对象	建筑面积/平方米	评估价值/万元
《SH 市房地产权证》沪房地××字(2004)第××号记载的 PC 路 88 弄 84 号房地产	213.63	301
《SH 市房地产权证》沪房地××字(2004)第××号记载的 PC 路 90、92、50、52 号房地产	1 933.14	2 720
合　计	2 146.77	3 021

第二节　商务办公房地产估价

一、商务办公房地产及其特点

(一)界定

商务办公楼，或称写字楼，是用于公司等商务机构办公的建筑物。在大、中城市，通常根据商务办公楼的装修、服务等档次将其划分为甲级写字楼、乙级写字楼和一般写字楼。

(二)分类

写字楼可从不同角度、按照不同标准进行分类和分级。

(1) 按建筑面积的大小不同分类，写字楼可分为小型写字楼、中型写字楼和大型写字楼，其中建筑面积在 1 万平方米以下的为小型写字楼；建筑面积在 1 万～3 万平方米的为中型写字楼；建筑面积在 3 万平方米以上的为大型写字楼。

(2) 按使用功能不同，可将写字楼分为：①单纯型写字楼，即写字楼基本上只有办公一种用途，没有其他功能(展示厅、餐饮等)；②商住型写字楼，即写字楼既可以办公还可以住宿；③综合型写字楼，即以办公为主，同时又有其他多种功能，如展示厅、商场、公寓、餐饮等功能。

(3) 按写字楼所处的位置、自然环境或质量状况和收益能力不同，可将写字楼分为甲、乙、丙三个档次。其中，①甲级写字楼具有优越的地理位置和交通环境，建筑物的物理状况和建筑质量优良，收益能力强，有完善的物业服务；②乙级写字楼具有良好的地理位置，建筑物的物理状况和建筑质量良好，建筑物的功能不是最先进的，建筑物存在自然磨损，收益能力低于新落成的同类写字楼；③丙级写字楼使用年限较长，建筑物存在明显的物理磨损和功能陈旧，租金水平较低。

(三)特点

1. 所处区位好，规模大

写字楼大多建在以经济、金融、贸易、信息为中心的大、中城市，处于较好区位、有相当规模的面积、办公单位集中、人口密度大、经济活动频繁的区域。估价对象是否处于城市写字楼集聚的区域对其价值会产生很大的影响。

2. 多为现代化的高层建筑，功能齐全、配套设施完善

写字楼特别是甲级写字楼，大都为高档次高层建筑，拥有先进的现代化设施设备，功能多而全，如有前台接待服务、大小会议室、酒吧、咖啡厅、餐厅、商场、车库等。良好的建筑设计和现代化设备是写字楼功能品质和租金收益的必要保障。因此对写字楼估价，应对其建筑、功能、设施配套进行详细的查看，并在报告中进行周全、客观的描述。

3. 出租经营为主，多由专业物业管理企业管理

大多数写字楼以出租为主，完善的物业管理服务能够提高写字楼的出租率。因此，写字楼业主往往委托专业物业管理公司进行写字楼管理和代理出租，物业管理公司的服务品质及其服务项目是写字楼价值差异的重要影响因素之一。

二、影响商务办公房地产价格的因素

(一)区位状况因素

1. 集聚程度

商务办公房地产的集聚程度对其价值产生很大影响，因为商务机构的大量集聚必然会扩大该区域的知名度和影响力，推动该区域高档写字楼的建设并形成较大的规模效益。因此，写字楼特别是甲级写字楼集聚的区域，租金水平往往很高。例如上海陆家嘴商务办公

区属于上海一级办公区，因为无论是甲级写字楼的数量，还是建筑面积，在上海都遥遥领先于其他商务办公区。对写字楼进行估价，需分析估价对象所处区域写字楼的集聚程度、该办公区等级以及周边写字楼的平均租金水平等。

2. 交通条件

能否方便、快捷到达办公地点，能否方便、快捷与客户交流、会谈，是从事办公行业特别是企业公司总部选择办公场所的重要条件之一。一座大型的写字楼建筑往往能容纳成千上万的人在里面办公，这就要求写字楼特别是高档写字楼必须具有很好的通达性，其交通连接需要在三维空间展开，即具有地下、地面及空间交通体系。此外，是否有足够的停车场地也会影响到写字楼的易接近性。因此写字楼所处区域的交通可达性、通达性、易接近性是影响其价值的重要区位状况。

3. 周围环境

商务办公房地产既不像商业房地产那样要求周围环境繁华热闹，也不像居住房地产那样要求周围环境优美幽静，但要求周围环境整洁气派，有现代化的都市气氛，而不能杂乱无章。

(二)实物状况因素

1. 外观形象

公司往往注重自身形象，而公司办公场所的形象则直接影响公司的形象，因此商务办公房地产的外观对其价值的影响不可低估。商务办公房地产的外观条件主要包括建筑物高度、体量、造型、外墙面装修等。有良好的外观形象，甚至成为城市标志性建筑的写字楼，往往更能吸引实力强的企业入驻，租金水平也更高。

2. 内部装修

内部装修也对商务办公房地产的价值有重要影响，商务办公房地产的内部装修主要体现在大堂、走廊、内墙面、灯具等方面。商务办公房地产大堂的外观、平面设计和灯光布置等往往是其特色的综合体现。

3. 设备与设施

商务办公房地产的使用者对建筑物内的设备、设施系统非常重视，主要包括动力、通讯、运输、电子等设备设施。比如电梯、空调是否齐备，高层写字楼的电梯数量、速度、安置位置如何，都是影响商务办公房地产价值的重要因素。

4. 智能化程度

随着电子商务的兴起，企业对网络设施的要求迅速提高，以网络为载体，各种智能办公解决方案也在日新月异地发展，因此写字楼也必须能够提供完善的智能化办公条件才具有吸引力。例如甲级写字楼，其智能化程度需达到 3A 以上，最好达到 5A，即具备 BAS 楼宇自动化系统、OAS 办公自动化系统、FAS 消防自动化系统、SAS 安防自动化系统和 CAS 通信自动化系统等。

5. 物业管理水平

物业管理虽然与房地产本身是分离的，但对于商务办公房地产，特别是甲级写字楼而言，物业管理对提升其价值的作用非常明显。通常甲级写字楼都会聘请一流的物业管理公司进行管理。

6. 租户类型

入住同一商务办公房地产的租户间的相互影响，会增加或降低他们各自的形象和声誉，写字楼内的主要租户(大租户)，往往决定了该写字楼的租户类型，当主要租户是知名公司时，就会吸引同类及其相关联的公司进驻，从而提高该商务办公房地产的知名度，该商务办公房地产也会升值。

7. 楼层

商务办公房地产楼层越高价值越大，租金水平也会越高，这与办公环境有关，楼层越高，景观和空气质量越好，被干扰的机会就越小。

三、商务办公房地产估价的常用方法

商务办公房地产通常采用出租经营，所以收益法是商务办公房地产估价最为常用的方法之一。同时商务办公房地产的转售、转租比较频繁，因此较易获得交易实例，所以在对商务办公房地产进行估价时，市场法也是常用方法之一。在有些估价业务中，例如商务办公房地产的抵押估价，或是对将要转变用途的房地产进行估价时出于安全、保守的考虑，也会用成本法作为辅助。

四、商务办公房地产估价的技术路线和难点处理

(一)商务办公房地产租金的求取

商务办公房地产的租金一般采用市场法求取。租金的求取应注意以下问题。

1. 租约问题

如果估价对象写字楼存在合法租约的限制，租金测算要区分租约期内和租约期结束两种情况。在租期内应根据合同约定计算有关租金、费用等求取净收益；租期结束后，应根据市场客观租金、客观费用和税金等，利用市场法求取估价对象房地产的净收益。

2. 租金构成的内涵问题

商务办公房地产的租金往往存在差异，主要有以下几种情况：①租金中包含物业管理费；②租金中包含物业管理费和水电费；③租金中不含物业管理费和水电费；④计租面积为建筑面积，含分摊建筑面积；⑤计租面积按套内建筑面积，不含分摊的建筑面积。估价时应根据估价对象的租金构成内涵，选择同一租金构成内涵的实例，否则就应该进行适当

的修正。

3. 租金的支付方式问题

租金支付方式的不同，体现出资金时间价值的差异，必然导致租赁价格的差异。商务性房地产租金的支付方式主要有按月支付、按季支付、按年支付和一次性支付等。因此，在运用市场法求取估价对象租金时，应详细地了解交易实例的租金支付方式，并要求统一租金支付方式。

4. 地下车库租金问题

商务办公房地产的地下车库一般采用租赁经营的方式，其租金收入一般分为两部分，一部分是向业主提供的包月出租的车位租金，另一部分是向访客提供临时使用的车位租金。包月出租的车位租金比较稳定，容易测算。临时使用的车位租金的测算比较困难，一般按如下步骤进行测算：首先，了解不同时段的租金水平；其次，了解同一工作日的高峰时段与非高峰时段车位的利用率差异，确定车位的工作日周转次数；再次，了解工作日与非工作日车位的利用率差异，确定车位的非工作日周转次数；最后，分别测算工作日与非工作日的车位租金收入，两者之和即为临时使用的车位租金收入。

(二)整幢商务办公房地产估价的技术路线及难点处理

1. 单纯型商务办公房地产

单纯型商务办公房地产就是估价对象仅有办公一种功能，没有其他功能，对其估价主要采用市场法和收益法。由于市场上整幢办公楼转让、转租的交易实例比较少，难以通过整幢办公楼转让、转租的交易实例来求取估价对象的价格。但单纯型商务办公房地产由于估价对象只有办公这一种功能，每一层的价格差异比较小，层与层之间主要存在的是楼层价格差异，因此，可以先评估出一层的价格，再确定层差修正系数，最后计算出所有楼层的价格。

2. 商住型商务办公房地产

商住型商务办公房地产就是估价对象既有办公功能，又有居住功能，即一部分用于办公，另一部分用于居住。因此，对商住型商务办公房地产进行估价时，首先要分清不同的功能区及其面积大小，然后分别按办公用房、居住用房进行估价，办公用房可以采用市场比较法和收益法估价，居住用房主要采用市场比较法估价。

3. 综合型商务办公房地产

综合型商务办公房地产是以办公为主，同时又有其他功能。因此，对综合型商务办公房地产进行估价时，首先要分清不同的功能区，了解和确定各功能区的面积大小、经营方式、收益能力等；其次，根据不同功能区的收益性特点、交易实例收集的难易程度而选用不同的估价方法，主要采用市场法和收益法进行估价；最后，将各功能区的价格进行汇总，得到整幢综合型商务办公房地产的价格。

五、案例分析

案例7.2

办公房地产部分楼层抵押估价报告
房地产估价结果报告(节选)

一、项目名称：SH 市××区××路 E 号 9 层、12～26 层办公房地产抵押估价报告

二、委托方(略)

三、评估机构(略)

四、估价对象

1. 估价对象概况

估价对象概况如表 7-13 所示。

表 7-13　估价对象概况

名称及坐落	××区××路 E 号××大厦 9 层、12～26 层整层			
用途	办公		权属	其他
宗地四至	东	××路	南	××路
	西	××路	北	NB 路
建筑面积(m²)	15 563.68			

2. 估价对象权益状况

(1) 登记状况及登记信息。

估价对象登记状况及登记信息如表 7-14～表 7-17 所示。

表 7-14　《SH 市房地产权证》沪房地××字(2002)第××82 号

房地产权证幢号	房地××字(2002)第××号		发证日期	2002 年 4 月 25 日
权利人	××股份有限公司		房地坐落	NB 路 E 号
身份证号	××			
土地状况	权属性质	国有	所有权性质	其他
	用途	综合	建筑面积/m²	31 523.12
	地号	××区××街道××街坊 1/1 丘(1-1)	幢数	1
	图号	Ⅰ4-6	室号或部位	详见附记
	土地等级	/	类型	详见附记
	使用期限	1997-4-8 至 2047-4-7 止	结构	详见附记
			层数	详见附记
	总面积/m²	2 879.4	竣工日期	详见附记
				/

表 7-15 附记

幢号	室号部位	建筑面积/m²	土地面积/m²	房屋类型	建筑结构	层数	竣工日期	支丘号
1	1~6 层	10 825.15	988.5	办公楼	钢混	26	2000.08	1-1
1	9 层	1 062.43	96.9	办公楼	钢混	26	2000.08	1-1
1	12、13 层	2 137.81	195.0	办公楼	钢混	26	2000.08	1-1
1	15~26 层	1 1291.75	1030.2	办公楼	钢混	26	2000.08	1-1
1	地下金库	455.76	41.6	办公楼	钢混	26	2000.08	1-1
1	地下一层	2 318.53	212.5	其他	钢混	26	2000.08	1-1
1	地下二层	2 601.26	238.3	其他	钢混	26	2000.08	1-1
1	地下夹层	756.31	69.5	其他	钢混	26	2000.08	1-1
1	主楼顶一层	74.12	6.9	其他	钢混	26	2000.08	1-1

表 7-16 《SH 市房地产权证》沪房地×字(2002)第×83 号

房地产权证幢号	房地××字(2002)第××号		发证日期	2002 年 4 月 25 日
权利人	××股份有限公司		房地坐落	NB 路 E 号 8 层、14 层
身份证号	××			
土地状况	权属性质	国有	房屋状况	所有权性质	其他
	用 途	综合		建筑面积/m²	2128.12
	地 号	××区××街道××街坊 1/1 丘(1-3)		幢数	1
	图号	Ⅰ4-6		室号或部位	详见附记
				类型	详见附记
	土地等级	/		结构	详见附记
	使用期限	1997-4-8 至 2047-4-7 止		层数	详见附记
	总面积(m²)	194.2		竣工日期	详见附记
				/	

表 7-17 附记

幢号	室号部位	建筑面积/m²	土地面积/m²	房屋类型	建筑结构	层数	竣工日期	支丘号
1	8 层	1 056.43	96.4	办公楼	钢混	26	2000.08	1-3
1	14 层	1 071.69	97.8	办公楼	钢混	26	2000.08	1-3

　　根据委托方的要求，同时根据 SH 市××区房屋土地测绘中心于 2000 年 3 月 6 日出具的《房屋土地测绘技术报告书》以及估价对象的《SH 市房地产权证》，本次评估范围具体情况如表 7-18 所示。

表 7-18　估价对象范围

幢　号	室号部位	房屋类型	层　数	建筑面积/m²	竣工日期
NB 路 E 号	9 层整层	办公楼	26	1 062.43	2000.08
NB 路 E 号	12 层整层	办公楼	26	1 067.98	2000.08
NB 路 E 号	13 层整层	办公楼	26	1 069.83	2000.08
NB 路 E 号	14 层整层	办公楼	26	1 071.69	2000.08
NB 路 E 号	15 层整层	办公楼	26	1 073.54	2000.08
NB 路 E 号	16 层整层	办公楼	26	1 075.39	2000.08
NB 路 E 号	17 层整层	办公楼	26	1 077.24	2000.08
NB 路 E 号	18 层整层	办公楼	26	1 079.09	2000.08
NB 路 E 号	19 层整层	办公楼	26	1 080.94	2000.08
NB 路 E 号	20 层整层	办公楼	26	1 082.8	2000.08
NB 路 E 号	21 层整层	办公楼	26	1 084.65	2000.08
NB 路 E 号	22 层整层	办公楼	26	1 086.5	2000.08
NB 路 E 号	23 层整层	办公楼	26	1 088.35	2000.08
NB 路 E 号	24 层整层	办公楼	26	957.16	2000.08
NB 路 E 号	25 层整层	办公楼	26	302.12	2000.08
NB 路 E 号	26 层整层	办公楼	26	303.97	2000.08
合计				15 563.68	

(2) 他项权利状况。

根据估价人员对相关登记资料的调查，估价对象于价值时点未设定抵押。

3. 实物状况

(1) 建筑物状况。

估价对象坐落于××区 NB 路 E 号，所在物业名称为××金融大厦，总楼层为 26 层，于 2000 年竣工建成。××金融大厦为甲级涉外写字楼，方正通透视野开阔，钢混结构，房型布局合理，灵活分割可满足各个企业人性化的设计追求。建筑物外墙面干挂花岗岩，局部玻璃幕墙。估价对象所在物业配置有 5 部(OTIS、1 600kg/21 人，其中 1 部电梯为低区专用)高速电梯；设有中央空调、自动消防喷淋设施、火警自动化系统、自动淋水防火系统、紧急发电机及闭路电视保安系统等。估价对象所在建筑物共 26 层，估价对象为××金融大厦第 9 层、12 层至 26 层整层办公楼，建筑面积合计为 15 563.68 平方米。

(2) 土地状况。

估价对象所在物业所占用的土地形状较为规则，大致呈长方形，东临 X 中路，Y 路，Z 中路，北临 NB 路；土地用途为综合用地；土地使用权来源为出让，土地使用期限为 1997 年 4 月 8 日至 2047 年 4 月 7 日。土地地号为××区××街道××街坊 1/1 丘；宗地 1-1 支丘土地总面积 2 879.4 平方米，1-3 支丘土地总面积 194.2 平方米。宗地地势平坦，地质条件对地上建筑物基本无不良影响。

根据 SH 市房屋土地管理局于 2003 年公布的《SH 市基准地价表》，估价对象土地等级为 SH 市二级。

(3) 利用状况。

估价对象所在建筑于 2000 年 8 月竣工。根据估价人员的现场勘查及委托方提供的相关资料，纳入本报告评估范围的第 9 层，第 12~20 层于价值时点已对外出租。第 21~26 层为委托方自用物业。

4. 区位状况

(1) 地段繁华程度。

××金融大厦地处 SH 市北××板块。北××是某市的政治、经济、文化中心，拥有 C 路和××广场两大 CBD 商圈，商务楼宇鳞次栉比，商业氛围极其浓厚。另外，板块内齐聚了最具特色的旅游景点，使得该板块也同时成为旅游的热点区域。区域内商业网点密集，商服繁华，汇集了大量的人流和物流。

(2) 配套设施。

估价对象所属区域水、电、通信设备等市政基础设施齐全，生活配套设施亦十分完善，周边有多个商务办公楼宇，已形成成熟商务办公功能市场，附近有中国银行、光大银行、交通银行、建设银行、民生银行等银行，以及各类学校、邮政局、酒店、会所、各式餐饮店等生活配套服务设施一应俱全。

(3) 交通条件。

估价对象所在区域公共交通条件十分优越。NB 路为东西走向街道，与南北向的 XX 中路、YY 中路、ZZ 中路、XY 南路等道路交汇，区内路网密集。在 XZ 东路有地铁 2 号线连接某市地下交通网络；附近有公交线路数条交通线路，交通较便捷。

5. 个别因素

(1) 建筑品质和内部格局。

估价对象位于××区 NB 路 E 号，物业名称为"××金融大厦"。建筑物外墙面为干挂花岗岩，局部玻璃幕墙，塑钢窗。估价对象设有中央空调、自动消防喷淋设施、火警自动化系统、自动淋水防火系统、紧急发电机及闭路电视保安系统等。估价对象为大型的办公类用房，内部可以灵活地间隔。

(2) 楼层。

估价对象位于所在建筑物的 9 层、12~26 层，是该类商务办公楼中较好的楼层。

(3) 净高。

估价对象办公楼层次净高为 2.5 米(楼板面至吊顶面)。对于办公类房地产而言，估价对象的层高较为适宜。

(4) 面积。

估价对象的总面积为 15 563.68 平方米。具体部位及面积详见清单，针对估价对象使用情况，面积比较合适。

(5) 装修。

估价对象办公间内地面铺地毯、大理石，局部为复合木地板，内墙面粉刷涂料，塑钢窗，天花板矿棉吸音板吊顶、铝格栅灯槽，卫生间为大理石地砖，墙面大理石到顶，天花板为铝条板吊顶。

(6) 集聚度。

估价对象所处的区域为北××板块，周边有多个商务办公楼宇，受××路和××广场两大 CBD 商圈辐射。估价对象作为专业型的写字楼，高的行业集聚度无疑提升了房地产的市场价值。

五、估价目的

为确定估价对象市场价值提供参考依据。

六、价值时点

2010 年 5 月 28 日。

七、价值定义

价值类型：本估价报告的价值类型为公开市场价值。

八、估价依据(略)

九、估价原则(略)

十、估价方法(略)

十一、估价结果

本次估价遵守公认的估价原则，按照严谨的估价程序，运用市场比较法和收益法，进行了专业分析、测算和判断，满足本次估价的全部假设和限制条件的结论：于价值时点的市场价值为人民币 50 024 万元；大写：人民币伍亿零贰拾肆万元整。

十二、估价人员(略)

十三、估价作业日期

2010 年 5 月 28 日——2010 年 5 月 31 日。

十四、估价报告应用有效期

在本市房地产市场保持稳定的前提下，估价报告自出具报告之日起有效期为半年，即自 2010 年 5 月 31 日至 2010 年 11 月 30 日止。

房地产估价技术报告

(本技术报告需与结果报告配合使用)

一、个别因素分析(略)

二、区域因素分析(略)

三、市场背景分析(略)

随着中国对金融业完全开放时代的到来，SH 市的写字楼市场再度成为焦点。有关负责人预测，在未来的两三年内，SH 市甲级办公楼的平均租金将会有 10%～15%的涨幅，而空置率将会持续在 5%左右。估价对象所处区域的商务办公类房地产价格稳步上涨，租金收益平稳。

SH 市房地产在 2009 年表现出的发展活力，对于外资来说极具吸引力，重新扩容并升级了它们在沪的投资战略。此轮投资热潮中，高端写字楼借势优越的品质和价值成长力，成为 500 强世界名企和海外资本竞相注资的焦点。

目前通胀预期较大，投资客投资热情高涨。而 SH 市住宅价格目前处于高位，相对可选的资源较少，在这种情况下，办公地产位于低位，上升空间比较大。且此区域的商业物业的提供量较少，办公地产具有较可观的投资回报率以及较大物业价值空间。无论市区还是市郊，对于资金雄厚者来说，低位吃进位置优越的大面积商务办公物业直至成熟，再自行进行整体招商或者分租，不失为一种良好的保值增值方式。

经过市场调查，在价值时点该区域同类相近面积、相近楼层、同档次的办公房地产价格在 30 000~38 000 元/m²。

四、最高最佳使用分析(略)

五、估价方法选用(略)

六、估价思路及测算过程

估价思路：本次估价范围包括 NB 路 E 号 9 层、12~26 层整层，估价技术思路是先以 25 层整层为基准，采用市场比较法及收益法确定其房地产价格；然后对其余部位进行楼层、使用功能、面积、建筑物位置、临路状况等因素修正；最后测算出其余各部的房地产价格。

(一)运用市场比较法测算 25 层整层的价值

1. 选取可比实例

选择比较案例时，根据估价对象情况，应符合以下要求：①用途相同；②交易类型相同；③属于正常交易；④与估价期日接近；⑤区域及个别因素相近；⑥统一价格基础。通过市场调查，选取了六个挂牌实例。再根据替代原则，按用途相同、地区相同、价格类型相同等特点，在六个案例中选择估价对象同区域的四个类似可比实例，实例概况如表 7-19 所示。

表 7-19 可比实例交易概况

名　称	交易情况	地理位置	挂牌价格/万元	挂牌日期	建筑面积/m²	成交/挂牌单价/(元/m²)
可比实例 A	挂牌案例	A 路 663-669 号 a 大厦	1 140	2010.5	300	38 000
可比实例 B	挂牌案例	B 路 500 号 b 贸易大厦	908	2010.2	271	33 055
可比实例 C	挂牌案例	C 东路 700 号 c 广场	1 805	2010.3	547	32 998
可比实例 D	挂牌案例	D 路 689 号 d 大厦	1 193	2010.3	310	38 484

2. 建立价格可比基础

选取可比实例后，应对可比实例的成交价格进行换算处理，建立价格可比基础，统一其表达方式和内涵。换算处理应包括下列内容：统一付款方式(统一付款方式应统一为在成交日期时一次总付清)、统一采用单价、统一币种(不同币种之间的换算，应按中国人民银行公布的成交日期时的市场汇率中间价计算)和货币单位，统一面积内涵和面积单位。

3. 因素条件说明

因素条件说明如表 7-20 所示。

表 7-20　可比实例与估价对象因素条件说明表

比较因素		估价对象	实例 A	实例 B	实例 C	实例 D
用途		办公楼	办公楼	办公楼	办公楼	办公楼
地理位置		X 区 NB 路 E 号	A 路 663～669 号 a 大厦	B 路 500 号 b 大厦	C 东路 700 号 c 广场	D 路 689 号 d 大厦
交易价格/(元/m²)		待估	38 000	33 055	32 998	38 484
交易情况		市场价值	挂牌	挂牌	挂牌	挂牌
交易日期		2010.5.28	2010.5	2010.2	2010.3	2010.3
区域因素	地段繁华度	较繁华	较繁华	较繁华	较繁华	较繁华
	配套设施	齐全	齐全	齐全	齐全	齐全
	环境景观	景观较好	景观较好	景观较好	景观较好	景观较好
	交通条件	较便捷	较便捷	较便捷	较便捷	较便捷
	办公集聚度	较高	较高	较高	较高	较高
个别因素	设施设备	甲级物业	甲级物业	甲级物业	甲级物业	甲级物业
	建筑品质和内部格局	钢混结构，内部格局灵活	钢混结构，内部格局灵活	钢混结构，内部格局灵活	钢混结构，内部格局灵活	钢混结构，内部格局灵活
	楼层	25	16	22	27	18
	净高/m	2.5	2.8	2.8	2.8	2.8
	面积/m²	302.12	300	271	547	310
	装修	精装修	精装修	精装修	毛坯	精装修

4. 估价对象与可比实例进行修正比较

估价对象与可比实例进行修正比较，详见表 7-21。

表 7-21　估价对象与可比实例比较因素条件指数表

比较因素	估价对象	实例 A	实例 B	实例 C	实例 D
用途	办公楼	办公楼	办公楼	办公楼	办公楼
地理位置	X 区 NB 路 E 号	A 路 663～669 号 a 大厦	B 路 500 号 b 大厦	C 东路 700 号 c 广场	D 路 689 号 d 大厦
交易价格/(元/m²)	待估	38 000	33 055	32 998	38 484
交易情况	100	104	104	104	104
交易日期	100	100	100	100	100

比较因素		估价对象	实例 A	实例 B	实例 C	实例 D
区域因素	地段繁华度	100	100	100	100	100
	配套设施	100	100	100	100	100
	环境景观	100	100	100	100	100
	交通条件	100	100	100	100	100
	办公集聚度	100	100	100	100	100
个别因素	设施设备	100	100	100	100	100
	建筑品质和内部格局	100	100	100	100	100
	楼层	100	95.5	98.5	101	96.5
	层高/m	100	100	100	100	100
	面积/m²	100	100	100	100	100
	装修	100	104	104	100	104

修正说明：

(1) 交易情况因素。

可比实例 A、B、C、D 的价格为挂牌案例，根据当前房地产市场状况，挂牌价与实际成交价之间有一定差距，故可比实例 A、B、C、D 的交易情况分别修正 +4%、+4%、+4%、+4%。

(2) 交易日期因素。

可比实例均为近期的挂牌价，由于近期 SH 市房地产市场商务办公交易稳定，无明显上升，本次估价交易日期不作修正。

(3) 区域因素。

① 地段繁华度因素修正如表 7-22 所示。

表 7-22　地段繁华度修正

地段繁华度	繁华	较繁华	一般	较不繁华	不繁华
修正幅度	5%	2%	0	-2%	-5%

估价对象与可比实例地段繁华度均所处地段较繁华，故分别地段繁华度均不作修正。

② 配套设施因素修正如表 7-23 所示。

表 7-23　配套设施修正

配套设施	完备	较完备	一般	较不完备	不完备
修正幅度	5%	2%	0	-2%	-5%

估价对象与可比实例配套设施均为完备，故不作修正。

③ 环境景观因素修正如表 7-24 所示。

表 7-24 环境景观修正

环境景观	好	较好	一般	较差	差
修正幅度	5%	2%	0	-2%	-5%

估价对象与可比实例环境景观均为较好，故环境景观不作修正。

④ 交通条件因素修正如表 7-25 所示。

表 7-25 交通条件修正

交通条件	便捷	较便捷	一般	较差	差
修正幅度	5%	2%	0	-2%	-5%

估价对象与可比实例所处地段交通较便捷，故交通条件不做修正。

⑤ 办公集聚度因素修正如表 7-26 所示。

表 7-26 办公集聚度修正

办公集聚度	高	较高	一般	较差	差
修正幅度	5%	2%	0	-2%	-5%

估价对象与可比实例所处区域办公集聚度均为较高，故不作修正。

(4) 个别因素。

① 设施设备因素修正如表 7-27 所示。

表 7-27 设施设备修正

设施设备	完备	较完备	一般	较差	差
修正幅度	5%	2%	0	-2%	-5%

估价对象与可比实例均为甲级物业，设施设备完善，故不作修正。

② 建筑品质和内部格局因素修正如表 7-28 所示。

表 7-28 建筑品质和内部格局修正

建筑品质和内部格局	品质好,内部格局灵活	品质较好,内部格局较灵活	品质一般,内部格局不灵活
修正幅度	5%	2%	0

估价对象与可比实例建筑物品质均为较好，内部格局灵活，故不作修正。

③ 楼层因素修正。

估价对象位于 25 层，可比实例 A、B、C、D 分别位于 16 层、22 层、27 层、18 层，可比实例 A、B、D 劣于估价对象，可比实例 C 优于估价对象，故分别修正-4.5%、-1.5%、+1%、-3.5%。

④ 净高因素修正如表 7-29 所示。

表 7-29　净高修正

装修	3 米以下	3～4 米	4～4.5 米	4.5 米以上
修正幅度	−1%	0	1%	2%

估价对象与可比实例净高均位于 3 米以下，故不作修正。

⑤　面积因素修正如表 7-30 所示。

表 7-30　面积修正

面积	过大(小)	较大(小)	适宜
修正幅度	−2%	−2%	0

估价对象与可比实例 A、B、C、D 面积相近，内部可灵活间隔，故面积不作修正。

⑥　装修因素修正如表 7-31 所示。

表 7-31　装修修正

装修	豪华装修	精装修	简装	无装修
修正幅度	6%	4%	0%	−4%

估价对象与可比实例 A、B、D 装修均为精装修，可比实例 C 为毛坯，由于本次估价结果不包括二次装潢的价值，故设定估价对象为毛坯，可比实例 A、B、C、D 分别修正为+4%、+4%、0%、+4%。

5. 比较价格

可比实例修正后的估价对象比较价格，详见表 7-32。

表 7-32　估价对象与可比实例比较因素修正系数表

比较因素		估价对象	实例 A	实例 B	实例 C	实例 D
用途		办公楼	办公楼	办公楼	办公楼	办公楼
地理位置		X 区 NB 路 E 号	A 路 663～669 号 a 大厦	B 路 500 号 b 大厦	C 路 700 号 c 广场	D 路 689 号 d 大厦
交易价格/(元/m²)		待估	38 000	33 055	32 998	38 484
交易情况		100/100	100/104	100/104	100/104	100/104
交易日期		100/100	100/100	100/100	100/100	100/100
区域因素	地段繁华度	100/100	100/100	100/100	100/100	100/100
	环境景观	100/100	100/100	100/100	100/100	100/100
	交通条件	100/100	100/100	100/100	100/100	100/100
	办公集聚度	100/100	100/100	100/100	100/100	100/100
个别因素	设施设备	100/100	100/100	100/100	100/100	100/100
	建筑品质和内部格局	100/100	100/100	100/100	100/100	100/100

续表

比较因素		估价对象	实例A	实例B	实例C	实例D
个别因素	楼层	100/100	100/95.5	100/98.5	100/101	100/96.5
	层高/m	100/100	100/100	100/100	100/100	100/100
	面积/m²	100/100	100/100	100/100	100/100	100/100
	装修	100/100	100/104	100/104	100/100	100/104
比较单价/(元/m²)			36 789	31 027	31 415	36 871

对于上述各实例修正后的单价进行简单算术平均，得到估价对象的比准单价如下：

(36 789+31 027+31 415+36 871)÷4=34 025(元/平方米)

6. 市场比较法估算结果确定

估价对象房地产总价=34 025×302.12=1 028(万元)(取整)

(二)运用收益法测算25层整层的价值

1. 年潜在毛收入确定

估价人员调查了估价对象所在区域该类房屋的租赁情况，该区域内高档商办楼的租金水平大致在4.5～5.5元/平方米·日的区间内，出租率较高。

估价人员根据该地区该类房屋的平均租金水平并结合估价对象的实际情况，确定估价对象整体出租的客观平均租金为约5元/天·平方米(不含物业费)。据调查，除有效毛收入外，没有其他收入来源(押金产生的利息不计)。

2. 年有效毛收入确定

有效毛收入是由潜在毛收入(假定房地产在充分利用、无空置状况下可获得的收入和租赁保证金、押金等的利息收入)扣除空置、拖欠租金(延迟支付租金和不付租金)以及其他原因造成的收入损失后所得到的收入。

根据上述市场比较法的结果，本次租金取5元/平方米(经估价人员了解，租赁保证金、押金等的利息收入占租金总收入的比例较少，故本次估价不予考虑)。

出租率取96%(估价人员通过调查了解到，附近类似物业出租情况较好，平均每年有半个月的空置期，折合平均空置率为0.5/12=4%，出租率为100%-4%=96%)

一年以365天计，则估价对象年有效毛收入为

5元/平方米·天×365天×96%×302.12平方米=529 314.24(元)

3. 年总费用确定

(1) 维修费。

维修费一般为建筑物重置价值的1.5%～2%，本次取1.5%，建筑物重置价格取4 500元/平方米(测算过程详见工作底稿)。

维修费=建筑物重置价格×1.5%

=4 500元/平方米×302.12 m²×1.5%=20 393.1(元)

(2) 管理费。

管理费包括管理人员经费、综合费、广告费等，一般为年有效毛收入的1%～3%，本次取2%。

管理费=总收入×2%=529 314.24元×2%=10 586.28(元)

(3) 保险费。

保险费一般为建筑物现值的 1.5‰~2‰，本次取 1.5‰。建筑物现值根据重置价格 4 500 元/平方米，结合成新率 85%。

$$保险费=建筑物现值×1.5‰$$
$$=4\,500\,元×302.12×85\%×1.5‰=1\,733.41(元)$$

(4) 税金。

税金主要由营业税及其附加和房产税两部分组成，营业税及其附加税率 5.565%，房产税税率 12%，两者合计为 17.565%。

$$税金=总收入×17.565\%$$
$$=529\,314.24×17.565\%$$
$$=92\,974.05(元)$$

(5) 总费用。

$$总费用=维修费+管理费+保险费+税金$$
$$=20\,393.1+10\,586.28+1\,733.41+92\,974.05$$
$$=125\,686.84(元)$$

4. 年净收益确定

$$年净收益=年有效毛收入-年总费用$$
$$=529\,314.24-125\,686.84$$
$$=403\,627.4(元)$$

5. 年净收益变化情况

根据 SH 市办公房地产供需趋势，结合估价人员经验总结，本次估价设定：第 1 年~第 33 年，年净收益在前一年的基础上增加 2%。

6. 报酬率的确定

累加法求取报酬率的公式为

$$报酬率=安全利率+投资风险补偿率+管理负担补偿率+缺乏流动性补偿率$$
$$-投资带来的优惠率$$

(1) 安全利率，一般采用同一时期的一年期银行定期存款利率(目前为 2.25%)。

(2) 投资风险补偿率，投资者考虑到投资于周期较长、收益不稳定房地产时，承担了一定的风险，希望对其承担的额外风险给予一定的补偿。此次估价商场房地产行业投资风险补偿率取 7.5%。

(3) 管理负担补偿率，投资者考虑投资房地产时，要付出的额外管理负担，希望对其承担的额外管理给予一定的补偿。一般认为的房地产行业管理负担补偿率为 0.10%。

(4) 缺乏流动性补偿率，投资者考虑投资房地产时，要投入大笔资金，而房地产开发周期长、变现时间也长，希望对其资金缺乏流动性给予一定的补偿。一般认为的房地产行业缺乏流动性补偿率为 1.2%。

(5) 投资房地产带来的优惠率，如投资房地产可向银行申请抵押贷款，易获得融资，投资者往往会因此而降低所要求的报酬率，一般为 0.50%；又如投资房地产往往可以抵扣部分所得税，从而得到一定的优惠，一般为 0.6%。因此，一般认为投资房地产带来的优惠率为 1.1%。

累加总求取报酬率如表 7-33 所示。

表 7-33　累加法求取报酬率一览表

项　目	数　值	取值理由
安全利率	2.25%	目前最新一年期存款利率 2.25%
投资风险补偿率	7.5%	目前 SII 市办公处于低位，且该地区办公地产提供量小，有较大的上升空间，因此投资风险补偿率按 7.5%考虑
管理负担补偿率	0.10%	按照估价人员的经验按 0.1%考虑
缺乏流动性补偿率	1.2%	按照估价人员的经验按 1.2%考虑
易于获得融资的优惠率	−0.50%	按照估价人员的经验按 0.5%考虑
所得税抵扣的优惠率	−0.6%	按照估价人员的经验按 0.6%考虑
报酬率	9.95%	本次估价取 10%

7. 估价对象收益年期确定

本次评估的估价对象土地权属性质为国有，土地用途为综合；房屋类型为办公，结构为钢混，估价对象土地使用期限为 1997 年 4 月 8 日至 2047 年 4 月 7 日止。则估价对象剩余收益年限取土地的剩余使用年限为 37 年(自价值时点起)。

8. 收益法估算结果确定

$$v = \sum_{i=1}^{n} \frac{A_i}{(1+R)^i} \tag{1}$$

$$v = \frac{a}{r-s} \times \left[1 - \left(\frac{1+s}{1+r} \right)^n \right] \tag{2}$$

$$v = \frac{403\,627.4}{10\% - 2\%} \times \left[1 - \left(\frac{1+2\%}{1+10\%} \right)^{33} \right] = 473.66(万元) = 474(万元)(取整)$$

公式(1)：

v——房地产收益价值(元，元/m²)；

A_i——未来第 i 年的净收益(元，元/m²)；

R——报酬率(%)；

n——未来可获收益的年限(年)。

公式(2)：

v——估价对象房地产收益价值；

a——估价对象第 1 年净收益；

r——估价对象报酬率(%)；

s——净收益增长率(%)；

n——房地产的尚可收益年限(年)。

估价对象收益价格为 474 万元。

(三)确定 NB 路 E 号 25 层整层的评估结果

市场比较法的结果为 1 028 万元，收益法的结果为 474 万元，两者之间存在较大的差距，鉴于收益法的不可预见性较大，且目前本市普遍此类物业租售比倒挂，收益法结果不能客观地反映估价对象的市场价值，而市场比较法的估价结果是当前类似估价对象房地产的市场价值的客观反映，因此估价人员根据估价对象现状并结合估价师的专业经验和本次估价目的，认为本次估价取市场比较法为估价结果。

估价人员通过上述的估算，市场比较法的估价结果为 1 028 万元，由于估价对象的交易市场较为成熟，市场案例比较能够反映房地产的市场价值。故市场比较法的比准价格较合理。

(四)测算其余部位的个别因素修正系数和评估价值

以 NB 路 E 号 25 层整层的测算结果为其余各部对应层次的基准价格。

根据估价师对估价对象的实际勘查情况，估价对象 NB 路 E 号 25 层与其余部位只在个别因素中稍有差别。确定价格基准后进一步进行个别因素修正，测算出其余各部的价格。

据估价人员现场勘查，估价对象各部价值差异主要受楼层、使用功能、面积等因素的影响，各部修正系数情况如表 7-34 所列。

表 7-34　估价对象各部修正系数情况

幢　号	室号部位	房屋类型	现状用途	建筑面积/m²	基价/(元/m²)	楼层	使用功能	面积	最终单价/(元/m²)	总价/万元
NB 路 E 号	9 层整层	办公楼	办公	1 062.43	34 025	0.92	1	0.98	30 677	3 259
NB 路 E 号	12 层整层	办公楼	办公	1 067.98	34 025	0.935	1	0.98	31 177	3 330
NB 路 E 号	13 层整层	办公楼	办公	1 069.83	34 025	0.94	1	0.98	31 344	3 353
NB 路 E 号	14 层整层	办公楼	办公	1 071.69	34 025	0.945	1	0.98	31 511	3 377
NB 路 E 号	15 层整层	办公楼	办公	1 073.54	34 025	0.95	1	0.98	31 678	3 401
NB 路 E 号	16 层整层	办公楼	办公	1 075.39	34 025	0.955	1	0.98	31 844	3 424
NB 路 E 号	17 层整层	办公楼	办公	1 077.24	34 025	0.96	1	0.98	32 011	3 448
NB 路 E 号	18 层整层	办公楼	办公	1 079.09	34 025	0.965	1	0.98	32 178	3 472
NB 路 E 号	19 层整层	办公楼	办公	1 080.94	34 025	0.97	1	0.98	32 344	3 496
NB 路 E 号	20 层整层	办公楼	办公	1 082.8	34 025	0.975	1	0.98	32 511	3 520
NB 路 E 号	21 层整层	办公楼	办公	1 084.65	34 025	0.98	1	0.98	32 678	3 544
NB 路 E 号	22 层整层	办公楼	办公	1 086.5	34 025	0.985	1	0.98	32 845	3 569
NB 路 E 号	23 层整层	办公楼	办公	1 088.35	34 025	0.99	1	0.98	33 011	3 593
NB 路 E 号	24 层整层	办公楼	办公	957.16	34 025	0.995	1	0.98	33 178	3 176
NB 路 E 号	25 层整层	办公楼	办公	302.12	34 025	1	1	1	34 025	1 028
NB 路 E 号	26 层整层	办公楼	办公	303.97	34 025	1	1	1	34 025	1 034
合计				15 563.68						50 024

因素修正说明：

(1) 楼层修正。

以估价对象为标准，每降低一层，修正-0.5%。

(2) 使用功能。

估价对象现状下均作为办公使用，故不作修正。

(3) 面积因素修正系数如表 7-35 所示。

表 7-35　面积因素修正系数表

面积	过大(小)	较大(小)	适宜
修正幅度	−2%	−2%	0

以估价对象建筑面积为标准，面积过大修正-2%。

七、估价结果的确定

本次估价遵守公认的估价原则，按照严谨的估价程序，运用市场比较法和收益法，进行了专业分析、测算和判断。满足本次估价的全部假设和限制条件的结论如下。

于价值时点的市场价值为人民币 50 024 万元。

大写：人民币伍亿零贰拾肆万元整。

估价结果如表 7-36 所示。

表 7-36　估价结果明细表

幢　号	室号部位	房屋类型	层　数	现状用途	建筑面积/m²	总价/万元
NB 路 E 号	9 层整层	办公楼	26	办公	1 062.43	3 259
NB 路 E 号	12 层整层	办公楼	26	办公	1 067.98	3 330
NB 路 E 号	13 层整层	办公楼	26	办公	1 069.83	3 353
NB 路 E 号	14 层整层	办公楼	26	办公	1 071.69	3 377
NB 路 E 号	15 层整层	办公楼	26	办公	1 073.54	3 401
NB 路 E 号	16 层整层	办公楼	26	办公	1 075.39	3 424
NB 路 E 号	17 层整层	办公楼	26	办公	1 077.24	3 448
NB 路 E 号	18 层整层	办公楼	26	办公	1 079.09	3 472
NB 路 E 号	19 层整层	办公楼	26	办公	1 080.94	3 496
NB 路 E 号	20 层整层	办公楼	26	办公	1 082.8	3 520
NB 路 E 号	21 层整层	办公楼	26	办公	1 084.65	3 544
NB 路 E 号	22 层整层	办公楼	26	办公	1 086.5	3 569
NB 路 E 号	23 层整层	办公楼	26	办公	1 088.35	3 593
NB 路 E 号	24 层整层	办公楼	26	办公	957.16	3 176
NB 路 E 号	25 层整层	办公楼	26	办公	302.12	1 028
NB 路 E 号	26 层整层	办公楼	26	办公	303.97	1 034
NB 路 E 号	合计	办公楼	26	办公	15 563.68	50 024

本 章 小 结

商业房地产是指用于商业目的的房地产，具有收益性、经营内容多，业态多样，出租、转租经营多，产权分散复杂，装修高档而复杂，垂直空间价值衰减性明显的特点。商业地产的区位状况、实物状况和个别因素都影响其价格。商业房地产的价值往往也正体现在它的获取收益的能力上，所以收益法是商业房地产最为常用的估价方法。商业房地产的转售转租比较频繁，特别是小型商用，因此，较易获得比较案例。所以，在商业房地产估价时，市场比较法也是一种常用的方法。对于将要转变用途的商业房地产，有时也可用成本法作为辅助评估方法。

商务办公楼是用于公司等商务机构办公的建筑物。在大、中城市，通常根据商务办公楼的装修、服务等档次将其划分为甲级写字楼、乙级写字楼和一般写字楼。商务办公楼具有所处区位好，规模大、出租经营为主，多由专业物业管理企业管理、多为现代化的高层建筑，功能齐全、配套设施完善等特点。

商务办公房地产通常采用出租经营，所以收益法是商务办公房地产估价最为常用的方法之一。 同时商务办公房地产的转售转租比较频繁，因此较易获得交易实例，所以在对商务办公房地产进行估价时，市场比较法也是常用的方法之一。在有些估价业务中，例如商务办公房地产的抵押估价，或是对将要转变用途的房地产进行估价时，出于安全、保守的考虑，也会用成本法作为辅助。

复习思考题

1. 商业房地产的特性有哪些？
2. 商业房地产常用的评估方法有哪些？评估难点有哪些？
3. 商务办公房有哪些特点？
4. 商务办公房评估常用的方法有哪些？需要注意的事项有哪些？

第八章

居住及工业类房地产估价

【本章学习要求及目标】

通过本章的学习，了解居住类房地产的特点、价值构成、估价难点；掌握居住类房地产估价常用方法；了解工业房地产的特点、影响因素、估价难点；掌握工业房地产估价常用的方法。

第一节　居住房地产估价

　　居住类房地产主要包括普通住宅、高档住宅和简易住宅等。居住房地产不同于一般商品，甚至也不同于其他房地产，它不但具有等价交换、按质论价、供求决定价格等商品的共性，还带有鲜明的社会保障性。

一、居住房地产的分类及特点

(一)按档次划分

　　(1)　普通住宅。它是为普通居民提供的，符合国家住宅标准的住宅。普通住宅符合国家一定时期的社会经济发展水平，符合国家人口、资金和土地资源等基本国情。它代表一个国家或地区城市居民实际达到或能够达到一定经济条件下的居住水平。我国城市中量大面广的是普通住宅。现阶段国家对普通住宅往往既有价格的标准，也制定面积的标准，以利于宏观调控。

　　(2)　高档住宅。它是为满足市场中高收入群体需求而建造的住宅，包括高级公寓、花园住宅和别墅等。这类住宅的户型和功能空间多样化；每套建筑面积较大；装修、设施和设备高档化；户外环境要求高；服务标准高，管理系统完善，往往采取封闭式安全保卫措施和高质量的物业管理。针对此类住宅，政府一般会征收高税收。

　　(3)　简易住宅。简易住宅主要是指建筑年代较早、功能短缺、设备不全、设施陈旧、结构单薄的住房。这类住宅一般建筑密度大，环境差，多数属于将要动迁或改造之列。

(二)按市场化程度划分

　　(1)　社会保障性住宅。它体现政府、单位、个人三者共同负担投资和税费的原则，为保障居民必要的居住水平，以优惠的税费和价格向居民提供的住宅，如为中、低收入者提供的住宅。其价格是不完全的成本价格，这类房地产的估价较为复杂，往往因交易对象不同、交易目的不同而出现不同的价格。

　　(2)　市场化商品住宅。市场化商品住宅是指以市场价出售的商品房，包括单位和个人在市场上购买的住宅商品房，以及其他以市场价格交易的各类住宅。

(三)居住房地产的特点

　　居住房地产是房地产商品中所占比重最大的一类，也是社会存量资产中的一个最重要的组成部分。和其他类型房地产相比，居住房地产主要有以下特点。

1. 单宗交易规模较小，但市场交易量巨大

　　居住房地产主要以满足自住为目的，也有部分是投资、出租给租房者使用。由于居住房地产多数是以居民个人的购买行为为主，因此，其单宗交易规模较小，但市场交易比较

频繁，交易量较大。

2. 具有较强的相似性和可比性

居住房地产之间有很强的相似性和可比性。在一个居住小区中，往往有很多幢相似的居住房地产，即这些居住房地产处于同一区位，具有相似的建筑设计、相似的户型及功能等；在有一幢居住房地产楼内，特别是高层住宅，楼层接近而方位相同的各套住宅也基本没有什么区别。此外，由于房地产市场交易量巨大，所以居住房地产比较容易获取足够数量的可比实例。

3. 产权多样性、价格内涵差异明显

由于我国住房政策阶段性、导向性差异的原因，在我国城市中存在着商品房、房改房、经济适用房、廉租房和集资房。这些住房的产权存在差异，商品房具有完全产权，即拥有一定期限的国有土地使用权和地上建筑物的所有权；房改房、经济适用房只有地上建筑物的所有权，不拥有或部分拥有土地使用权，其土地使用权既有划拨的，也有出让的；廉租房只拥有建筑物的使用权。由于现阶段房地产权形式的不同，必然导致其价格构成内涵的差异，因此其估价具有各自的特殊性。商品房价格既包含建筑物也包含土地价格，房改房、经济适用房在考虑包含建筑物价格的同时，还应分析是否包含土地价格，如果是划拨性质的，还要扣除出让金。因此对居住房地产进行估价时应了解这一特点。

二、居住房地产的估价对象

以居住房地产作为估价对象可以分为：居住户、住宅单元、住宅楼和居住小区等。

(1) 居住户，可以是独立的、独院独栋的，也可以是与邻居有共墙、共用空间和用地的平房或楼房居住户。

(2) 住宅单元，即为适应住宅建筑大规模发展的需要，常将一幢住宅分为几个标准段，并把这种标准段称为单元。单元的划分可大可小，多层住宅一般以数户围绕一个楼梯可划分为一个单元。

(3) 住宅楼，由多户或多个居住单元构成，并包括住宅建筑基底占地及其四周合理间距的红线内用地。

(4) 居住小区，是由多栋住宅(低层、多层、中高层和高层)为主体构成，并包括道路、水电、燃气、供热、绿化等用地及公共服务设施等。不同的评估标的物，应当有明确的建筑与用地界定和明晰的产权。

三、居住房地产的价格构成

(一)影响居住房地产价格的因素

不同城市、城市中不同位置、不同类型、不同使用年限的居住房地产在价格上存在较大的差异，因此要准确、客观地评估估价对象的价格水平，估价人员必须熟悉哪些因素对

住宅的价格产生影响，在实地查勘时必须把握好这些因素。影响居住房地产价格的因素很多，既包括城市经济发展水平、城市规划、产业政策与导向、住宅市场供求状况等宏观因素，也包括住宅的区位状况、实物状况等微观因素。但就同一城市而言，影响居住房地产价格的宏观因素基本一致，因此估价主要应关注住宅的区位状况和实物状况对居住房地产价格的影响。

1. 区位状况因素

(1) 位置，主要表现为方位、与相关场所的距离、朝向和楼层等。位置对不同类型房地产影响程度不同，对居住房地产而言，位置首先体现在某宗居住房地产在城市较大区域中的位置以及在较小区域中的具体位置。其次，位置表现为某宗居住房地产距离市中心、交通干线、购物中心、学校、医疗等重要场所的距离，距离越近位置越好。再次，位置体现在某宗居住房地产的朝向，朝向除了考虑采光、通风等因素外，还有一个重要因素，就是景观。当住宅四周景观基本一致时，通常东南朝向的住宅会优于其他朝向，价格最高，而西北朝向最差，价格最低。但当住宅四周景观差异非常大时，景观对住宅的影响就非常大，如当住宅北向面对的是美丽的海景、江景、山景、公园等，北向的住宅价格往往比同楼层的其他朝向高。最后，位置体现在楼层，不同楼层住宅之间的价格差异取决于总楼层数、有无电梯。一般而言，没有电梯的传统多层住宅的中间楼层最优，顶层较差；有电梯的中高层住宅，楼层越高，景观及空气质量越好，价格越高。

(2) 交通条件，对于不同类型的房地产含义不同。对于居住房地产而言，交通条件主要是指城市公共交通的通达程度，如估价对象附近是否有通行的公共汽车、电车、地铁、轻轨。特别是随着城市规模的不断扩大、人口的增多、交通堵塞越来越严重的大城市，住宅附近是否拥有地铁，对其价格的影响很大。

(3) 生活服务设施，生活是否方便取决于居住周边是否具有比较完善的生活服务设施，因而对居住房地产的价格产生较大影响。住宅周边的生活服务设施主要包括商店、超市、菜市场、银行和邮局等。

(4) 教育配套设施，是影响居住房地产价格的主要因素之一。教育配套设施对居住房地产价格的影响一方面体现在住宅周边是否有中、小学和幼儿园、托儿所，而另一方面体现在住宅附近是否有名校，住宅周边有名校的，其价格会因名校效应而明显高于其他区域的住宅。因此在考察估价对象教育配套设施时，是否有名校也应该是实地查勘的重要内容之一。

(5) 环境质量，其好坏越来越成为影响住宅价格的重要因素，特别是高档住宅。环境质量主要包括绿化环境、自然景观、空气质量、噪声程度和卫生条件等。

2. 实物状况因素

(1) 建筑结构、类型和等级。建筑结构的不同直接影响建筑的工程造价，即建筑成本，从而影响住宅的价格。住宅建筑结构主要分为砖混结构、砖木结构、钢筋混凝土结构、钢结构等。建筑的高度、每一层的层高的不同也会影响建筑工程造价，高层住宅的建造成本会高于多层住宅。

(2) 设施与设备。住宅的供水、排水、供电、供气设施的完善程度，小区智能化程度，通信、网络等线路的完备程度，公用电梯的设置及质量等都会对住宅价格产生影响。

(3) 建筑质量。建筑的结构质量、保温或隔热设施、防水防渗漏措施等是否符合标准及质量等级。

(4) 装饰装修。对于新建住宅而言，住宅是否有装修、装修程度如何对其价格会产生较大的影响。一般情况下，可根据住宅的装修状况将住宅分为毛坯房、粗装修房、普通装修房、精装修房和豪华装修房，它们之间的价格差异很大，如近年来在北京、上海、广州等大城市，出现了仅装修费就高达每平方米几千元的住房，即该类住房的装修成本就基本相当于普通住房的价格水平。然而对二手住宅而言，住宅是否有装修、装修程度如何对其价格的影响程度远没有一手房大，因为存在着装修的折旧问题。

(二)居住房地产价格的构成

居住房地产的价格构成是指住宅房地产开发过程中所发生的成本或费用。土地使用权的出让方式有协议、招标、拍卖和补地价四种方式，而就我国目前的住房商品化程度而言，土地使用制度的双轨制和住房制度的多轨制，决定了我国住宅房地产价格构成呈现多元化，从而价格构成在不同的地区有一定的差异。

在各类住宅价格构成中，商品房的价格构成最全面，包括所有成本与费用，主要有土地取得费、开发成本、开发利润、管理费用、投资利息和销售税费等，其他类住宅都有一种或多种成本或费用的减免。住宅房地产价格呈多元化还表现为价格与租金并存，而住房租金本身又呈多元化，住宅的租金可分为商品租金、成本租金和准成本租金等。租金构成包括折旧费、维修费、管理费、投资利息、房产税、保险费、利润和地租(土地使用费)等要素。

四、居住房地产的估价方法

新建居住房地产、旧有居住房地产和拆迁房屋的补偿价格，三者在估价上有较明显的差异。

新建居住房地产一般采用成本法与市场比较法进行综合评估。估价刚刚建成或在建的居住房地产，由于各项成本资料容易收集确定，所以首先采用成本法进行整体估价；同时还可收集其他同类地价区、较近时期发生交易的、类似该新建居住房地产的市场价格的资料，并进行整体性比较评估。最后对成本法与市场比较法的估价结果进行比较分析、综合得出最终结论。

评估旧有居住房地产，一种方式是对土地和房屋分别估价，合并计算，其中，地价主要采用市场比较法和基准地价修正法进行评估，房价采用重置成本法进行评估；另一种方式是直接运用市场比较法进行整体评估。通过评估，再对两种方式的评估结果进行分析，综合得出最终结论。

拆迁居住房屋的补偿价格。在城市建设和旧城改造过程中，估价人员经常会遇到拟拆除房屋的作价补偿问题。应根据《城市房屋拆迁管理条例》的规定，作价补偿的金额按照所拆房屋的建筑面积的重置价格结合成新结算，具体参看第十章房地产征收估价。

五、居住房地产估价的技术路线和难点处理

由于居住房地产具有自用性、社会保障性、交易规模小但市场交易量大等特征，因此对居住房地产进行估价非常普遍。委托人一般主要基于了解住宅的市场价值、抵押价值、租赁价值、征收补偿价值等目的而委托估价机构进行评估。居住房地产估价既有单套或几套的零散评估，也有整体的评估，由于居住房地产具有产权多样性、产品多样性的特点，因此估价人员在对居住房地产进行评估时，应充分了解和分析估价对象的基本事项，遵循相应的估价技术路线，选择适当的估价方法进行估价。

(一)商品房估价的技术路线及难点处理

商品房由于市场交易实例比较容易获取，因此常采用市场法进行估价。在实际估价业务中，商品房个体即零散的单套住宅的估价情况比较多，如住宅的抵押、转让估价，单套商品房的估价技术路线比较简单，因为单套商品房的交易实例很多，可直接通过对交易实例的修正测算出待估对象的价格。在涉及商品住宅征收、商品房预售定价业务时，常常会遇到商品房的整体估价，即整幢或数幢商品房估价。由于整幢商品房的成交个案很少，交易实例的选择范围很小，甚至可能找不到合适的可比实例，其估价技术路线相对比较复杂，通常采用从个体到整体的估价思路来解决，即选择某一基准层的某套住宅作为待估对象，选取与待估对象类似的成交实例，利用市场法修正测算出该套住宅的价格，然后采用类比法，经过楼层、朝向、景观、成交建筑面积、户型等的修正，得出各层、各幢商品住宅的价格。

(二)房改房、经济适用住房估价的技术路线及难点处理

房改房、经济适用住房估价的技术路线与商品房相类似，不同的一点是要考虑土地出让金或土地收益的扣除问题。利用市场法估价时，先估算估价对象的市场价值，再扣除应向政府缴纳的土地使用权出让金或土地收益。利用成本法估价时，应评估估价对象在不含土地出让金条件下的房屋重新购建价格。

六、案例分析

案例 8.1

花园住宅房地产抵押估价报告

估价结果报告(节选)

一、项目名称：C 市 PD 区 XL 路 69 弄 5 号 1-2 层花园住宅房地产抵押估价报告。

二、委托方：(略)

三、估价方：(略)

四、估价对象

1. 估价对象概况

估价对象概况如表8-1所示。

表8-1 估价对象概况

名称及坐落	PD区XL路69弄5号1-2层			
宗地四至	东	至CH路	南	至××学校
	西	至CY路	北	至××住宅小区
建筑面积/m²	484.11平方米；其中地下建筑面积为190.41平方米。			

2. 权益状况

(1) 登记状况及登记信息。

估价对象权益登记状况及登记信息如表8-2所示。

表8-2 估价对象权益登记状况及信息

房地产权证号		房地浦字(2011)第××号	登记日	2011年11月17日
权利人		甲、乙	房地坐落	XL路69弄5号1～2层
土地状况	权属性质	国有建设用地使用权	幢 号	105号
	使用权取得方式	出让	室号或部位	1-2层
	用 途	住宅	建筑面积	484.11
	地 号	PD区GQ镇26街坊3/4丘	类 型	花园住宅
	宗地(丘)面积	54 260平方米	用 途	居住
	使用期限	2011年7月25日至2073年8月5日止	层 数	2
	总面积	/	竣工日期	2010年
	其中 独用面积	/	备注：1～2层建筑面积中含地下建筑面积190.41平方米	
	分摊面积	/		

注：房屋状况栏列于表右侧，包含幢号、室号或部位、建筑面积、类型、用途、层数、竣工日期、备注。

(2) 他项权利状况。

根据《C市房地产登记簿》显示，估价对象于价值时点已设定抵押。抵押权人为××银行股份有限公司C市××支行，债权数额789万元，登记证明号××××，期限从2010年4月20日至2040年4月20日，受理日期为2011年11月9日，核准日期为2011年11月17日。备注：原登记日2010年5月6日，原他项权证号××。

(3) 对价格的影响分析。

估价对象权益状况基本清晰，根据《C市房地产登记簿》显示，估价对象于价值时点已设定抵押，报告使用者应注意估价对象已存在的抵押情况对估价对象价值的影响。

3. 实物状况

(1) 建筑物状况。

估价对象位于某新区XL路69弄NDL北岸，该小区沿袭着高桥新城特有的荷兰风情，采用荷兰传统建筑的经典元素，石材、红砖、木材、涂料等多种材质相结合，坡面及折线屋顶、蓝灰色筒瓦、红砖墙面、烟囱等体现着浓郁的异域风情。

估价对象为 XL 路 69 弄 105 号，为独立式住宅，房屋类型为花园住宅，总层数为两层，建筑面积 484.11 平方米，其中含地下建筑面积 190.41 平方米，竣工于 2010 年。建筑物外墙面砖饰面，局部刷涂料，隔热玻璃塑钢窗，室内水泥地面，内墙刷涂料。

(2) 土地状况。

估价对象所处物业所占用的土地形状较为规则，东至××路，南至 XL 路，西至××路，北至××路；土地用途为住宅；土地使用权来源为出让；土地地号为××区×镇26街坊3/4丘；宗地(丘)面积 54 260 平方米；土地使用年限 2011 年 7 月 25 日至 2073 年 8 月 5 日止。宗地地势平坦，地质条件对地上建筑物基本无不良影响。

(3) 利用状况。

估价对象为独幢花园住宅，现处于空置状态。

(4) 估价对象的个别因素。

① 建筑类型：估价对象建筑类型为花园住宅。

② 设施与设备：估价对象所在建筑物供水、排水、供电、供气设施，通信、网络设施配备完善。

③ 建筑质量：估价对象建筑质量、保温、隔热设施、防水防渗漏措施符合国家相关的住宅质量技术标准。

④ 建筑面积：估价对象建筑面积为 484.11 平方米，其中含地下建筑面积 190.41 平方米。

⑤ 装修：建筑物外墙面砖饰面，局部刷涂料，隔热玻璃塑钢窗，室内水泥地面，内墙刷涂料。

⑥ 朝向与楼层：估价对象所在建筑物总楼层为 2 层，估价对象主朝向朝南，采光性较好，通风条件较好。

4. 区位状况

(1) 交通便捷度：估价对象所在小区周边有××、××、××等主干道，此外周边有81路、313路、640路、971路、17路、19路等多条公交线路，交通便捷度一般。

(2) 自然人文环境质量：估价对象所在小区周边环境整洁，周边无高压输电线路、无线电发射塔、垃圾站等污染源，无空气、噪声、辐射等污染；治安状况良好，绿化率较好，综合环境质量较好。

(3) 所处区域社区成熟度：估价对象所在小区附近有××、××、××等住宅小区(同类型住宅小区)，周边区域成熟度较高。

(4) 基础设施状况：估价对象所在区域道路、供水、排水(雨水、污水)、供电、供气、通信、有线电视等基础设施均已完备。

(5) 公共配套设施状况：小区周边购物有如海超市等；学校有 X 小学 Y 路校区、某新区某小学、××幼儿园、××新村幼儿园等；医院有 X 医院、Z 镇卫生院等；银行有建设银行、农业银行、C 市农商银行等；生活配套设施较齐全。

五、估价目的

为确定估价对象抵押贷款额度提供参考依据而评估房地产抵押价值。

六、价值时点

以房地产估价师实地查看之日 2012 年 12 月 21 日作为本次评估的价值时点。

七、价值定义

1. **价值类型**：本估价报告的价值类型为公开市场价值。

2. **价值内涵**：本估价报告提供的估价结果为估价对象于价值时点在满足估价的全部假设和使用限制条件下的国有出让土地使用权及建筑物所有权的抵押价值。抵押价值等于假定未设立法定优先受偿权利下的市场价值减去房地产估价师知悉的法定优先受偿款。法定优先受偿款是指假定在价值时点实现抵押权时，法律规定优先于本次抵押贷款受偿的款额，包括发包人拖欠承包人的建筑工程价款、已抵押担保的债权数额，以及法定优先受偿款。

八、估价依据(略)

九、估价原则(略)

十、估价方法(略)

十一、估价结果(略)

本次估价遵守公认的估价原则，按照严谨的估价程序，运用比较法和收益法，进行了专业分析、测算和判断，满足本次估价的全部假设和限制条件的结论如下：

1. 估价对象在假定未设立法定优先受偿权利下的市场价值为人民币 1 555 万元(大写：人民币壹仟伍佰伍拾伍万元整)。

2. 法定优先受偿款：根据《C 市房地产登记簿》显示和估价师调查，估价对象于估价时点已设定抵押，抵押权人为××银行股份有限公司 C 市××支行，债权数额为 789 万元，登记证明号浦××，期限从 2010 年 4 月 10 日至 2040 年 4 月 20 日，于价值时点估价师知悉的法定优先受偿款金额为人民币 789 万元(大写：人民币柒佰捌拾玖万元整)。

根据《房地产抵押估价指导意见》，估价对象的抵押价值为 766 万元(大写：人民币柒佰陆拾陆万元整)。

十二、估价对象变现能力分析

1. 通用性

通用性是指是否常见、是否普遍使用。通常某一类型的房地产只适合于一部分特定的购买者，若房地产的用途越专业化，使用者的范围就越窄，越不容易找到买者，其变现能力就越弱。估价对象为花园住宅，比之普通公寓住宅，通用性一般。

2. 独立使用性

独立使用性是指能够单独使用而不受限制。估价对象的合法用途为居住，实际用途为居住，市政基础设施较齐全，各项公建配套设施较完善，土地通行无地役权等设置，估价对象为全幢花园住宅，可单独使用而不受限制，独立使用性较强。

3. 可分割转让性

可分割转让性是指在物理上、经济上是否可以分离开使用。由于价值大的房地产变现能力弱，而如果该房地产容易分割，就可以分割成多个价值量小的、可以独立使用的部分分别转让，这样就可以提高其变现能力。估价对象为花园住宅，不可分割转让，可分割转让性较差。

4. 价值量大小

一般而言，价值越大的房地产，所需的资金越多，越不容易找到买者，变现能力越弱。由于估价对象为中高端居住房地产，且其建筑面积较大，转让时所需资金价值量较大，变现能力将受到一定程度的影响。

5. 区域市场状况

估价对象位于某新区某镇，该区域住宅的成熟度较高，商业、服务业配套设施较齐全。随着该区域社会经济的发展，该区域的生活服务会更加完善。

6. 变现过程中的税费

抵押房地产变现过程中发生的税费主要涉及营业税、土地增值税、契税、印花税等税金及交易综合服务费等费用；以拍卖方式处置抵押房地产时，要支付拍卖佣金、评估费、法律诉讼费及保全费等费用；抵押房地产原欠缴的各种费用(除优先受偿款)，需要在变现过程中补交的，也应计入变现费用中，主要包括欠缴的水电暖费用、物业管理费等。处置房地产时，其变现的时间长短以及费用、税金的种类、数额和清偿顺序与处置方式和营销策略等因素有关。

假定在价值时点强制处分估价对象，因卖方定价、手续费、拍卖佣金、营业税、竞价空间、双方无合理的谈判周期、快速变现的付款方式、潜在购买群体受到限制及心理排斥、抵押期间抵押物的损耗、目前拍卖市场成交活跃程度等因素影响，将会产生一定的价格减损。在当前市场条件下，类似房地产交易实例较多，根据估价对象的具体情况，估价对象为居住房地产，类似房地产市场交易频繁，较容易变现，预计最可能实现的价格为评估的市场价值的 70%。由于估价对象为中高端居住房地产，且其建筑面积大，转让时所需资金价值量较大，预计一次性变现需时约 3 个月或更久。

7. 清偿次序

处分抵押房地产所得金额，扣除优先受偿款后，依下列顺序分配：支付处分抵押房地产的费用、扣除抵押房地产应缴纳的税款、偿还抵押权人债权本息及支付违约金、赔偿由债务人违反合同而对抵押权人造成的损害、剩余金额交还抵押人。房地产抵押的优先受偿款包括：发包人拖欠承办人的建筑工程价款、已担保债权数额等，但不包含强制执行费用。同一房地产有数个抵押权人的，应当按照设立抵押权的先后顺序清偿。

十三、估价报告应用的风险提示

1. 关注房地产抵押价值未来下跌的风险，对预期可能导致房地产抵押价值下跌的因素进行分析

根据估价师调查的数据了解，2012 年上半年 C 市别墅供应面积达 60.63 万平方米，同比下跌 48.03%；2012 年上半年 C 市别墅成交面积达 45.94 万平方米，较去年同期下跌 15.27%。2012 年上半年的新推别墅供应量比 2011 年同期水平明显减少，几乎缩减近一半；开发商在限购政策的影响下，新盘推盘量逐渐减少，密切观察市场风云动向，依市场成交走势的情况而选择是否推盘。随着 2012 年上半年相关政策的出台，首先央行继 2008 年 12 月以来首次降息，在一定程度上刺激了购房者的底线，购房者纷纷选择入市购房，在一定程度上提升了二季度的成交量；其次，国土局对于低容积别墅的再次限制，使得真正低容

积、纯别墅社区稀缺的特性凸显，低总价的经济型别墅再次主导了市场。

此外需要注意的是，近年来，世界经济不太景气，较之 2011 年，C 市别墅市场尚不能言复苏，高端市场的调控政策无松绑迹象，别墅市场难以回复到之前的水平，抵押价值存在下跌的风险。

2. 续贷房地产的价值评估

本报告所指的续贷是指借款人贷款到期且还需要继续使用贷款时，首先应将到期贷款结清后重新申请新的贷款的行为。委托方如需要以本房地产抵押进行续贷，其抵押价值应针对续贷时点房地产市场发生的变化或走势予以重新评估。

3. 时间变化对房地产抵押价值可能产生的影响分析

估价对象位于某新区某镇，区域内住宅房地产已经日益成熟，一方面，随着时间的推移，将对估价对象房地产的抵押价值起到正面影响，即估价对象房地产具有较好的保值性和增值性。另一方面，随着时间的变化，政策、利率、环境等因素随之变化，可能会对估价对象产生影响。

4. 抵押期间房地产信贷风险关注点分析

房地产信贷风险是指商业银行发放的房地产贷款中隐含损失的可能性。由于抵押房地产为正常使用，抵押期间抵押权人应重点关注整个 C 市房地产市场的发展态势，特别是投资和进出口政策的变化，因为抵押期间房地产市场价格的波动将不可避免地产生信贷风险。

5. 合理使用评估价值的意见

本报告经评估给出的估价对象的抵押价值为人民币 911 万元。抵押权人应该在充分考虑估价对象短期强制处分的不确定性、变现费用、拆分产权的费用以及抵押人金融信用等因素，合理设定抵押率。

6. 定期或适时进行房地产抵押价值再评估的意见

抵押期间抵押权人应每年进行房地产抵押价值再评估；如遇当地房地产市场状况发生急剧变化，则应及时进行房地产抵押价值再评估。

十四、估价人员(略)

十五、估价作业日期(略)

十六、估价报告应用有效期

在本市房地产市场保持稳定的前提下，估价报告自出具报告之日起有效期为半年，即自××年××月××日至××年××月××日止。

房地产估价技术报告

(本技术报告需与结果报告配合使用)

一、估价对象实物状况描述与分析

二、估价对象权益状况描述与分析

三、区位状况描述与分析

四、市场背景分析

1. 国家及 C 市宏观经济及政策背景

(1) 宏观经济。

2012 年上半年，面对复杂严峻的国内外经济形势，党中央、国务院坚持稳中求进的工作总基调，正确处理保持经济平稳较快发展、调整经济结构和管理通胀预期三者的关系，把稳增长放在更加重要的位置，实施积极的财政政策和稳健的货币政策，加大政策预调微调力度，国民经济运行总体平稳，经济发展稳中有进。

初步测算，2012 年上半年国内生产总值 227 098 亿元，按可比价格计算，同比增长 7.8%。其中，一季度增长 8.1%，二季度增长 7.6%。分产业看，第一产业增加值 17 471 亿元，同比增长 4.3%；第二产业增加值 110 950 亿元，增长 8.3%；第三产业增加值 98 677 亿元，增长 7.7%。从环比看，二季度国内生产总值增长 1.8%。

(2) 政策背景。

① 货币政策：2011 年 12 月召开的中央经济工作会议上，确定了 2012 年稳中求进的工作总基调。2012 年 3 月召开的"两会"上，明确要继续实施积极的财政政策和稳健的货币政策，根据形势变化适时适度预调微调，进一步提高政策的针对性、灵活性和前瞻性。同时在有效地实施宏观经济政策、管好货币信贷总量、促进社会总供求基本平衡的基础上，搞好价格调控，防止物价反弹。从 2012 年上半年金融运行的情况看，货币信贷增速在稳定的基础上小幅波动，物价涨幅得到了有效控制，货币政策的灵活性和针对性进一步提高。

② 房地产政策：2012 年上半年，为巩固房地产调控成果，中央政府坚定不移地加强房地产调控，一方面继续坚决地抑制不合理需求，温家宝总理多次指出稳定和严格实施房地产调控政策，相关部委及地方政府继续辟谣否认政策放松；另一方面，支持自主性合理需求，国家发改委、住建部表示完善首套房优惠措施，央行指出满足首套房贷款需求，30 多个城市通过公积金贷款额度调整、首次置业税费减免等方式微调楼市政策。

2. C 市房地产市场状况

2012 年上半年 C 市楼市共计成交商品住宅 32 382 套，较 2011 年下半年提升 9.7%，与去年同期相比则萎缩 5.8%，共计成交面积 385.3 万平方米，环比上扬 11.9%，与 2011 年同期基本持平，微跌 1.2%。

纵观 2012 年上半年的 C 市楼市，在 3 月、5 月和 6 月分别迎来了两轮爆发：3 月和 5 月的成交量均达到了 80 万平方米左右，6 月更是突破了 100 万平方米，创下了 2011 年 1 月底宏观调控加码后的最高成交水平。宏观调控已正式执行一年，一批因限购升级而失去购房资格的非本地居民再次获得购房资格，使市场中压抑已久的购房需求得以释放，再加上 2012 年年后一批开发商重启"以价换量"以及新普通住宅标准的实施和存款准备金率的下调，再次为购房者入市创造了有利条件，进而在一定程度上为 2012 年 3 月楼市第一轮爆发奠定了基础。

同时，2012 年 3 月楼市的爆发使开发商在资金链上的压力有所缓解，虽然市场中打折楼盘的数量有增无减，但越来越多的项目在优惠力度上有所收窄甚至是回调价格，再加上受季节性影响，C 市楼市的上扬势头在 2012 年 4 月被终止，尽管 2012 年 5 月楼市再度迎来新一轮的爆发，但仍未超过 2011 年同期水平。或许正是由于部分项目在促销力度上有所收窄，甚至有个别还回调了价格，使购房者对市场的预期出现改变，担忧后市价格会出现反弹而加快了入市步伐。另外，2012 年 6 月初央行 3 年半以来首次降息以及首套房利率优惠进一步扩大也都为购房者入市创造了有利条件，所以不少购房者因此结束观望，选择在此时入市。

"回暖"一直是 2012 年上半年楼市主要关键词，在"以价换量"的带动下，C 市楼市再度呈现出了久违的暖意，但上半年的市场整体成交量依旧不及去年同期，主要差距在于一季度。由于 1 月份恰逢春节假期，各项目的营销活动基本处于停滞阶段，成交量一落千丈，2 月虽所有回暖，却仍未带来实质性转变，3 月虽迎来一轮爆发但依旧无法力挽狂澜，使一季度的市场整体依旧较为低迷。数据显示，2012 年一季度共计成交面积 141.5 万平方米，同比跌幅高达 13.7%；而二季度共计成交 243.8 万平方米，在上半年成交总量中占比达 6 成以上，环比一季度涨幅更是达 72.3%，较去年同期也有着近 1 成的增幅。

3．C 市别墅类房地产市场状况

根据估价师调查的数据了解，2012 年上半年 C 市别墅供应面积达 60.63 万平方米，同比下跌 48.03%；2012 年上半年 C 市别墅成交面积达 45.94 万平方米，较去年同期下跌 15.27%。2012 年上半年的新推别墅供应量比去年同期水平明显减少，几乎缩减近一半；开发商在限购政策的影响下，新盘推盘量逐渐减少。随着 2012 年上半年相关政策的出台，首先央行继 2008 年 12 月以来首次降息，在一定程度上刺激了购房者的底线，购房者纷纷选择入市购房，在一定程度上提升了 2012 年二季度的成交量；其次，国土局对于低容积别墅的再次限制，使得真正低容积、纯别墅社区稀缺的特性凸显，低总价的经济型别墅再次主导了市场。

根据 C 市搜房数据监控中心 2012 年 7 月 4 日的最新统计，2012 年上半年 C 市别墅共成交 2 099 套，共计成交面积达 45.94 万平方米，在成交套数和成交面积上同比 2011 年上半年，下跌 9.99% 与 41.25%。

2012 年开局爆冷，1 月成交总套数不足百套，这一数值为近 15 个月来的最低值，考虑到春节长假因素的影响，去年春节——2011 年 2 月也是 2011 年度月成交最低的一个月；随着春节效应的结束，节后的 C 市别墅市场逐渐有所恢复，但月成交套数依旧徘徊在半年以来的"低谷"。随着 3 月传统销售旺季的到来，伴随着"C 市之春"旗帜鲜明的"优惠攻市"，以及"万人大看房"的暖市举措，在"金三"节点上推出优惠措施的楼盘大多获得了不俗的跑量成绩。3 月总成交套数达 351 套。紧接着的 4 月和 5 月，依旧保持着 3 月的上涨势头，成交量稳步上升。在 5 月末时，成交量抵达了顶峰，单月成交 554 套。6 月原本以为是销售节点中的淡季，但是实际上并没有"淡"出视野，虽然在成交量上逊色于 5 月，但与 3 月和 4 月相比，仍占据高位。C 市搜房数据监控中心分析师夏俊卿表示，2012 年上半年别墅成交面积与成交价低开走高，在 5 月达到了最高峰，环比 2012 前两个月，成交量上升显著，红 5 月过后，6 月的成交情况看，成交量虽有下降，但下降不多。"以价换量"的效应贯穿了整半年的别墅市场。

2012 年上半年，1 月成交均价达 33 917 元/m²，高端项目破冰起航抬升了成交均价，这一数值为近 7 个月以来的最高值，1 月成交 TOP10 中，6 个独栋别墅获得交投，成交单价在 50 000 元/m² 以上的高端楼盘，如远洋博堡、C 市·绿城玫瑰园、东郊紫园等各有去高端化。随之而来的 2 月至 6 月，仅 3 月的成交均价逼近 30 000 元/平方米外，其余月份维持在 25 000 元/平方米上下。根据 C 市搜房数据监控中心 7 月 4 日的最新统计，上半年成交均价为 26 272.8 元/平方米，同比下跌 17.80%。据业内人士分析，200 万～500 万元的总价段与改善型需求的公寓总价段相仿，"限购令"当前，作为改善型需求出于"一次性到位"的考虑，大多数购房者会选择经济型别墅。

4. 估价对象所在区域别墅房地产市场行情

估价对象位于××区××镇，所在区域公建配套、生活服务设施较完善。随着该区域的开发建设，类似估价对象的别墅类物业，市场行情看好。在价值时点类似估价对象的别墅的租金水平在1.50～2.00元/平方米·天左右，销售价格在30 000～40 000元/平方米。

五、最高最佳使用分析

本估价报告的估价结果是估价对象在最高、最佳使用基础上实现的价值。

估价师以最高、最佳使用必须同时满足4个条件为基础，通过运用收益递增递减原理、均衡原理和适用原理，具体表现在估价对象：①以维持现状为前提；②以更新改造为前提；③以改变用途为前提；④以拆除重新开发为前提；⑤以上述情形的某种组合为前提进行分析或测算。

将上述情形的各项成本、费用、税金及应当获得的利润进行分析比较后，作出判断与选择。如针对估价对象是2010年的建筑，当时开发经政府相关部门在符合规划的条件下，批准了土地用途、容积率等技术性指标。经查估价对象竣工验收后于2011年合法取得产证。估价师根据调查和经验认为：该估价对象所占土地在价值时点没有"更新改造"和"改变用途"或"拆除重新开发"的可能。

因此，结合本估价报告中的估价对象的具体状况，估价对象为居住类房地产，现作为×××，与估价对象的产权证用途相符。估价对象为坐落在××新区XL路69弄，东至××路，南至XL路，西至××路，北至××路。经现场查勘和查阅相关资料，参照周边土地的用途后确定：于价值时点，本公司估价师没有获得该土地改变用途的合法依据，也没有将估价对象视为空地后建造理想房地产，从而取得最大受益的可能，考虑到估价对象在现有状况下，有持续的经济收益的可行性(包括自用)，因此估价对象"保持现状"是目前符合最高、最佳使用的延续。

六、估价方法选用

1. 技术思路

本次房地产的抵押价值，首先确定假定未设立法定优先受偿权利下的市场价值，扣除房地产估价师知悉的各项法定优先受偿款后确定房地产抵押价值。即：

房地产抵押价值=市场价值-法定优先受偿款

(1) 未设立法定优先受偿权利下的市场价值的确定。

根据中华人民共和国房地产估价规范，房地产估价通常使用的方法主要有市场比较法、收益法、成本法和假设开发法等。市场比较法适用于同一供需圈内，类似房地产交易案例较多的房地产估价；收益法适用于有收益或有潜在收益的房地产估价；成本法适用于无市场依据或市场依据不充分而不宜采用市场比较法、收益法、假设开发法进行估价的情况下的房地产估价；假设开发法适用于具有投资开发或再开发潜力的房地产估价。

根据本次估价目的和委托方提供的资料，估价人员对估价对象进行的实地查勘和权属状况调查，以及对当地类似房地产市场的调查和分析。估价对象所在区域同类房地产市场较为成熟，近期交易案例、出租率和租金水平较易收集，可采用市场比较法和收益法进行估价。成本法仅从估价对象的成本角度考虑其价值，并未考虑估价对象的用途差异和市场情况等因素对价值的影响，故不适宜使用成本法。估价对象为开发成型房地产，故不宜采用假设开发法。因此，本次估价决定采用市场比较法和收益法两种方法进行估价。

(2) 法定优先受偿款的确定。

本次估价过程中，估价人员对估价对象的优先受偿(及抵押担保)状况进行了尽职调查，确定估价对象已存在法定优先受偿款。根据《C市房地产登记簿》显示及估价师的调查，估价对象于价值时点已设定抵押。抵押权人为××银行股份有限公司 C 市××支行，债权数额 789 万元，登记证明号××××，期限从 2010 年 4 月 20 日至 2040 年 4 月 20 日，于价值时点估价师知悉的法定优先受偿款为人民币 789 万元。

2. 估价技术路线(略)

七、估价测算过程

(一)市场比较法

1. 选取可比实例

通过市场调查，评估人员先搜集了 8 个案例，再根据替代原则，按用途相同、地区相同、价格类型相同等特点，选择 4 个与估价对象区域相近、用途相同、近期交易的案例。

对选择挂牌案例的说明. 表8-3所示的4个案例为挂牌交易案例。估价师在选取的估价案例中，对比估价对象的房地产市场状况、估价目的和市场信息来源后，认为：挂牌案例更具有可比性。又根据市场调研和估价师经验，对挂牌案例的价格进行了调整，使之最终成为"可比案例"。(详见本报告档案中的《挂牌案例调查调整表》)

表8-3　可比案例交易情况一览表

楼盘位置	面积/平方米	总价/万元	交易价格/(元/平方米)	交易时间	案例来源
XL 路 69 弄 76 号	273.92	980	35 777	2012.3.21	租售情报网成交系统
XL 路 69 弄 31 号	181.43	651	35 883	2012.8.9	租售情报网成交系统
XL 路 69 弄 28 号	181.43	640.08	35 280	2012.5.14	租售情报网成交系统
XL 路 69 弄 42 号	234.72	817.62	34 834	2012.1.13	租售情报网成交系统

2. 建立价格可比基础

选取可比实例后，应对可比实例的成交价格进行换算处理，建立价格可比基础，统一其表达方式和内涵。换算处理应包括下列内容：统一付款方式(统一付款方式应统一为在成交日期时一次总付清)、统一采用单价、统一币种(不同币种之间的换算，应按中国人民银行公布的成交日期时的市场汇率中间价计算)和货币单位、统一面积内涵和面积单位。

3. 因素条件

因素条件说明如表 8-4 所示。

表 8-4 估价对象与可比案例因素条件说明表

比较因素	估价对象与实例项目	估价对象	案例一	案例二	案例三	案例四
交易价格		待估	35 777	35 883	35 280	34 834
交易时间		价值时点	2012.3.21	2012.8.9	2012.5.14	2012.1.13
交易情况		正常	成交案例	成交案例	成交案例	成交案例
区域因素	交通便捷度 C1	一般	一般	一般	一般	一般
	自然人文环境质量 C2	较好	较好	较好	较好	较好
	所处区域社区成熟度 C3	较高	较高	较高	较高	较高
	基础设施状况 C4	较完备	较完备	较完备	较完备	较完备
	公共配套设施 C5	较齐全	较齐全	较齐全	较齐全	较齐全
个别因素	建筑形式 D1	独幢花园住宅、四面临空	独幢花园住宅、四面临空	独幢花园住宅、四面临空	独幢花园住宅、四面临空	独幢花园住宅、四面临空
	设施设备 D2	完备	完备	完备	完备	完备
	地上建筑面积 D3	293.70	273.92	181.43	181.43	234.72
	地上地下建筑面积比例 D4	约 1.5:1	约 1.5:1	约 1.5:1	约 1.5:1	约 1.5:1
	车库配比 D5					
	装修情况 D6	设定毛坯	毛坯	毛坯	毛坯	毛坯
	花园情况 D7	独立花园、较大	独立花园、较大	独立花园、较大	独立花园、较大	独立花园、较大
	景观因素 D8	符合住宅质量技术标准	符合住宅质量技术标准	符合住宅质量技术标准	符合住宅质量技术标准	符合住宅质量技术标准
	在楼盘具体位置 D9	较好	较好	较好	较好	较好
	维护状况及成新 D10	较好	较好	较好	较好	较好

4. 估价对象与可比实例进行修正比较

估价对象与可比实例进行的修正比较如表 8-5 所示。

表8-5　估价对象与可比案例比较因素条件指数表

比较因素	估价对象与实例 项目	估价对象	案例一	案例二	案例三	案例四
交易价格		待估	35 777	35 883	35 280	34 834
交易时间		100	100	100	100	100
交易情况		100	100	100	100	100
区域因素	交通便捷度 C1	100	100	100	100	100
	自然人文环境质量 C2	100	100	100	100	100
	所处区域社区成熟度 C3	100	100	100	100	100
	基础设施状况 C4	100	100	100	100	100
	公共配套设施 C5	100	100	100	100	100
个别因素	建筑形式 D1	100	100	100	100	100
	设施设备 D2	100	100	100	100	100
	地上建筑面积 D3	100	100	100	100	100
	地上地下建筑面积比例 D4	100	100	100	100	100
	车库配比 D5	100	100	100	100	100
	装修情况 D6	100	100	100	100	100
	花园情况 D7	100	100	100	100	100
	景观因素 D8	100	100	100	100	100
	在楼盘具体位置 D9	100	100	100	100	100
	维护状况及成新 D10	100	100	100	100	100

修正说明系数说明：

A. 交易日期修正：进行交易日期修正应将可比实例在其成交日期时的市场状况调整为价值时点的市场状况，可比实例均为成交案例，自交易时间至价值时点期间，估价对象区域内类似房地产成交价格保持平稳，故交易日期不作修正。

B. 交易情况修正：进行交易情况修正，应排除交易行为中的特殊因素所造成的可比实例成交价格偏差，将可比实例的成交价格调整为正常价格。所选案例均为近期成交案例，根据房地产市场交易的一般状况，故修正系数均为0%。

C. 区域因素修正：进行区位状况修正，应将可比实例在其外部环境状况下的价格调整为估价对象外部环境状况下的价格。选择因素包括交通便捷度、自然人文环境质量、所处区域社区成熟度、基础设施和公共配套设施。

C1 交通便捷度(包括道路通达度、距离主要公交线路远近、轨道交通距离、公交便捷度)如表 8-6 所示。

表 8-6　交通便捷度因素修正系数表

交通便捷度	高	较高	一般	较差	差
修正幅度	+4%	+2%	0	−2%	−4%

估价对象与可比实例所在区域交通便捷度均为一般。故修正系数均为 0%。

C2 环境质量(包括人文环境和自然环境)如表 8-7 所示。

表 8-7　环境质量因素修正系数表

环境质量	差	较差	一般	较好	好
修正幅度	−4%	−2%	0	2%	4%

估价对象与可比实例所在区域环境质量均为较好，故修正系数均为 0%。

C3 所处区域社区成熟度如表 8-8 所示。

表 8-8　社区成熟度因素修正系数表

社区成熟度	高	较高	一般	较低	低
修正幅度	+2%	+1%	0	−1%	−2%

估价对象与可比实例所在区域社区成熟度均为较高，故修正系数均为 0%。

C4 基础设施状况如表 8-9 所示。

表 8-9　基础状况因素修正系数表

基础状况	完备	较完备	一般	较不完备	不完备
修正幅度	+2%	+1%	0	−1%	−2%

估价对象与可比实例所处区域基础设施均为较完备，故修正系数均为 0%。

C5 公共配套设施状况如表 8-10 所示。

表 8-10　公共配套设施状况因素修正系数表

公共配套设施	齐全	较齐全	一般	较不齐全	不齐全
修正幅度	+2%	+1%	0	−1%	−2%

可比实例与估价对象所在区域内公共配套设施均为较齐全，故修正系数均为 0%。

D. 个别因素修正：进行个别因素修正，应将可比实例在其个体状况下的价格调整为估价对象个体状况下的价格。选择因素包括建筑形式、设施设备、地上建筑面积、地上地下建筑面积比例、车库配比、装修情况、景观因素、花园情况、维护状况及成新等，修正幅度应根据估价对象及比较案例的情况进行综合的比较分析后确定。

D1 建筑形式。

根据现场勘查，估价对象与可比实例均为独幢花园住宅，根据房地产市场的一般状况，故不作修正。

D2 设施与设备修正如表 8-11 所示。

表 8-11　设施与设备因素修正系数表

设施与设备	完备	较完备	一般
修正幅度	5%	3%	0%

D3 地上建筑面积修正如表 8-12 所示。

表 8-12　地上建筑面积因素修正系数表

建筑面积/m²	300 以下	301～400	401～500	500 以上
修正系数	0%	-1%	-2%	-3%

估价对象与可比实例建筑面积分别为 484.11 平方米、273.92 平方米、181.43 平方米、181.43 平方米、234.72 平方米，故分别修正-2%、-4%、-4%、-2%。

D4 地上地下建筑面积比例。

估价对象与可比实例车库配比情况一致。

D5 车库配比修正。

估价对象与可比实例车库配比情况一致。

D6 装修情况修正如表 8-13 所示。

表 8-13　装修情况因素修正系数表

装修情况	毛坯	普通装修	精装修	豪华装修
修正幅度	0%	2%	4%	6%

本次估价不考虑装修因素影响，设定为毛坯，可比实例装修均为毛坯，故可比实例均不作修正。

D7 花园情况修正。

估价对象与可比实例均有较大面积的独用花园，建筑面积与土地面积的比例关系相当，故不作修正。

D8 景观因素修正。

估价对象与可比实例景观状况一致，故不作修正。

D9 在楼盘具体位置修正如表 8-14 所示。

表 8-14　楼盘具体位置因素修正系数表

在楼盘具体位置	一般	较好	好
修正系数	0%	5%	10%

估价对象与可比实例所在楼盘位置状况一致，故不作修正。

D10 维护状况及成新修正如表 8-15 所示。

表 8-15　维护状况及成新因素修正系数表

维护状况优及成新因素	好	较好	一般	较差	差
修正幅度	4%	2%	0	−2%	−4%

估价对象与可比实例维护状况均为较好，故不作修正。

5. 比较价格

可比实例修正后的估价对象比较价格，如表 8-16 所示。

表 8-16　可比案例比较因素修正系数表

比较因素	估价对象与实例项目	案例一	案例二	案例三	案例四
交易价格		35 777	35 883	35 280	34 834
交易时间		100/100	100/100	100/100	100/100
交易情况		100/100	100/100	100/100	100/100
区域因素	交通便捷度 C1	100/100	100/100	100/100	100/100
	自然人文环境质量 C2	100/100	100/100	100/100	100/100
	所处区域社区成熟度 C3	100/100	100/100	100/100	100/100
	基础设施状况 C4	100/100	100/100	100/100	100/100
	公共配套设施 C5	100/100	100/100	100/100	100/100
个别因素	建筑形式 D1	100/100	100/100	100/100	100/100
	设施设备 D2	100/100	100/100	100/100	100/100
	地上建筑面积 D3	100/100	100/100	100/100	100/100
	地上地下建筑面积比例 D4	100/100	100/100	100/100	100/100
	车库配比 D5	100/100	100/100	100/100	100/100
	装修情况 D6	100/100	100/100	100/100	100/100
	花园情况 D7	100/100	100/100	100/100	100/100
	景观因素 D8	100/100	100/100	100/100	100/100
	在楼盘具体位置 D9	100/100	100/100	100/100	100/100
	维护状况及成新 D10	100/100	100/100	100/100	100/100
比较价格		35 103	35 941	35 337	34 178

对于上述各实例修正后的单价进行简单算术平均，得到估价对象的比较单价为：

(35 103+35 941+35 337+34 178)÷4=35 139(元/平方米)

6. 市场比较法估算结果确定

估价对象房地产总价为：

35 139 元/平方米×484.11 平方米=1 701.11 万元 ≈ 1 700(万元)(取整)

(二)收益法

根据收益法的预期原理，未来预测时间越长，不可预期的因素越多，价格把握越难。为此，估价师采用"预知未来若干年后的报酬资本化法折现公式"为较准确预测未来收益，估价师选择 5 年作为持有期估算。

设：P_t 为持有期结束，第 t 年末的转售价格

$$P = \frac{a}{(r-s)}\left[1-\left(\frac{1+s}{1+r}\right)^t\right] + \frac{P_t}{(1+r)^t}$$

设：$P_t = P \times (1+\Delta)$

1. 年潜在毛收入确定

由于 C 市目前对租赁物业没有强制性备案登记的措施，租赁双方没有据实登记的积极性。估价师目前也无法查询到政府权威的租赁价格信息登记资料。因此估价人员经调整分析，选择挂牌租赁案例相对具有较高可信度，租赁挂牌价与之最终的租金成交价差异相对较小，经过适当的修正可作为估价对象客观合理租金的参考。

估价人员进行了租金调查，如表 8-17 所示。

表 8-17 可比案例租金情况一览表

名 称	交易情况	房地产位置	建筑面积/m²	单价/(元/m²·天)	来 源
实例一	挂牌案例	XL 路 69 弄	350	1.88	搜房网
实例二	挂牌案例	XL 路 69 弄	400	1.48	搜房网
实例三	挂牌案例	XL 路 69 弄	300	1.64	搜房网
实例四	挂牌案例	XL 路 69 弄	400	1.23	搜房网

经调查，估价对象所在区域类似房地产的租金为 1.2～1.8/天·平方米。估价人员根据该地区该类房屋的平均租金水平并结合估价对象的位置、面积、层次等实际情况，确定估价对象整体出租的客观平均租金为人民币约 1.5 元/天·平方米(不含物业费)。据调查，估价对象除有效毛收入外，没有其他收入来源(押金产生的利息不计)。

2. 年有效毛收入确定

有效毛收入是由潜在毛收入(假定房地产在充分利用、无空置状况下可获得的收入和租赁保证金、押金等的利息收入)扣除空置、拖欠租金(延迟支付租金和不付租金)以及其他原因造成的收入损失后所得到的收入。

估价对象所在区域住宅聚集度较高，本次租金取 1.5 元/天·平方米(经估价人员了解，租赁保证金、押金等的利息收入占租金总收入的比例较少，故本次估价不予考虑)；本次估价空置率及租金损失率按每年取 1 个月，即 8%，即出租率取 92%，一年以 365 天计，确定年有效毛收入；产权登记建筑面积视为有效出租面积。

3. 年总运营费用确定

年租赁管理费：管理费主要指业主对自有房地产进行必要招租及管理所必需的费用，一般取年租赁收入的 1%～3%，由于该物业为花园住宅，根据现行市场的行情，本次取 2%。

年维修费：根据有关资料显示，建造该类建筑物重置价格约为 2 000 元/平方米。维修费一般为建筑物重置价值的 1%～2%，考虑估价对象的特点，年维修费按建筑物重置价格的 1%计。

年保险费：通常按建筑物现值的 2‰～3‰计，结合当前社会保险一般情况，经综合考虑后取 2‰。

税金：根据《中华人民共和国房地产税收暂行条例》及 C 市人民政府的《实施细则》规定对出租房屋按租金收入的 12%税率征收房地产税，另外考虑 5.565%的营业税及附加，应缴税率合计 17.565%。

4. 年净收益确定

$$年净收益 = 年有效毛收入 - 年运营费用$$

5. 年净收益变化情况

根据对估价对象房地产状况和类似房地产市场(含房地产租赁市场)的调查和分析，预测在未来收益期限内类似房地产的市场价格逐年增长，租赁需求持续旺盛，估价对象租金水平随之逐年会有一定幅度的增长，并且增长幅度将明显大于同期的通货膨胀和运营费用增长等因素的影响。因此，本次估价假设估价对象在未来收益期限内的净收益每年基本上按照 3%的固定比率递增，选择净收益按一定比率递增的收益法计算公式，公式中的净收益采用估价对象未来第一年的净收益，即 $s=3\%$。

6. 报酬率的确定

本次估价报酬率是采用累加法，累加法是将报酬率视为包含安全利率和风险报酬率两大部分，先分别求取每一部分，再将它们相加，即为所求的报酬率。安全利率选用价值时点同期中国人民银行公布的一年定期存款年利率 3.0%；风险报酬率是指承担额外的风险所要求的补偿，即超过安全利率以上部分的报酬率，具体是对估价对象房地产自身及其所在的区域、行业、市场等方面风险的补偿。风险报酬率根据评估对象所在地区的经济现状及未来预测、估价对象的用途及新旧程度等综合确定。

如果是市场租约，通货膨胀的预期一定反映在租金 a 内，根据匹配原则，r 内应当已包含对通货膨胀率的预期。根据 2012 年 C 市国民经济和社会发展统计公报：2012 年环比通货膨胀率为 2.8%。

其他相关参数的确定如下。

累加法求取报酬率的公式为

$$报酬率 = 安全利率 + 投资风险补偿率 + 管理负担补偿率 +$$
$$缺乏流动性补偿率 - 投资带来的优惠率$$

(1) 安全利率，一般采用同一时期的一年期银行定期存款利率(目前为 3.0%)。

(2) 投资风险补偿率，投资者考虑到投资于周期较长、收益不稳定的房地产时，承担了一定的风险，希望对其承担的额外风险给予一定的补偿。一般认为的居住类房地产行业投资风险补偿率为 3.0%。加上环比通货膨胀率为 2.8%，上述两项共计 5.8%

(3) 管理负担补偿率，投资者考虑投资房地产时，要付出的额外管理负担，希望对其承担的额外管理给予一定的补偿。一般认为的房地产行业管理负担补偿率为 1.2%。

(4) 缺乏流动性补偿率，投资者考虑投资房地产时，要投入大笔资金，而房地产开发周期长、变现时间也长，希望对其资金缺乏流动性给予一定的补偿。一般认为的房地产行业缺乏流动性补偿率为 1.0%。

(5) 投资房地产带来的优惠率，如投资房地产可向银行申请抵押贷款，易获得融资，投资者往往会因此而降低所要求的报酬率，一般为-0.5%; 又如投资房地产往往可以抵扣部分所得税，从而得到一定的优惠，一般为-0.6%。因此，一般认为投资房地产带来的优惠率为-1.1%。

累加法求取报酬率如表 8-18 所示。

表 8-18　报酬率测算表

项　目	数　值	取值理由
安全利率	5.8%	目前最新一年期存款利率为 3.0%，加上环比通货膨胀率为 2.8%，共计 5.8%
投资风险补偿率	3.0%	目前居住房地产有一定的风险，因此投资风险补偿率按 3.0% 考虑
管理负担补偿率	1.2%	按照估价人员的经验按 1.2% 考虑
缺乏流动性补偿率	2.0%	按照估价人员的经验取 2.0%
易于获得融资的优惠率	-0.5%	按照估价人员的经验按 0.5% 考虑
所得税抵扣的优惠率	-0.6%	按照估价人员的经验按 0.6% 考虑
报酬率合计	10.9%	本次估价取 11.0%

此报酬率确定已考虑估价对象位于 XL 路 69 弄 NDL 北岸，用途为居住，价值时点为2012 年 12 月 21 日的特性。

7. 估价对象收益年期确定

本次评估的估价对象土地权属性质为国有，土地用途为住宅，使用权来源为出让；房屋类型为花园住宅，土地使用年限从 2011 年 7 月 25 日至 2073 年 8 月 5 日止，至价值时点，估价对象剩余收益年限为 60.58 年。但估价师根据预期原理选择 5 年转售公式进行估价。

8. 5 年末房地产整体增长率的确定

估价师通过查找市场资料及判断，预计房地产未来 5 年走势随我国经济的发展而不会下跌，通货膨胀、货币政策及工业经理采购指数 PMI 及城市化进程，加上 GDP 的稳健上扬都表明，C 市房地产在没有重大事件，如战争、地震等发生时，5 年末房地产整体增长率约为 60%(可用时间序列的数学模型加以论证)，估价对象是花园住宅，根据估价目的，确定增长率为 60%。

9. 收益法估算结果确定

收益法估算过程如表 8-19 所示。

表 8-19　收益法估算过程表

序　号	项　目	计　算　式	相关参数	测算结果/(元/m²)
1	年有效毛收入			
1.1	日租金/(元/m²)		1.5	

序　号	项　目	计　算　式	相关参数	测算结果(元/m²)
1.2	空置率		8%	
1.3	小计/(元/m²)	日租金×(1-空置率)×365		503.7
2	年运营费用			
2.1	建筑物重置价格/(元/m²)		2000	
2.2	建筑物现值/(元/m²)	建筑物重置价格×0.95	95.00%	1 900
2.3	年租赁、管理费/(元/m²)	年有效毛收入×0.02	2.00%	10.1
2.4	年维修费/(元/m²)	建筑物重置价格×0.02	2.00%	40.0
2.5	年保险费/(元/m²)	建筑物现值×0.002	0.20%	3.8
2.6	年税金/(元/m²)	年有效毛收入×0.17565	17.565%	88.5
2.7	小计/(元/m²)			142.3
3	房地产净收益 a/(元/m²)	年有效毛收入-年运营费用		361.4
3.1	收益转售年限 n/年		5	
3.2	转售时房地产整体增长率		50%	
3.3	房地产报酬率 r		11.0%	
3.4	房地产收益递增比率 s		3.0%	
4	收益单价/(元/m²)			

估价人员假设上述这些经营收益及相应的成本费用保持不变，房地产市场稳定，还原利率每年保持不变，年收益递增比率确定为3%较合适，据此选择收益法计算具体公式如下。

设: P_t 为持有期结束，第 t 年末的转售价格

$$P = \frac{a}{r-s}\left[1-\left(\frac{1+s}{1+r}\right)^t\right] + \frac{P_t}{(1+r)^t}$$

$$= 27\,643(元/平方米)$$

其中 $$P_t = P \times (1+\Delta)$$

式中: P——房地产收益价值(元，元/m²);

a——未来第1年的净收益(元/m²);

r——报酬率(%);

s——年增长率(%);

Δ——未来5年该房地产整体增长率。

估价对象收益法的总价=27 643 × 484.11

$$=1\,338.23(万元) = 1\,338(万元)(取整)$$

(三)综合评定

市场比较法的结果为 1 700 万元，收益法的结果为 1 338 万元，两者数据接近。鉴于收益法的不可预见性较大，且目前本市普遍此类物业租售比不确切，收益法结果还不能完全客观地反映估价对象的市场价值，而市场比较法的估价结果是当前类似估价对象房地产的市场价值的客观反映，因此估价人员根据估价对象现状并结合估价师的专业经验和本次估

价目的，认为本次估价对市场比较法和收益法给予不同的权重并综合评定估价结果。

$$1\,700 \times 0.6 + 1\,338 \times 0.4 = 1\,555(\text{万元})$$

八、估价结果的确定

本次估价遵守公认的估价原则，按照严谨的估价程序，运用市场比较法和收益法，进行了专业分析、测算和判断，满足本次估价的全部假设和限制条件的结论如下。

(1) 估价对象在假定未设立法定优先受偿权利下的市场价值为人民币 1 555 万元(大写：人民币壹仟伍佰伍拾伍万元整)。

(2) 法定优先受偿款：根据《C 市房地产登记簿》显示和估价师调查，估价对象于价值时点已设定抵押，抵押权人为××银行股份有限公司 C 市××支行，债权数额 789 万元，登记证明号××，期限从 2010 年 4 月 20 日至 2040 年 4 月 20 日，于价值时点估价师知悉的法定优先受偿款金额为人民币 789 万元(大写：人民币柒佰捌拾玖万元整)。

(3) 根据《房地产抵押估价指导意见》，房地产抵押价值=未设立法定优先受偿权利下的市场价值-法定优先受偿款，因此估价对象的抵押价值为人民币 766 万元(大写：人民币柒佰陆拾陆万元整)。

第二节　工业房地产估价

工业房地产是指工业企业和其他企业生产单位所属的房地产，其功能是进行工业生产。工业房地产主要包括生产用厂房、仓库、泵房、锅炉房、配电房和作为辅助用的办公楼、门卫房、食堂、车库等建筑物，以及围墙、大门等构筑物。工业房地产中的主要部分是生产厂房。

一、工业房地产的特点

(一)行业特征明显

各类工业有各自不同的行业特点、生产要求，即使生产同一产品的工业企业，由于工艺、流程的不同，对厂房、用地的要求也可能截然不同。因此，进行工业房地产估价时，首先应该了解相应企业生产的一些行业知识。

(二)建筑工程造价差异大

工业生产用房有两类，即标准厂房和非标准厂房。工业厂房有一些属于标准(通用)厂房，有标准的柱距、层高、楼面荷载等，同类标准厂房的工程造价相差不会太大。这类厂房多为一些轻工业产品的生产用房，如电子装配、成衣加工等，在一些新兴工业园区、出口加工区，就有许多这类标准厂房可供出租。另外，工业厂房中的大部分为非标准厂房，即根据各类生产的需要而设计建造的不同规格的厂房，这类厂房的跨度、柱距、梁底标高、(行车)轨顶标高、楼面荷载等都是根据生产的不同需要而定，还有一些生产用房只有屋盖，没有围护(外墙)。因此，非标准工业房地产每平方米的造价相差较大。对工业房地产进行估价时，应详细了解估价对象的建造标准，以便准确确定建筑工程造价。

(三)要区分设备和建筑物的造价

有些工业设备的建造安装是和建筑物(厂房)同时进行的。例如，很多设备的基座就和厂房的基础连为一体，因此估价时要注意区分厂房的价值和设备的价值。如果估价结果中既包含了厂房的价值，又包含了设备的价值，则应在估价报告中予以说明。

(四)受腐蚀的可能性大

厂房的工作环境常常有腐蚀性，腐蚀性强的厂房的自然寿命会受到影响，房屋使用年限会缩短。因此估价时要详细了解估价对象是否会受到腐蚀性的影响，并根据影响程度大小确定房屋使用年限缩短程度。

二、工业房地产价格的影响因素

在生产、分配、交换和消费领域中，工业房地产是专门从事生产以及为生产服务的房地产，与分配、交换和消费领域中的房地产在价格影响因素方面存在显著的差异。

(一)交通条件

工业企业通常需要大量运进原材料及燃料，运出产品，因此，必须有便捷的交通条件。如果邻近或与公路交通干线相连，有铁路专用线进入厂区，邻近通航河道(或海岸)且有专用码头等，则都有利于工业房地产价格的提高。

(二)基础设施

这里的基础设施是指交通条件以外的基础设施，如电力能源供应、通信条件等。工业生产对基础设施依赖较强，当地的电力供应情况、生产用水能否满足需要、排污及污染治理、通信条件等，都是影响工业房地产价值的主要区域因素。

(三)集聚规模

对于工业企业而言，其基础设施投资较大，故将同类型企业、原材料与产品互补的工业企业集聚布局，形成规模，相对降低基础设施的投资和成本，形成各类型的工业开发区，如上海浦东外高桥工业开发区、苏州工业园区等。

(四)用地面积与形状

厂区用地面积大小应该合理，面积太小无法满足生产需要，面积太大则多余的部分并不能增加房地产价值，但有时要考虑厂区扩建预留用地。用地形状、地势应符合生产要求，便于布置生产线，不同的生产工艺常常要求不同的用地形状及地势。

(五)地质和水文条件

厂区用地的地质条件应满足厂房建设和材料堆放场地对图纸、承载力的要求；当地水文条件应满足厂区建设和生产的要求，比如地下水位过高会影响建设施工，地下水有腐蚀性会腐蚀基础，特别是桩基础，河流的常年水位和流速、含砂量则影响生产取水及污水排放，洪水水位的高低则关系到厂区是否有被淹没的可能性。

(六)房地产用途

在进行工业房地产抵押、清算、兼并等目的的估价师，要考虑该房地产改作其他用途以及用于其他产品生产的可能性。

(七)厂房面积、结构、高度与设备安装情况

有些工业设备安装是和建筑物(厂房)的修建同时进行的。例如，很多设备的基座就和厂房的基座连为一体，此时设备需要作为建筑物的固着物，其价值包含在房地产价值中。

三、工业房地产的估价方法

在实际工业用地评估中，工业房地产通常缺少同类交易案例，特别是非标准厂房，所以，一般不具备采用市场比较法估价的条件。但在一些新兴工业地带，往往有较多的标准厂房，其租售案例通常较多，可以考虑采用市场比较法。如果可以从企业的总收益中剥离出房地产的收益，则可以考虑采用收益法估价，但一般来说难度较大，采用极少。根据以上所述，工业房地产估价时采用较多的是成本法。

成本法是工业用地价格评估的首选方法，虽然成本法有其自身的系统缺陷，但在工业地价交易案例不多、工业用地涉外评估时，成本法仍是一种较能被各界认可的方法。使用成本法对工业厂房进行估价时，要搞清楚房地产价格的构成内容和其内涵实质。尤其是建筑物的开发成本，是计算建筑物重置价格的关键。目前，标准厂房较易确定统一的开发成本或重置价格，非标准厂房的开发成本或重置价格的确定主要有两个途径：一是参考预算价格；二是利用标准厂房的重置价格，根据面积、结构、跨度、柱距、高度等差异加以修正确定。

市场比较法更能体现土地价值但有待市场进一步成熟，目前各地应用市场比较法评估工业监测点地价，采用的案例主要是抵押价格和转让价格。抵押是没有真正的交易，只是预先评估的价格，不能反映真实的交易，也没有通过市场检验，没有实际应用意义；转让价格尽管是一种市场价，但目前市场价格和取得价格之间的差异仍很大。且即便是真实发生交易的土地，交易价格也存在两个问题：一是地面附着物的剥离是否合适；二是这一交易价格是否真实。目前的工业基准地价，在一定程度上是迎合了地方政府招商引资的需要，没有真实反映土地的稀缺性，应用系数修正法评估工业用地监测点只能使评估价更加背离实际。基准地价修正法将逐渐退出工业用地价格评估。今后可逐步根据厂房出租租金探索

应用收益还原法，随着工业集聚效应和产业结构的调整，一些地方厂房的出租信息很多，与政府土地出让价格相比，租金更能反映市场实际。研究工业用地租金跟价格的关系，可以为今后应用收益还原法评估工业监测点地价探索新的道路。

四、工业房地产估价的技术难点处理

工业房地产一般采用成本法估价，在利用成本法估价时，往往是将土地、地上建筑物分别进行估价，然后再将两部分价格合并处理。土地的估价通常采用基准地价修正法和成本法，地上建筑物采用重置成本法。在地价评估时，注意所采用的基准地价应为当地政府近期公布的，对于有土地使用年期限制的，应考虑对地价进行年期修正。对建筑物进行估价时，应根据建筑物的结构、用途、跨度、柱距、梁底标高、(行车)轨顶标高、楼面荷载等因素，利用当地建设定额管理站公布的最新工业建筑造价标准确定估价对象的工程造价。

工业用地不同于商业用地和居住用地，用地企业及产业的区位竞争更多地体现在城市之间的选择上。一个城市工业地价水平高低直接影响到其招商引资的强度和能力，也直接牵动一方经济建设、产业结构调整、劳动就业等诸多方面，从而形成地区间特有的工业用地价格及产业布局竞争模式。

从宏观上讲，影响工业地价的主要因素包括行政因素、成本因素和市场因素。在工业用地价格还没有市场化之前，现阶段对工业地价起着决定性影响的主导因素是行政的干预，也往往容易出现非产业政策型的"同地不同价"现象，甚至有些地方政府为招商引资，人为地压低基准地价和出让最低价。就成本而言，工业用地价格不取决于成本(现阶段工业地价价格的成本构成主要包括征地取得费、相关税费、土地开发费等，其中征地补偿费所占比例在 45%～60%；土地开发费除部分开发难度大、配套要求高的土地费用稍高之外，相对来说比较固定，其比例在 30%～40%；相关税费包括耕地开垦费、耕地占用税、基本农田用地保护费和征地管理费等。在新增建设用地有偿使用费不纳入成本税费的情况下，税费仍占工业地价的 10%)，但各项取得成本的高低直接影响到工业用地的最低出让限价。事实上，工业用地价格最终取决于供需关系。但我国主要城市目前工业用地供需总体上呈现供大于求的局面，这一点在工业用地价格近几年间没有太大变化方面也有所体现，加上其他因素的影响，造成现阶段各城市工业用地基本上是有求必供，工业用地的价值和价格没有真正实现。

五、案例分析

案例 8.2

工业房地产抵押价值评估
估价结果报告(节选)

一、项目名称：S 市 FX 区 HS 路 50 号 1-3 幢全幢工业房地产抵押估价报告

二、委托方(略)

三、估价方(略)

四、估价对象

1. 估价对象概况

估价对象概况如表 8-20 所示。

表 8-20　估价对象概况

名称及坐落	FX 区 HS 路 75 号 1-3 幢全幢			
宗地四至	东	近××路	南	HS 路
	西	河道	北	其他厂房
建筑面积(合计)	10 499.70m²		宗地(丘)面积	28 014.0m²

2. 估价对象权益状况

(1) 登记状况及登记信息如表 8-21 和表 8-22 所示。

表 8-21　估价对象权益状况一览表

房地产权证号		房地奉字(2007)第××号		登记日		2007 年 5 月 31 日
权利人		S 市××结构工程有限公司		房地坐落		FX 区 HS 路 75 号
土地状况	使用权来源	出让	房屋状况	幢号		详见登记信息
	用途	工业用地		室号或部位		详见登记信息
	地号	FX 区××镇 8 街坊 74/9 丘		建筑面积		10 499.70m²
	宗地(丘)面积	28 014		类型		详见登记信息
	使用期限	2005 年 10 月 10 日至 2055 年 10 月 9 日止		用途		详见登记信息
	总面积	28 014.0		层数		详见登记信息
	其中 独用面积	/		竣工日期		详见登记信息
	分摊面积	/				

表 8-22　估价对象权益登记信息表

幢号	部位	建筑面积 /m²	其中地下建筑面积/m²	层数	房屋类型	房屋结构	产权来源	竣工日期
1	全幢	2 985.18	0.00	1	工厂	钢结构	新建	2007 年
2	全幢	6 479.60	0.00	1	工厂	钢结构	新建	2007 年
3	全幢	1 034.92	0.00	2	工厂	钢混	新建	2007 年

(2) 他项权利状况。

根据《S 市房地产登记簿》显示，估价对象于价值时点已设定抵押，抵押权人为 S 市××银行××支行，登记证明号：××，债权数额 800 万元，债权发生期间：2012 年 4 月 18 日至 2013 年 4 月 17 日止。

(3) 权益状况对房地产价值的影响。

估价对象权益状况基本清晰，根据《S市房地产登记簿》显示，估价对象于价值时点已设定抵押，报告使用者应注意估价对象已存在的抵押情况对估价对象价值的影响。

3. 估价对象实物状况

(1) 建筑物状况。

依据 S 市房地产权证、委托方提供的资料及估价人员实地查勘，有关各房屋建筑物的基本情况描述如表 8-23 所示。

表 8-23　房屋建筑物基本情况表

幢号	建筑物名称	建筑面积/m²	房屋类型	结构	层数	建筑物基本情况
1	车间	2 985.18	工厂	钢结构	1	独立基础，钢柱梁，钢屋架，彩钢板墙面及屋面，铝合金窗，卷帘门，混凝土地坪。配有行车，总楼层1层。该房屋竣工于2007年，使用、维修、保养情况较好(层高、跨数、跨度、承重情况等最好有)
2	车间	6 479.60	工厂	钢结构	1	独立基础，钢柱梁，钢屋架，彩钢板墙面及屋面，铝合金窗，卷帘门，混凝土地坪。配有行车，总楼层1层。该房屋竣工于2007年，使用、维修、保养情况较好
3	办公楼	1 034.92	工厂	钢混	2	独立基础，砖砌墙体，外墙面高级涂料，彩铝窗，底层入口玻璃推拉门，内部地面铺设复合地板及地砖，内墙面高级涂料。总楼层2层，现状为3层。该房屋竣工于2007年，使用、维修、保养情况较好
合计		10 499.70	/	/	/	/

(2) 土地状况。

估价对象所在的 FX 区 HS 路 75 号工业房地产所占用的土地形状较为规则，大致呈长方形；其东近××路，南临 HS 路，西近河道，北临其他厂房；宗地红线内基础设施达到"五通"；土地用途为工业用地；土地使用权来源为出让；宗地号为 FX 区××镇 8 街坊 74/9 丘；宗地(丘)面积为 28 014.0 平方米；土地使用期限自 2005 年 10 月 10 日至 2055 年 10 月 9 日止。宗地地势平坦，水文条件较好，地质条件对地上建筑物无不良影响。

(3) 利用状况。

估价对象建筑物于 2007 年竣工，现为委托方自用，建筑物结构完好，保养程度较好。

(4) 估价对象的个别因素。

① 临路状况：估价对象南临 HS 路，HS 路为双向两车道，路宽约 10 米。

② 用地面积与形状：估价对象宗地(丘)面积为 28 014.0 平方米，土地面积一般能满足生产需要。用地形状较规则，地势平坦，符合生产要求，宗地容积率为 0.37，土地容积率低，预留用地大。

③ 地质和水文条件：估价对象用地的地质条件基本满足厂房建设和材料堆放场地对土质、承载力的要求。估价对象所在宗地的地质和水文条件基本满足厂房建设和生产要求。

4. 估价对象区位状况

(1) 产业集聚度。

估价对象为 FX 区 HS 路 75 号工业房地产，地处 XD 工业区，XD 工业区位于 S 市市区的西南，是 FX 区的北大门，工业区以高新科技为主导，估价对象周边工业企业有××化妆品公司、××实业公司、S 市水泵厂通用泵分厂等，产业集聚度一般。

(2) 交通条件。

FX 区位于 S 市西南部，境内水陆交通便捷。一条运河横亘东西，×港纵贯全境，此外还有众多港。公路铺展成网，总长 746 千米，密度达到每平方千米 1.1 千米，主要有××公路、××公路、××公路、××公路、××公路等，××公路斜越区境西部，越××江交通，有××大桥和××，××两个轮渡口。

估价对象地处 FX 区 HS 路 75 号，南临 HS 路，周边有××公路、××公路、A4 高速公路等交通主干道，交通通达度较好。

(3) 基础设施完备度。

估价对象所在区域的市政基础设施良好，供水、供电、通信、排水、通路等(五通)市政基础设施完备，保障率高。估价对象所在区域的市政基础设施条件能满足估价对象日常生产活动的需要。

(4) 环境质量优劣度。

估价对象所在地基本无空气、噪声污染，环境质量一般。

(5) 周边土地利用类型。

估价对象的周边工业物业较多，基本为工业使用。

(6) 区域土地等级。

参考 2010 年《S 市基准地价》相关信息，估价对象土地等级为 S 市工业七级。

五、估价目的

为确定估价对象抵押贷款额度提供参考依据而评估房地产抵押价值。

六、价值时点

以房地产估价师实地查看之日 2013 年 4 月 17 日作为本次评估的价值时点。

七、价值定义

1. 价值类型：本估价报告的价值标准为公开市场价值。

2. 价值内涵：本估价报告提供的估价结果为估价对象于价值时点在满足估价的全部假设和使用限制条件下的国有出让土地使用权及建筑物所有权的抵押价值。抵押价值为抵押房地产在价值时点的市场价值，等于假定未设立法定优先受偿权利下的市场价值减去房地产估价师知悉的法定优先受偿款。法定优先受偿款是指假定在价值时点实现抵押权时，法律规定优先于本次抵押贷款受偿的款额，包括发包人拖欠承包人的建筑工程价款，已抵押担保的债权数额，以及其他法定优先受偿款。

八、估价依据(略)

九、估价原则(略)

十、估价方法(略)

十一、估价结果(略)

十二、估价对象变现能力分析

1. 估价对象房地产的通用性、独立使用性或者可分割转让性分析

通用性：估价对象为工业厂房，工业房地产根据生产产品差异对土地及厂房都有不同的要求，估价对象宗地(丘)面积为 28 014.0 平方米，土地面积一般，建筑面积为 10 499.70 平方米，厂区内各用途的房屋布局合理，车间、办公楼等齐全，其中车间面积较大、层高较高且配备行车，能够满足较多的不同类型工业生产的需要，故通用性较强。

独立使用性：估价对象为独立使用工业房地产，厂区内土地开发程度已达到五通一平，厂区内设车间、办公楼等，故估价对象独立使用性较强。

可分割转让性：估价对象为独立使用工业房地产，厂区内设车间、办公楼等，房屋布局合理，整体性较强，不易分割，故估价对象可分割转让性一般。

2. 变现时最可能实现的价格与评估的市场价值的差异程度

估价对象为通用性工厂类建筑，具有独立使用功能，可独立转让，产品的市场客户容量一般，在正常状况下，根据对象的个体特征，结合估价师的经验，估价对象变现价值与评估的市场价值差异程度一般在 30%～40% 之间。

3. 变现的时间

估价对象整体处置的可能性较大，且对购买群体有一定的局限性，若整体处置，变现时间较长，在正常状况下，估价对象变现时间一般在 1～3 个月之间。

4. 变现过程中涉及的税费

变现过程中涉及的税费主要包括：抵押房地产变现过程中发生的税费主要涉及营业税及附加、土地增值税、契税、印花税等税金及交易综合服务费等费用；以拍卖方式处置抵押房地产时，要支付拍卖佣金、评估费、法律诉讼费及保全费等费用；抵押房地产原欠缴的各种费用(除优先受偿款)，需要在变现过程中补交的，也应计入变现费用中，主要包括欠缴的水电暖费用、物业管理费等。

5. 变现过程中的清偿顺序

处分抵押房地产所得金额，扣除优先受偿款后，依下列顺序分配：支付处分抵押房地产的费用、扣除抵押房地产应缴纳的税款、偿还抵押权人债权本息及支付违约金、赔偿由债务人违反合同而对抵押权人造成的损害，剩余金额交还抵押人。房地产抵押的优先受偿款包括：划拨土地使用权应缴纳的土地使用权出让金、发包人拖欠承办人的建筑工程价款、已担保债权数额等，但不包含强制执行费用。同一房地产有数个抵押权人的，应当按照设立抵押权的先后顺序清偿。

十三、估价报告应用的风险提示

1. 关注房地产抵押价值未来下跌的风险，对预期可能导致房地产抵押价值下跌的因素进行分析

2013年第一季度S市工业物业市场在需求数量上与2012年第四季度相比，有大幅度的上升，平均上涨了近30%。而在供应市场，据S市招商网后台不完全统计，2013年第一季度S市工业物业市场供应面积约为129万平方米，市场供应有所上升，但相比较不断上涨的需求，市场供应仍需加强。

一季度在工业物业市场，由于市场上整体仍处于供不应求的状态，促使本季度市场上租金和售价仍呈小幅上扬态势。根据S市招商网后台的数据统计，2013年第一季度S市工业物业租金较上季度上涨了0.15%；在售价方面，第一季度S市工业物业出售均价较上个季度上涨了0.36%。

经过2012年的经济放缓期，2013年中国经济开始回暖，S市经济也开始了稳步转好。2013年第一季度，在S市工业物业市场，虽然项目交易成交有限，但由于市场上工业物业供不应求的状态仍然存在，促使本季度市场上租金和售价仍呈小幅上扬态势。根据S市招商网后台的数据统计，2013年第一季度S市工业物业租金较上季度上涨了0.15%；而在售价方面，第一季度S市工业物业出售均价较上个季度上涨了0.36%。

有关数据显示，S市2013年第一季度工业物业郊区板块租金各区域水平变化不大。原某区以1.03元/m²/天的租金水平依然遥遥领先于其他区域，较上个季度上涨了0.58%；原××地区本季度租金为0.617元/m²/天，较上个季度也有一定程度的上扬；各个区域的售价分布与上季度相比变化不大。××地区被划到了某新区后，工业物业升值潜力大幅提升，××地区工业物业的售价水平和其他地区等地水平已较为接近。

2013年第一季度，S市地区1 000～3 000m²面积的工业物业仍是市场需求主力，需求占比为43.26%，相比较上个季度上升了3.26%；5 000～8 000m²面积的工业物业本季度需求占比为12.36%，而上个季度该面积范围内的工业物业占比仅为7.59%。随着工业物业需求市场的重新活跃，不少企业在沉寂一年的观察期后开始规划扩大规模，因此，5 000～8 000m²面积范围内的物业受市场欢迎也就比较容易理解。

2013年，市场对多层厂房类物业的需求已经开始成为主流，一方面源于S市土地越来越少，地皮也越来越贵，单层厂房不利于土地集约化利用的宗旨；另一方面，对单层厂房需求量比较大的一般是生产、加工类等大型工业生产类企业，这一部分企业在逐渐地迁移出S市，留出更大的空间让现代服务型企业发展。在各区域市场对工业物业需求面积的分布上，XX、YY、ZZ等区域对3 000平方米以下的小型工业物业需求较旺盛，而其他区域对5 000平方米以上的大型工业物业需求比例相对较高，这和各个区域的工业物业类型的分布和产业的规划方向有关。

然而，工业房地产是宏观房地产的组成部分，受GDP和CPI等经济要素的限制，房地产业风险变化的不确定性，不可避免地导致估价对象抵押价值存在下跌的可能。

2. 时间变化对房地产抵押价值可能产生的影响分析

估价对象位于FX区某镇，一方面，随着该区域发展的日益完善，特别是基础设施的加强和完善及投资政策的倾斜，将对估价对象房地产的市场价值起到正面影响，即估价对象房地产具有较好的保值性和增值性。另一方面，随着时间的变化，政策、利率、环境等因素随之变化可能会对估价对象产生影响。

3. 抵押期间房地产信贷风险关注点分析

房地产信贷风险是指商业银行发放的房地产贷款中隐含损失的可能性。由于抵押房地产以正常使用为前提，抵押期间抵押权人除关注其正常收益外，还应重点关注 S 市该类房地产市场的发展态势，特别是产业发展政策的变化，因为抵押期间房地产市场价格的波动将不可避免地产生信贷风险。

4. 合理使用评估价值的建议

本报告经评估给出的估价对象抵押价值为人民币 3 400 万元。抵押权人应该充分考虑估价对象短期强制处分的不确定性、变现费用、拆分产权的费用以及抵押人金融信用等因素，合理设定抵押率。

5. 定期或适时进行房地产抵押价值再评估的意见

抵押期间抵押权人应每年进行房地产抵押价值再评估；如遇当地房地产市场状况发生急剧变化，则应及时进行房地产抵押价值再评估。

十四、估价人员(略)

十五、估价作业日期

20××年××月××日——20××年××月××日

十六、估价报告应用有效期

在本市房地产市场保持稳定的前提下，估价报告自出具报告之日起有效期为半年，即自 20××年××月××日至 20××年××月××日止。

房地产估价技术报告

(本技术报告需与结果报告配合使用)

一、估价对象实物状况与分析(略)

二、估价对象权益状况描述与分析(略)

三、区位状况描述与分析(略)

四、市场背景分析(略)

五、最高、最佳使用分析(略)

六、估价方法选用(略)

七、估价测算过程

(一)成本法(房地分估)

1. 土地使用权价值的计算(比较法)

(1) 选取可比实例。

按照土地估价的有关规定，选择可比实例时应符合以下要求：①用途相同；②交易类型相同；③属于正常交易；④与估价期日接近；⑤区域及个别因素相近；⑥统一价格基础。本次估价通过估价人员收集到的资料，从六个成交实例中选择了与估价对象条件类似的三个成交实例。

A. ××区××镇 02-09 号地块(总范围：东至民宅，南至厂房，西至××路，北至××路)，土地面积为 8 189.5 平方米，成交价为 475 万元，折合单价 580 元/平方米，竞得人为 S 市××实业有限公司，交易日期为 2012-11-27。

B. ××区××镇 07-11 号地块(总范围：东至××路，南至××港，西至农田，北至道路)，土地面积为 16 814.7 平方米，成交价为 979 万元，折合单价为 582 元/平方米，竞得人为 S 市××金属屋面系统股份有限公司，交易日期为 2012-10-17。

C. ××区××镇14-06号地块(总范围：东至××公路，南至农田，西至S市××公司，北至××路)，土地面积为7 863.1平方米，成交价为471万元，折合单价为599元/平方米，竞得人为S市××电子有限公司，交易日期为2012-10-10。

以上案例均来自于S市规划和国土资源网中的出让公告。

(2) 建立价格可比基础。

① 选取可比实例后，应对可比实例的成交价格统一付款方式(统一付款方式应统一为在成交日期时一次总付清)、统一采用单价、统一币种(不同币种之间的换算，应按中国人民银行公布的成交日期时的市场汇率中间价计算)和货币单位、统一面积内涵和面积单位。

② 统一价格内涵：案例价格为国家土地管理部门收取国有土地出让金的拍卖成交价，不包括地方政府向企业收取的工业区基础设施费，经调查测算，××工业区"五通"基础设施配套费收取标准多在4万～10万元/亩，估价人员综合考虑后确定为4万元/亩，折60元/平方米。则与估价对象统一价格内涵后的案例价格为

可比实例A：580+60=640元/平方米

可比实例B：582+60=642元/平方米

可比实例C：599+60=659元/平方米

(3) 因素条件说明，详见表8-24。

表8-24　估价对象与可比实例因素条件说明表

比较因素 \ 比较对象		估价对象	可比实例A	可比实例B	可比实例C
土地坐落		FX区HS路75号	FX区××镇02-09号(东至民宅，南至厂房，西至××路，北至××路)	FX区××镇07-11号(东至××路，南至××港，西至农田，北至道路)	FX区××镇14-06号(东至××公路，南至农田，西至S市××公司，北至××路)
土地用途		工业	工业	工业	工业
交易日期A		—	2012-11-27	2012-10-17	2012-10-10
交易情况B		—	成交实例	成交实例	成交实例
土地使用年限		—	50	50	50
单价/(元/m2)		—	640	642	659
区域因素	产业聚集度C1	一般	一般	一般	一般
	交通通达度C2	较好	较好	较好	较好
	基础设施完备度C3	五通	五通	五通	五通
	环境质量C4	一般	一般	一般	一般
个别因素	土地等级D1	七级	八级	八级	八级
	土地形状D2	较规则	较规则	较规则	较规则
	水文地质条件D3	一般	一般	一般	一般
	土地面积(m2)D4	28 014.0	8 189.5	16 814.7	7 863.1
	红线内开发程度D5	五通一平	设定为五通一平	设定为五通一平	设定为五通一平
	临路状况D6	临次干道	临次干道	临次干道	临主干道

(4) 估价对象与可比实例进行修正比较，详见表 8-25。

表 8-25　估价对象及可比实例比较因素条件指数表

比较因素 \ 比较对象		估价对象	可比实例 A	可比实例 B	可比实例 C
单价/(元/m²)		—	640	642	659
交易日期 A		100	100	100	100
交易情况 B		100	100	100	100
区域因素	产业聚集度 C1	100	100	100	100
	交通通达度 C2	100	100	100	100
	基础设施完备度 C3	100	100	100	100
	环境质量 C4	100	100	100	100
	土地等级 C5	100	95	95	95
个别因素	土地形状 D1	100	100	100	100
	水文地质条件 D2	100	100	100	100
	土地面积 D3	100	98.5	100	98.5
	红线内开发程度 D4	100	100	100	100
	临路状况 D5	100	100	100	103

修正说明：

(A)交易日期修正：由于土地交易价格指数不完整，同时根据目前的市场情况，土地使用权成交价格受房地产预期影响较小，可比案例距价值时点较近，故不作修正。

(B)交易情况修正：可比案例为实际成交实例，属正常交易，故不作修正。

(C)区域因素。

C1 产业集聚度如表 8-26 所示。

表 8-26　产业集聚度因素修正系数

产业集聚度	高	较高	一般	较低	低
修正幅度	8%	4%	0	−4%	−8%

估价对象与可比实例产业集聚度均为一般，故不作修正。

C2 交通通达度如表 8-27 所示。

表 8-27　交通通达度因素修正系数

交通通达度	好	较好	一般	较差	差
修正幅度	6%	3%	0	−3%	−6%

估价对象与可比实例的交通通达度均为较好，故不作修正。

C3 基础设施完备度如表 8-28 所示。

表8-28 基础设施完备度因素修正系数

基础设施完备度	七通	六通	五通	四通	三通	三通以下
修正幅度	8%	6%	3%	0	-3%	-6%

估价对象与可比实例的基础设施完备度均为"五通"，故不作修正。

C4 环境质量如表8-29所示。

表8-29 环境质量因素修正系数

环境质量优劣度	环境好	环境一般	轻度污染	严重污染
修正幅度	5%	0	-5%	-10%

估价对象与可比实例的环境质量一般，故不作修正。

C5 土地等级。

估价对象所在区域为工业用地七级地区域，可比实例所在区域属于工业用地八级区域，故可比实例A、B、C的交易单价分别修正-5%、-5%、-5%。

(D)个别因素。

D1 土地形状如表8-30所示。

表8-30 土地形状因素修正系数

宗地形状	规则	较规则	不规则
修正幅度	5%	0	-5%

估价对象与可比实例土地形状均较规则，故不作修正。

D2 水文地质条件如表8-31所示。

表8-31 水文地质条件因素修正系数

水文地质条件	好	较好	一般	较差	差
修正幅度	6%	3%	0	-3%	-6%

估价对象与可比实例的水文地质条件均为一般，故不作修正。

D3 土地面积如表8-32所示。

表8-32 土地面积因素修正系数

宗地面积/m²	8 000以下	8 000~12 000	12 000~30 000	30 000~50 000	50 000以上
修正幅度	-3%	-1.5%	0%	1.5%	3%

估价对象与可比实例土地面积分别为 28 014m²、8 189.5m²、16 814.7m²、7 863.1m²，故可比实例A、B、C的土地面积因素分别修正-1.5%、0%、-1.5%。

D4 红线内开发程度如表8-33所示。

表 8-33　红线内开发程度因素修正系数

红线内开发程度	七通以上	六通～七通	五通	四通	三通	三通以下
修正幅度	8%	6%	3%	0	-3%	-6%

估价对象红线内开发程度为五通一平，可比实例红线内开发程度已设定为五通一平，故红线内开发程度不作修正。

D5 临路状况如表 8-34 所示。

表 8-34　临路状况因素修正系数

临路状况	临主干道	临次干道	临支路	不临路
修正幅度	3%	0	-3%	-6%

估价对象与可比实例 A、B 临次干道，可比实例 C 临主干道，故临路状况分别修正 0、0、3%。

(5) 可比实例修正后的估价对象比较价格，详见表 8-35。

表 8-35　可比实例比较因素修正系数表

比较因素＼比较对象		可比实例 A	可比实例 B	可比实例 C
交易单价/(元/m²)		640	642	659
交易日期 A		100/100	100/100	100/100
交易情况 B		100/100	100/100	100/100
区域因素	产业聚集度 C1	100/100	100/100	100/100
	交通通达度 C2	100/100	100/100	100/100
	基础设施完备度 C3	100/100	100/100	100/100
	环境质量 C4	100/100	100/100	100/100
	土地等级 C5	100/95	100/95	100/95
个别因素	土地形状 D1	100/100	100/100	100/100
	水文地质条件 D2	100/100	100/100	100/100
	土地面积 D3	100/98.5	100/100	100/98.5
	红线内开发程度 D4	100/100	100/100	100/100
	临路状况 D5	100/100	100/100	100/103
修正后比较地价		684	676	684
算术平均值		681		

对于上述各实例修正后的单价进行简单算术平均，得到估价对象的比较单价：

(684+676+684)÷3=681(元/平方米)(取整)

(6) 土地使用年限修正系数 K。

估价对象土地使用期限从 2005 年 10 月 10 日至 2055 年 10 月 9 日止(50 年)，至价值时点剩余使用年限为 42.5 年。

$$K=[1-1/(1+r)^m]\,/[1-1/(1+r)^n]$$

式中：m——评估土地剩余使用年期(42.5 年)；

　　　n——工业用地最高使用年期(50 年)；

　　　r——土地报酬率

根据价值时点的中国人民银行一年期定期存款利率 3.0% 作为安全利率，加 2.0% 作为风险调整值，土地报酬率确定为 5.0%。

$$K=0.9578$$

(7) 土地使用权单价。

$$\text{土地使用权单价}=681 \times 0.9578=652(\text{元/平方米})(\text{取整})$$

(8) 利息(房屋建造周期按 12 个月计算，建筑费用等期间均匀支付，故计土地取得成本的 1 年期利息，按价值时点中国人民银行一年期贷款利率 6.0% 计算)。

$$652 \times [(1 + 6.0\%)^1 - 1]=40.32(\text{元/平方米})$$

(9) 投资方利润(取 8%)：

$$652 \times 8\%=53.76(\text{元/平方米})$$

(10) 土地取得税费(契税税率为 3%)：

$$(652+40.32+53.76) \times 3\%=19.57(\text{元/平方米})$$

(11) 土地使用权价值：

$$652+40.32+53.76+19.57=766(\text{元/平方米})(\text{取整})$$

估价对象土地面积为 28 014.0 平方米，则：

$$\text{土地使用权价值}=766 \text{ 元/平方米} \times 28\ 014.0 \text{ 平方米}$$
$$=2\ 146 \text{ 万元(取整)}$$

2. 建筑物价值计算(重置成本法，以 1 号车间为例)

(1) 1 号建筑简况如表 8-36 所示。

表 8-36　1 号建筑简况

幢号	建筑物名称	建筑面积 /m²	房屋类型	结构	层数	建筑物基本情况
1	车间	2 985.18	工厂	钢结构	1	独立基础，钢柱梁，钢屋架，彩钢板墙面及屋面，铝合金窗，卷帘门，砼地坪。配有行车，总楼层 1 层。该房屋竣工于 2007 年，使用、维修、保养情况较好

(2) 重置价格的计算。

① 建筑安装工程费。

根据估价对象房屋建筑物的用途、结构类型以及其他主要特征情况，选取参照案例，案例如表 8-37 所示。

表 8-37　参照案例情况说明表

项目名称	内　容
工程名称	××厂房
工程分类	建筑工程——工业建筑——厂房——轻钢结构厂房——单层厂房
工程地点	外环线外——JD区
建筑物功能及规模	含部分办公楼的重型厂房
开工日期	2008.4.18
竣工日期	2008.10.18
建筑面积/m²	其中：地上 40 998；地下＿0＿
建筑和安装工程造价/万元	5 870.17
平方米造价/(元/m²)	1 432
结构类型	钢结构
层数/层	地上＿单层带部分三层办公楼；地下：＿0＿
建筑高度(檐口)/m	9
层高/m	其中：首层 9　标准层＿＿＿
建筑节能	外墙 50 厚岩棉保温层，屋面 50 厚玻璃纤维棉保温层
抗震设防烈度/度	8
类型	PHC 钢混凝土管桩，承台基础
埋置深度/m	1.9
计价方式	清单计价
合同类型	固定总价合同
造价类别	结算价
编制依据	建设工程工程量清单计价规范(GB 50500—2003)
价格取定期	S 市建设工程标准与造价信息网 2008 年 4 月为基准

采用相似工程类比法求取估价对象建安工程费，对参照案例进行层高、层数等主要影响因素进行修正。

A. 层(檐)高：每增减 1 米，结构调整如表 8-38 所示。

表 8-38　结构层高调整系数表

结构	钢混(框架)	混合	砖木	钢结构
调整幅度	8%	6%	5%	6.5%

估价对象 1 号车间的层高约 7.5 米，造价案例为 9 米，因层高的差异影响到了土建工程的单位造价，故此处估价对象的建安工程费基准单价为 1 260 元/m²。

建安工程费基准单价=1 432×[1+8%×(7.5-9)]=1 260(元/m²)。

B. 层数调整如表 8-39 所示。

表 8-39　结构层数调整系数表

层数	一	二	三	四	五	六
调整幅度	+5%	0	-3%	-5%	-4%	-3%

估价对象 1 幢与对应的可比实例层数相同，在此不作层数修正。

C. 造价指数修正。

根据国家统计数据库《各地区固定资产投资价格指数》(2003—2012): 2008 年 3 季度指数为 150.5; 2012 年 4 季度造价为 163.3。至价值时点 2013 年第 1 季度指数尚未发布，根据估价师经验判断，2012 年 4 季度至价值时点，指数总体保持平稳，故在此参照 2012 年 4 季度修正，如表 8-40 所示。

$$造价指数修正系数 = \left(\frac{163.3}{150.5} - 1\right) \times 100\% = 8.5\%$$

表 8-40　固定资产投资价格指数(2003 年 1 季度~2012 年 4 季度)

时间	价格指数	时间	价格指数	时间	价格指数	时间	价格指数
2003 年 1 季度	101.7	2005 年 3 季度	116.6	2008 年 1 季度	134.2	2010 年 3 季度	146.9
2003 年 2 季度	103.3	2005 年 4 季度	118	2008 年 2 季度	140.3	2010 年 4 季度	153.9
2003 年 3 季度	106.2	2006 年 1 季度	117.9	2008 年 3 季度	150.5	2011 年 1 季度	151.8
2003 年 4 季度	109.8	2006 年 2 季度	116.4	2008 年 4 季度	146.3	2011 年 2 季度	155.5
2004 年 1 季度	115.7	2006 年 3 季度	123.8	2009 年 1 季度	131.7	2011 年 3 季度	162.5
2004 年 2 季度	116.2	2006 年 4 季度	129.6	2009 年 2 季度	128.8	2011 年 4 季度	164.8
2004 年 3 季度	115.8	2007 年 1 季度	120.6	2009 年 3 季度	140.6	2012 年 1 季度	152.3
2004 年 4 季度	117.6	2007 年 2 季度	120.6	2009 年 4 季度	140.2	2012 年 2 季度	154.9
2005 年 1 季度	118.1	2007 年 3 季度	130	2010 年 1 季度	134.9	2012 年 3 季度	160.1
2005 年 2 季度	117	2007 年 4 季度	139.3	2010 年 2 季度	138.7	2012 年 4 季度	163.3

说明：上表中的固定资产投资价格指数为定基价格指数，基期以 2000 年 1 季度的价格为 100。

D. 估价对象建筑安装工程费修正如表 8-41 所示。

表 8-41　估价对象建筑安装工程费修正

序号	建筑物名称	建筑面积/平方米	层数	建安造价		修正项目		修正后建安工程费/(元/平方米)
				参照单价	层数		造价指数	
1	1 幢	2 985.18	1	1 260	0%		8.50%	1 188.9

② 专业费(设计、勘探等专业费取建筑安装工程费的6%)。

1 188.9 × 6% = 71.3(元/平方米)

③ 管理费(管理费取上述两项费用和的3%)。

(1 188.9 + 71.3) × 3% = 37.8(元/平方米)

④ 利息(建设周期按 12 个月计算,建筑安装工程费等费用期间均匀投入,故计上述三项费用半年期利息,按价值时点银行年贷款利率 6.0%计算)。

$(1\,188.9+71.3+37.8) \times [(1+6.0\%)^{0.5}-1]=38.4$(元/平方米)

⑤ 利润(根据 S 市建筑工程建造的平均利润率,本次估价中利润取 1~3 项费用和的 8%)。

$(1\,188.9+71.3+37.8) \times 8\%=103.8$(元/平方米)

⑥ 重置单价(取上述五项费用之和)。

$1\,188.9+71.3+37.8+38.4+103.8=1\,440$(元/平方米)(取整)

(3) 建筑面积的确定。

根据委托方提供的 S 市房地产权证,确认建筑面积为 2 985.18 平方米。

(4) 成新率的确定。

A. 平均年限法。

平均年限法计算公式:成新率=1-(1-残值率)×已使用年限/耐用年限

估价对象厂房竣工于 2007 年,至价值时点已使用 7 年,房屋为钢结构生产性用房,钢结构生产性房屋耐用年限为 70 年。

平均年限法成新率=1-7/70=90%(取整)

B. 打分法技术测定成新率的确定。

成新率以结构部分、装饰部分和设备部分三部分测定打分。

依据建设部有关鉴定房屋新旧程度的参考依据、评分标准,根据现场勘查测定打分测定房屋建筑物成新率,如表 8-42 所示。

表 8-42 房屋建筑物成新率具体打分情况表

部分	名 称	标准	实测现状	打分	合计	权重
结构部分	基础	25	有足够的承载力,无超过允许范围的不均匀沉降	24	92	0.80
	承重构件	25	梁、柱、墙、板、屋架平直牢固,无倾斜变形、裂缝、松动、腐朽、蛀蚀	24		
	非承重墙	15	砖墙平直完好,无风化破损	13		
	屋面	20	不渗漏,基层平整完好,积尘甚少,排水畅通	18		
	楼地面	15	整体面层平整完好,无空鼓、裂缝、起砂	13		
装饰部分	门窗	35	完整无损,开关灵活,玻璃五金齐全,油漆完好	30	87	0.15
	外粉饰	35	完整牢固,无空鼓、剥落、破损和裂缝,勾缝砂浆密实	30		
	内粉饰	30	完整,无空鼓、剥落、破损和裂缝	27		
设备部分	水卫	50	上、下水管道畅通,零件齐全完好	45	90	0.05
	电照	50	电器设备、线路、各种照明装置完好,绝缘良好	45		

成新率=(结构打分×权重+装饰打分×权重+设备打分×权重)÷100×100%

=(92×0.80+87×0.15+90×0.05)÷100×100%

=91%(取整)

确定打分法技术测定成新率为 91%。

C. 综合成新率的确定。

综合成新率采用加权平均，平均年限法权数取 50%，打分法权数取 50%，则综合成新率公式为

成新率=(平均年限法×权数+打分法成新率×权数)÷总权数

＝90%×50%+91%×50%

＝90%(取整)

确定综合成新率为 90%。

(5) 1 号车间评估价值确定

评估价值=重置单价×建筑面积×成新率

＝1 440×2 985.18×90%

＝387(万元)(取整)

(6) 厂房评估价值如表 8-43 所示。

表 8-43　房屋建筑物评估价格计算表(详见工作底稿)

幢号	建筑物名称	结　构	建成年月	建筑面积/m²	层数	重置单价/(元/m²)	重置总价/万元	成新率/%	评估价值/万元
1	车间	钢结构	2007	2 985.18	1	1 440	429.9	90%	387
2	车间	钢结构	2007	6 479.60	1	1 440	933.1	90%	840
3	办公楼	钢混	2007	1 034.92	2	1 485	153.7	90%	138
—	—	—	—	10 499.7	—	—	1 516.6	—	1 365 (取整)

说明：钢混结构办公楼的重置单价在钢结构车间的重置单价基础上上调 3.125%。

3. 成本法估算结果确定

估价对象房地产价值=国有土地使用权价值+建筑物价值

＝2 146+1 365

＝3 511(万元)

(二)收益法

1. 年潜在毛收入确定

由于 S 市目前对租赁物业没有强制性备案登记的措施，租赁双方没有据实登记的积极性。估价师目前也无法查询到政府权威的租赁价格信息登记资料。因此估价人员经调整分析，选择挂牌租赁案例相对具有较高的可信度，租赁挂牌价与之最终的租金成交价差异相对较小，经过适当修正可作为估价对象客观合理租金的参考。

经调查，估价对象所在同一供需范围内工业厂房出租较为活跃，故估价人员进行了租金测算。表 8-44 所示是所选取的租金案例。

表 8-44 可比实例租金情况一览表

名　　称	交易情况	房地产状况	成交价格/(元/天·平方米)	成交日期	案例来源
实例一	挂牌	××镇工业区 2 445m² 双层厂房	0.8	2013.5.29	001 厂房网
实例二	挂牌	××镇 11 000m² 厂房	0.7	2013.5.24	001 厂房网
实例三	挂牌	××镇工业区 1 732m² 三层厂房	0.8	2013.5.29	001 厂房网
实例四	挂牌	××镇 2 000m² 厂房	0.7	2013.5.24	001 厂房网

估价人员调查了估价对象所在区域该类房屋租赁情况，该区域该类厂房租金水平大致在 0.7~0.9 元/天·平方米的区间内，估价人员根据该地区的平均租金水平并结合估价对象层高、面积、地理位置等实际情况，估价对象的客观平均租金人民币约 0.7 元/天·平方米。

2. 年有效毛收入的确定

有效毛收入是由潜在毛收入(假定房地产在充分利用、无空置状况下可获得的收入和租赁保证金、押金等的利息收入)扣除空置、拖欠租金(延迟支付租金和不付租金)以及其他原因造成的收入损失后所得到的收入。

根据上述市场调查结果，本次估价对象房地产租金取 0.7 元/天·平方米(不考虑租赁保证金、押金等的利息收入)。

出租率取 96%(估价人员通过调查了解到，附近类似物业平均每年有半个月的空置期，折合平均空置率为 0.5/12=4%，出租率为 100%-4%=96%)。

3. 年运营费用确定

年租赁管理费：管理费主要是指业主对自有房地产进行必要招租及管理所必需的费用，一般取年租赁收入的 1%~2%，由于该物业为工业，根据现行市场的行情，本次取 1%。

年维修费：根据上述计算结果，建造该厂区内建筑物的重置价格约为 1 516.6 万元。考虑估价对象的特点，年维修费我们按重置价格的 1% 计。

年保险费：通常按建筑物现值的 2‰~3‰计，结合当前社会保险的一般情况，经综合考虑后取 2‰。

税金：根据《中华人民共和国房地产税收暂行条例》及 S 市人民政府的《实施细则》规定，对出租房屋按租金收入的 12% 税率征收房地产税，另外考虑 5.565% 的营业税及附加，应缴税率合计 17.565%。

4. 年净收益确定

年净收益=年有效毛收入−年运营费用

5. 年净收益变化情况

根据对估价对象房地产状况和类似房地产市场(含房地产租赁市场)的调查和分析，预测在未来收益期限内类似房地产的市场价格逐年增长，租赁需求持续旺盛，估价对象租金水平随之逐年会有一定幅度的增长，并且增长幅度将明显大于同期的通货膨胀和运营费用增长等因素的影响。本次估价假设估价对象在未来 10 年内净收益每年基本上按照 1%的固定比率递增(一般为 1%~3%)，以后年净收益保持不变，选择合适的收益法计算公式，公式中的净收益采用估价对象未来第一年的净收益。

6. 报酬率的确定

本次估价报酬率的确定采用累加法，累加法是将报酬率视为包含安全利率和风险报酬率两大部分，先分别求取每一部分，再将它们相加即为所求的资本化率。安全利率选用价值时点同期中国人民银行公布的一年定期存款年利率 3.0%；风险报酬率是指承担额外的风险所要求的补偿，即超过安全利率以上部分的报酬率，具体是对估价对象房地产自身及其所在的区域、行业、市场等方面风险的补偿。风险报酬率根据评估对象所在地区的经济现状及未来预测、估价对象的用途及新旧程度等综合确定。

公式及相关参数的确定。

累加法求取报酬率的公式为

报酬率＝安全利率+投资风险补偿率+管理负担补偿率+
缺乏流动性补偿率-投资带来的优惠率

(1) 安全利率，一般采用同一时期的一年期银行定期存款利率(目前为 3.0%)。

(2) 投资风险补偿率，投资者考虑到投资于周期较长、收益不稳定房地产时，承担了一定的风险，希望对其承担的额外风险给予一定的补偿。一般认为的工业房地产行业投资风险补偿率为 3.0%。

(3) 管理负担补偿率，投资者考虑投资房地产时，要付出的额外管理负担，希望对其承担的额外管理给予一定的补偿。一般认为的房地产行业管理负担补偿率为 0.5%。

(4) 缺乏流动性补偿率，投资者考虑投资房地产时，要投入大笔资金，而房地产开发周期长、变现时间也长，希望对其资金缺乏流动性给予一定的补偿。一般认为的房地产行业缺乏流动性补偿率为 1.0%。

(5) 投资房地产带来的优惠率，如投资房地产可向银行申请抵押贷款，易获得融资，投资者往往会因此而降低所要求的报酬率，一般为 0.5%；又如投资房地产往往可以抵扣部分所得税，从而得到一定的优惠，一般为 0.6%，如表 8-45 所示。因此，一般认为投资房地产带来的优惠率为-1.1%。

表 8-45　累加法求取报酬率一览表

项　目	数　值	取值理由
安全利率	3.0%	目前最新一年期存款利率为 3.0%
投资风险补偿率	3.0%	目前工业产业有一定的风险，因此投资风险补偿率按 3.0%考虑
管理负担补偿率	0.5%	按照估价人员的经验按 0.5%考虑
缺乏流动性补偿率	1.0%	按照估价人员的经验按 1.0%考虑
易于获得融资的优惠率	-0.5%	按照估价人员的经验按 0.5%考虑
所得税抵扣的优惠率	-0.6%	按照估价人员的经验按 0.6%考虑
报酬率合计	6.4%	本次估价取 6%

7. 估价对象收益年期确定

估价对象土地使用期限从 2005 年 10 月 10 日至 2055 年 10 月 9 日止(50 年),剩余土地使用年限为 42.5 年。故估价对象的收益年限取土地剩余使用年限为 42.5 年。

8. 收益法估算结果确定

收益法测算表如表 8-46 所示。

表 8-46　收益法测算表

序　号	项　目	计　算　式	相关参数	测算结果/万元
一、	年有效毛收入			
1.1	日租金/(元/m²)		0.7	
1.2	空置率		4%	
	小计/万元	日租金×(1-空置率)×365		257.54
二、	年运营费用			
2.1	建筑物重置价格/万元			1 516.6
2.2	建筑物现值/万元	重置价格×成新率	90%	1 365
2.3	年租赁、管理费/万元	年有效毛收入×0.01	1.0%	2.58
2.4	年维修费/万元	建筑物重置价格×0.01	1.00%	15.17
2.5	年保险费/万元	建筑物现值×0.002	0.2%	2.73
2.6	年税金/万元	年有效毛收入×0.17565	17.565%	45.23
	小计/万元			65.71
三、	房地产净收益 a/万元	年有效毛收入-年运营费用		191.83
3.1	收益年限 n/年		42.5	
3.2	房地产报酬率		6.0%	
3.3	房地产收益递增比率 s		1%	
四、	收益总价/万元			3 145
五、	建筑面积	10 499.7m²	折合单价	2 995 元/m²

估价人员假设上述这些经营收益及相应的成本费用保持不变,房地产市场稳定,还原利率每年保持不变,前 10 年年收益递增比率为 1%,以后年收益保持不变,据此选择收益法计算具体公式如下:

$$P = \frac{a}{r-s}\left[1-\left(\frac{1+s}{1+r}\right)^n\right] + \frac{a\times(1+s)^n}{r\times(1+r)^n}\left[1-\left(\frac{1}{1+r}\right)^{(N-n)}\right]$$

$$= \frac{191.83}{6\%-1\%}\times\left[1-\left(\frac{1+1\%}{1+6\%}\right)^{10}\right] + \frac{191.83\times(1+1\%)^{10}}{6\%\times(1+6\%)^{10}}\times\left[1-\left(\frac{1}{1+6\%}\right)^{32.5}\right]$$

$$= 3145(万元)$$

公式: P——房地产收益价值(万元);

　　　a——未来第 1 年的净收益(万元);

　　　r——报酬率(%);

s——未来 n 年内净收益的年固定增长率(%);

    N——未来可获收益的总年限(年);

    n——未来年净收益按照固定增长率递增的年限(年)。

八、估价结果确定

1. 估价结果的分析

通过成本法得出估价对象成本价值为 3 511 万元,通过收益法得出估价对象收益价值为 3 145 万元,两者评估结果差异较小。成本法的结果为成本的积算,比较能准确地反映估价对象的实际情况,收益法的估价前提为有收益且稳定,此类物业的出租情况比较稳定,且收益的风险较小。因此估价人员根据估价对象现状并结合估价师的专业经验和本次估价目的,认为本次估价取成本法与收益法加权平均值为最终估价结果更科学。

经分析,我们确定两种方法评估结果的权重值分别为 70%和 30%。则估价对象房地产价格为:

3 511 × 70%+3 145 × 30%=3 400(万元)(取整)

2. 估价结果的确定

本次估价遵守公认的估价原则,按照严谨的估价程序,运用成本法和收益法,进行了专业分析、测算和判断,满足本次估价的全部假设和限制条件的结论如下:

(1) 估价对象在假定未设立法定优先受偿权利下的市场价值为人民币 3 400 万元(大写:人民币叁仟肆佰万元整)。

其中:估价对象建筑物所有权价值为人民币 1 365 万元。

(2) 法定优先受偿款:根据《S 市房地产登记簿》显示,估价对象于价值时点已设定抵押,抵押权人为 S 市××银行××支行,登记证明号:××,债权数额 800 万元,债权发生期间:2012 年 4 月 18 日至 2013 年 4 月 17 日止。于价值时点估价师知悉的法定优先受偿款金额为人民币 800 万元(大写:人民币捌佰万元整)。

(3) 根据《房地产抵押估价指导意见》,房地产抵押价值=未设立法定优先受偿权利下的市场价值-法定优先受偿款。因此估价对象的抵押价值为人民币 2 600 万元(大写:人民币贰仟陆佰万元整)。

本 章 小 结

居住类房地产估价对象主要为:户(居住单元)、住宅单元、住宅楼、居住小区等。居住房地产具有单宗交易规模较小,但市场交易量巨大;具有较强的相似性和可比性;产权多样性、价格内涵差异明显的特点。在各类住宅价格构成中,商品房的价格构成最全面,包括所有成本与费用,主要有土地取得费、开发成本、开发利润、管理费用、投资利息、销售税费等,其他类住宅都有一种或多种成本或费用的减免。

新建居住房地产一般采用成本法与市场比较法进行综合评估。评估旧有居住房地产,一种方式是对土地和房屋分别估价,合并计算;另一种方式是直接运用市场比较法进行整体评估。拆迁居住房屋的补偿价格应根据《城市房屋拆迁管理条例》的规定,作价补偿的金额按照所拆房屋的建筑面积的重置价格结合成新结算。由于居住房地产具有产权多样性、产品多样性的特点，因此估价人员在对居住房地产进行评估时，应充分了解和分析估价对象的基本事项，遵循相应的估价技术路线，选择适当的估价方法进行估价。

工业房地产是指工业企业和其他企业生产单位所属的房地产。工业房地产具有行业特征明显、建筑工程造价差异大、受腐蚀的可能性大、要区分设备和建筑物的造价的特性。工业房地产的价格受到交通条件、集聚规模、用地面积、基础设施、地质和水文条件、房地产用途、厂房面积、结构、高度与设备安装情况等因素的影响。在实际工业用地评估中，工业房地产通常缺少同类交易案例，特别是非标准厂房，所以，一般不具备采用市场比较法估价的条件，采用较多的是成本法。工业用地不同于商业用地和居住用地，用地企业及产业的区位竞争更多地体现在城市之间的选择上。一个城市工业地价水平高低直接影响到其招商引资的强度和能力，也直接牵动一方经济建设、产业结构调整、劳动就业等诸多方面，从而形成地区间特有的工业用地价格及产业布局竞争模式。

复习思考题

1. 居住类房地产的评估方法和需要注意的事项有哪些？
2. 居住类房地产的特点有哪些？
3. 工业房地产的特点有哪些？
4. 工业房地产评估的方法和需要注意的事项有哪些？

第九章

房地产抵押估价

【本章学习要求及目标】

通过本章的学习，了解房地产抵押的设定、行为及处置的有关法律规定；掌握房地产抵押估价的目的与价值属性的关系；掌握房地产抵押估价的要素要点；理解抵押价值估价中的市场风险、变现能力风险等；理解谨慎性原则在抵押估价中的具体应用；掌握抵押价值估价的基本技术思路；理解不完全产权房地产、集体土地上房地产及在建工程的抵押价值估价要点；掌握优先受偿权的范围及披露要点，以及理解房地产抵押估价报告案例的内容及技术思路的特点。

第一节　房地产抵押概述

一、房地产抵押的概念

　　房地产抵押是指抵押人以合法的房地产，以不转移占有的方式向抵押权人提供债务、履行担保的行为。债务人不履行到期债务或者发生当事人约定的实现抵押权的情形时，抵押权人有权就抵押的房地产优先受偿。其中"抵押房地产"不仅指具有完全使用功能的房地产，也包括未竣工的期房或在建工程等。若购房人在支付首期规定的房价款后，由贷款金融机构代其支付其余的购房款，购房债务人将所购的未竣工商品房未来的所有权作为偿还贷款的担保物，这一行为称为"预购期房按揭贷款抵押"。若抵押人为取得在建工程继续建造资金的贷款，以其合法方式取得的土地使用权连同在建工程的投入资产，以不转移占有的方式抵押给贷款银行作为偿还贷款履行的担保，这一行为称为"在建工程抵押"。

　　房地产抵押应依据《中华人民共和国城市房地产管理法》、《中华人民共和国担保法》、《中华人民共和国物权法》及最高人民法院的司法解释、《城市房地产抵押管理办法》、《商业银行房地产贷款风险管理指引》等进行，评估人员开始房地产抵押评估之初，需确认抵押物、抵押行为和抵押清算处置的合法性，需熟知相关的规定。

二、房地产抵押的设定

　　根据《城市房地产管理法》规定，房地产设定为抵押物有两种情况：①依法取得的房屋所有权连同该房屋占用范围内的土地使用权同时设定抵押权；②以单纯的土地使用权抵押的，也就是在地面上尚未建成建筑物或其他地上定着物时，以取得的土地使用权设定抵押权。

　　基于以上抵押物设定的条件，债务人或第三人有权设定抵押的房地产包括：①抵押人所有的建设用地使用权及地上建筑物和其他土地附着物可以设定抵押；②以招标、拍卖、公开协商等方式取得的荒地、荒沟、荒丘、荒滩等荒地的土地承包经营权，并经发包方同意抵押的；③正在建设的建筑物，可以以在建工程已完工部分抵押的，其土地使用权随之抵押；④以出让方式取得的国有土地使用权可以设定抵押，且该国有土地上的房屋同时抵押；⑤以乡(镇)、村企业的厂房等建筑物抵押的，其占有范围内的建设用地使用权同时抵押；⑥学校、幼儿园、医院等以公益为目的的事业单位、社会团体，以其教育设施、医疗卫生设施和其他社会公益设施以外的财产可以设定抵押。

　　不能设定抵押的房地产包括：①土地所有权；②划拨土地使用权不得单独抵押；③权属有争议的房地产，所有权、使用权不明或者有争议的房地产；④用于教育、医疗、市政等公共福利事业的房地产，学校、幼儿园的教育设施、医院的医疗卫生设施、以公益为目的的事业单位和社会团体的社会公益设施等；⑤列入文物保护的建筑物和有重要纪念意义的其他建筑物；⑥已依法公告列入拆迁范围的房地产，被依法查封、扣押、监管或者以其他形式限制的房地产，以及以法定程序确认为违法、违章的建筑物；⑦耕地、宅基地、自留地、自留山等集体所有的土地使用权(法律规定可以抵押的除外)；⑧其他依法规定不得抵押的房地产。

三、房地产抵押的行为

有关房地产抵押行为合法性的规定有以下方面。

(1) 房地产抵押，应当凭土地使用权证书、房屋所有权证书办理。当事人未办理抵押物登记的，不得对抗第三人。当抵押物登记记载的内容与抵押合同约定的内容不一致的，以登记记载的内容为准。

(2) 房地产抵押，抵押人可以将几宗房地产一并抵押，也可以将一宗房地产分割抵押。以两宗以上房地产设定同一抵押权的，视为同一抵押物，在抵押关系存续期间，其承担的共同担保义务不可分割，但抵押当事人另有约定的，从其约定。以一宗房地产分割抵押的，首次抵押后，该财产的价值大于所担保债券的余额部分可以再次抵押，但不得超过其余额部分。房地产已经抵押的，再次抵押前，抵押人应将抵押事实告知抵押权人。

(3) 以建筑物抵押的，该建筑物占用范围内的建设用地使用权一并抵押。以建设用地使用权抵押的，该土地上的建筑物一并抵押。抵押人未依照上述规定一并抵押的，未抵押的财产视为一并抵押。乡镇、村企业的建设用地使用权不得单独抵押。以乡镇、村企业的厂房等建筑物抵押的，其占用范围内的建设用地使用权一并抵押。

(4) 以享受国家优惠政策购买的房地产抵押的，其抵押额以房地产权利人可以处分和收益的份额为限。国有企业、事业单位法人以国家授予其经营管理的房地产抵押的，应当符合国有资产管理的有关规定。以集体所有制企业的房地产抵押的，必须经集体所有制企业职工(代表)大会通过，并报其上级主管机关备案。

(5) 以中外合资企业、合作经营企业和外商独资企业的房地产抵押的，必须经董事会通过，但章程另有约定的除外。以股份有限公司、有限责任公司的房地产抵押的，必须经董事会或者股东大会通过，但章程另有约定的除外。

(6) 有经营期限的企业以其所有的房地产抵押的，所担保债务的履行期限不应当超过该企业的经营期限。

(7) 以具有土地使用年限的房地产抵押的，所担保债务的履行期限不得超过土地使用权出让合同规定的使用年限减去已经使用年限后的剩余年限。

(8) 以共有的房地产抵押的，抵押人应当事先征得其他共有人的书面同意。

(9) 所有权人的在建项目应取得国有土地使用证、建设用地规划许可证、建设工程规划许可证、建设工程施工许可证。开发商的预购商品房贷款抵押的，商品房开发项目必须符合房地产转让条件并取得商品房预售许可证。开发商已经合法出售的房地产不得与未售出的房地产一起抵押。

(10) 订立抵押合同前抵押房地产已经出租的，原租赁关系不受该抵押权的影响。抵押权设立后抵押房屋出租的，该租赁关系不得对抗已登记的抵押权。抵押权实现后，租赁合同对受让人不具有约束力。抵押人将已抵押的房屋出租时，如果抵押人未书面告知承租人该房屋已经抵押的，抵押人对出租抵押物造成承租人的损失承担赔偿责任；如果抵押人以书面告知承租人该房屋已抵押的，抵押权实现造成承租人的损失，由承租人自己承担。

(11) 企事业单位法人分立或者合并后，原抵押合同继续有效。其权利与义务由拥有抵押物的企业享有和承担。抵押人死亡、依法被宣告死亡或者被宣告失踪时，其房地产合法继承人或者代管人应当继续履行原抵押合同。

(12) 订立抵押合同时，不得在合同中约定在债务履行期届满抵押权人尚未受清偿时，抵押物的所有权转移为抵押权人所有的内容。

(13) 抵押当事人约定对抵押房地产保险的，由抵押人为抵押的房地产投保，保险费由抵押人负担。抵押房地产投保的，抵押人应当将保险单移送抵押权人保管。在抵押期间，抵押权人为保险赔偿的第一受益人。值得注意的是，以法律、法规禁止流通的财产或者不可转让的财产设定担保，担保合同无效。

(14) 发包人拖欠承包人的建筑工程价款，已抵押担保的债权数额，以及其他法定优先受偿款，均为法律规定优先于该次抵押贷款受偿的数额。

四、抵押房地产的处置

依据《物权法》的规定，债务人不履行到期债务或者发生当事人约定的实现抵押权的情形，抵押权人可以与抵押人协议以抵押房地产折价或者以拍卖、变卖该抵押房地产所得的价款优先受偿。同一房地产向两个以上债权人抵押的，拍卖、变卖抵押房地产所得的价款按照以下规定清偿：抵押权已登记的，按照登记的先后顺序清偿；顺序相同的，按照债权比例清偿；抵押权已登记的先于未登记的受偿；抵押权未登记的，按照债权比例清偿。

人民法院依法对抵押物拍卖的，拍卖保留价由人民法院参照评估价确定；未作评估的，参照市价确定，并应当征询当事人的意见。人民法院确定保留价，第一次拍卖时，不得低于评估价格或者市价的 80%；如果出现流拍，再行拍卖时，可以酌情降低保留价，但每次降低的数额不得超过前次保留价的 20%。抵押物折价或者拍卖、变卖后，其价款超过债权数额的部分归抵押人所有，不足部分由债务人清偿。抵押人未按合同规定履行偿还债务义务的，按照法律规定，房地产抵押权人有权解除抵押合同，拍卖抵押物，并用拍卖所得价款优先得到补偿，使自己的权利不受到侵害。

对于已设定房地产抵押权的土地使用权是以划拨方式取得的，依法拍卖该房地产后，应当从拍卖所得的价款中缴纳相当于应缴纳的土地使用权出让金的款额后，抵押权人方可优先受偿。房地产抵押合同签订后，土地上新增的房屋不属于抵押财产。需要拍卖该宗抵押的房地产时，可以依法将土地上新增的房屋与抵押财产一同拍卖，但对拍卖新增房屋所得，抵押权人无权优先受偿。土地承包经营权和乡(镇)、村企业的厂房等建筑物占用范围内的建设用地使用权一并抵押的，实现抵押权后，未经法定程序不得改变土地所有权的性质和土地用途。

第二节　房地产抵押估价原理

一、房地产抵押估价的目的

　　房地产抵押估价是指为了确定房地产抵押贷款额度提供价值参考依据，对房地产抵押价值进行分析、估算和判定的活动。根据《关于规范与银行信贷业务相关的房地产抵押估价管理有关问题的通知》(简称《通知》)(2006 年)和《房地产抵押估价指导意见》第三条的规定，商业银行在发放房地产抵押贷款前，需由房地产估价机构评估确定房地产抵押价值。评估委托人可以是抵押人或商业银行。因此，抵押评估的目的之一是服务商业银行的贷前审查，为确定"最高贷款额度"提供参考，估价目的表述为"为确定房地产抵押贷款额度提供参考依据而评估房地产抵押价值"。

　　《通知》同时提出，"商业银行应当加强对已抵押房地产市场价格变化的监测，及时掌握抵押价值变化情况"，"委托房地产估价机构定期或者在市场价格变化较快时，评估房地产抵押价值"。房地产抵押评估的目的之二是商业银行需加强贷款资产的风险管理，需跟踪贷款资产市值波动可能造成的信用风险、变现风险等，于是委托评估机构多次进行抵押房地产在债务存续期间的抵押价值评估。此时估价目的表述为"为商业银行资产风险管理提供参考依据而评估房地产抵押价值"。

　　《通知》也提到"处置抵押房地产前，应当委托房地产估价机构进行评估，了解房地产的市场价值"。房地产抵押评估目的之三是因为商业银行进行资产清算处置时，需委托评估机构对房地产可能的变现价值进行评估。评估目的表述为"为商业银行处置抵押资产提供参考依据而评估房地产的清算价值"。

　　目前，对已抵押房地产在债务存续期间的抵押价值评估并没有成为房地产评估业务的常态，更多的传统抵押评估业务发生在商业银行对抵押贷款的贷前审查和贷后资产清算处置阶段。

二、房地产抵押价值的属性

(一)房地产抵押价值属性的一般界定

　　《房地产抵押的估价指导意见》第四条明确规定："房地产抵押价值为抵押房地产在价值时点的市场价值，等于假定未设定法定优先受偿权利下的市场价值减去房地产估价师知悉的法定优先受偿款。"依据以上定义，未考虑法定优先受偿权时，房地产抵押价值是被评估房地产在评估时点的公允价值，即在下列交易条件下最可能实现的价格：①交易双方是自愿进行交易；②交易双方进行交易的目的是追求各自利益的最大化；③交易双方具有必要的专业知识并了解交易对象；④交易双方掌握必要的市场信息；⑤交易双方有较充裕的时间进行交易；⑥不存在买者因特殊兴趣而给予附加出价。如果以上条件不具备，则抵押房地产的评估价值就没法实现。

《通知》(2006)中基于商业银行信贷风险控制对抵押评估的需求进行的诠释，说明商业银行风险资产管理的不同阶段对抵押房地产评估需求存在不同的估价需求，不同评估目的及其抵押价值的内涵应该存在差异。我们只有深刻理解商业银行抵押贷款的资产管理需要，才能更好地把握评估的目的、评估的价值属性，更好地完善评估的技术思路，以及更准确地把握评估参数确定的基本原则。

(二)商业银行对抵押房地产价值评估存在阶段性需求差异

1. 商业银行设定抵押权，目的是降低贷款的风险级别和风险准备金

依据新巴塞尔协议的精神，中国人民银行发布了《贷款风险分类指导原则(试行)》的规定。根据贷款有无设抵押、抵押房地产的用途、贷款人的历史信用记录等方面的差异，对每笔贷款的风险水平进行评级，不同风险等级的贷款需以贷款额度为基数提取差别比率的风险准备金。风险级别越高的贷款，风险准备金率越高，贷款被占用的准备金成本就越高。商业银行贷款的风险级别主要取决于两个重要参数——违约率和价值折损率，如公式(9-1)所示，这两个参数与贷款风险级别呈正向关系，即贷款人的信用风险越高，违约的可能性越大，则贷款风险级别就越高；抵押房地产处置时价值变现能力越低，价值折损率越高，则贷款风险级别越高。设定抵押权，可以有效地降低债务人主动违约的意愿；在债务人违约时，商业银行多一层收回债权资产的价值担保。因而，设定抵押权，同时选择市值稳定的抵押物，可以降低违约率，降低贷款资产价值的折损率，降低贷款的风险级别和减少风险准备金占用额度，提高贷款资产的利用效益。

$$抵押贷款的风险级别 = f(违约率^+，价值折损率^+) \tag{9-1}$$

2. 商业银行设定抵押时，以抵押房地产的时点价值为基数确定最高贷款额，贷款面临价值风险

商业银行确定抵押贷款的最高额度如公式(9-2)所示，其中"房地产抵押价值"是指价值时点假定未设立法定优先受偿权利下的市场价值减去法定优先受偿款的余额。也就是价值时点的"房产市场价值"越高，则商业银行贷款总额越大。一旦抵押房地产市场价值大幅度下跌，债务人违约，则商业银行面临抵押房地产在正常交易状况下的处置收入都无法弥补未偿还贷款本息的可能。评估机构在设定抵押时，对抵押房地产评估时点的市场客观价格评定，不适用于较长时间的价格参考，因而商业银行的抵押贷款存在抵押房地产价值不确定的风险。

$$贷款最高额度 = 房地产抵押价值 \times (1-折扣率) \tag{9-2}$$

3. 债务存续期间，抵押房地产价值的下跌会改变贷款的风险级别，改变银行风险准备金的占用成本

商业银行在抵押贷款的风险评级体系中会区分不同类型抵押房地产的价值风险。对商业类抵押房地产贷款赋予较高的风险系数，对居住类抵押房地产贷款赋予较低的风险系数，因为商业房地产价值的波动较大，一旦进入清算处置流程，快速变现的价值折损率更高。为了防范可能的贷款损失，商业银行会在贷款被正常偿还的阶段，适时跟踪抵押房地产价值的波动，一旦债务人违约风险可能上升，商业银行也对快速变现状态下可能的"价值折

损率"提前作出估计。因而，当商业银行的风险准备金比率体系严格根据抵押物价值波动风险大小调整贷款风险级数，进而动态调整准备金比率和准备金成本占用额时，抵押房地产的价值波动风险就会直接影响贷款资产的成本率和收益率的变化。

4. 债务存续期间，抵押房地产价值较大幅度的下跌会改变贷款人的还款意愿，导致理性的违约率上升

如公式(9-2)所示，商业银行确定贷款最高额度考虑两方面的因素：①抵押房地产客观价值的大小和稳定性；②贷款人还款能力和还款意愿。一方面，贷款人信用风险越高，则"折扣率"越高；债务人的还款能力越强、还款的历史记录越好、贷款的资金用途越安全，贷款人信用风险越低，商业银行给予债务人的"折扣率"就越低，同等价值的抵押房地产债务人可贷的额度就越高。另一方面，商业银行发放给信用级别较好的债务人的贷款，风险评级就会较低，风险准备金的提取也相应较低。

但债务人的信用风险并不稳定，当债务人的收入状况恶化、借债资金投资失败时，债务人的违约风险就会急剧上升，这时债务人的违约行为是一种"被动违约行为"。同时，当抵押房地产价值持续下降，甚至债务余额已经超过了资产的市值、资不抵债时，相当一部分信用级别较好的债务人就会选择主动放弃还贷，这是一种"主动违约行为"。也就是抵押房地产的价值下降到一定界限，会改变有良好还款能力和信用记录的债务人的履约意愿，商业银行因此会遭受信用风险。"价值风险"会引起"信用风险"的上升，美国"次贷危机"就引发相当多的购房者主动放弃还贷，尽管这些个人的还款能力并没有下降。

5. 债务处置时，抵押房地产清算价值面临变现风险

抵押房地产清算处置时的快速变现的价值存在不确定性，如公式(9-3)所示，抵押房地产快速可变现价值取决于清算时刻三部分的价值：抵押房地产正常市场价值、清算方式造成的价值损失额以及需优先支付的费用和债务。"需优先支付的费用和债务"不受市场供需的影响，保持相对稳定。但"正常市场价值"与"清算方式造成的价值损失额"呈反向关系，前者较高时，清算拍卖的成交价格损失会相应较低，快速可变现价值就较高；反之，快速变现价值就较低。"正常市场交易状态"和"清算拍卖交易状态"的交易价差，会随着市场行情的变化而变化。因而，清算处置时刻，变现风险来源于两方面：①正常市场条件下抵押房地产的价值波动风险；②清算交易方式引起的价值折损风险。

快速变现价值=正常市场价值-清算拍卖的成交损失-清算拍卖的费用-
其他法定优先受偿款 (9-3)

综上所述，商业银行对抵押房地产价值评估存在阶段性需求差异，如表9-1所示。

(1) 贷前审核和调查阶段，商业银行发放贷款，设定抵押权时，商业银行委托评估的目的是确定"最高贷款额"的计算基数，即评估时点的抵押房地产的"正常市场价值"或扣除了法定优先受偿款后的"抵押价值"。

(2) 贷中抵押资产风险跟踪审核阶段，商业银行委托评估的目的是准确把握抵押房地产的"价值风险"，及时调整不同类型抵押房地产贷款的风险评级信息，调整不同贷款的风险准备金额度；同时适时跟踪贷款债务人的违约率变化，对抵押房地产一旦进入清算处置，对可以快速变现的价值进行预估。因此，商业银行需要抵押房地产的动态的、长期的、适时价值报告，当抵押房地产的市场价值低于贷款的"最低担保价值"时，尤其希望得到来自评估机构及时的预警提示。在抵押贷款存续期间(少至 6 个月，长至 30 年)，定期评估抵押房地产的"正常市场价值"、"可持续市场价值"和"快速变现价值"以及较为准确的预测三者在未来一定时间段的变化趋势，应该是评估报告的分析重点。目前评估机构为商业银行抵押房地产进行再评估服务几乎是空白。

(3) 清算处置抵押房地产的阶段，债务未能正常偿付，抵押房地产进入处置清算状态，评估机构需要为设定清算拍卖的开拍底价，提供估价建议。此时的"快速变现价值"评估与所谓的"清算评估"并无差异。

表 9-1　商业银行风险管控阶段和抵押房地产价值属性分析

贷款风险管控阶段	贷款风险表现	委托评估目的	评估价值类型	价值内涵
贷前审核和调查	价值风险	确定债务可发放额度	正常市场价值	在评估时点同一估价对象实际成交价格的平均水平
	信用风险		可持续市场价值	在评估有效期内同一估价对象大量可能成交案例中的平均水平
			抵押价值	在评估时点正常市场价值扣除法定优先受偿款
贷中风险跟踪审核	价值风险	确定变化的抵押资产担保价值	正常市场价值	同上
	信用风险	监测价值波动风险	可持续市场价值	同上
	信用风险(主动违约行为)		快速变现价值	在评估时点强制拍卖处置状态下可变现净值，扣除法定优先受偿款和税费
清算处置	价值风险	确定抵押资产的可变现价值	快速变现价值	同上
	清算变现风险			

(三)不同阶段的抵押价值属性存在内涵差异

以服务商业银行抵押贷款风险管理为目的的抵押评估需要明确以下价值属性及其内涵差异。

1. 实际成交价格、正常市场价值和可持续市场价值

"实际成交价格"，是指某一评估时点不同交易案例的实际成交价格，因为交易方式、交易对象、付款方式等方面的不同，不同交易案例的交易价格存在差异。"正常市场价值"，是指在某一评估时点公开市场条件下的公允价值，即同一时点同一估价对象大量实际成交案例的平均价格水平。"可持续市场价值"，是指在一段时间内公开市场条件下的公允价值，用统计学的抽样观点解释，"可持续市场价值"应该是在评估报告的适用时间范围内

的，考虑到未来价格波动趋势条件下的，正常交易状态下大样本表现出的平均价格水平。

如图 9-1 所示，其中"点状直线"表示同一时点不同交易案例形成的实际交易价格；"点状曲线"上任一点表示该时刻大量类似交易案例修正后的客观市场价值；"实状曲线"表示商业银行关心的可持续的市场价值，反映该物业在较长时期内、类似物业的市场平均价格水平。

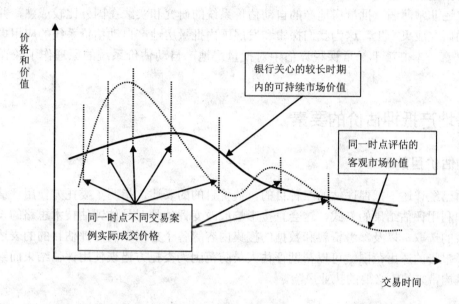

图 9-1　交易案例实际成交价格、正常市场价值、可持续市场价值示意图

2. 正常市场价值、抵押价值和快速变现价值

根据《房地产抵押估价指导意见》第四条的定义，如果存在优先偿还债务，房地产的"抵押价值"等于"市场价值"与"法定优先受偿款"之差；不存在优先偿还债务时，"抵押价值"就是评估时点的"正常市场价值"。"快速可变现价值"是在法院强制拍卖处置状态下，抵押房地产的可变现净值，即扣除法定优先受偿款之后，需继续扣除拍卖处置的交易费用、评估费用、法律诉讼费用等。也就是"快速可变现价值"不等于，且小于评估时点的"抵押价值"。一旦抵押房地产被处置清算，商业银行更关心"快速变现价值"，而不是理论的"抵押价值"。

受制于评估理论不深刻、评估资料不充分、房地产交易和管理制度不完善等多重原因，传统的抵押房地产抵押价值评估业务依然局限于对抵押权设立之初，抵押房地产某一时点的正常交易价格进行估值。随着抵押房地产价格风险分析的深入，传统的抵押价值评估服务的定位已经远远不能满足商业银行在贷款风险动态防范机制所需要的抵押价值适时、更新定价的需求，也不能满足委托方对未来价格趋势预测以及历史价值波动风险评价的需要。根据商业银行贷款风险控制和预警防范的需要，评估机构应该在债务存续期间，为商业银行提供抵押房地产的适时、动态的"时点市场价值"、"可持续市场价值"和"快速可变现价值"报告，同时对以上三种价值波动风险给出趋势预测。

"对抵押房地产价值做到适时、动态的评估"，即需对每一宗抵押房地产的价值建立定价模型，一旦模型中特征因素的状况发生变化，模型的结果就会自动生成新的价格结果。

满足这一基本功能的系统,类似于房产税税基评估过程所需的"批量房地产自动估价系统"。这是以计算机作为辅助工具,运用房地产价值理论和特征价格理论,通过大样本数据调查,建立多元线性回归模型,并以此作为批量房地产的估价依据。目前为了满足征税的需要,深圳税务局、杭州税务局已经建立起比较成熟的批量住宅自动估价系统,正在努力完善临街商铺的批量估价系统,但对于办公楼、商业中心、工业等类型的批量估价系统的理论和实践研究还非常薄弱。批量房地产的自动估价系统的研究和实践在国外比较成熟,并不断地有新的研究成果产生,这为我们探索和发展国内批量房地产自动估价系统的应用提供了宝贵的财富。本书第十一章课税评估中对批量房地产自动估价系统的原理作了较详细的解释。

三、房地产抵押估价的要素

(一)估价目的

前面已经详述了抵押评估的三种目的。估价目的的表述,指明了委托方使用评估报告的用途和利用评估结果的方式,这会直接影响或改变评估师对具体评估技术思路的设计、评估参数的选取,以及参考资料和数据的搜集内容等各个方面。同时评估目的的表述也界定清楚了报告的适用范围,可以帮助评估人员防范因为委托方错误使用评估结果而给自己和评估机构带来的不必要的执业风险。

(二)价值时点

因设定抵押时点在评估时是不确定的,价值时点原则上为完成估价对象实地查看之日。估价委托合同对价值时点另有约定的从其约定,但实地察看时应了解估价对象在价值时点时(过去或未来)的状况,并在"估价的假设和限制条件"中假定估价对象在价值时点的状况与完成实地查看之日的状况一致。

(三)估价对象的确认范围

估价师依据合法原则确认估价对象,也就是估价对象必须拥有合法的产权、有合法的他项权利状况、具有可转让(流通或拍卖)性、抵押登记有效等。合法的抵押房地产才是安全的。

但实际也会遇到一些问题,最常见的有权证不齐;权证所有(使用)权人名称与委托人现在的名称不符;权证上的法定用途和规划面积与实际不符;出让合同的建筑面积与规划批准不符;已全部或部分设定的抵押权,并未到期;有共有权人但没有共有权人同意抵押的声明,不可抵押的人防面积不清;房产证房产登记表上有违章临时建筑;房屋使用多年却无所有权证;分割出的抵押物不合理(缺少独立性)等。这时估价人员应及时将意见反馈给银行和委托人,提出和商议合法的解决办法。但是如果缺少土地或房屋的权证,在建工程没有或缺少合法建设批件,在建工程未出具发包人与承包人及监理方签署的在价值时点是否拖欠建筑工程款的书面说明(承诺函),房屋已竣工使用多年未办理竣工验收或无产权证,属于不合法的或其他不得抵押的房地产范畴的，应促其解决，解决不了的只能不评。

(四)假设前提和限制条件

估价师应该在估价报告中针对估价对象的具体情况合理且有依据地明确相关假设和限制条件，如合法性的延续，用途与面积等主要数据不一致时估价所采用的依据说明，已设定抵押权的部位及其担保的债权数额，已存在抵押权的解押前提，已知不存在的他项权利等的确定，估价人员知悉的、特定的、法定优先受偿款的确定，存在拖欠建筑工程价款的数额，对估价结果有重大影响的其他因素等。房地产估价师和估价机构在进行抵押评估时，应当实事求是，勤勉尽责，不得滥用或任意设定假设前提和限制条件。

(五)市场价值波动的风险预估

由于抵押价值的评估更关注未来可能实现的价值大小，因此为了防止高估抵押房地产的公允价值，评估师需要充分分析抵押房地产公允市场价值的波动趋势，在估价过程中分析和预测市场的整体价格形势和变化趋势。如果在价值时点，当地同类房地产市场出现了过热(或泡沫)的现象，估价师需要考虑到抵押房地产未来的担保价值，要特别谨慎、保守地估价，因为一旦泡沫破裂，市场价值理性回归，抵押物的价值会急速下降。

造成抵押物市场价格波动的因素有很多，包括微观的大气环境、声觉环境、视觉环境以及卫生环境等环境因素的恶化，包括因为规划调整造成的估价对象区位水平的降低和同区域土地价值的下跌，或者因为市政拆迁造成的拆迁补偿费不足以补偿被评估房地产的市场价值等，还有宏观的经济周期的衰退、房地产政策调整的负面影响等，以上微观、宏观因素都可能造成抵押物未来处置价值的下跌折损。与此同时，也不能不考虑一些偶然事故的可能影响，比如自然因素(如火灾、地震、水灾等)会造成对建筑物的价值破坏；被抵押房地产因为一些购买者普遍心理原因造成跌价，比如被评估商铺多次发生经营失败、破产，住宅内发生过丧葬、恶性事件等。这些客观的因素应该被充分考虑到抵押价值的风险因素中。

除上述因素，被评估对象自身的用途或者产权属性等因素也会造成抵押房地产未来价值的实现风险。例如在建工程由于不属于房地产成品，建成使用获得收益尚需时日，这期间不确定因素很多，是否能顺利完工、是否能获得房屋所有权证、未来市场及营销如何等均不确定。在建工程难以准确地确定形象进度、土建安装设备的实际进度、工程款支付状况、能否实现相应的全部利润等。所以评估应预测谨慎，足额考虑后续期间的成本、费用、利息、利润，准确估价现状成本。再如土地的估价，包括房地产中划拨性质土地和集体性质土地，未来处置价值的不确定性也较大，尤其是偏远地带的土地、空置闲置土地、乡(镇)和村企业集体建设用地。

(六)变现能力的预警提示

根据《房地产抵押估价指导意见》，"房地产抵押估价报告应当包括估价对象的变现能力分析。"所谓"变现能力"，是指假定在价值时点实现抵押权时，在没有过多损失的条件下，将抵押房地产转换为现金的可能性。

评估师需要考虑抵押物在债务到期日处置的条件下，因为处置方式造成的价值损失，即假定在价值时点拍卖或者变卖时抵押物最可能实现的价格与评估的市场价值的差异程度，变现的时间长短以及费用、税金的种类、数额和清偿顺序。抵押物的变现能力分析还应当包括抵押房地产的通用性、独立使用性或者可分割转让性等方面的分析。

除此之外，拍卖变现时的费用、税金，主要有强制拍卖费用、拍卖佣金、诉讼律师费、交易手续费、评估费、登记费和合同公证费、营业税及附加、印花税、应补缴的土地出让价款等。报告中应加以提示。

由于以上原因，房地产估价师进行房地产抵押估价活动时，应当掌握抵押房地产的特点，并关注和收集相关市场上各类房地产在快速变现情况下的数据资料，通过统计分析等手段，对抵押房地产的市场流动性及快速变现能力进行定性分析。经过分析，如果确认抵押房地产本身及市场因素造成变现能力较差，要加以提示。

(七)其他说明与风险提示

估价师在估价报告中，应从专业角度向估价报告使用者作出提示：估价对象状况和房地产市场状况因时间变化对房地产抵押价值可能产生的影响；在抵押期间可能产生的房地产信贷风险关注点；合理使用评估价值；定期或者在房地产市场价格变化较快时对房地产抵押价值进行再评估。

房地产抵押估价应当关注房地产抵押价值未来下跌的风险，对预期可能导致房地产抵押价值下跌的因素予以分析和说明。在评估续贷房地产的抵押价值时，应当对房地产价值已经发生的变化予以充分的考虑和说明。

抵押期间，随着时间推移，若经营管理不利、房地产过度使用、实用价值贬损、市场泡沫等因素会使抵押房地产价值下降。估价师应对主要的、可能的引起价值变化的风险，特别是降低价值的风险，如预期风险、损耗风险、法律风险，划拨土地需补缴出让金等加以说明，提出专业性的提示及建议，提醒抵贷双方注意。

(八)谨慎性原则

选用估价方法时，应尽量将成本法作为一种方法，尤其是收益性房地产的收益价格较高时，应使成本价格成为收益价格的补充；但对于有价无市或存在长期低(偏离市场)租金租约的房地产时，估价人员评估抵押价值时，则应更加重视收益价格。确定估价结果时，应采用两种估价方法的不同结果的简单平均值还是加权平均值，需要根据市场情况决定。大多数情况下，抵押估价报告一般选用简单平均值。

第三节 房地产抵押估价应用

依据《房地产抵押的估价指导意见》，若不考虑法定优先受偿款，且商业银行仅仅要求房地产评估报告提供在特定评估时点市场的客观均价水平，则抵押房地产的抵押价值属性一般与公开市场价值属性一致，所采用的评估技术思路与为房地产交易提供市场价值参考的评估技术思路基本保持一致。但是依据谨慎性原则、风险的预估预警性原则，在具体评估过程和评估报告的内容结构上，抵押估价有特殊的注意事项。

一、一般技术思路

(一)市场比较法思路

市场比较法适用于类似交易案例比较丰富，区域性交易市场比较活跃的被估对象。市场比较法是根据已成交的可比实例房地产的市场交易行情，通过可比房地产与被评估房地产的特征比较和价格修正，得到被评估房地产理论的市场平均水平。这是一种"回顾型"价值，非"前瞻型"价值，假定评估时点的市场均价水平将在未来一段时期保持稳定不变。基于谨慎性原则，评估人员要注意以下三点。

(1) 从市场中筛选比较案例，要尽可能选择与被估房地产特征相似，交易时间点与评估时点接近的实际交易案例，需要尽可能避免被高估的交易实例。

(2) 在评估报告的市场背景分析部分，评估人员需要以专业视角分析被评估房地产所在区域类似房地产市场均价的短期和中长期波动走势，预测抵押房地产评估值的时效性，为报告使用者提供专业意见。走势分析中包括类似房地产区域市场的供给趋势，如市场存量、在建增量、计划新建增量等；还有类似房地产区域市场的需求趋势，如市场需求者的数量、年龄结构、购买力、消费偏好等。

(3) 在评估报告的变现风险预估和预警提示部分，评估人员需要以专业视角分析价值波动风险的可能影响因素以及因素的变化形势，为报告使用者预警。这些影响因素包括宏观政策因素，如财税政策、利率政策和人口户籍政策。此外，还有微观的区域公共配套设施建设、公共交通建设、物业管理水平建设和绿化环境等因素。

(二)成本法思路

成本法适用于新建房地产或者在建房地产，这类房地产的使用达到最高、最佳使用状态，累计折旧较少，成本费用数据较易获取和核算。对于被估房地产比较特殊，在市场上交易案例较少，收益数据难以获取等情况，成本法也比较适用，比如自用型的、建筑考究、装修豪华的独立高档住宅，用途较为特殊的非标准工业厂房等。

成本法一般采用房地分离的技术思路，即房地产的价值分为单纯土地的评估值和单纯建筑物的评估值。其中单纯土地的价值评定可以同时采用两种以上的方法，包括土地基准地价修正法、成本法、市场比较法和假设开发法等。单纯建筑物的价值则主要采用重置成本法。评估人员可以按照直接成本、间接成本、相关税费、投资利息和投资利润等，从总成本价值的角度核算建筑物的成本价；也可以先按照单位基础工程费、单位结构工程费、单位装修工程费、单位建筑税费、单位投资利息、单位投资利润等，从单位成本价值的角度核算建筑物的成本价。

不论用哪一种思路，基于谨慎性原则和价值变现风险的预警预估原则，相关成本税费的取值需要遵循"就低不就高"的原则，切不可过高估计成本、税费和利润的价值合计。

(三)收益法思路

收益法主要适用于有盈利能力或者具有盈利潜质的自用、闲置类房地产。能否应用收益法进行估价，要考虑市场有关收益和费用的数据是否充足、是否可靠？市场的盈利风险匹配的报酬率是否可以获取？收益法是基于预期收益原则，考虑未来各种可能的收益风险影响因素，对被评估房地产未来净现金流的折现现值进行客观估计。因此，收益法的参数包括运营收益、运营成本、风险匹配报酬率和有效收益期限等。依据谨慎性原则，确定这些因素需要注意以下几点。

(1) 房地产收益应是产生于房地产或由房地产本身所带来的现金流入，不包括由动产、无形资产等非房地产权利或其他特殊经营管理优势所带来的收益。收益应该反映未来类似房地产的市场平均收益水平，评估人员不能仅仅从历史财务资料估算出运营收益，而需要着眼未来，充分考虑市场正常空置率水平、市场出租成本变化和未来市场租金的波动可能性等，得到未来的客观市场平均租金水平。

如果被评估房地产存在长期租约合同的限制，房地产的运营收益在租赁期内要受制于合同规定的租金水平。评估人员需要弄清楚租金标准，租金核算的面积大小和面积内涵，租约合同的违约成本或者履约约束规定等。

(2) 运营成本需要依据必要性原则、客观性原则、预测性原则进行估计。运营成本估算可以在历史市场运营成本水平的统计基础上，考虑通货膨胀的可能性和程度，考虑未来市场的预期和风险，得到被评估房地产未来的成本费用值。

(3) 被评估房地产收益报酬率，也就是运营风险匹配的合理报酬率，不应偏低，一般采用以下两种方法。但需注意，各地房地产估价行业组织已公布报酬率、利润率等参数的，应当优先选用；不选用的，应当在估价报告中说明理由。

一种是债务权益资产成本加权法，如公式(9-4)所示。

$$运营收益报酬=债务资本利息率×债务资产比重+权益资本期望报酬率×$$
$$权益资产比重 \qquad (9-4)$$

另一种是风险累加法，如公式(9-5)所示。

$$运营收益报酬=安全利率+投资风险补偿率+管理负担补偿率+缺乏流动性补偿率-$$
$$投资带来的优惠率 \qquad (9-5)$$

其中"安全利率"，或称基准报酬率，一般采用同一时期的一年期银行定期存款利率。"投资风险补偿率"，是指投资者考虑到投资于周期较长、收益不稳定的房地产时，承担了一定的风险，希望对其承担的额外风险给予一定的补偿。一般认为的住宅房地产行业投资风险补偿率为 1.0%。"管理负担补偿率"，是指投资者考虑投资房地产时，要付出的额外管理负担，希望对其承担的额外管理给予一定的补偿。一般认为的房地产行业管理负担补偿率为 0.10%。"缺乏流动性补偿率"，是指投资者考虑投资房地产时，要投入大笔资金，而房地产开发周期长、变现时间也长，希望对其资金缺乏流动性给予一定的补偿。一般认为的房地产行业缺乏流动性补偿率为 1.00%。"投资房地产带来的优惠率"，如投资房地产可向银行申请抵押贷款，易获得融资，投资者往往会因此而降低所要求的报酬率，一般为 0.10%；又如投资房地产往往可以抵扣部分所得税，从而得到一定的优惠，一般为 0.10%；

因此，投资带来的优惠率一般确定为 0.15%。

另外还有假设开发法，较多地应用于在建工程抵押价值评估中，本书的第三部分有详述。需要注意的是，在预测未来开发完成后的价值、还原利率、续建费用等时，不应高估未来开发完成后的价值，也不应低估开发成本、有关税费和利润。

二、不同产权类型房地产的抵押估价

房地产抵押价值评估遵循谨慎、保守、合法的原则，不同产权类型房地产抵押和清算处置的法律规定各有不同，因而在对特殊产权房地产进行抵押估价时，尤其要考虑相关法律法规的规定，采用适合的技术思路进行评定。

(一)完全产权房地产

具有完全产权类型的房地产，所在土地一般以出让或者转让方式获得，即产权人拥有一定期限的土地使用权和房屋所有权。这类房屋包括各类商品房、自建自营的饭店、招待所、培训中心、教育、高尔夫球场、工厂等。对于房地产合一的评估对象，评估师可以灵活地采用市场比较法、收益法和成本法估价；以单纯土地使用权为评估对象的，评估师可以采用基准地价修正法、市场比较法或者假设开发法估价。

(二)不完全产权房地产

不完全产权房地产，一般是指拥有房屋所有权，但是所在土地属于划拨性质，例如原国有企事业单位、社会团体的各类房地产、廉租房、经济适用房、房改房、合作建房等。根据规定，"对于已设定房地产抵押权的土地使用权是以划拨方式取得的，依法拍卖该房地产后，应当从拍卖所得的价款中缴纳相当于应缴纳的土地使用权出让金的款额后，抵押权人方可优先受偿。"也就是划拨土地上的房地合一的抵押价值，相当于出让土地上房地产合一的抵押价值扣除土地使用权出让金的余额。

此类房地产抵押价值估计的第一种技术思路：首先运用市场比较法或收益法得到假设在出让土地使用权下的被评估房地产的整体市场价值；然后扣除划拨土地使用权应缴纳的土地使用权出让金或者相当于土地使用权出让金的价款。需要扣除的土地使用权出让金标准需要参照各地方政府的规定，如果当地政府没有规定，则参照当地类似房地产已缴纳的费用标准估算。

第二种思路就是寻找市场上类似产权性质、类似交易目的、类似实物特征的可比案例，运用市场比较法，由可比案例的交易单价，经过因素修正，得到被评估房地产的抵押价值。

第三种思路就是成本法，首先不考虑土地使用权的取得成本，但是考虑土地的开发成本、开发投资利息、开发利润、土地剩余使用年限修正系数，得到被评估土地的成本价值；然后运用重置成本法得到建筑物的重置成本、投资利息、投资利润、建筑物的综合成新率等，得到被评估建筑物的成本价值；最后单纯土地和单纯建筑物价值之和为划拨土地上房地产的抵押价值。

三、集体土地上房地产的抵押估价

(一)评估的对象范围

如本章第一节所述，集体土地上可以设定抵押的评估对象有两类：①以招标、拍卖、公开协商等方式取得的，抵押人依法承包，发包方同意抵押的荒山、荒沟、荒丘、荒滩等荒地的土地承包经营权；②乡(镇)、村企业的建设用地使用权。据统计，截至 2010 年，可被抵押的土地在集体土地面积总额的比例一般不高于 1%，大部分集体土地是被限制或者不允许抵押的，如耕地占全部集体土地的 28.96%，林地为 29.71%，牧草地为 19.23%，未利用的闲置土地占 13.12%。

依据《农村集体土地使用权抵押登记的若干规定》，依法承包并经发包方同意抵押的农村集体荒地的土地使用权和乡(镇)、村企业厂房等建筑物涉及所使用范围内的集体土地使用权可以办理抵押登记，办理土地使用权抵押登记机关为核发土地的管理部门。一旦实现抵押权后，未经法定程序不得改变土地集体所有和土地用途。

《中华人民共和国农村土地承包法》、《中华人民共和国农村土地承包经营权证管理办法》规定，经依法登记取得土地承包经营权证或者林权证等证书的，其土地承包经营权也可以抵押。同时规定，县级以上地方人民政府农业行政主管部门负责农村土地承包经营权证备案、登记、发放等具体工作。承包草原、水面、滩涂从事养殖业生产活动的，依照《中华人民共和国草原法》、《中华人民共和国渔业法》等有关规定也可以确权发证。

(二)评估的技术难点

集体土地上房地产抵押估价的难点就在于其政策法规的特殊性，评估师需要基于当地具体的政策规定，结合产权相关合约的具体规定，合理选择估价方法。但是无论用怎样的估价技术思路，评估师仍然需要明确以下几点。

1. 不改变用途是集体土地使用权和承包经营权抵押估价的基本准则

从《物权法》第二百零一条、《担保法》第五十五条和各地集体土地抵押贷款试点看，在所有权不改变的前提下，无论荒山、荒沟、荒丘、荒滩等农村集体荒地的土地使用权，还是土地承包经营权，实现抵押权后，未经法定程序，不得改变土地所有权的性质和土地用途。因此，集体农用地抵押评估时，地价定义中的用途没有可选性，按照合法原则，设定用途与现状相同，特别是耕地。

2. 集体土地上房地产抵押估价的可选估价方法受到诸多限制

由于相关法律、法规和政策的约束，目前集体土地流转数量还是很有限的。截至 2008 年，全国通过各种方式流转土地面积占全部家庭承包经营面积的 7%左右；大部分地区通过"转包"形式流转的农村土地占到流转面积的 50%左右，"出租"是次一种流转方式，多数地区出租土地面积占 30%左右，其他流转形式的比例较低；南方和东北地区高于华北和西北地区，沿海经济发达地区土地流转比例较高，部分农村劳动力出外务工地区农村土地流转比例较高。农村土地流转市场的不成熟，使得土地抵押价值的评估不适宜采用市场比较法，且收益法中如何得到客观租金水平，也遇到很大的困难。因此，在流转比例低的地区，集体土地使用权价值和集体土地承包经营权的抵押价值评估，首选收益法和成本法；对于流转比例高的地区，可以考虑采用市场比较法。

3. 集体土地上房地产抵押价值内涵的法律解释具有特殊性

《农村集体土地使用权抵押登记的若干规定》规定，因处分抵押财产转移乡村企业集体土地使用权的，应当由土地管理部门依法先办理征地手续，将抵押土地转为国有，然后再按照抵押划拨国有土地使用权的办法进行处置。如果集体土地所有者出具的书面证明中规定，土地征收费不作为清偿资金的，则应从评估值中扣除。因此集体土地使用权的抵押价值是指集体土地的收益价值扣除类似土地征收费等法定优先受偿款后的余额。而集体农用地承包经营权的抵押价值，则是剩余承包期内农用地的收益价值余额。

4. 抵押评估的集体土地上房地产必须是经有关部门合法确权的

据统计，截至 2005 年年末，全国集体土地所有权初始登记发证 118 万本，登记覆盖率仅达到 51%，集体土地使用权初始登记覆盖率仅达到 73%。造成这一现象的原因很多，比如有些农村地处偏僻，或者当地土地管理部门对发证工作的重视程度不够等。抵押评估时评估人员需要针对不同情况采取相应措施：要求权利人在抵押前办理产权登记手续；权属资料不全的建议登记机关和权利人补充和完善产权资料；工作未开展的、地籍调查未完成的则暂不开展抵押评估业务。

5. 土地与地上房屋一并称为抵押物

《物权法》第一百八十三条规定乡(镇)、村企业的建设用地使用权不得单独抵押；以乡(镇)、村企业的厂房等建筑物抵押的，其占用范围内的建设用地使用权一并抵押。《担保法》第三十六条规定：土地抵押时，土地上的房屋同时抵押。因此，集体土地抵押时，土地与地上房屋一并为抵押对象，一同作为抵押评估对象。

(三)评估的风险提示

由于集体土地抵押评估的目的，是为商业银行提供债务未清偿条件下被抵押房地产的处置可变现价值的参考，所以评估机构有义务在报告中向委托方说明：因为政策规定限制了市场交易，从而使抵押房地产价值存在"处置风险"；由于历史和农村土地政策改革等方面的原因，农村集体土地产权管理制度存在很多不完善、不健全的问题，这给抵押评估带来极大的政策风险等。评估人员必须非常清楚，并在报告中对政策不确定性的可能影响进行详细阐述。

1. 评估人员需要遵从最新的政策规定来确认评估对象的合法性

集体土地上房地产抵押政策，各地区不同时期有着不同的规定。随着城市化进程的推进，耕地不断向集约化经营转变，农村人口向城镇集中，因而很多东、中部地区一直在尝试土地承包经营权、宅基地使用权的抵押放贷。中国人民银行、银监会等也联合发布《关于全面推进农村金融产品和服务方式创新的指导意见》，首次明确提出，在城镇化和农业产业化程度高的地区，金融部门要配合地方政府的改革，探索农村土地承包经营权和宅基地使用权抵押贷款业务。例如：温州市苍南县提出以"集体土地抵押房产所在地村民保证"的方式，试办集体土地性质的房产抵押贷款；湖北天门市和当地人民银行一起推出《天门市农村土地经营权抵押贷款方案(试行)规定》；山东省寿光市出台了《大棚抵押借款暂行办法》。此类办法规定一旦抵押失败，土地所有权性质不改变，但是土地使用权和经营权将暂时从原产权人手中让渡转让。

2. 评估人员一定要以登记为基础，确认土地产权清晰

集体土地所有权与林地、草地、渔业用地以及土地承包经营权的产权登记机关是不同的。集体土地上为抵押人依法承包并经发包方同意抵押的荒山、荒沟、荒丘、荒滩等荒地的土地使用权，由当地土地管理部门为乡(镇)、村企业的土地使用权办理抵押登记，并核发土地使用权证书。农村耕地和草原、水面、滩涂等从事养殖业生产活动的承包经营权证的备案、登记、发放等具体工作，则由县级以上地方人民政府农业行政主管部门负责。由于管理部门和管理办法不同，评估人员一定要以登记和产权凭证为依据，确认合法评估对象的范围。

3. 集体土地上房地产的抵押处置存在执行风险，评估报告需要特别考虑并给予风险提示

根据最高人民法院公布的《关于人民法院民事执行中查封、扣押、冻结财产的规定》的司法解释："对被执行人及其所抚养家属生活所必需的居住房屋，人民法院可以查封，但不得拍卖、变卖或者抵债；对于超过被执行人及其抚养家属生活所必需的房屋和生活用品，人民法院根据申请执行人的申请，在保障被执行人及其所抚养家属最低生活标准所必需的居住房屋和普通生活必需品后，可予以执行。"该司法解释对于银行耕地承包经营权、宅基地使用权抵押贷款非常不利，除银行要求抵押人明确该抵押物不是抵押人及所抚养家属生活所必需的承包地、居住房产外，抵押评估值也应该考虑变现风险。

除此之外，抵押期限应该远远低于流转合同有效期限，应该留出足够的变现时间；同时在报告中，评估人员要注意耕地的生熟程度对农业收益的影响，以及农业技术水平、自然灾害的可能性和破坏力等对收益的影响等。

4. 估价机构和估价师需要特别注意规避执业风险

由于集体土地上房地产抵押估价的政策特殊性，估价机构要防止由于委托方提供虚假产权证明或者相关材料、有意欺诈作虚假证据、恶意设置专业评估陷阱以及地区经济较大的动荡和不可抗力等原因，导致的、不可避免的法律诉讼及影响评估机构声誉的风险。除此之外，估价机构还要加强评估人员评估操作与职业道德、评估业务范围和项目管理，避免评估业务超出机构评估能力，避免评估人员玩忽职守、违约、懒惰、收受委托方贿赂和向委托方索要好处、有意高估或低估、向受托方提示和同谋伪造有关关键资料等失职事件的发生。

四、在建工程的抵押估价

(一)估价对象

"在建工程"，又称"未完工程"，是指正在施工但未完工或者已经完工但未通过竣工验收的工程项目，其重要特征是其工程量尚未完成，因此体现在其建筑物实体形态不完全、不具备有关部门组织进行竣工验收的条件，以及不能马上实现其设计用途等。"在建工程抵押的对象"是合法取得的土地使用权连同地上附着物——在建工程一并进行抵押，同时需满足以下条件：①在建工程抵押贷款的用途为在建工程继续建造所需资金，抵押人(在建工程开发商)不得用在建工程为他人的债务提供担保，也不能为自己其他用途的债务进行担保，即只能为取得在建工程继续建造资金的贷款进行担保；②在建工程占用范围内的土地，已经交纳全部土地出让金及相关税费，并取得国有土地使用权证；③在建工程抵押合同应载明国有土地使用权证、建设用地规划许可证、建设工程规划许可证和建筑工程施工许可证四证的编号，即四证俱全方可办理抵押。

(二)估价思路

1. 概述

在建工程类房地产，市场交易案例几乎没有，难以找到可比性的案例，因而不宜采用市场比较法评估。在建工程未完工，收益情况不太确定，且尚需投入相关费用，因此也不宜采用收益法。由于在建工程当追加投入建设后，能够形成具有收益能力的未来完整的房地产，且未来房地产的市场价值或者收益价值易于获取，因此在建工程抵押估价首选假设开发法。考虑到估价必须用两种以上的方法，在建工程的已发生的各项成本费用的客观数据易于获取，在建工程抵押估价一般会再采用成本法，对假设开发法的结果进行修正或者补充。

2. 假设开发法思路

假设开发法评估在建工程的技术思路一般为：首先估算估价对象在未来开发完成后的市场价值；然后扣除价值时点尚未投入的续建成本、续建管理费用、续建资金成本、销售费用、销售税金、续建利润等；最后得到估价对象在价值时点的市场价值，计算公式如下：

$$在建工程评估价值=续建完成后的房地产价值-续建成本-续建管理费用-$$
$$续建资金成本-销售费用-销售税金-续建利润 \tag{9-6}$$

3. 成本法思路

采用成本法评估在建工程的技术路线是：首先通过市场比较法或者基准地价系数修正法求取土地的取得成本；然后通过重置成本法求取在建工程已完工部分建筑物的价值；最后将两者加总求得在建工程的总价值，计算公式如下：

$$在建工程总价值=土地取得成本+在建工程已完工部分的价值 \tag{9-7}$$

其中，"土地取得成本"可以按照单纯土地使用权的市场比较法或者基准地价修正法估算得到。因为在建工程在办理抵押贷款时，必须交清土地使用权取得费用，取得土地使用权证、建设用地规划许可证、建设工程规划许可证和建筑工程施工许可证等四证，所以以土地取得成本部分无须考虑工程进度的影响。

"在建工程已完工部分的价值"包括建筑安装费用、红线内基础设施配套费、前期及转业费、管理费用、投资利息、销售费用、销售税金、开发利润等。此部分价值一般采用"工程进度法"估算，因为建筑物和公共面积的基础设施配套建设投入，根据工程进度不同，不同的在建工程的已投入成本费用的差异很大。考虑到完整工程项目的建安费用、基础配套设施费用等有行业统一的标准可供参考，评估师一般会采用如下计算公式。

在建工程已完工部分的价值=(建筑安装费用标准×建安工程进度比率+

红线内基础设施配套费标准×基础配套建设工程进度比率)×

已完工的建筑面积+(建筑安装费用合计+基础设施配套费合计)×

(前期及专业费率+管理费用费率)+投资利息+销售费用+

销售税金+开发利润   (9-8)

在建工程的工程进度直接影响到后期追加投资的成本和未来完工状态的房地产整体市场价值实现的风险。在评估资料搜集过程中，评估人员首先需要全面掌握估价对象的状况，注意实际施工进度和相应可实现的权益，并需要求抵押人出具在建工程发包人和承包人及监理方签署的在价值时点是否拖欠建筑工程价款的书面说明或者书面承诺函，如果存在拖欠建筑工程价款的，要提供拖欠价款的额度凭证。

五、优先受偿权问题

(一)影响房地产抵押权的优先受偿权

影响房地产抵押权的优先受偿权包括法定优先受偿权、处置抵押物的应交税费，以及其他应付的拖欠款等。其中法定优先受偿款特指《房地产抵押估价指导意见》规定的，发包人拖欠承包人的建筑工程价款，已抵押担保的债权数额，以及其他法定优先受偿款等。

《担保法》第四十七条规定，处分抵押房地产所得金额，依下列顺序分配：①支付处分抵押房地产的费用；②扣除抵押房地产应缴纳的税款；③偿还抵押权人债权本息以及支付违约金……因此抵押房地产处分时发生的税费是优先于债权人本息偿付的法定优先受偿项目。评估师必须清楚抵押物一旦进入清算程序，必须优先支付的税费项目及额度，需要在报告的"抵押处置风险"部分，给予充分的提示，甚至需要进行必要的预估。

除此之外，尚有一些非法定优先受偿权利，如应付拖欠款等，应当引起注意。例如抵押人在抵押前将房地产长期出租，并一次性收取租金的，抵押权人即使实现抵押权，也不能获得租期有效期内的收益，对房地产抵押价值会产生不利的影响。又如抵押房地产在实现抵押权时一般都经过一个交涉、查封和诉讼的过程，有的甚至长达数年，这其中往往发生欠交水电费、物业管理费等情况，这些费用虽然不是法定优先受偿权利，但也会对房地产抵押价值产生不利的影响。

(二)优先受偿权的影响披露

按照《房地产抵押估价指导意见》，房地产估价师需要对估价对象涉及的法定优先受偿权利状态做收集、披露工作，并对所确定的估价对象抵押价值加以限制和说明。为此，房地产估价师需要做到以下几点。

(1) 认真审查委托人提供的情况和资料，并进行必要的核实，特别是土地使用权出让合同和房地产证，要争取核对原件。要结合土地使用权出让合同或房地产证上的记载，或者他项权利证书上的记载(各地规定不一)，对抵押房地产是否已经进行了抵押和抵押金额作出披露，进而确定房地产估价对象的抵押价值。

(2) 对土地和在建工程抵押估价，应要求委托方提供发包人拖欠承包人的建筑工程价款情况，并在估价报告中加以披露，进而确定房地产估价对象的抵押价值。

(3) 各类房地产抵押估价都应当根据《担保法》第四十七条规定，扣除预计应支付的处分抵押房地产的费用和抵押房地产应缴纳的税款后确定房地产的抵押价值。

(4) 房地产抵押估价报告要对估价对象涉及的法定优先受偿权利状况收集情况加以披露，对委托方是否提供有关情况和估价师是否收集到有关情况作出声明，并对所确定的估价对象抵押价值加以限制和说明。

六、案例分析

案例 8.1 是有关花园住宅的抵押估价报告，估价对象是 2 层花园住宅，总建筑面积为 484.11 平方米，其中地下建筑面积为 190.41 平方米。因类似成交案例及租赁案例较为丰富，故报告选用市场比较法和收益法进行评估，具体参见报告正文。

本报告的估价目的是为确定估价对象抵押贷款额度提供参考依据而评估房地产抵押价值。估价结果是：被评估对象的正常市场价值为 1 555 万元、法定优先受偿债务的最高限额为 789 万元以及扣除法定优先受偿债务后的余额为 766 万元。因 "为确定估价对象抵押贷款额度提供参考依据"，评估内容及技术思路存在以下特点。

(1) 评估结果包括两方面的价格结果：一是被评估对象的公允价值，即评估基准日，未考虑法定优先受偿款条件下的市场客观价格水平；二是被评估对象的抵押价值，即评估基准日，考虑法定优先受偿款条件下的价值余额。同时报告提供了需考虑的法定优先受偿权的具体价值为 789 万元。

(2) 被评估对象的公允价值评估，遵循谨慎性原则，不低估成本费用，不高估收益。运用市场法的过程中，在可比实例的价格基础上，充分考虑各种因素的影响，包括：交易日期；交易情况；区域因素中的交通便捷度、环境质量、社区成熟度、基础设施状况、公共配套设施状况；个别因素中的建筑形式、设施与设备、地上建筑面积、地上与地下建筑面积比例、车库配比率、装修情况、花园面积、住宅景观、在楼盘的具体位置、维护及成新率等。最终得到谨慎的市场比较价格。修正系数的测算过程体现了抵押价值评估中的 "谨慎性原则"。

在运用收益法的过程中，评估人员首先利用市场比较法得到同一供需范围内同类住宅的平均租金水平，并充分考虑各项必要的运营费用的支出等，得到年净收益；然后运用风险累加法得到合理报酬率，报酬率的测算充分考虑各种流动性风险、投资性风险等因素。本报告采用了有限期持有的收益法公式，并预计该类住宅在未来 5 年内的价格增长率为 60%。此 60% 的增长率是估价事务所考虑通货膨胀、货币政策、工业经理采购指数 PMI 及 GDP 的稳健上扬比率，运用时间序列的数学模型测算并论证而得。在此过程中，并未高估收入，而是力求得到市场租金的平均水平，同时充分考虑必要的支出和风险。

(3) 报告特别分析 "变现能力风险" 及影响 "快速变现价值" 的因素。报告提到 "估价对象通用性一般，但可分割转让性较差。快速变现条件下会造成价值折损率的影响因素包括区域市场的供需状况、变现过程中需优先支付的税费等，因此预计："最可能实现的价格为评估的市场价值的 70%。由于估价对象为中高端居住房地产，且其建筑面积大，转让时所需资金价值量较大，预计一次性变现需时约 3 个月或更久。"尽管报告并未提供评估基准日，快速变现的可实现价值结果，但定性分析了可能的风险，并以专业知识引导报告使用者正确认识和度量"变现价值"与"正常市场价值"的差异。

(4) 报告特别分析了"法定优先受偿款"及变现处置时需"优先支付的税费"，包括未偿债务的最高限额为 789 万元；变现时将优先支付的税费有印花税、交易手续费、所得税和营业税、土地增值税、评估费、佣金费和诉讼费等。报告并未提供上述税费的具体额度，仅仅给出税费的计算标准，也未预测一旦处分抵押房地产，债权人享受的"扣除优先受偿债务之后的抵押价值"与"扣除其他债务以及税费后的可变现价值"的可能结果，但定性地分析了影响两者差异的因素及相关参数。

(5) 报告特别分析了公允价值的"价值波动风险"。定性地分析了同类房地产市场供需状况、同类房地产的价格趋势以及未来可能遭受的政策变动风险，提醒报告使用者充分认识因市场等客观原因造成的"评估结果"的不确定性。同时，报告也特别强调了"基准日正常市场价值"与"未来可持续市场价值"之间存在差异，提到"抵押期间房地产市场价格的波动将不可避免地产生信贷风险"，"抵押权人应该充分考虑估价对象短期强制处分的不确定性、变现费用、拆分产权的费用以及抵押人金融信用等因素，合理设定抵押率"，"抵押期间抵押权人应每年进行房地产抵押价值再评估；如遇当地房地产市场状况发生急剧变化，则应及时进行房地产抵押价值再评估"。

本 章 小 结

房地产抵押是指抵押人以合法的房地产，以不转移占有的方式向抵押权人提供债务履行担保的行为。债务人不履行到期债务或者发生当事人约定的实现抵押权的情形时，抵押权人有权就抵押的房地产优先受偿。其中"抵押房地产"不仅是指具有完全使用功能的房地产，也包括未竣工的期房或在建工程等。房地产抵押价值评估是一种特殊目的下非市场价值的评估业务，评估人员需熟知相关法律法规的规定。在接受房地产抵押评估业务之初，评估人员需确认抵押物、抵押行为和抵押清算处置的合法性。

抵押评估的目的有三：①服务商业银行的贷前审查，为确定"最高贷款额度"提供参考，估价目的表述为"为确定房地产抵押贷款额度提供参考依据而评估房地产抵押价值"；②服务商业银行贷中风险管理，需跟踪贷款资产市值波动可能造成的信用风险、变现风险等，估价目的表述为"为商业银行资产风险管理提供参考依据而评估房地产抵押价值"；③服务商业银行资产清算处置阶段，评估目的表述为"为商业银行处置抵押资产提供参考依据而评估房地产的清算价值或快速可变现价值"。目前，对已抵押房地产的贷中价值评估并没有成为房地产评估业务的常态，更多的传统抵押评估业务发生在商业银行对抵押贷款的贷前审查和贷后资产清算处置阶段。

商业银行风险资产管理的不同阶段对抵押房地产评估需求存在不同的估价需求，不同评估目的及其抵押价值的内涵应该存在差异。评估人员需区分实际成交价格、正常市场价值、可持续市场价值、抵押价值和快速变现价值的内涵差异及适用范围。

房地产抵押价值的评估要素中需关注以下几个问题：①估价对象及抵押行为合法性的确认；②假设前提和限制条件的具体、合理的明确；③预估和提示抵押价值结果的市场风险及影响因素；④预估和提示抵押价值结果的变现能力风险及影响因素；⑤估价技术思路及参数确定过程中的谨慎性原则；⑥需考虑的优先受偿权对抵押价值的影响。

房地产抵押价值评估技术思路具有特殊性，在技术思路及参数确定过程中，不能高估收益，不能低估成本，尽可能客观、谨慎地估计。除此之外，划拨土地上房地抵押价值的评估、集体土地上土地使用权或土地承包经营权的抵押价值评估、在建工程抵押价值的评估，在评估技术思路、参数确定方面都有一些特点和技术难点。在评估报告中，抵押价值的风险分析是最重要的部分，也体现了评估机构与评估人员的专业性、咨询性和科学性。

复习思考题

1. 简述可设定抵押和不可设定抵押的房地产的范围。

2. 简述房地产抵押行为合法性的要点。

3. 简述房地产抵押的清算处置的有关规定要点。

4. 简述房地产抵押评估的三种目的及其区别。

5. 辨识实际成交价格、正常市场价值、可持续市场价值、抵押价值和快速变现价值的内涵。

6. 解释抵押房地产价值的市场风险内涵及其影响因素。

7. 解释抵押房地产价值的变现风险内涵及其影响因素。

8. 解释谨慎性原则的含义及其在评估过程中的具体体现。

9. 简述划拨性土地上房地产抵押价值评估的基本技术思路。

10. 简述集体土地上可抵押房地产的范围。

11. 简述集体土地房地产抵押价值评估的技术难点及风险。

12. 简述在建工程抵押价值评估的技术思路。

13. 解释影响抵押价值的优先受偿权的含义及范围。

14. 阅读案例 8.2，评述其估价技术思路，简述抵押价值评估报告的特点。

第十章

房地产征收估价

【本章学习要求及目标】

通过本章的学习，理解房地产征收及其分类；理解房地产征收价值的内涵；了解国有土地房屋征收的政策规定；理解房地产征收评估的操作流程；掌握以"标本房屋"为基准的评估技术思路；掌握"房地合一"的思路，估算"标本房屋"基准价；掌握"房地分离"的思路，估算"标本房屋"基准价；了解集体土地房屋征收的政策规定；掌握集体土地使用权及房屋重置价值的估价思路；理解征收价值评估的案例。

第一节　房地产征收估价概述

一、房地产的征收

(一)房地产征收的概念

房地产征收，是指国家为了公共利益的需要，运用国家强制力，按照法定程序将一定范围农村集体土地的所有权转为国家所有权，或将城市国有土地使用权及地上建筑物所有权进行完全权利的受让，同时依法对被征收土地的原权利人(包括土地所有权人、使用权人以及土地承包经营权的发包人、承包人、转包人等)给予补偿的民事活动。

房地产的拆迁，本质上就是"征收"。2011 年 1 月，国务院出台《国有土地上房屋征收与补偿条例》，随即废止 2001 年公布的《城市房屋拆迁管理条例》。"城市房屋的拆迁"被"国有土地上房屋的征收"的法律名词所替代。这一法律定义的变更，更加贴切地诠释了政府的"拆迁"行为。因为"拆迁"就是政府从原所有者或占有者那里，完全地、永续年期地受让国有土地使用权和地上建筑物所有权的一种民事行为。与此同时，原有的"拆迁补偿评估"更改为"征收房屋补偿评估"。

值得注意的是，房地产的"征用"不同于"征收"。前者是指国家或其职能部门基于公共利益的需要或在紧急状态下对集体土地实施暂时的占用或使用，待事态处理完毕后将征用的土地予以归还，同时对征用土地造成的损失进行补偿。在征用中，土地使用权只是被暂时性地让渡，因此被征用人获得的补偿相对土地征收更低。

(二)房地产征收的分类

依据所占土地的所有权性质不同，房地产的征收具体分为"国有土地上城市房屋征收"和"集体土地上农村房屋征收"。其中"国有土地上城市房屋征收"是指根据城市规划和国家专项工程的拆建计划以及当地政府的用地文件，由建设单位或者个人对城市规划区域内国有土地上的房屋及附属物进行拆除，并对房屋所有者或者使用者给予补偿安置的法律行为。城市房屋征收补偿安置，适用于 2011 年 1 月国务院出台的《国有土地上房屋征收与补偿条例》以及地方有关条例，比如《上海市国有土地上房屋征收与补偿实施细则》(2011 年)等。

"集体土地上农村房屋征收"，是指为了国家建设和乡镇规划的需要，依法对农民集体所有土地上的房屋及附属物进行拆除，并对房屋所有者或者使用者进行补偿安置的法律行为。2012 年国土资源部正在草拟《集体土地征收征用条例》，但在新条例未出台以前，集体土地及房屋征收适用于《土地管理法》、《物权法》、《国务院关于深化改革严格土地管理的决定》(国发[2004]28)以及地方有关条例，比如《上海市征收集体土地房屋补偿暂行规定》(2011 年)、《上海市征收集体土地房屋补偿评估管理暂行规定》(2012 年)、《上海市征收集体土地财物补偿标准》(沪房地资法[2007]277 号)、《上海市征用集体所有土地房屋拆迁评估技术规范(试行)》(2002)等法规条例。

二、房地产的征收估价

(一)国有土地上房屋的征收估价

国有土地上房屋的征收估价,是指"为房屋征收部门与被征收人确定被征收房屋价值的补偿提供依据",或"为房屋征收部门与被征收人计算被征收房屋价值与用于产权调换房屋价值的差价提供依据"。国有土地上房屋征收价值,是指国有土地上,被征收房屋及其占用范围内的土地使用权在正常交易情况下,由熟悉情况的交易双方以公平交易的方式在评估时点自愿进行交易的金额,但不考虑被征收房屋租赁、抵押、查封等非房地产自身因素的影响(《国有土地上房屋征收评估办法》(2011年)第十一条)。评估的价值时点为"房屋征收决定公告之日"。

(二)集体土地上房屋的征收估价

集体土地上房屋的征收估价,是指"为征地房屋拆迁补偿提供价值依据"。根据《中华人民共和国土地管理法》、《上海市征用集体所有土地房屋拆迁评估技术规范(试行)》(2002年)的有关规定,"集体土地及房屋征收价值"的价值时点为"房屋拆迁许可证颁发之日"。征收价值包括两方面:房屋拆迁补偿建安重置价值和土地使用权取得费用。其中"征地房屋拆迁补偿建安重置价",是指采用现有的建筑材料和建筑技术,按价值时点的价格水平,重新建造于被拆除房屋具有同等功能效用的全新状态的房屋的正常价格。若为旧有房屋,征地房屋评估价值需考虑房屋的成新率。"土地使用权取得费用",是指土地使用权人在价值时点,在估价对象所在地取得相同性质、同等数量的土地使用权按现行政策法规应当支付的有关费用的综合。

对于居住性房屋,征收价值只包含房屋建安重置价值,不包含土地使用权取得费用。并且房屋建安重置价值一般不考虑装修装饰的价值,如委托人书面要求,评估人员可按照房屋装饰工程定额标准,单独评定被征收房屋装饰的重置价格和成新程度。对于非居住性房屋,征收价值为房屋的评估价值和相应的土地使用权取得费用的总和。

三、房地产征收估价的特点

(一)估价对象复杂且数量大

不论是城市房屋征收,还是集体土地征收,所涉及的房地产既有居民个人所有,也有机关企事业单位所有;既有住宅,也有商业、办公、生产、公共配套等用途房地产;既有完全所有权性质,也有房改后部分产权性质,甚至产权不清晰的、有未清偿债务的待抵押清偿的、临时搭建的等权属性质。评估对象复杂,且数量大。征收工作一般都是涉及一片区域的搬迁,少则几十户,多则成千上万户的补偿安置。

(二)估价工作涉及的利益群体范围广、社会影响大

估价工作的结论是征收过程中确立补偿款额的重要参考依据。被征收的房地产往往是个人、家庭唯一的、重要的生存资产，也是企事业单位重要的生产、经营、融资资产，同时也是地方政府进行旧城改造、基础设施投资建设、招商引资的重要财政支出成本。征收补偿过高，政府作为征收人无法承受和支付；过低，被征收人的家庭和企事业单位无法弥补损失。所以征收补偿的额度高低是关系到利益各方的切身利益，社会影响很大。各方利益为了维护自身利益，都会提出不同的意见和主张，希望评估结果有利于自己。评估人员和评估机构的评估工作是否能够做到公正、公平、独立、专业，是协调各方利益分配的关键技术参考。

(三)估价结果对其他环节利益影响度高

一方面，征收过程中的补偿成本，对于被征收人是收入，关系着家庭的财富增值；对企事业单位是新资产的市值和再融资规模；对于征收人——地方政府而言，则是财政支出成本，需要和未来可能的财政收入对应，才能实现短期或者长期的财政收支平衡。所以补偿成本，对于直接利益者而言，是其再次投资、生产、消费、财政支付的重要基础和前提条件。

另一方面，同一个城市或者村镇，同一时期同一地段同种类型房屋的补偿价之间，存在相互制约和牵制的关系。补偿价的高低也会直接影响被征收和被征收土地再转让和再利用的市场价的高低。目前房地产价格的逐年上升，部分是由于征收和征收成本的提升造成的。反过来，房地产价格的上升也是导致拆迁和征收安置成本上升的主要原因。

(四)征收估价是一项政策性强的工作

征收评估工作，由于具有影响群体广、利益关联度高等特征，被征收房地产的估值方法，在全国基本评估准则的基础上，各个地方还出台了各种具体的操作规定。具体到每个拆迁或征收项目，由于被拆迁人和拆迁人的协商的合约规定不同，征收房地产价值评定的具体计算方法，也存在很大的差异。所以评估人员不仅需要了解征收评估的基本准则，更重要的是要联系当时、当地，具体项目拆迁和征收合同的具体规定，遵从公正、公平、科学的原则，采用合适的评估技术方法，对具体被征收房地产进行拆迁和征收价值的评定。

四、房地产征收价值的属性

(一)公开市场价值属性

房屋的征收价值是被征收房屋及其土地使用权的公允价值，即 "公开市场价值"，无须考虑具体的补偿和安置方式；无须考虑特殊的搬迁安置方式和具体的补助费、临时安置补助费、停产停业损失补偿费等补偿标准；不考虑被征收房屋租赁、抵押、查封等因素的影响，如租赁合同的限制、未清偿债务的影响，或拖欠的建设工程价款和其他法定优先受

偿款等条件的约束。

(二)客观价值属性

被征收房屋的市场价值，是以类似房地产的市场价格作为重要参考得到的。"类似房地产"，是指与被征收房屋的区位、用途、权利性质、档次、新旧程度、规模、建筑结构等相同或者相似的房地产。"市场价格"，是指被征收房屋类似房地产在评估时点的平均交易价格。因此，被征收房屋的征收价值，是剔除偶然的和不正常的因素影响的客观市场均价。

(三)不等于房地产征收补偿款

房地产征收价值不等同于房地产征收补偿额，两者有质和量的区别。例如国有土地上房屋及其土地使用权的征收价值，无论量，还是质，都不等同于被征收人获得的征收安置补偿额。"国有土地使用权及地上房屋征收补偿额"一般包括三部分：被征收房屋和土地使用权的价值补偿、因征收房屋造成的搬迁和临时安置的补偿，以及因征收房屋造成的停产停业损失的补偿等。并且，为了鼓励配合政府的征收工作，各级政府还可能对被征收人给予额外的补助和奖励。与此同时，《国有十地上房屋征收与补偿条例》(2011年)明确规定，被征收房屋价值的补偿，不得低于房屋征收决定公告之日被征收房屋类似房地产的市场价格。

集体土地上房屋及其土地使用权的征收价值，无论量，还是质，也不等同于被征收人获得的征收安置补偿额。以上海为例，被征地的村或者村民小组建制撤销的，被征收人所获得的集体土地征收补偿金额包括三部分：被拆除房屋建安重置价值、同区域类似房屋所占土地使用权价值以及价格补贴。其中居住房屋的"价格补贴"包括搬家补助费、设备迁移费、过渡期内的临时安置补助费等；非居住房屋的"价格补贴"包括货物运输费、设备搬迁和安装费、无法恢复使用的设备成本价(按照重置价结合成新率估算)、因拆迁造成的停产停业补偿等。

综上所述，房地产征收估价的目的，并不是评估房地产征收补偿款的额度，而是为房地产征收补偿额的确定提供被征收土地使用权及地上房屋公允价值参考。

第二节 房地产征收估价原理

一、房地产征收工作的基本原则

依照《国有土地上房屋征收与补偿条例》(简称"新《条例》")的规定，国有土地上房屋的征收补偿行为需要遵从以下原则。

(一)两个前提、两个维护、两个保障原则

国有土地上房屋的征收与补偿需要遵从"两个前提原则"，即"为了满足公共利益的

需要"的原则和"征收和补偿过程必须依照法律规定的权限和程序"的原则。"两个维护原则",即"维护被征地农民的合法权益,依法足额支付土地补偿费、安置补助费、地上附着物和青苗的补偿等费用,安排被征地农民的社会保障费用"的原则;以及"维护被征收人的合法权益,依法给予征收补偿"的原则。"两个保障原则",是指"保障被征地农民的生活"原则和"保障被征收人的居住条件"原则。

(二)为公共利益需要的目的原则

征收房屋的目的需为公共利益需要。所谓公共利益,包括以下几方面:①国防和外交的需要;②由政府组织实施的能源、交通、水利等基础设施建设的需要;③由政府组织实施的科技、教育、文化、卫生、体育、环境和资源保护、防灾减灾、文物保护、社会福利、市政公用等公共事业的需要;④由政府组织实施的保障性安居工程建设的需要;⑤由政府依照城乡规划法的有关规定组织实施的对危房集中、基础设施落后等地段进行旧城区改建的需要;⑥法律、行政法规规定的其他公共利益的需要。

除上述公共目的,如果确需征收房屋的各项建设活动,应当符合国民经济和社会发展规划、土地利用总体规划、城乡规划和专项规划。保障性安居工程建设、旧城区改建,应当纳入市、县级国民经济和社会发展的年度计划。制订国民经济和社会发展规划、土地利用总体规划、城乡规划和专项规划,应当广泛征求社会公众意见,经过科学论证。

(三)市、县级人民政府负责执行原则

国有土地上房屋的征收与补偿,必须由市、县级人民政府确定的房屋征收部门(以下称房屋征收部门)组织实施本行政区域的房屋征收与补偿工作。市、县级人民政府有关部门应当依照本条例的规定和本级人民政府规定的职责分工,互相配合,保障房屋征收与补偿工作的顺利进行。也就是说政府是公共利益征收的唯一补偿主体。

房屋征收部门可以委托房屋征收实施单位,承担房屋征收与补偿的具体工作。但是,房屋征收实施单位不得以营利为目的。房屋征收部门对房屋征收实施单位在委托范围内实施的房屋征收与补偿行为负责监督,并对其行为后果承担法律责任。新《条例》同时也规定,拆迁人可以将土地用于商业用途,比如开发商业居住小区、商业娱乐中心等。但这种非公益性的以盈利为目的拆迁行为,是一种拆迁人和被拆迁人之间的民事行为,是平等主体之间的一种交易,新条例规定地方政府不应介入,有关补偿安置问题讲究的是平等协商。

任何组织和个人对违反本条例规定的行为,都有权向有关人民政府、房屋征收部门和其他有关部门举报。接到举报的有关人民政府、房屋征收部门和其他有关部门对举报应当及时核实、处理。监察机关应当加强对参与房屋征收与补偿工作的政府和有关部门或者单位及其工作人员的监察。

(四)征收房屋程序合法原则

新《条例》对征收程序作了很多具体规定,比如要求征收的正式决定需经过两次公告程序才能正式通过;县级以上地方人民政府在组织有关部门论证后,应当在正式决定通过之前将房屋征收目的、房屋征收范围、实施时间等事项予以公告,并采取论证会、听证会

或者其他方式征求被征收人、公众和专家意见。公告时间不得少于 30 日；当房屋征收范围较大的，公告时间不得少于 60 日。公告之后，县级以上地方人民政府应当将被征收人、公众和专家意见的采纳情况、不采纳情况及理由及时公告。当征收的正式决定通过，县级以上地方人民政府应当将房屋征收正式决定再次予以公告。公告应当载明房屋征收目的、房屋征收范围、实施时间和行政复议、行政诉讼权利等事项。

同时，各个地方也出台了合法程序的补充规定，比如《上海市国有土地上房屋征收与补偿实施细则》(2011 年)第十二条规定，旧城区改建房屋征收范围确定后，有 90%以上的被征收人、公有房屋承租人同意的，方可进行旧城区改建；在签约期限内未达到规定签约比例的，征收决定终止执行；签约比例由区(县)人民政府规定，但不得低于 80%。

了解和熟悉房地产征收工作的原则、征收工作的程序，以及征收补偿的有关政策规定，有利于评估人员和估价机构更好地把握征收评估工作的政策导向。同时，房地产征收估价工作应遵守规范的流程，有利于保障这项政策性强、影响广泛、利益方矛盾复杂的工作得以顺利进行。

二、房地产征收估价的操作流程

(一)选定房地产评估机构

新《条例》规定，房地产价格评估机构一般是由被征收人在规定时间内协商选定的。当在规定时间内没有协商成功，房屋的征收部门则可以通过组织投票，比如少数服从多数的投票方式、摇号抽签的随机方式等，在备选的、符合要求的评估机构中选定项目征收评估的机构。具体办法由省、自治区、直辖市制定。房地产价格评估机构不得采取迎合征收当事人不当要求、虚假宣传、恶意低收费等不正当手段承揽房屋征收评估业务。征收当事人应选择综合实力较强、社会信誉良好的房地产评估机构对征收房屋进行评估。

同一征收项目的房屋征收评估工作，原则上由一家房地产价格评估机构承担。房屋征收范围较大的，可以由两家以上房地产价格评估机构共同承担。如果由两家以上房地产价格评估机构承担的，应当共同协商确定一家房地产价格评估机构为牵头单位，牵头单位应当组织相关房地产价格评估机构就评估对象、评估时点、价值内涵、评估依据、评估假设、评估原则、评估技术路线、评估方法、重要参数选取、评估结果确定方式等进行沟通，统一标准。

依据《房地产估价机构管理办法》规定，从事房屋拆迁评估的房地产评估机构，应当为获得一、二、三级房地产评估机构资质许可的房地产评估机构。未获得房地产评估资质许可以及虽获得三级房地产评估资质但尚处于暂定期内的房地产评估机构，不得接受房屋拆迁评估委托、出具评估报告或者价格咨询报告。

(二)签订评估委托合同

房地产评估机构一旦确定，一般由房屋征收部门作为委托人，承担委托评估费用，与房地产评估机构签订评估委托合同。但鉴定改变原评估结果的，鉴定费用由原房地产价格评估机构承担。复核评估费用由原房地产价格评估机构承担。所需的房屋征收评估、鉴定费用按照政府价格主管部门规定的收费标准执行。

房屋征收评估委托合同中必须写明委托人的名称、委托的房地产价格评估机构的名称、评估目的、评估对象范围、评估要求以及委托日期等内容。具体包括：①委托人和房地产价格评估机构的基本情况；②负责本评估项目的注册房地产估价师；③评估目的、评估对象、评估时点等评估基本事项；④委托人应提供的评估所需资料；⑤评估过程中双方的权利和义务；⑥评估费用及收取方式；⑦评估报告交付时间及方式；⑧违约责任；⑨解决争议的方法；⑩其他需要载明的事项。

征收评估委托人、被征收人、承租人以及相关管理部门有义务为评估机构提供所需要的资料，并协助评估机构开展现场查勘等工作。征收评估机构、房地产估价师和房地产价格评估专家委员会的成员应当独立、客观、公正地开展房屋征收评估、鉴定工作，并对出具的评估、鉴定意见负责。任何单位和个人不得干预房屋征收评估、鉴定活动。与房屋征收当事人有利害关系的，应当回避。

(三)估价工作的准备与计划

房屋被征收价值评估是一项政策性强、涉及面广、影响大的工作，对估价人员的政策水平、综合评估及处理复杂评估事务的能力要求较高。估价人员必须在开始征收评估之前，首先要做到自身的业务基础扎实，熟悉国家相关法律、法规以及当地政府的有关规定，准确界定被征收房屋及其所占土地的权益性质；其次，始终努力维护政治的和谐稳定性，协调好地方及拆迁人的关系，营造安定、和平、顺利的局面；最后，需要始终坚持原则，同时把握沟通策略的灵活性。估价人员需充分理解被征收人的心理状态，严格把握政策和估价技术标准，始终保持热情、诚恳、细致、周密的工作作风，既要维护征收人和被征收人的合法利益，但又要保证工作的原则性，需要采取不同的措施、策略和热情的服务，使得解释工作做到有理有据。

在评估工作全面展开之前，房地产评估机构需要初步制订周密的计划，包括项目评估的程序、每个环节人员和资金的分配、每个程序的时间进度和人员的工作配合，以及最终书面报告出具和再审核的时间人员安排等。为了保证估价工作的有理、有据、有节，评估机构有必要对估价人员进行政策、法规、知识及工作方式的培训，就项目的估价范围认定、评估技术思路、评估参数的确定原则等形成内部的认识一致。值得注意的是，房地产评估机构应当指派与房屋征收评估项目工作量相适应的足够数量的注册房地产估价师开展评估工作。房地产评估机构不得转让或者变相转让受托的房屋征收评估业务。

(四)确定估价对象，搜集一手资料

1. 确定合法估价对象

房屋征收评估前，房屋征收部门应当组织有关单位对被征收房屋的情况进行调查，明确评估对象，包括已经登记的房屋情况和未经登记建筑的认定、处理结果情况。评估对象应当全面、客观，不得遗漏、虚构，调查结果应当在房屋征收范围内向被征收人公布。

对于已经登记的房屋，其性质、用途和建筑面积，一般以房屋权属证书和房屋登记簿的记载为准；房屋权属证书与房屋登记簿的记载不一致的，除有证据证明房屋登记簿确有错误以外，以房屋登记簿为准。对于未经登记的建筑，应当按照市、县级人民政府的认定、处理结果进行评估。

征收估价的对象为征收范围内土地、建筑物、构筑物和依托于实体上的权益。在征收公告日之后新增的建筑或者装饰装修、构筑物等，都不在征收补偿范围内，也不属于征收价值评估的范围。针对不同的估价对象，合法征收估价对象在认定过程中还应注意以下问题。

(1) 依法以有偿出让、转让方式取得的土地使用权，可视为提前收回处理，在估价中应包括土地使用权的补偿估价，根据该土地使用权的剩余年限所对应的正常市场价格进行。

(2) 依法以划拨方式取得的土地使用权，在估价中不应包括出让金部分，只包含该宗地相应的基础设施配套建设费和土地开发及其他费用。

(3) 已取得所有权的房屋及构筑物，估价应从占有、使用、收益、处分四方面综合认定其合法性，不能仅仅依据价值时点的用途估价。例如，规划设计建造的地下人防改为商店或旅店用途的。

(4) "拆除违章建筑和超过批准期限的临时建筑，不予补偿"，故不在估价范围之内；"拆除未超过批准期限的临时建筑，应当给予适当补偿"，估价时应按照使用期限的残存价值参考剩余期限给予估价。

(5) 被征收房屋的性质和面积一般以房屋权属证书及权属档案的记载为准；各地对被征收房屋的性质和面积认定有特别规定的，服从其规定；征收人与被征收人对被拆迁房屋的性质或者面积协商一致的，可以按照协商结果进行评估。

对被征收房屋的性质不能协商一致的，应当向城市规划行政主管部门申请确认。对被征收房屋的面积不能协商一致的，可以向依照《房产测绘管理办法》设立的房屋面积鉴定机构申请鉴定；没有设立房屋面积鉴定机构的，可以委托具有房产测绘资格的房产测绘单位进行测算。

(6) 对于一宗房地产征收补偿估价，凡属被征收人合法拥有的房屋内外不可移动的设备及其附属物等，都不可遗漏。设备含水、电、暖、卫、气、通信等设施；附属物含树木、绿地、道路、院墙、门楼等其他构筑物。

(7) 征收人应当在房屋征收许可确定的征收范围和征收期限内，实施房屋征收拆迁。征收范围一旦确定，征收范围内的单位和个人，不得进行下列活动：新建、扩建、改建房屋；改变房屋和土地用途；租赁房屋等。违反上述规定者，应视为估价对象不合法。

2. 搜集调查资料

为了保证评估工作的客观、公正、科学，在开展技术分析之前，估价人员必须进行入户调查，实地查勘，确认信息的真实和完整。估价人员需要事先制作完善的调查表格，对被征收房屋进行逐一的入户调查，调查的信息包括被征收房屋的坐落、四至、面积、用途、产权等资料。估价人员需要亲临现场感受被征收房屋的位置、周围环境、区位条件的优劣。估价人员需要详细地查看和落实被征收房屋有关位置、权属、附属设备等各种资料信息。估价人员需要认真填写调查表格、做好实地查看记录，拍摄反应被征收房屋外观和内部状况的摄影资料，必要时还要绘制院落的平面图。

评估人员需要用摄像机或者照相机将被征收的房屋外观和内部状况的不同部位，比如外立面、入户门、客厅、卧室、卫生间、楼梯间、厨房等，进行拍摄，作为分户评估报告的附件。实地查看后，一般要由被征收人或者征收人签字，确认调查内容的真实与完整。另外，被征收人应当协助注册房地产估价师对被征收房屋进行实地查勘，提供或者协助搜集被征收房屋价值评估所必需的情况和资料。房屋征收部门、被征收人和注册房地产估价师应当在实地查勘记录上签字或者盖章确认。被征收人拒绝在实地查勘记录上签字或者盖章的，应当由房屋征收部门、注册房地产估价师和无利害关系的第三人见证，有关情况应当在评估报告中说明。

(五)资料整理，估价方法选用，价值初估

实地查看和调查工作完成，估价人员需要整理资料，依据评估的目的，项目的时间进度，估价人员要按照有关规定，选取适宜的估价方法，对征收补偿价进行估值，编制总体报告，出具分户的征收报告。新的《国有土地上房屋征收与补偿条例》规定，注册房地产估价师应当根据评估对象和当地房地产市场状况，对市场比较法、收益法、成本法、假设开发法等评估方法进行适用性分析后，选用其中一种或者多种方法对被征收房屋的价值进行评估。

(六)初评结果公示，现场答疑

房地产价格评估机构向房屋征收部门提供的、分户的初步评估结果，应当包括评估对象的构成及其基本情况和评估价值。房屋征收部门应当将分户的初步评估结果在征收范围内向被征收人公示。公示期间，房地产价格评估机构应当安排注册房地产估价师对分户的初步评估结果进行现场说明解释。存在错误的，房地产价格评估机构应当进行修正。

(七)正式报告交付，资料归档立卷

分户初步评估结果公示期满后，房地产评估机构修改分户和整体评估报告，应当向房屋征收部门提供委托评估范围内被征收房屋的整体和分户的正式评估报告。房屋征收部门应当向被征收人转交分户评估报告。与此同时，整体评估报告和分户评估报告应当由负责房屋征收评估项目的两名以上注册房地产估价师签字，并加盖房地产价格评估机构公章，不得以印章代替签字。

房屋征收评估业务完成后，房地产价格评估机构应当将评估报告及相关资料立卷、归档保管。如果被征收人或者房屋征收部门对评估报告有疑问，出具评估报告的房地产价格评估机构有义务向其作出解释和说明。

(八)异议处理与评估复核

如果被征收人或者房屋征收部门申请复核评估的，应当向原房地产价格评估机构提出书面复核评估申请，并指出评估报告存在的问题。原房地产价格评估机构应当自收到书面复核评估申请之日起10日内对其评估结果进行复核。复核后，改变原评估结果的，应当重新出具评估报告；评估结果没有改变的，应当书面告知复核评估申请人。

被征收人或者房屋征收部门对原房地产价格评估机构的复核结果如果依然有异议的，应当自收到复核结果之日起 10 日内，向被征收房屋所在地评估专家委员会申请鉴定。各省、自治区住房城乡建设主管部门和设区城市的房地产管理部门应当组织成立评估专家委员会，对房地产价格评估机构作出的复核结果进行鉴定。"评估专家委员会"由房地产估价师以及价格、房地产、土地、城市规划、法律等方面的专家组成。评估专家委员会接受再次复核评估申请，应当选派成员组成专家组，自收到鉴定申请之日起 10 日内，对申请鉴定评估报告的评估程序、评估依据、评估假设、评估技术路线、评估方法选用、参数选取、评估结果确定方式等评估技术问题进行审核，对复核结果进行鉴定。专家组成员为 3 人以上单数，其中房地产估价师不得少于二分之一。

三、房地产征收估价的技术思路

(一)"标本房屋"修正法

征收工作往往会涉及成片小区的拆迁，估价工作量十分巨大。为了提高估价效率，估价人员通常采用 "标本房屋"修正法。首先，在一个征收片区中按房屋使用类型(居住用房、商业用房、办公用房、工业用房等)，各选取　处有代表性的房屋作为评估标志物；然后，运用市场比较法或其他方法评估出该"标本房屋"的评估价；最后，以这个标本房屋的评估价为基准，运用系数修正体系，评估出其他拆迁房屋的评估价格，见公式(10-1)。注意，整幢花园住宅和整幢新式里弄一般不宜采用"标本房屋"修正法。

$$被征收房屋的评估价值＝"标本房屋"评估单价×\prod 各因素修正系数×$$
$$被征收房屋建筑面积 \tag{10-1}$$

其中："标本房屋"的评估单价可以采用市场比较法、成本法或收益法得到，如公式(10-2)～公式(10-4)所示。

$$"标本房屋"市场单价＝可以实例成交单价×成新率修正系数×楼层修正系数×$$
$$朝向修正系数×面积修正系数×其他因素修正系数 \tag{10-2}$$

$$"标本房屋"成本单价＝楼面地价＋建筑物成本单价＋附属设备等成本单价$$
$$＝基准地价×\prod 各因素修正系数＋建筑物重置造价×建筑物综合成新率＋$$
$$附属设备等成本单价 \tag{10-3}$$

$$"标本房屋"收益单价＝可比实例房地年纯收益×\frac{1-(1+还原利率)^{-收益期限}}{还原利率} \tag{10-4}$$

(二)"个案评估"法

按照新《国有土地上房屋征收评估办法》的规定，被征收房屋个案评估方法的选择一般遵循以下基本原则。

首先选择市场比较法，例如市场交易案例比较丰富的居住类房屋，这类房屋包括公寓、花园住宅、职工住宅(新工房)、新式里弄、旧式里弄和简屋等。以评估时点同地段、同用途、类似已成交房屋的市场价格为可比实例，进行以下要素的修正，包括房屋产权状况、土地剩余使用年限、房屋成新率修正、卧室朝向、房屋结构、区位品质、装修质量等因素，得到被评估房屋的理论市场价格。

如果有收益，则通过类似房地产的客观经济收益数据，运用收益法进行评估，例如经营性的非居住类房屋，如商场、旅馆、办公、金融、娱乐、餐饮、服务业和工厂、站场码头、仓库堆栈、影剧院等。房屋的年收益一般运用市场比较法，按照其同一经营用途、同一区域的社会平均租金收益水平修正确定。房屋的收益报酬率则充分考虑房屋的经营风险，在安全利率的基础上确定风险报酬率。房屋的经营收益期，则考虑在未被征收的条件下的正常经营期限。

对于市场交易案例较少，非营利性的房屋则选择成本法，这类房屋包括学校、文化馆、福利院和医院等。由于非营利性房屋所在土地的使用权性质通常是划拨，因此房地的成本价值主要包括土地的开发成本及税费、开发利息、开发利润和建筑物的重置价格。其中建筑物重置价格中的建筑安装工程费可以运用工料测量法或分部分项法求取；房屋折旧可以运用直线折旧法计算；房屋附属设备的价值可以单独计算折旧。

如果被征收房屋是在建工程，则必须选用假设开发法。在建工程的价值主要体现在追加开发投入，完工投入使用之后的巨大收益价值，如果运用"成本法"，在建工程的潜在价值就会被低估。新《国有土地上房屋征收评估办法》同时强调土地最佳使用用途条件下的客观市场价值。在建工程土地评估以政府管理部门批准的用途、参数或规划设计方案等为依据，工程建设进度以政府管理部门通知停止施工时的状态为准。

注意： 未超过批准期限的"临时建筑"应评估其建筑物残值。凡房屋征收评估中涉及原始成本、建筑设备、工程造价等专业技术工作的，估价机构可委托有资格从事该类业务的机构协助评估。不论被征收房屋是怎样的状况，征收评估方法至少要同时选用两种或两种以上。各种评估方法的测算结果进行校核和比较分析后，需要合理地确定评估结果。

(三)"标本房屋"的确定方法

"标本房屋"的确定原则是：①"标本房屋"的建筑类型代表最大多数的房屋，当拆迁区存在多种类型的房屋时，评估人员应选择比重大的房屋作为"标本房屋"，例如某拆迁片区的居住用房有高层、多层、平房等，且以多层居多，则应选择多层住宅作为居住用房的"标本房屋"；②"标本房屋"的建造年代符合不同房屋的平均使用年限，例如某拆迁片区内多层住宅的平均使用年限为 15 年，则评估人员应以使用年限 15 年左右的房屋作为"标本房屋"；③"标本房屋"的建筑结构代表比重较大的房屋，例如某拆迁片区内多层住宅大多为砖混结构，则以砖混结构的房屋作为"标本房屋"；④楼层、户型、朝向、面积、装修等特征都需要具有代表性，例如拆迁片区内多层住宅大多为两室一厅、一般都有朝南的房间、面积一般为 $60m^2$ 左右、装修情况差异较大，则可选择位于中间层次(非顶层和底层)、两室一厅至少有一间朝南、面积 $60m^2$ 左右、一般装修的房屋作为"标本房屋"。

一般来说，当拆迁房屋数量较大时，可以遵循下列步骤确定"标本房屋"。

(1) 将拆迁片区的全部征收房屋按照房屋使用类型分类，比如居住、商业、办公、工业等；如果拆迁片区跨越两个或者多个拆迁区位等级(或土地级别)时，则所跨的每一拆迁区位等级(或土地级别)都应选择一套"标本房屋"作为相应拆迁区位等级(或土地级别)内各拆迁房屋的比较基准。

（2）　按照每一类房屋的建筑类型、建造年代、建筑结构、设备、房屋户型以及功能的完整性等因素划分房屋类别。例如，居住用房按照建筑类型分为高层、多层、平层等类别；每一建筑类型中，又可以再次按照建造年代细分为 10 年以内、10～20 年、20～30 年、30 年以上等类别；每一建造年代类别中，可以按照建筑结构，再次分为钢混、砖混、砖木、简易等类别。

（3）　在同一房屋类别内确定"典型"房屋。"典型"房屋符合"标本房屋"确定的几个原则，能够概括和反映其他房屋的共性。例如在居住用房类型中的平方类别中，典型房屋的结构、成新率、户型、朝向、面积、装修等特征要能够符合大多数房屋的特征。

2012 年 3 月，上海市公布了《上海市国有土地上房屋征收评估管理规定》。该规定第三十六条提出，估价机构可以采用区片类似房地产市场价格评估的方法，也可以运用计算机信息系统，结合评估项目实际，使用批量评估技术进行区片类似房地产市场价格评估，具体方法可以参见第十一章房地产课税评估的相关内容。

（四）"标本房屋"的估价——"房地合一"的思路

"标本房屋"的评估价格可以采用"房地合一"的思路，也可以采用"房地分离"的思路。"房地合一"的思路，本质上就是运用市场比较法，由类似可比实例的成交价格得到"标本房屋"的评估单价，见公式(10-2)，基本原理参见市场比较法的基本原理。值得注意的是，将"类似可比实例"和"标本房屋"的特征作比较，确定比较因素，确定"类似可比实例"的修正因素和修正系数时，修正因素包括交易情况、交易日期、区域因素、个别因素等。每项对可比实例成交价格的修正幅度不得超过正负 10%，综合调整幅度不得超过正负 15%。

该技术路线假设市场上存在大量与"标本房屋"类似的已成交实例，但被征收房屋大多存在产权关系特殊、房龄较长、建筑质量较差、市场交易量较小、租赁案例较多、现有使用条件下的评估值较低等特点，所以建立在"保持现有使用状态"假设条件基础上的"房地合一"的评估思路，不能充分突出被征收房屋所在土地的价值，也不能更好地体现改变使用用途后的房屋的巨大收益潜能。该技术思路容易低估被征收房屋的市场价值。

（五）"标本房屋"的估价——"房地分离"的思路

1. 评估步骤概述

"房地分离"的思路是将土地和建筑物分开进行评估，本质上就是运用成本法原理，参见公式(10-3)，具体评估步骤如下。

（1）　评定"标本房屋"的楼面地价，依据当地政府定期公布的土地基准地价指数和修正因素系数表确定"标本房屋"适用的楼面基准地价、修正系数水平，运用基准地价修正法得到"标本房屋"的楼面地价。

（2）　评定"标本房屋"的建筑物成本价，依据当地政府定期公布的建筑物安装工程费标准、专业费、管理费、销售税费、利息、利润率等参数标准，运用重置成本核算法得到"标本房屋"全新状态下的重置单价。

（3）　根据"标本房屋"的朝向、楼层、设计功能的完备性、新旧程度等特征，确定"建筑物综合修正系数"和"实际成新率"水平。

(4) 综合以上三个步骤的结果,得到"标本房屋"的理论评估单价。

2. 确定楼面地价

为了更加突出土地的市场价值水平,土地评估单价可以不采用基准地价修正法,而采用"残余法",如公式(10-5)所示。

$$土地楼面地价=类似新建房屋的市场交易均价-新建房屋的建筑重置单价 \quad (10-5)$$

依照最高、最佳使用原则,评估人员也可以按照未来最佳的利用方案,运用"假设开发法"评估被征收房屋的土地价值,如公式(10-6)和公式(10-7)所示。

$$土地楼面地价=征收房屋所在土地的整体评估价值÷被征收房屋群的实际建筑总面积$$

$$(10-6)$$

其中:

$$被征收房屋群土地整体评估价值=土地最佳使用方案状态下的收益价值或市场价值-$$
$$未来追加投资的开发成本及税费和合理利润合计$$

$$(10-7)$$

3. 确定房屋重置价

《上海市征用集体所有土地房屋拆迁评估技术规范(试行)》(2002 年)建议,居住性房屋的重置价采用分部分项法或"标本房屋"修正法;对于结构、用料、工艺、式样等比较特殊的房屋不宜采用"标本房屋"修正法,宜采用个案单独进行评估;非居住房屋宜采用分部分项法或工程造价类比法进行评估。同一拆迁范围内的同种用途的房屋,评估技术思路应该保持一致。

其中分部分项法,是指以房屋的各个独立构件或工程的单位价格或成本为基础来估算房屋的重新建造价格的方法。具体操作步骤是:①现场勘测房屋各组成部分(即分项,如墙体、楼地面、屋面等)的特征,如用料、工艺及规格数量等;②计算各分项数量;③根据现行工程定额标准确定各分项价格;④评定房屋成新;⑤确定房屋评估价格,如公式(10-8)所示。

$$房屋评估单价=(\sum 分项价格)×成新率÷建筑面积 \quad (10-8)$$

注意: 房屋的成新率需要考虑房屋的维护、保养等状况,最终确定,尚可继续使用的房屋,成新率一般不宜于低于40%。

其中工程造价类比法,也可称为"单位造价比较法"(参见第六章第二节成本法中建筑物重新购建价格的估算方法),是根据实际情况,用可比较的类似房屋在结构、功效等方面相同或相似的已检查的工程造价进行类比,通过对有差异的项目进行调整,确定被拆除房屋的评估价格。其具体的操作步骤是:①根据评估对象的实际状况,选取并确定类似工程;②计算修正系数,包括人工费用修正系数 K_1,材料价格修正系数 K_2,机械使用费修正系数 K_3,间接费用修正系数 K_4 等;③计算总造价修正系数 K;④计算房屋评估价格,如公式(10-9)所示。

$$房屋评估价格=类似工程单价×K×建筑面积 \quad (10-9)$$

其中:

$$K=类似工程人工费比例×K_1+类似工程材料费比例×K_2+$$
$$类似工程机械使用费比例×K_3+类似工程间接费比例×K_4$$

$$K_1=\frac{标的物所在地区的人工费标准}{类似工程所在地区的人工费标准}$$

$$K_2=\frac{\sum 标的物工程主要材料数量×所在区域单价}{类似工程主要材料费用}$$

$$K_3=\frac{\sum 标的物工程主要机械数量×所在区域单价}{类似工程主要机械费用}$$

$$K_4=\frac{标的物所在区域间接费率}{类似工程所在区域间接费率}$$

4. 评价

"房地分离"的技术思路，为体现土地潜在的市场价值提供了可能。评估人员可以依据自己的资料丰富程度，考虑到土地未来规划指标的变更等因素，灵活采用残余法、市场比较法、收益法、假设开发法、成本法等多种方法，综合运用，得到被征收房屋的楼面地价。但是，房地很难分离，也就是说单纯土地的交易案例和单纯房屋的交易案例都是比较少的，那么在评定土地单价的过程中，主观地确定应该扣除的建筑物重置造价，或者主观地预测土地未来开发方案的投入和收益，都会增大评估的误差。

第三节　房地产征收估价应用

第三节选用了两个案例，其中案例 10.1 介绍如何评估城郊集体土地上共计 177 套七类不同结构类型的房屋征收价值；案例 10.2 介绍如何评估城镇国有土地上一幢商住混用的住宅楼的征收价值。两个案例都是运用"标本房屋"修正法，但具体技术思路各有特点。

一、集体土地房屋征收评估案例

案例 10.1

一、致委托方函(略)

二、估价师声明(略)

三、估价的假设和限制条件及相关说明

(一)假设条件

(1) 本估价报告假定估价对象于价值时点的状况与实地查勘之日的状况一致，并以价值时点的法律、法规、政策规定和技术规范及市场情况为准进行评估。

(2) 本公司估价人员仅对估价对象房屋作了一般性的查看，未对其进行结构及设施等内在质量的测试，不对估价对象是否有内部缺陷作鉴定。本次估价以估价对象建筑设计符合国家现行有关设计规范、建筑施工符合国家现行有关施工验收规范，并达到国家或行业规定的质量标准为前提。

(3) 在对估价对象房屋的建安重置价并结合成新进行评估时，本公司估价人员以估价对象具有合法产权并合理持续使用为估价前提，未考虑估价对象因抵押、担保、租赁等原因所带来的不确定因素对估价结果的影响。

(二)限制条件

(1) 本次估价目的是为委托方对估价对象实施征地房屋拆迁补偿而评估房屋的建安重置价并结合成新，本估价报告的估价结果仅供委托方作为实施征地房屋拆迁补偿时的参考依据，不作其他用途。如改变估价目的和估价假设条件，其价格应当重新评估。

(2) 本估价报告以委托方所提供估价资料的真实性为前提，若提供的资料失实或有所隐匿，造成估价结果失去客观公正性，本估价报告的估价结果将不成立。

(3) 本估价报告仅供委托方在此次设定的估价目的下以及估价行业管理部门审查时使用。未经委托方和本公司双方书面同意，不得将本估价报告的全部或部分内容提供给其他各方，也不得见诸任何公开的媒体。若本估价报告被用于其他场合，本公司不负任何法律责任。

(三)特殊事项说明

(1) 本估价报告的价值时点为房屋拆迁许可证颁发之日。

(2) 本估价报告所提供估价对象房屋的价格，是估价对象在全部假设和限制条件下于价值时点的房屋建安重置价并结合成新的价格，但不包括土地使用权价格，也不包括各项拆迁补贴、奖励，不考虑租赁、抵押、担保等权利限制的影响。

(3) 本次估价对象土地和房屋的用途等资料由委托方提供并确认。

(4) 本估价报告所提供产权户数的计户依据，是以委托方提供的《×市房地产权证》上的权利人、《×市农村宅基地使用证》上的土地使用人、建房执照或建房批复上的申请人等证明文件为准。

(5) 本估价报告对估价对象房屋评估时所采用的建筑面积以《×市房地产权证》上所记载的建筑面积为准，或是在《×市农村宅基地使用证》等证明文件上所记载的土地使用范围内，以估价人员现场丈量并按照国家有关建筑面积计算规则计算所得为准。估价对象的建筑面积仅作为估价计算的依据，不作为拆迁补偿时建筑面积认定的依据和任何产权证明文件。

(6) 本估价报告对房屋装修装饰、附属设施工程量的计算以估价人员现场查勘的数据为准；房屋装修装饰、附属设施评估价值的测算是估价人员按照《×市建筑和装饰工程预算定额》和《×市建筑工程综合预算定额》的标准，单独评估其重置价格和成新程度。本估价报告仅作为委托方和被拆迁人协商确定补偿金额时的参考依据，不作其他用途。

(7) 本估价报告应用的有效期为房屋拆迁许可证的拆迁期限(包括延长期限)。

(8) 委托方和被拆迁人若对本估价报告中的估价结果有异议，可以在收到本估价报告之日起 5 日内，向估价机构咨询或书面申请复估，或另行委托重估机构重新估价；或在收到本估价报告之日起15日内，向上海市房地产估价师协会房地产估价专家委员会申请鉴定。

四、估价结果报告

(一)委托方(略)

(二)估价方(略)

(三)估价对象

1. 估价范围、坐落位置及四至

本次估价对象位于×市×区×镇×村。根据委托方提供的《房屋拆迁许可证》[×建委房拆许字(2010)第×号],拆迁人为×市×新区土地资源储备中心,建设项目为"×镇×区级动迁基地土地储备前期开发(二期)"。拆迁范围为东至甲路,南至乙路,西至丙河,北至丁路。拆迁非住宅建筑面积 10 000 平方米,住宅建筑面积 13 800 平方米。

2. 房地产权利状况

根据委托方对估价对象土地和房屋用途的认定和确认,本次估价对象的土地为集体所有农村宅基地,房屋为自建居住房屋;根据委托方提供的资料,权利人多为农村居民,少部分为非农村居民。根据估价人员现场查勘,本次估价范围内包括 177 户居民,各房屋产权情况详见本报告之附件估价汇总表和估价分户报告单。

3. 土地状况

本次估价对象中的土地处于×市基准地价(基准日 2003 年 6 月 30 日)7 级地区域,所在地区地形平坦。土地开发达到四通一平(通路、通水、通电、通信及场地平整)。

4. 建筑物状况

本次估价对象居住房屋主要为砖混结构和砖木结构的自建楼房、平房等,此类房屋少部分建造年代较早为 20 世纪 50 年代前后,大部分为 20 世纪八九十年代建造,也有少部分为近几年建造,或进行翻建、改建、重建等。此类房屋仅具备通水、通电、通信等基本生活设施条件,但没有符合环保要求的排污下水道,无卫生设备和管道煤气,使用瓶装液化气。

根据委托方提供的资料和估价人员实地查勘及现场丈量,该地块上居民总户数为 177 户,房屋总建筑面积为 41 214.45 平方米。估价对象各类型房屋分类情况如表 10-1 所示。

表 10-1 估价对象各类房屋建筑类型、建筑结构的式样特征

序　号	房屋类型	建筑结构	房屋特征
1	二层楼房	砖混	一般建于 20 世纪 70 年代以后,集中在 20 世纪 80～90 年代,混凝土平顶或黏土瓦屋顶,四周为一砖墙,木或钢门窗,现浇或多空板楼面,混凝土地坪。檐高 6 米左右
2	平房	砖混	一般建于 20 世纪 70 年代以后,集中在 20 世纪 80～90 年代,混凝土平顶或黏土瓦屋顶,四周为一砖墙,木或钢门窗,混凝土地坪。檐高 2.3 米左右
3	简易平房A型	砖混	一般建于 20 世纪 70 年代以后,集中在 20 世纪 80～90 年代,冷摊瓦屋顶,四周为一砖墙,前后墙为半砖墙,木或钢门窗,混凝土地坪。檐高 2.3 米左右
4	简易平房B型	砖混	一般建于 20 世纪 70 年代以后,集中在 20 世纪 80～90 年代,冷摊瓦屋顶,四周为半砖墙,木或钢门窗,混凝土地坪。檐高 2.3 米左右

序　号	房屋类型	建筑结构	房屋特征
5	二层新式楼房	砖混	一般建于 21 世纪以后，木基层多坡琉璃瓦屋顶，双层顶，四周为一砖墙，构造梁柱，塑钢或铝合金门窗，现浇板楼面，多孔板架空地坪，卫生设施较齐全。檐高 6.6 米左右
6	旧里平房	砖木	一般建于解放前或 20 世纪 50 年代，黏土瓦屋顶，四周为立柱单墙，木门窗，混凝土地坪。檐高 2.3 米左右
7	旧里简楼房	砖木	一般建于解放前或 20 世纪 50 年代，黏土瓦屋顶，四周为立柱单墙，木门窗，木楼板，混凝土地坪。檐高 4.4 米左右

5. 房地产利用状况

至价值时点，估价对象作为居住房屋正常使用，房屋由居民自住，部分房屋租借给外来人员，除环境较差外，利用率较高。

6. 周边环境及交通条件

估价对象位于×市×新区×镇西南部的×村，所处区域内既有 20 世纪 90 年代建造的×新村、×公寓等的住宅小区，还有 2004 年以后新建的×家园、×新苑、×康苑等住宅小区。估价对象周围的公建和基础配套设施较为完善，学校、菜场、超市、餐饮、银行、医院和娱乐场所等门类齐全。估价对象紧邻甲路和乙路，交通较为便捷。周边公交线路主要有 569、581、616、639、715、779、792、794、799、929 路及×线、×线等。

(四)估价目的

征地房屋拆迁补偿估价。

(五)价值时点

2010 年 1 月 5 日。

(六)价值定义

本估价报告所提供估价对象房屋的价格，是估价对象在全部假设和限制条件下于价值时点的房屋建安重置价并结合成新的价格。

房屋建安重置价是指采用现有建筑材料和建筑技术，按价值时点的价格水平，重新建造与被拆除房屋具有同等功能效用的全新状态的房屋的正常价格。

(七)估价依据

1. 有关的法律、法规

(1) 《中华人民共和国土地管理法》及实施细则。

(2) 《中华人民共和国城市房地产管理法》。

(3) 《城市房屋拆迁管理条例》。

(4) 《城市房屋拆迁估价指导意见》。

(5) 《×市城市房屋拆迁管理实施细则》。

2. 技术规程及文件

(1) 《房地产估价规范》。

(2) 《关于贯彻执行〈×市城市房屋拆迁管理实施细则〉若干意见的通知》。

(3) 《关于修改〈×市城市房屋拆迁评估管理暂行规定〉的通知》。

(4)《×市征用集体土地拆迁房屋补偿安置若干规定》。

(5)《关于〈×市征用集体土地拆迁房屋补偿安置若干规定〉若干应用问题的通知》。

(6)《×市征用集体土地房屋拆迁评估技术规范(试行)》。

3. 委托方提供的有关资料

(1)《房屋拆迁许可证》。

(2)《×市房地产权证》、《×市农村宅基地使用证》及建房执照或建房批复等相关权属证明资料。

(3) 其他相关资料。

4. 其他有关资料

(1)《×市建筑和装饰工程预算定额》。

(2)《×市建筑工程综合预算定额》。

(3)《×市建设工程建材和造价资讯》。

(4)《×市工程造价信息》。

(5)《×市房屋拆迁中建筑物基准重置价格的应用研究》。

(6)《×市房屋拆迁中建筑物建安重置清单单价清册》。

(7) 房地产市场调查资料。

(8) 估价人员实地查勘记录。

(八)估价原则

本估价报告遵循房地产估价独立、客观、公正原则,合法原则,最高最佳利用原则,价值时点原则和替代原则。

(九)估价方法(见技术报告)

(十)估价结果

本公司遵循房地产估价独立、客观、公正、合法的原则,采用了成本法进行评估,在实地查勘、市场调查及综合分析测算等工作的基础上,结合估价师的专业经验形成估价报告。"×区级动迁基地土地储备前期开发(二期)"项目估价结果如表 10-2 所示。

表 10-2   "×区级动迁基地土地储备前期开发(二期)"项目结果

序　号	典型房屋类型	房屋建筑结构	基准价格/(元/平方米)
1	二层楼房	砖混	632
2	平房	砖混	561
3	简易平房 A 型	砖混	497
4	简易平房 B 型	砖混	392
5	二层新式楼房	砖混	1 125
6	旧里平房	砖木	625
7	旧里简楼房	砖木	588

居民总户数为 177 户,房屋总建筑面积为 41 214.45 平方米。各户房屋估价结果详见本报告之附件估价汇总表和估价分户报告单。

(十一)估价人员(略)

(十二)估价作业日期(略)

(十三)估价报告应用的有效期

本估价报告应用的有效期为房屋拆迁许可证的拆迁期限(包括延长期限)。

五、估价技术报告

(一)个别因素分析(略)

(二)区域因素分析(略)

(三)市场背景分析(略)

(四)最高、最佳利用分析(略)

(五)估价方法选用

1. 技术思路

根据本次估价目的和估价对象的现状、特点，结合估价人员实地查勘和现场丈量掌握的资料，拆迁基地范围内估价对象为集中、连片、同类性质居住房屋(主要为砖混结构、砖木结构)，房屋的建筑类型、建筑结构和功能完整性基本相同或相似，估价人员认为采用"标本房屋"基准价格修正法对估价对象进行评估。

2. 估价方法

"标本房屋"基准价格修正法就是在同一拆迁基地内，对于房屋的用途、建筑类型、建筑结构和功能完整性等基本相同或相似的成片居住房屋，根据×市建筑和装饰工程预算定额和×市建设工程建材和造价资讯的行情，并依据《×市房屋拆迁中建筑物基准重置价格的应用研究》及《×市房屋拆迁中建筑物建安重置清单单价清册》，采用成本法中的分部分项确定典型房屋的建安重置价，作为该拆迁基地范围内同类房屋的基准价格。然后根据不同房屋的屋面、墙体、门窗、楼面、地坪、层高等因素，对该基准价格进行调整、修正，确定被拆除房屋的建安重置价。再根据房屋的尚可使用年限和房屋的实际使用情况，对房屋进行成新的修正，最后得到估价对象房屋的评估价格。

对房屋成新率的确定，原则上以《房地产估价规范》上颁布的《各类结构房屋的经济耐用年限的参考值》为依据，采用直线折旧法，并根据估价人员对房屋的维护、保养、使用等情况的现场勘察记录，结合实际观察法，综合分析后确定房屋的成新率。根据《×市征用集体土地房屋拆迁评估技术规范(试行)》第十四条的规定，尚可继续使用的房屋，成新率一般不宜低于40%。计算依据为公式(10-10)~公式(10-13)。

3. 计算公式

$$被拆除房屋评估单价=被拆除房屋建安重置单价×成新率 \quad (10\text{-}10)$$

$$成新率=(经济耐用年限-实际使用年限)/经济耐用年限×100\% \quad (10\text{-}11)$$

$$被拆除房屋建安重置单价=标本房屋建安重置单价×(1\pm屋面、墙体、门窗、楼面、地坪、层高等因素增减\%) \quad (10\text{-}12)$$

$$标本房屋建安重置单价=\sum标本房屋分项价格÷标本房屋建筑面积 \quad (10\text{-}13)$$

(六)估价测算过程

1. 房屋分类

按照房屋的建筑类型、建筑结构进行房屋分类。估价对象可以分为以下七个类型，如

表 10-1 所示。

2. 同一类中选定"标本房屋"

在表 10-1 中七类房屋中选取在建筑类型、建筑结构的式样特征上最具代表性的房屋作为每类房屋的"标本房屋"。表 10-3～表 10-9 列示了七类"标本房屋"的式样特征。

表 10-3　二层楼房典型房屋式样特征

(1)二层楼房

样点建筑物	楼房	编码	6-3
建筑面积	143.36 平方米	层数	2 层
项　目	内　容		
结构特征	砖混结构，砖基础，85 砖一砖内外墙，砼地坪，预制多孔板楼板，有柱阳台，预制钢混凝土楼梯，黏土瓦坡屋面结构		
建筑特征	混合砂浆外墙面，中级石灰砂浆内墙面，木门窗，无筋细石砼楼地面层，黏土瓦\油毡\木椽\混凝土檩条；开间数 2 开间，开间 4.0 米，进深 7.0 米，层高 3.0 米，檐高 6.0 米		
安装设备特征	基本照明、给排水设施		

表 10-4　平房典型房屋式样特征

(2)平房

样点建筑物	平房	编码	6-2
建筑面积	59.35 平方米	层数	1 层
项　目	内　容		
结构特征	砖混结构，砖基础，85 砖一砖内外墙，砼地坪，粘土瓦坡屋面结构		
建筑特征	混合砂浆外墙面，中级石灰砂浆内墙面，木门窗，无筋细石混凝土地面，黏土瓦\油毡\木椽\混凝土檩条；开间数 2 开间，开间 4.0 米，进深 7.0 米，檐高 2.3 米		
安装设备特征	基本照明、给排水设施		

表 10-5　简易平房 A 型房屋式样特征

(3)简易平房 A 型

样点建筑物	简易平房 A 型	编码	6-1
建筑面积	42 平方米	层数	1 层
项　目	内　容		
结构特征	砖混结构，砖基础，85 砖一砖空斗内外纵墙，横墙为 85 砖半砖墙，混凝土地坪，黏土瓦坡屋面结构		
建筑特征	混合砂浆外墙面，中级石灰砂浆内墙面，木门窗，混凝土地面，黏土瓦\油毡\木椽；开间数 2 开间，开间 4.0 米，进深 5.0 米，檐高 2.3 米		
安装设备特征	基本照明、给排水设施		

表 10-6　简易平房 B 型房屋式样特征

(4)简易平房 B 型

样点建筑物	简易平房 B 型	编码	6-1
建筑面积	42 平方米	层数	1 层

项　目	内　容
结构特征	砖混结构，砖基础，85 砖半砖内外墙，混凝土地坪，黏土瓦坡屋面结构
建筑特征	混合砂浆外墙面，中级石灰砂浆内墙面，木门窗，混凝土地面，黏土瓦\油毡\木椽；开间数 2 开间，开间 4.0 米、进深 5.0 米，檐高 2.3 米
安装设备特征	无基本照明、给排水设施

表 10-7　二层新式楼房典型房屋式样特征

(5)二层新式楼房

样点建筑物	新式楼房	编码	6-5
建筑面积	209.25 平方米	层数	2 层

项　目	内　容
结构特征	混合结构，钢混凝土无梁带基，标准砖一砖内外墙，预制多孔板地面面板，现浇楼板，现浇挑阳台，现浇钢混凝土楼梯，釉面瓦多坡屋面结构
建筑特征	混合砂浆外墙面，中级石灰砂浆内墙面，铝合金门窗，无筋细石混凝土地面面层，水泥砂浆楼地面层，釉面瓦\挂瓦条\防潮层\现浇基层；开间数 3 开间，开间 4.0 米、进深 7.1 米，底层层高 3.3 米，二层层高 3.2 米，檐高 6.6 米
安装设备特征	基本照明、给排水设施

表 10-8　旧里平房典型房屋式样特征

(6)旧里平房

样点建筑物	平房	编码	1-4
建筑面积	80.74 平方米	层数	1 层

项　目	内　容
结构特征	砖木结构，砖基础碎石垫层；圆木立帖构架，墙体均为半砖墙，蝴蝶瓦斜屋面结构
建筑特征	三开间平房，无围墙；房屋开间 3.74 米，进深 7.0 米，檐口高度 2.3 米；水泥地坪，木门窗，均采用杉木材质
安装设备特征	基本照明、给排水设施

表 10-9　旧里简楼房典型房屋式样特征

(7)旧里简楼房

样点建筑物	简楼房	编码	1-3
建筑面积	161.48 平方米	层数	2 层

续表

项　目	内　容
结构特征	砖木结构，素混凝土条形基础，圆木立帖构架；墙体均为半砖墙，正立面外墙二层以上为板条墙；木搁栅长条木楼板；蝴蝶瓦斜屋面结构
建筑特征	二层三开间，无围墙；房屋开间 3.74 米，进深 7.0 米，底层层高 2.2 米，檐口高度 4.4 米。水泥地坪，楼面木地板，木楼梯，木门窗，均采用杉木材质
安装设备特征	基本照明、给排水设施

3. 确定"标本房屋"评估基准价

根据《×市房屋拆迁中建筑物基准重置价格的应用研究》，确定各类房屋土建、安装的分项子目，依据《×市房屋拆迁中建筑物建安重置清单单价清册(2009—10)》，根据确定的各类典型房屋的式样特征，采用分部分项法，按照其组成从清单单价清册中提取相关子项的综合单价，计算出标本房屋的建安重置价，作为各类房屋的建安重置基准价格。本案例以其中两类标本房屋的建安重置价计算过程为例。

(1) 二层楼房标本房屋建安重置基准价估算过程，如表 10-10 所示。

表 10-10　二层楼房标本房屋建安重置基准价估算过程

估算计算表——二层楼房(编号 6-3)		综合费率	6%	建筑面积/m²	143.36
序　号	项目内容	计算方法及说明			
		数　量	单　位	单　价	总　价
(1)	安装工程费	(2)+(3)			4 324.683 4
(2)	安装工程综合费	(3)×综合费率			244.793 4
(3)	安装工程清单	(3.1)+(3.2)			4 079.89
3.1	电气安装工程费				2 495.92
3.1.1	室内配电板	2	台	319.26	638.52
3.1.2	灯头	4	只	12.66	50.64
3.1.3	暗装开关	4	只	11.39	45.56
3.1.4	三线暗插座	4	只	13.73	54.92
3.1.5	电气配线 2×2.5+1×2.5	57.2	m	9.13	522.24
3.1.6	电气配管 G32	57.2	m	20.7	1 184.04
3.2	给排水安装工程费				1 583.97
3.2.1	地漏	2	个	74.74	149.48
3.2.2	给水管 Dg20	11	m	26.88	295.68
3.2.3	废水管 DN75	8	m	75.48	603.84
3.2.4	铸铁污水管 DN100	4.5	m	100.53	452.39
3.2.5	水表	1	组	82.58	82.58
(4)	土建工程费	(5)+(6)			86 241.017
(5)	土建工程综合费	(6)×综合费率			4 881.567
(6)	土建工程清单	(6.1)+(6.2)+(6.3)+(6.4)+(6.5)			81 359.45
6.1	基础工程费				4 084.8

序 号	项目内容	计算方法及说明			
		数 量	单 位	单 价	总 价
6.1.1	二层农宅承重基础：(B=800)	21	延长	144.64	3 037.44
6.1.2	一层85砖一砖墙农民住宅砖基础：(B=500, 10厘米道砟)	16	延长	65.46	1 047.36
6.2	墙面工程费				40 552.29
6.2.1	二层农宅85砖一砖外墙	167.75	m²	192.81	32 343.88
6.2.2	二层农宅85砖一砖内墙	43.3	m²	152.37	6 597.62
6.2.3	标准砖半砖内墙	17.74	m²	90.8	1 610.79
6.3	楼地面工程费				21 917.61
6.3.1	二层农宅平整场地	71.68	m²	12.95	928.26
6.3.2	农宅室内地坪(二层)(三)	71.68	m²	60.99	4 371.76
6.3.3	二层农宅多孔预制板楼面	55.57	m²	132.76	7 377.47
6.3.4	农宅预制楼梯板	4.86	m²	189.14	919.22
6.3.5	有柱雨篷(不含柱)	12.33	m²	194.18	2 394.24
6.3.6	有柱阳台(含柱)	12.33	m²	480.67	5 926.66
6.4	门窗工程费				7 304.82
6.4.1	实拼木门(一)	17.1	m²	233.93	4 000.2
6.4.2	单层木窗(一)	18	m²	183.59	3 304.62
6.5	屋面工程费				7 499.93
6.5.1	农宅小青瓦(黏土瓦)屋面	66.33	m²	113.07	7 499.93
(7)	建筑安装工程费(1)+(4)	(1)+(4)			90 566.2464
7.1	安装工程费	143.36	m²	30.17	4 325.1712
7.2	土建工程费	143.36	m²	601.57	86 241.0752
(8)	建筑安装工程费小计	143.36	m²	632	90 566.2464

(2) 平房标本房屋建安重置基准价估算过程，如表10-11所示。

表10-11　平房标本房屋建安重置基准价估算过程

估算计算表——一层平房(编号6-2)		综合费率	6%	建筑面积/m²	59.35
序 号	项目内容	计算方法及说明			
		数 量	单 位	单 价	总价
(1)	安装工程费	(2)+(3)			1 908.7526
(2)	安装工程综合费	(3)×综合费率			108.0426
(3)	安装工程清单	(3.1)+(3.2)			1 800.71
3.1	电气安装工程费				1 158.47
3.1.1	室内配电板	1	台	319.26	319.26
3.1.2	灯头	2	只	12.66	25.32

续表

序　号	项目内容	计算方法及说明			
		数　量	单　位	单　价	总　价
3.1.3	暗装开关	2	只	11.39	22.78
3.1.4	三线暗插座	2	只	13.73	27.46
3.1.5	电气配线 2×2.5+1×2.5	25.6	m	9.13	233.73
3.1.6	电气配管 G32	25.6	m	20.7	529.92
3.2	给排水安装工程费				642.24
3.2.1	地漏	1	个	74.74	74.74
3.2.2	给水管 Dg20	4	m	26.88	107.52
3.2.3	废水管 DN75	5	m	75.48	377.4
3.2.4	水表	1	组	82.58	82.58
(4)	土建工程费	(5)+(6)			31 376.901
(5)	土建工程综合费	(6)×综合费率			1 776.051
(6)	土建工程清单	(6.1)+(6.2)+(6.3)+(6.4)+(6.5)			29 600.85
6.1	基础工程费				2 407.62
6.1.1	一层 85 砖一砖墙农民住宅砖基础：(B=500，10 厘米道砟)	36.78	延长	65.46	2 407.62
6.2	墙面工程费				13 530.2
6.2.1	85 砖一砖外墙	70.5	m²	153.35	10 811.18
6.2.2	单层农宅 85 砖一砖内墙	20.12	m²	135.14	2 719.02
6.3	楼地面工程费				3 744.39
6.3.1	农村平房平整场地	59.35	m²	12.95	768.58
6.3.2	农宅室内地坪(三)	59.35	m²	50.14	2 975.81
6.4	门窗工程费				3 207.94
6.4.1	实拼木门(一)	6.65	m²	233.93	1 555.63
6.4.2	单层木窗(一)	9	m²	183.59	1 652.31
6.5	屋面工程费				6 710.7
6.5.1	农宅小青瓦(黏土瓦)屋面	59.35	m²	113.07	6 710.7
(7)	建筑安装工程费	(1)+(4)			3 3285.654
7.1	安装工程费	59.35	m²	32.16	1 908.696
7.2	土建工程费	59.35	m²	528.68	31 377.158
(8)	建筑安装工程费小计	59.35	m²	561	33 285.854

七类典型房屋的建安重置基准价格汇总表见表10-2。

4. 确定"标本房屋"基准价的修正系数

根据以上求得的典型房屋的基准价格，结合估价对象房屋的实际情况，进行对照测算，制定了屋面、墙体、门窗、楼面、地坪、檐高等因素的修正系数表，作为该拆迁基地范围内对同类房屋不同的屋面、墙体、门窗、楼面、地坪、檐高等因素进行调整、修正的依据。

如表 10-12 和表 10-13 所示为二层楼房和平房类标本房屋的修正系数估算过程。

表 10-12　二层楼房修正系数表

编号	分项名称	修正系数	调整说明
一	基础	%	
1	素混凝土条基、砖基础	0	
2	钢混凝土条形基础	+2	三层以 2/3 计
3	钢混凝土条形基础有防水带埋深＜1 米(＞1 米)	+4，(+6)	三层以 2/3 计
二	屋面	%	
1	黏土瓦、混凝土(木)檩条、椽子挂瓦条	0	
2	多孔板平屋面	+1	三层以 2/3 计
3	现浇板平屋面	+1.5	三层以 2/3 计
4	黏土瓦、望板、木椽、木梁	+1	三层以 2/3 计
5	平瓦多坡屋面(木基层)	+2	三层以 2/3 计
6	琉璃瓦多坡屋面(木基层)	+5	三层以 2/3 计
7	琉璃瓦多坡屋面坡度较大(有老虎天窗)	+7，(+8)	三层以 2/3 计
8	琉璃瓦双坡，混凝土(木)檩条、椽子挂瓦条	+2	三层以 2/3 计
9	黏土瓦、木椽、木梁(冷摊瓦)	-2	三层以 2/3 计
10	双层顶	+7	三层以 2/3 计
11	双层顶(有楼梯、面层、可上人)	+8	三层以 2/3 计
三	墙体	%	
1	四面自有一砖实心墙	0	
2	开间修正		单开间+5%，双开间 0%、三开间-3%，四开间以上-5%
3	空斗墙	-6	半空斗-3%，其他情况按照比例分摊
4	借墙或合墙	-10	每借一面墙-10%，合墙-5%
5	前墙或后墙半砖墙	-5	每有一面半砖墙-5%
6	内外无粉刷	-5	按实比例分摊
四	门窗	%	
1	杉木、钢	0	门 17m², 窗 18m²
2	美松、柳安		
3	铝合金、塑钢	+1～+4	按实比例分摊
4	彩铝、彩钢		
5	超规格		
五	楼面	%	

续表

编号	分项名称	修正系数	调整说明
1	多孔板	0	
2	现浇板	+0.5	三层以2/3计
六	地面	%	
1	混凝土地坪	0	
2	小平板架空	+0.5	三层以2/3计
3	架空多孔板	+3	三层以2/3计
七	檐高	%	
1	檐高6.0米(三层9.0米)	0	
2	每增减10cm	±0.8	
八	阳台	%	
1	无阳台/挑阳台	+1	
九	其他	%	
1	现浇挑天沟	+1～+2	三层以2/3计
2	构造柱	+1～+3	
3	外观结构有罗马柱、窗饰线条等	+1～+2	
4	水电一般	0	

表10-13 平房修正系数表

编号	分项名称	修正系数/%	调整说明
一	基础		
1	道砟垫层、砖基础	0	
二	屋面		
1	黏土瓦、混凝土(木)檩条、椽子挂瓦条	0	
2	多孔板平屋面	+2	
3	现浇板平屋面	+3	
4	黏土瓦、望板、木椽、木梁	+2	
5	平瓦多坡屋面(木基层)	+3	
6	琉璃瓦多坡屋面(木基层)	+6	
7	黏土瓦、木椽、木梁(冷摊瓦)	−4	
8	双层顶	+12	
三	墙体		
1	四面自有一砖实心墙	0	
2	开间修正		单开间+5%，双开间0%、三开间-3%，四开间以上-5%
3	空斗墙	−6	半空斗-3%，其他情况按照比例分摊
4	借墙或合墙	−9	每借一面墙-9%，合墙-4.5%

续表

编号	分项名称	修正系数	调整说明
5	前墙或后墙半砖墙	0	每有一面半砖墙-4.5%
6	内外无粉刷	−6	按实比例分摊
四	门窗		
1	杉木、钢	0	门6.65平方米，窗9平方米
2	美松、柳安		
3	铝合金、塑钢	+1~4	按实比例分摊
4	彩铝、彩钢		
5	超规格		
五	地面		
1	混凝土地坪	0	
2	小平板架空	+1	
3	架空多孔板	+6	
六	檐高		
1	檐高2.3米	0	
2	每增减10厘米	±1	
七	其他		
1	水电一般	0	

5. 确定房屋的成新率

对房屋成新率的确定，原则上以《各类结构房屋的经济耐用年限的参考值》为依据，采用直线折旧法，并根据估价人员对房屋的维护、保养、使用等情况的现场勘察记录，结合实际观察法，综合分析后确定房屋的成新率。根据《×市征用集体土地房屋拆迁评估技术规范(试行)》第十四条的规定，尚可继续使用的房屋，成新率一般不宜低于40%。

6. 确定房屋的评估价格

以估价对象×镇×村×队1号(编号2010××)居住房屋为例，估价人员根据实地查勘的记录，经过分析计算，求得估价对象居住房屋的估价结果。该房屋为二层楼房，砖混结构，三开间。基础为砖基础，屋面为黏土瓦、望板、木椽、木梁，双层顶，墙体为一砖实心墙、部分空斗墙，杉木门，钢窗、塑钢窗，楼板为现浇板，地坪为多孔板，檐高7.0米，估算过程如表10-14所示。

表10-14　1号房屋建安重置单价计算表

分项名称	典型房屋	估价房屋	修正系数/%	调整说明
基础	砖基础	砖基础	0	
屋面	黏土瓦、望板、木椽、木梁	黏土瓦、望板、木椽、木梁、双层顶	+8	修正双层顶的差价

续表

分项名称	典型房屋	估价房屋	修正系数/%	调整说明
墙体	一砖、四面自有、实心、两开间	一砖、三开间、四面自有、实心、部分空斗	-6	修正三开间、部分空斗的差价，三开间-3，部分空斗-3
门窗	杉木木门窗	杉木门、钢窗、塑钢窗	+1	修正塑钢窗的差价
楼面	多孔板	现浇板	+0.5	修正现浇板的差价
地面	混凝土地坪	架空多孔板	+3	修正混凝土地坪与架空多孔板地坪的差价
檐高	6.0 米	7.0 米	+8	按檐高每增加 10 厘米调整+0.8%
其他	天沟、雨水管	天沟、雨水管	0	
合计修正			+14.5	
建安重置单价		632×1.145	724 元/平方米(取整)	

1 号房屋建于 2007 年，房屋的成新率以直线折旧法，即按砖混结构房屋使用年限 50 年计，净残值为零计取，每年折旧率为 2%，则运用直线折旧法得到成新率结果如下。

成新率=(经济耐用年限−实际使用年限)/经济耐用年限×100%

=(50−3)/50×100%

=94%。

根据估价人员对房屋的维护、保养、使用等情况的现场查勘记录，结合实际观察法，综合分析后确定房屋的成新率为 98%。

1 号房屋评估单价=建安重置单价×成新率=724×98%=710(元/平方米)(取整)

六、集体土地房屋征收评估案例评价

(1) 本案例采用"标本房屋"基准价修正法的技术路线，第一步，将 177 套被征收方房屋按照房屋的建筑面积、结构特征、建筑特征和设备安装特征等分为七类；第二步，每一类中选择一宗"标本房屋"；第三步，采用"分部分项法"得到"标本房屋"的建筑安装重置价格；第四步，建立房屋建安成本的修正系数表，依据该修正系数表，可以由"标本房屋"的基准价格得到每个具体房屋的建安成本；第五步，以 1 号房屋作为评估对象，运用已经得到的"标本房屋"基准价格和修正系数表，得到被评估房屋的评估价格。

(2) 该报告是分户报告的评估依据，由于每一户的房屋状况不同，分户评估报告的结果会有差异，但是基准价格和修正系数的确定依据是以该报告为准的。

(3) 报告的评估结果中并不包括"土地使用权的取得费"，因为根据《中华人民共和国土地管理法》、《×市征用集体所有土地房屋拆迁评估技术规范(试行)》(2002 年)的有关规定，"集体土地及房屋征收价值"的评估目的是"为征地房屋拆迁补偿估价"。其中对于居住性房屋，评估价值只包含房屋的评估价值，也就是"征地房屋拆迁补偿建安重置价"。

对于非居住性房屋，评估价值包括房屋的评估价值和相应的土地使用权取得费用的总和。其中"土地使用权取得费用"，是指土地使用权人在价值时点，在估价对象所在地取得相同性质、同等数量的土地使用权按现行政策法规应当支付的有关费用的综合。因此，该报告的附表中提供了该集体土地的使用权取得费用，如表 10-15 所示，评估结果是每平方米土地面积的土地成本价为 881 元，供委托方参考。

表 10-15　集体土地使用权取得费估算过程表

序号	费用名称	计算公式		单价(元)或比率	单价(元/平方米)	结果(元/平方米)	取费依据
1	土地补偿费	建设用地、未利用地	耕地比例	29 000/亩	43.50	43.50	关于印发《上海市征地土地补偿标准》的通知(沪规土资地(2009)第 903 号)
		农用地	0.4	29 000/亩			
		说明: (29 000/667)×0.6+(29 000/667)×0.4=43.50					
2	青苗补偿费	说明: 1 570/667=2.35; 2.35×0.4=0.94		1 570/亩	2.35	0.94	《关于调整本市征地青苗补偿标准的通知》(沪价商 (2006) 009 号)
3	地上附着物补偿费	说明: 20 000/667=30		20 000/亩	30.00	30.00	《关于印发〈上海市征收集体土地财物补偿标准的通知〉》【沪房地资法[2007]277 号】
4	劳动力安置费及养老费	上年度全市职工月平均工资×60%×(养老保险缴费比例+医疗保险缴费比例+急诊门诊医疗保险费比例)×15 年×12 个月+当年本市城镇居民月最低生活保障线×24 个月	2010 年度月平均工资	3 896/月			《上海市人力资源和社会保障局、上海市统计局关于公布上海市 2010 年度职工平均工资及增长率的通知》【沪人社综发(2011)25 号】
			2011 年本市城镇居民月最低生活保障线	505/月			《关于调整本市城乡居民最低生活保障标准的通知》(沪民救发[2011]29 号)

续表

序号	费用名称	计算公式		单价(元)或比率	单价(元/平方米)	结果(元/平方米)	取费依据
4	劳动力安置费及养老费	上年度全市职工月平均工资×60%×(养老保险缴费比例+医疗保险缴费比例+补充门急诊医疗保险费比例)×15 年×12 个月+当年本市城镇居民月最低生活保障线×24 个月	养老保险缴费比例	17%			《上海市人民政府关于印发〈上海市被征用农民集体所有土地农业人员就业和社会保障管理办法〉的通知》(沪府发〔2003〕66号)
			医疗保险缴费比例	5%			
			补充门急诊医疗保险费比例	3%			
		每位劳动力的安置费及养老费 说明：5 896×0.6×(17%+5%+3%)×15×12+50×24=117 312		117 312/人			
		土劳比		0.75(人/亩)			
		劳动力安置费及养老费合计 说明：117 312×0.75×0.4=35 194；35 194/667=52.79		35 194/亩	52.79	52.79	
5	养老人员补偿费	上年度全市职工月平均工资×60%×(养老保险缴费比例+补充门急诊医疗保险费比例)×15 年×12 个月+当年本市城镇居民月最低生活保障线×领取养老金年份×12	劳动力占总人口比例	0.64			上海市镇保工作协调推进联席会议办公室上海市劳动和社会保障局上海市农业委员会关于本市征地养老人员参加小城镇社会保险若干问题的通知【沪镇保办发(2005)1号】
			60 岁以上人口与劳动力之比	0.2			
		合计 说明：117 312×0.75×0.2=7 039；7 039/667=10.56		117 312/人 7 039/亩	10.56	10.56	

续表

序号	费用名称	计算公式	单价(元)或比率	单价(元/平方米)	结果(元/平方米)	取费依据
6	房屋拆迁安置补偿费	户均人数	3 人/户			注意，根据此项目拆迁优惠政策，此项目房屋拆迁安置补偿费按照 0.7 的耕地比例计算，不是 0.4 的耕地比例
		每户补偿额	800 000/户			
		说明：[800 000/(3×0.64)] ×0.75×0.7=218 750；218 750/666.7=328.12	218 750/亩	328.12	328.12	
7	征地包干不可预见费	(1+2+3+4+5+6) ×0	0%	—	—	
8	耕地开垦费	说明：25 000/666.7=37.50；37.50×0.4=15	25 000/亩	37.50	15.00	
9	耕地占用税	说明：46×0.4=18.40	46/平方米	18.40	18.40	沪府发(2008)51 号
10	小计	(1)+(2)+(3)+(4)+(5)+(6)+(7)+(8)+(9)			499.31	
11	土地开发费用	开发期	1 年	120.00	120.00	说明：土地开发程度已经达到六通一平
			120/平方米			
12	投资利息	说明：(10)×[[(1+6.56%)¹−1]+(11) ×[(1+6.56%)⁰·⁵−1] =36.63	6.56%		36.63	
13	投资利润	说明：[(10)+(11)]×10%=61.93	10%		61.93	
14	土地增值	说明：[(10)+(11)+(12)+(13)]×30%=215.36	30%		215.36	

续表

序号	费用名称	计算公式		单价(元)或比率	单价(元/平方米)	结果(元/平方米)	取费依据
15	出让土地使用权价值	说明:[(10)+(11)+(12)+(13)+(14)]=933.23				933.23	
16	土地区位修正	0.0%				933.23	
17	带征地修正	0.0%				933.23	
18	土地年限修正	土地截止日期	2052/12/30				
		土地使用年限	50 年				
		剩余土地使用年限	41 年				
		土地报酬率	6%				
		修正系数		96%		896.00	
	土地容积率修正			100%		896.00	
19	成本法单价					896.00	

二、国有土地房屋征收评估案例

一、评估对象概述

根据《房屋拆迁许可证》(××规拆迁许字(2006)第×号)，本次估价对象是指位于×市×区创业路5号拟进行拆迁的房地产。估价对象位于×市×区创业路5号，四至为：东至红钢三街，南至创业路，西临空地，北临民宅。该处邻近冶金大道，周边道路有工业二路、工业三路、创业路及武青三干道，交通比较便利，但道路状况特别是排水状况较差。周边商业设施有×区商城、黄鹤大洲商场等；金融网点有建设银行、中信实业银行、工商银行分理处；医疗设施有×市第九医院、××第一职工医院等；休闲娱乐设施有×区公园、和平公园等；教育配套设施有×市第十七子弟小学、×市十六中学等。

《房屋拆迁许可证》证号为：××规拆迁许字(2006)第×号。具体拆迁范围为创业路5号。拆迁总建筑面积为2 995平方米，占地面积为2 501平方米。其中非住宅建筑面积为1 996平方米(至估价基准日，已经拆迁完毕)，住宅建筑面积为999平方米。本次评估范围为其中1栋2层住宅楼(1楼部分住宅现状用途为商业门面)，建筑面积为999平方米。该房屋建成于20世纪50年代，整体外观比较陈旧，基础无不均匀沉降，墙体有少量细微裂纹，外墙空鼓、起沙、剥落严重，有渗水现象，预制屋板，红瓦坡屋顶，局部渗漏，普通木门窗，油漆剥落、风化、腐朽，单跑楼梯，水泥踏板，局部破损，电线局部老化，上、下水管锈蚀。房屋内部一般为水泥地面，少数铺300毫米×300毫米的地板砖，磨损较大；内墙一般刷白，空鼓、起砂、剥落严重，少数1.2米油漆墙裙，局部剥落；楼板一般刷白，少数简单塑料扣板吊顶，卫生间为共用，一般铺300毫米×300毫米的地板砖、瓷砖墙裙，少数水泥地面、普通内墙。

二、评估报告的要素

(一)估价目的

为确定被拆迁房屋货币补偿金额而评估其房地产市场价格。

(二)价值时点

2006年6月3日。

(三)价值定义

本次估价的价值内涵是指估价对象于价值时点，在估价假设和限制条件下的公开市场价格。

(四)估价方法

估价人员根据《房地产估价规范》及《×市房屋拆迁评估操作技术规范(试行)》，通过分析委托人提供的各种资料、估价人员的实地查勘情况及有关市场分析资料，根据估价对象的特点及估价目的，考虑到估价对象周边区域二手住宅交易市场较为活跃，交易实例容易搜集，故住宅房地产的区位地价采用市场比较法评估；估价对象周边区域商业门面出租较多，租金资料容易调查和收集，故商业房地产区位地价采用收益法评估；×市房屋重置成本文件、资料比较齐备，故房屋重置价格采用成本法评估。

(五)估价结果

估价人员在实地查勘的基础上,根据《房地产估价规范》及相关拆迁评估政策、法规和我公司所掌握的房地产市场资料,以及估价人员长期积累的房地产估价经验数据,结合委托人提供的资料和本次估价目的,遵循公正、客观、独立的原则,按照估价程序,选取科学的估价方法,综合分析影响估价对象价格的各种因素,结果仔细的分析测算,最终确定委托评估待拆迁房地产在价值时点 2006 年 6 月 3 日满足估价设定条件下的估价对象住宅楼面地价为 1 243 元/平方米,大写:人民币壹仟贰佰肆拾叁元每平方米;估价对象房屋重置价为 302 元/平方米,大写:人民币叁佰零贰元每平方米;估价对象商业楼面地价为 2 470元/平方米,大写:人民币贰仟肆佰柒拾元每平方米。

(六)估价报告使用期限

本估价报告使用期限自出具之日起为半年。

报告其他要素(略)。

三、评估技术思路

(一)运用市场比较法评估住宅类楼面地价

1. 搜集交易实例,确定可比实例的楼面地价

通过对估价对象同一供求圈内类似房地产交易市场的调查和分析,估价人员搜集、比较和筛选,最终选取了与估价对象类似的、五宗相邻地块住宅房地产一般交易实例作为可比实例,可比实例详细资料如表 10-16 所示。

表 10-16　可比实例的资料

可比实例项目	A	B	C	D	E
坐落位置	26 街坊 8门 1 层 2 号	3街坊69门11 号	20 街坊 54门 3 层 15 号	24 街坊 27门 5 层 25 号	6街坊附1门2栋 6 层 9 号
房屋用途	住宅	住宅	住宅	住宅	住宅
地段等级	住宅四级	住宅四级	住宅四级	住宅四级	住宅四级
交易目的	转让	转让	转让	转让	转让
交易情况	正常	正常	正常	正常	正常
交易单价/(元/平方米)	2030	1650	1500	1520	1940
交易时间	近期	近期	近期	近期	近期
建筑结构	砖混一等	砖混三等	砖混三等	钢混二等	砖混一等
建筑成新	90%	70%	60%	60%	85%
基础设施	水、电、卫	水、电、卫	水、电、卫	水、电、卫	水、电、卫
配套设施	齐全	齐全	齐全	齐全	齐全

对可比实例的交易单价进行交易情况、交易时间等因素的修正,扣除房屋的成本价格,得到可比实例的区位楼面地价,具体如表 10-17 所示。

表 10-17　可比实例区位地价测算表

可比实例项目	A	B	C	D	E
坐落位置	26 街坊 8 门 1 层 2 号	3 街坊 69 门 11 号	20 街坊 54 门 3 层 15 号	24 街坊 27 门 5 层 25 号	6 街坊附 1 门 2 栋 6 层 9 号
交易单价/(元/平方米)	2 030	1 650	1 500	1 520	1 940
交易情况修正	100/100	100/100	100/100	100/100	100/100
交易时间修正	100/100	100/100	100/100	100/100	100/100
修正后单价/(元/平方米)	2 030	1 650	1 500	1 520	1 940
重置价格/(元/平方米)	710	570	570	650	710
建筑成新率	90%	70%	60%	60%	85%
楼面地价/(元/平方米)	1 391	1 251	1 158	1 130	1 336.5

备注：楼面地价=修正后交易单价−重置价格×成新率

2. 区域因素修正，得到可比实例修正后的楼面地价

估价人员通过调查分析估价对象所在区域购买住宅最重要的是区域因素的各种因素，通过分析市场资料，并结合估价经验，选取以下几种因子作为比较基础，各因子均以估价对象为比较基准，取指数为 100，采用打分法对区域因素进行修正，具体如表 10-18 所示。

表 10-18　区域因素修正情况表

区域因素	因素因子	估价对象	A	B	C	D	E
繁华程度	距市、区商业中心距离	100	102	98	98	100	102
交通便捷	主要道路距离	100	102	100	98	98	100
	公交车站网	100	102	100	100	98	102
环境状况	环境污染	100	100	100	100	100	100
	卫生状况	100	100	100	100	100	100
景观	自然环境	100	102	102	98	98	102
	人文景观	100	100	100	100	100	100
配套设施	基础设施	100	100	100	100	100	100
	公共服务配套	100	100	100	100	100	100
	小区内配套设施	100	102	100	99	99	100

通过对可比实例与估价对象各因子的比较、打分，计算得出各可比实例的区域因素修正系数分别如下：

A 可比实例区域因素修正系数

=100/102×100/102×100/102×100/100×100/100×100/102×100/100×100/100×

　100/100×100/102

=0.9057

B 可比实例区域因素修正系数

=100/98×100/100×100/100×100/100×100/100×100/102×100/100×100/100×

　100/100×100/100

=1.0004

C 可比实例区域因素修正系数

=100/98×100/98×100/100×100/100×100/100×100/98×100/100×100/100×100/99

=1.0732

D 可比实例区域因素修正系数

=100/100×100/98×100/98×100/100×100/100×100/98×100/100×100/100×100/99

=1.0625

E 可比实例区域因素修正系数

=100/102×100/100×100/102×100/100×100/100×100/102×100/100×100/100×100/100

=0.9423

所以，可比实例的比准楼面地价如下。

A： 1 391×0.9057=1 259.87(元/平方米)

B： 1 251×1.0004=1 251.50(元/平方米)

C： 1 158×1.0732=1 242.78(元/平方米)

D： 1 130×1.0625=1 200.61(元/平方米)

E： 1 336.5×0.9423=1 259.41(元/平方米)

3. 得到住宅类房屋楼面地价

取 5 个可比实例修正后的价格的算术平均值作为最终楼面地价。

楼面地价=(1 259.87+1 251.50+1 242.78+1 200.61+1 259.41)/5

　　　　　=1 242.83≈1 243(元/平方米)

委托人未提供估价对象房屋所有权证书及土地使用权证书，故估价人员无法核实估价对象土地使用权类型。估价对象建成于 1958 年，该年代建成的房屋土地使用权类型为划拨，本次评估设定估价对象建成后土地使用权类型没有改变，即估价对象土地使用权类型为划拨。本次评估所收集的 5 个可比实例土地使用权类型均为划拨，故比准楼面地价无须扣除土地出让金。

(二)运用成本法评估拆迁房屋重置价格

1. 确定房屋重置基价

估价对象为 1 栋 2 层砖混结构建筑物，砖承重，预制空心楼板，预制空心板坡屋顶，外墙混合砂浆粉刷，内墙水泥混合砂浆粉刷，楼地面水泥混合砂浆抹面，大多数门窗为木门窗。根据该标准，并结合估价人员对估价对象的实地查勘，综合确定估价对象的房屋结构等级为砖混三等。根据《市物价局、市房地产管理局关于印发×市房屋重置价格标准的通知》确定估价对象的房屋重置基价为 570 元/平方米。

2. 确定成新率

因估价对象建成于 1958 年，且部分房屋经过了一次或多次更新改造或维修，难以通过年限法测定估价对象房屋的成新率，故只能通过观察法测算得出估价对象的成新率。成新率的确定是依据 1984 年原城乡建设环境保护部发布的《房屋完损等级标准》、《经租房屋清产估价》([84]城计字第 754 号)及《市物价局、×市房产管理局关于印发市房屋重置价格标准的通知》的相关规定，参考《资产评估常用数据与参考手册》的房屋建筑物不同成新率的评分标准及修正系数，对建筑物的结构、初装修和设施等组成部分的完好程度进行鉴定评分，对各部分的评分进行加权平均，最终确定估价对象房屋的成新率，如公式(10-14)所示，如表 10-19 所示。

修正后房屋得分(成新)=结构部分得分×结构部分价值权重+初装修部分得分×

装修部分价值权重+设备部分得分×设备部分价值权重　　(10-14)

表 10-19　×区创业路 5 号房屋建筑物勘察鉴定法成新率计算表

房屋地址		创业路 5 号	建筑结构		砖混三等	耐用年限	50 年
		项　目				标准分数	评定分数
结构	1. 基础	有足够承载能力，有轻微下沉，基本稳定				25	19
	2. 承重结构	基本完好，梁、板、柱等结构稳定				25	17
	3. 非承重结构	有风化、轻微裂纹				15	7
	4. 屋面	隔热、防水有轻微裂纹，有渗水现象				20	8
	5. 地面	有起鼓、起砂、剥落现象				15	6
小计(1+2+3+4+5)×权重 0.70=39.9%							
装饰	6. 门窗	油漆有脱落现象，有腐蚀现象，玻璃、五金个别残缺				25	10
	7. 内外装饰	有空鼓，墙面剥落稍大				40	13
	8. 其他	有轻微裂纹、风化现象				35	11
小计(6+7+8)×权重 0.15=5.1%							
设备	9. 供水、排水	基本畅通，管道腐蚀较大				55	32
	10. 电气照明	老化程度高，个别零件残缺、损坏				45	21
小计(9+10+11)×权重 0.15=8.0%							
估价对象房屋的成新率=39.9%+5.1%+8.0%=53%							

待拆迁房屋为 1 栋 2 层建筑物，根据《×市房屋拆迁评估操作技术规范(试行)》，3 层以下(含 3 层)房屋不作楼层调节修正，故估价对象不作楼层调节修正。另外，估价对象建筑物共 2 层，一梯 2 户，全部为南北朝向，故不作朝向修正。

3. 估算估价对象建筑物现值

估价对象建筑物现值，依照重置成本法评估，计算如下：

建筑物现值=房屋重置价×成新率×(1+楼层调节系数)

=570×53.0%

=302.10≈302(元/平方米)

(三)运用收益法评估拆迁房屋商业楼面地价

1. 年有效租金收入的测算

经估价人员实地调查，估价对象 1 楼门面(建筑面积 29.94 平方米)招租价为每月 450~

500 元/平方米之间，但是承租人全部都是将所租房屋前半部分用于门面经营，后半部分用于居住；估价对象周边商业门面租金都在每月 30 元/平方米左右。参考×市房产局 2005 年发布的《×市 2005 年房屋租赁参考租金的通知》，结合估价对象周边同类房地产的租赁情况，综合确定估价对象所处区域砖混三等、五三成新商业门面的平均租金为每月 30 元/平方米，根据《市物价局、市房产管理局关于印发×市房屋重置价格标准的通知》，砖混三等重置全价为 570 元/平方米，则平均重置全价为 570 元/平方米，平均成新单价为 302 元/平方米，租金损失率和空置率为 12%。

$$年有效租赁收入 = 30 \times 12 \times (1-12\%) = 316.8(元/平方米)$$

2. 求取年总费用

(1) 管理费：是指对出租房屋进行的必要管理所需的费用，根据估价对象的实际情况，按年有效租金收入的 2% 记取。

$$管理费 = 年总收益 \times 2\% = 316.8 \times 2\% = 6.34(元/平方米)$$

(2) 维修费：是指对保障房屋正常使用每年需支付的修缮费，按相关规定取建筑物重置全价的 2% 计算。

$$维修费 = 房屋重置价 \times 2\% = 570 \times 2\% = 11.4(元/平方米)$$

(3) 保险费：是指房产所有人为使自己的房产避免意外损失而向保险公司支付的费用。保险费率按房屋现值的 0.5‰ 计取。

$$保险费 = 房屋重置价 \times 成新率 \times 0.5‰ = 0.15(元/平方米)$$

(4) 税费：按规定收益型房地产应缴纳如下税款：①房地产税按年租金收入的 12%；②营业税按租金收入的 5% 计；③城市建设维护税按营业税税率的 7% 计；④教育费附加按营业税税率的 3% 计；⑤堤防费为营业税的 2%；⑥平抑副食品价格基金为营业额的 0.1%；⑦地方教育发展费为营业所得的 0.1%。则综合税费率为营业额的 17.8%。

$$年税费 = 年总收益 \times 17.8\% = 316.8 \times 17.8\% = 56.39(元/平方米)$$

(5) 总费用：年总费用为管理费、维修费、保险费、税费等四项之和。

$$年总费用 = 管理费 + 维修费 + 保险费 + 税金 = 6.34 + 11.4 + 0.15 + 56.39 = 74.28(元/平方米)$$

3. 年纯收益

$$年纯收益 = 年总收益 - 出租年总费用 = 316.8 - 74.28 = 242.52(元/平方米)$$

4. 确定报酬率

采用安全利率加上风险调整值作为报酬率。本项估价的折现率取一年期存款利率 1.98%，风险报酬率取 6.02%，合计为 8%。

5. 估算估价对象房地产价值

估价对象土地使用权类型为划拨，本次评估先设定估价对象土地使用权类型为出让，出让年限为商业用地法定最高出让年限 40 年，然后扣除出让金得出估价对象房地产评估价格。

收益法计算过程如下：

$$房地产单价 = 242.52 \div 8\% \times \left[1 - \frac{1}{(1+8\%)^{40}} \right] = 2\,891.99\,(元/平方米)$$

因委托人未提供估价对象权属资料，故估价人员无法核实其容积率状况。估价对象为 1

栋 2 层建筑物，本次评估设定其容积率为 1.5～2.0 之间，查《×市区商业用地级别与基准地价图》得知，估价对象商业用途用地级别为Ⅶ级，查《×市毛地批租楼面地价表》得知，容积率在 1.5～2.0 之间、商业Ⅶ级楼面毛地价为建筑面积为 120 元/平方米，故需扣除出让金每建筑平方米 120 元。

$$扣除出让金后房地产单价=2\ 891.99-120=2\ 771.99(元/平方米)$$

6. 计算估价对象的商业楼面地价

拆迁房地产楼面地价为拆迁房地产的市场评估单价扣除房屋建筑物重置单价后的剩余部分。根据《市物价局、市房地产管理局关于印发×市房屋重置价格标准的通知》(武价房服[2004]74 号)确定估价对象的房屋重置基价为 570 元/平方米，则平均重置全价为 570 元/平方米，平均成新单价为 320 元/平方米，如表 10-20 所示。

$$创业路上商业门面房地产的楼面地价=2\ 771.99-302=2\ 469.99\approx 2\ 470(元/平方米)$$

(四)确定估价结果

根据以上分析测算可知，采用市场比较法测算的估价对象住宅楼面地价为 1 243 元/平方米，采用成本法测算的估价对象房屋重置价为 302 元/平方米，采用收益法测算的估价对象商业楼面地价为 2 470 元/平方米，经过综合分析、比较并征求×市×区城市规划管理局拆迁管理部门意见，不做调整。以上结果作为最终评估结果，则估价对象住宅楼面价为 1 243 元/平方米，大写：人民币壹仟贰佰肆拾叁元每平方米；估价对象房屋重置价为 302 元/平方米，大写：人民币叁佰零贰元每平方米；估价对象商业楼面地价为 2 470 元/平方米，大写：人民币贰仟肆佰柒拾元每平方米。

表 10-20　房屋重置价格一览表

序 号	产 别	产权人	房屋地址	结 构	重置全价/(元/平方米)	成新率	重置单价/(元/平方米)
1	私	何某	6 单元 1 号	砖混三等	570	53.00%	302
2	私	王某	6 单元 2 号	砖混三等	570	53.00%	302
3	私	徐某	6 单元 3 号	砖混三等	570	53.00%	302
4	私	祝某	6 单元 4 号	砖混三等	570	53.00%	302
5	私	陈某	7 单元 1 号	砖混三等	570	53.00%	302
6	私	肖某	7 单元 2 号	砖混三等	570	53.00%	302
7	私	余某	7 单元 3 号	砖混三等	570	53.00%	302
8	私	刘某	7 单元 4 号	砖混三等	570	53.00%	302
9	私	朱某	7 单元 5 号	砖混三等	570	53.00%	302
10	私	王某	7 单元 6 号	砖混三等	570	53.00%	302
11	私	周某	7 单元 7 号	砖混三等	570	53.00%	302
12	私	秦某	8 单元 1 号	砖混三等	570	53.00%	302
13	私	周某	8 单元 2 号	砖混三等	570	53.00%	302
14	私	夏某	8 单元 3 号	砖混三等	570	53.00%	302

续表

序 号	产 别	产权人	房屋地址	结 构	重置全价 /(元/平方米)	成新率	重置单价 /(元/平方米)
15	私	胡某	8 单元 4 号	砖混三等	570	53.00%	302
16	私	沈某	8 单元 5 号	砖混三等	570	53.00%	302
17	私	王某	8 单元 6 号	砖混三等	570	53.00%	302
18	私	李某	9 单元 1 号	砖混三等	570	53.00%	302
19	私	姚某	9 单元 2 号	砖混三等	570	53.00%	302
20	私	肖某	9 单元 3 号	砖混三等	570	53.00%	302
21	私	夏某	9 单元 4 号	砖混三等	570	53.00%	302
22	私	周某	9 单元 5 号	砖混三等	570	53.00%	302
23	私	陈某	9 单元 6 号	砖混三等	570	53.00%	302

四、国有土地房屋征收评估案例评价

本案例属于城市房地产征收补偿的估价，需依据国有土地上房地产征收评估的相关法律法规。尽管评估时点是 2006 年，本案例的评估依据遵从的是 2011 年以前的城市房屋拆迁相关的政策规定，但其中的技术测算思路依然有值得借鉴的地方。

(1) 有关"标本房屋"的选取问题。面对拆迁范围大，户数多的城市公寓式房屋的拆迁评估，本案例采用了"标本房屋"的技术思路，并且用"房地分离"的方法，灵活应用市场比较法和残余法得到住宅类房屋的区位地价，运用成本法得到房屋的重置成本价，运用收益法和残余法得到商业类房屋的区位地价。其中"标本房屋"选取的是同一片区内、同一结构、相似成新、同一用途的房屋，这样"标本房屋"和其他评估房屋之间就只存在朝向和楼层的差异，评估的准确度大大提高。

(2) 有关一楼住宅改作临街商铺如何认定其合法用途的问题。按照《城市房屋拆迁估价指导意见》第十二条的规定："被拆迁房屋的性质和面积一般以房屋权属证书及权属档案的记载为准……拆迁人与被拆迁人对被拆迁房屋的性质或者面积协商一致的，可以按照协商结果进行评估，对被拆迁房屋的性质不能协商一致的，应当向城市规划行政主管部门申请确定。"作为被评估对象的一楼住宅，已经改作商业门面经营，尽管不符合规划部门的规定，但是住宅改作商业门面出租或自营，已经是当地税务机关和其他部门实际认可的，并且这些商铺的经营收益也已经成为这些住宅所有者重要的家庭收入来源。如果评估机构严格按照本条规定对住宅改门面的房地产按住宅用途进行评估，价格远远低于其实际用途的收益价格；但是如果按照实际收益用途进行估值，没有城市规划部门和产权产籍管理部门的许可和认定，评估机构也没有权限改变法定用途进行评估。因而，本评估报告没有确定各宗房地产具体的评估总价，而是分成住宅区位价、商业区位价、房屋重置成本价三部分，由拆迁人和被拆迁人协商确定。这样既没有违背《房地产估价规范》和《城市房屋拆迁估价指导意见》，又为拆迁当事人补偿协商留有余地。

本 章 小 结

　　房地产的征收，是国家因为公共利益的需要，对国有土地使用权及地上建筑物所有权，或集体土地使用权及地上建筑物所有权的、永久期的、完全产权的受让。房地产征收分为"国有土地上房屋征收"和"集体土地上房屋征收"两类，分别遵循不同的"征收补偿"或"评估管理"条例。

　　房地产征收价值，是指被征收土地使用权及地上建筑物所有权，在正常交易的情况下，以公平交易的方式，理性的交易双方在评估时点资源进行交易的金额，不考虑租赁、抵押、查封等非房地产自身因素的影响，具有公开市场价值属性。其价值时点一般为"征收公告日期"或"房屋拆迁许可证颁发之日"。房地产征收评估目的，表述为"为房屋征收部门或被征收人确定被征收房屋的价值的补偿提供依据"或"为房屋征收部门与被征收人计算被征收房屋价值与用于产权调换房屋价值的差价提供依据"。

　　房地产征收工作是政策性强、利益影响面广、工作复杂的行政行为。估价人员不仅要熟知征收价值评估的操作流程、评估技术思路，更应该了解征收工作的特殊性、原则性，以及征收补偿方式和标准等各项政策规定。

　　房地产征收价值评估的技术思路，通常采用以"标本房屋"评估值为基准，修正得到被评估房地产征收价值的技术路线。其中"标本房屋"的评估值，可以采用房地分离的思路，也可以采用房地合一的思路。灵活采用市场比较法、收益法、成本法、残余法、假设开发法等方法，客观、合理地评定被征收房屋及土地的市场价值。

　　集体土地上房屋的征收价值评估，主要体现在集体土地使用权不易流转性。因此集体土地房屋的征收价值评估，一般只针对房屋重置价值的评定。但对于非居住用途的集体土地房屋征收，征收价值需包括土地使用权的价值评定。相关成本费用的评定标准，需参考各地的相关规定。

复习思考题

1. 辨析房地产征收、房地产征用、房地产拆迁。
2. 简述房地产征收价值的定义及属性。
3. 简述房地产征收评估的操作流程。
4. 简述以"标本房屋"为基准的评估技术思路。
5. 简述集体土地使用权及房屋征收价值的组成。
6. 简述评估案例的技术思路。

第十一章

房地产课税估价

【本章学习要求及目标】

通过本章的学习，了解房地产相关税；掌握房地产课税估价的概念及特点；理解房地产契税及营业税课税估价的目的；理解土地增值税课税估价的目的；理解以应扣项目合理价值为评估目的的土地增值税估价；掌握土地增值税应扣项目的价值内涵；理解房产税课税估价的目的；理解批量房地产自动估价模型的原理；理解批量房地产自动估价模型建立的技术思路。

第一节　房地产课税估价概述

一、房地产相关税种

我国现行税法体系有四大类：流转税类、财产税类、所得税类和行为税类。按照四大分类标准，房地产有关的税种可分为：①流转税类中的营业税；②所得税类中的企业所得税、个人所得税；③财产税类中的城镇土地使用税、房产税、契税；④行为税类中的城市维护建设税、印花税、固定资产投资方向调节税(2000年起暂停征收)、耕地占用税和土地增值税等。如果按照房地产开发、流转、持有环节划分，房地产有关税种可以分为：①房地产开发环节的耕地占用税、固定资产投资方向调节税；②房地产流转环节的土地增值税、契税、城市维护建设税、教育费附加、企业所得税、个人所得税和印花税；③房地产持有环节的城镇土地使用税、房产税等，具体如表11-1所示。

表 11-1　房地产相关税种

税　种	纳　税　人	计税依据	税　率	计税方法	征收规定
耕地占用税	占用耕地或农用地，从事非农业建设的单位和个人	实际占用的耕地或农用地的面积	税额标准6～50元/平方米	税额=实际占用耕地面积×适用税额标准	收到农用地占用通知书当日一次性交纳
城镇土地使用税	拥有土地使用权的单位和个人(包括外商、外企和国外机构)	实际占用城镇土地的面积	税额标准0.5～30元/平方米	税额=实际占用土地面积×适用税额标准	按年度计税，分季度缴纳；对个人居住用房用地免征
城市房地产税或房产税	拥有房屋产权的单位和个人，包括承典人、经营管理国有产权房屋的单位、房产代管人或者使用人等	计税依据是"房产余值"，即房屋的原值扣减10%～30%，或房屋的评估值扣减10%～30%或年租金收入	税率标准有房产余值的1.2%，或年租金收入的12%，或年租金收入的优惠税率4%	税额=房产余值×1.2%或税额=年租金收入×12%或者4%	按年征收，分期缴纳；对国家财政拨付的事业单位自用房产、个人所有非营业用房产、宗教寺庙和公园名胜、机关团体和军队的自用房产等免征城市房地产税

续表

税 种	纳 税 人	计税依据	税 率	计税方法	征收规定
城市房地产税或房产税	拥有房屋产权的自住的个人(上海市)	自用且居住用房屋	上海市:房产交易价的70%计征0.4%或0.6%	税额=房产评估值或交易价值×70%×0.4%或0.6%	房产税按年征收,分期缴纳(部分满足征税条件的家庭)
	拥有房屋产权的自住的个人(重庆市)	自用且居住用房屋	重庆市:房产应税价值的0.5%,或1%,或1.2%	税额=(房产面积-免税面积)×交易单价×适用税率	房产税按年征收,分期缴纳(部分满足征税条件的家庭)
契税	转移土地、房屋权属的受让单位、企业或者个人	受让的房地产价值	3%～5%	应纳税额=计税依据×税率	个人首次购买普通住宅的优惠税率是1.5%;在房地产权属转让环节实行按次征收
印花税	因为商事活动、产权转移、权利许可证授受等行为需要书立、领受应税凭证的单位、企业或个人	应税凭证	比例税率和定额税率,比例税率共有5档:0.3‰、0.5‰、1‰、3‰、5‰	应纳税额=计税依据×税率 或者 应纳税额=合约件数×定额税	房地产产权转让适用0.5‰;在房地产产权转让环节实行按次征收
营业税	转让无形资产(不包括土地使用权)或者销售不动产的单位和个人	应税营业额	企业或单位出售房地产适用税率5% 个人出售住房适用税率为5%	应纳税额=应税营业额×5% 应税营业额可能是转让收入,也可能是买卖价差收益,具体交易看地方具体条款	对个人按市场价格出租的居民住房,其应缴纳的营业税暂减按3%的税率征收;对于居民住房出租后用于生产经营的,其缴纳的营业税仍应按5%的税率征收。 产生转让收入时,按次缴纳
城市维护建设税和教育费附加	随营业税附征	营业税税额	城建税税率为1%、5%、7%、教育费附加费率为3%	城建税及教育费附加=营业税×(城建税率+教育费附加费率)	与营业税同步缴纳

税　种	纳税人	计税依据	税　率	计税方法	征收规定
企业所得税	因为经营活动取得收入而征收的一种收入税	企业应纳税收入	税率25%	应纳税额=(应纳税所得额−扣除项目)×适用税率	—
个人所得税	个人因为收入所得缴纳的一种收入税	个人应纳税收入	税率20%	应纳税额=(个人转让房产的收入−购买房产的成本)×20% 或者 应纳税额=个人转让房产总收入×1%或2%	—
固定资产投资方向调节税	免征	—	—	—	2000年1月1日起,根据国务院决定,固定资产投资方向调节税暂停征收

资料来源：参考①中国房地产估价师与房地产经纪人学会. 房地产基本制度与政策. 中国建筑工业出版社，2007. ②税务总局等政府网站的最新规定，信息更新截止时间2011年12月。

二、房地产课税估价

(一)房地产课税估价的概念

"房地产课税估价"，是为了保证国家税收公平合理，避免纳税人偷税漏税和税务机关课税不公平，由纳税人或税务机关聘请专业房地产评估机构对征税的房地产价值进行估值的一种评估业务。"估价目的"可能是提供应税房地产的市场价值参考，例如房产税课税估价；也可能是提供纳税税基合理价值的参考，例如土地增值税扣除项目合理价值评估等。"估价主体"一般是指独立于纳税人或者税务机关等利益相关者的第三方——房地产评估机构和评估人员。"估价方法"包括市场比较法、成本法和收益法等，同时需要考虑不同税种征收的法律规定。

值得注意的是，本章所提到的"课税估价"和税务机关提到的"纳税评估"的业务目的和业务主体是不同的。依据2005年国家税务总局在《纳税评估管理办法(试行)》中给出的定义，"纳税评估"的目的是加强纳税管理，从而对征税的核算和扣缴等环节的真实性、准确性和合法性进行重新审核确认，是一种"审核评估"。"纳税评估"的行为主体是税务机关。"纳税评估"的审核方法，主要是运用会计审核的手段，通过掌握的足够多的涉税信息，例如纳税人的发票使用状况、产品定价情况、资产处理情况、税后利润分配情况等,来核实税收缴纳情况。

尽管评估机构和评估人员不是专业的税务机关从业人员,但为了做好课税估价工作,房地产估价人员必须全面、准确地了解现有的房地产税种名称、纳税人含义、课税对象和征收范围、课税依据、税率水平、减税和免税对象等。特别要求注意适用税额和应纳税额计算公式,应扣除项目和其他有关规定。如违反以上规定进行估价,其估价报告将不具备法律效力,其结论更不能作为课税依据。因此,课税估价的技术路线和方法必须严格按照现有税法的最新规定执行。

(二)房地产课税估价的特点

1. 存在公权力的介入和评估复核的申诉制度

其他目的评估基本上属于纯民事活动范围,但课税估价是介于民事、行政活动之间的一种行为。一方面,纳税评估机构尽管依法进行评估,并由独立评估师签字确认,但评估过程要在很大程度上受政府公权力的干预。另一方面,为了保证评估结果的公正性,保护纳税人的合法权益,防止公权力对纳税人权益的损害,也需要建立一系列复议、申诉制度,保证纳税人获得必要的行政、司法救济。

2. 房地产计税价格评估一般都有规范性的折扣规定

除课税估价外,几乎所有房地产评估都力求房地产评估价格与真实价格接近,即使有价格折扣也只是民事关系当事人之间进行偶然的、讨价还价的结果。房地产的课税估价则往往将这种折扣制度化、固定化,将课税估价价值按照市场价值的固定比率折扣进行处理,实际上构成了房地产计税价格评估的一部分,目的在于使最终评估价格更容易被纳税人所接受。因为折扣制度使课税价格远远低于实际价格,纳税人心理上更容易接受。这种折扣在我国香港及美国、加拿大等国和地区的房地产计税价格评估制度中是普遍存在的。

3. 课税估价业务将逐步发展为批量评估为主,个案评估为辅的方式

除了征地和拆迁房地产价格评估外,目前抵押、保险、纠纷等目的的评估都以特定房地产个案为主。如果住宅全面征收房地产税,那么课税估价既有个案评估,又有对一定区域内的住宅物业进行重复的、成批量的评估。随着房地产税制改革的深入,整个税制结构中,对房地产保有阶段课征的税种收入将占比逐步增大,相应地对成片房地产的集中评估将成为房地产评估业务中更重要的部分。

4. 计税价格的评估对象数量巨大,作业时间跨度小

随着房地产保有阶段税收的地位越来越重要,应税房地产价值的评估将不断重复地、大批量地进行。由于特定房地产在保有阶段不是每时每刻都有可作为课征依据的实际交易价格或者类似房地产可供参考的交易价格,计税的房地产价值必须通过评估产生。同时,政府对房地产的保有价值课税有时效性和年度性,所以未来房产税全面开征后的评估业务的作业时间也将相对较短。

5. 需以海量数据信息库及完备的管理制度为支撑

房地产计税价格评估从纵向上来看涉及课税对象的取得、转让、保有等各个环节，从横向上来看涉及一定区域内的全部房地产，这就需要有齐备的资料信息作为支撑。从长期来看，需要对每一个课税对象建立价值管理信息库，并通过对装修、改建的资料的搜集管理，对其价值变化实施动态跟踪，这都需要完善的信息搜集、维护和分析管理制度，以及海量的数据处理能力作支撑。

以课税为目的的房地产估价主要包括契税课税估价、营业税课税估价、土地增值税课税估价和房产税课税估价。本章第一节将简述契税和营业税课税估价，第二节将重点介绍土地增值税课税估价，第三节将重点介绍房产税课税估价。

三、房地产契税课税估价

契税是指在中国境内转移土地、房屋权属，受让的企事业、单位和个人，需要以受让的房地产的价值为依据，交纳的一种财产税。适用《契税暂行条例》规定的行为包括：①国有土地使用权的出让、转让、赠与、作价投资、入股、抵债等；②房屋买卖、赠与、交换、作价投资、入股、抵债等；③以获奖的方式承受土地、房屋权属；④以预购的方式或者预付集资建房款的方式承受土地、房屋权属；⑤非法定继承人根据遗嘱承受死者生前的土地、房屋权属的赠与行为。

契税的计征办法是采用比例税率。当计税依据确定以后，应纳税额的计算比较简单。应纳税额的计算公式如下：

$$应纳税额=计税依据×税率 \tag{11-1}$$

契税的计税依据，一般以契约载明的交易价、典价、评估价等作为计税依据。为了保护房屋产权交易双方的合法权益，避免发生隐价、瞒价等逃税行为，征税机关认为在必要时，可以直接由税务机关内部的评估人员或者委托第三方评估机构对被交易房地产价值进行评估，要求交易双方以评估价格作为计税依据缴纳契税。

对于市场交易案例比较多、交易量比较大的居住类房屋，课税的评估价值一般采用市场比较法，甚至由评估机构设计出一套自动评估模型，对课税房屋价值进行批量估价。对于有收益，价值量比较大，但是类似交易案例较少的房地产，则会专门立项，组织估价项目组，考虑用两种以上的方法进行评估，即市场比较法和收益法并用。对于价值量比较大，且类似交易案例较少，用途较特殊的房地产，也会专门立项成立项目组，运用成本法和收益法等两种以上方法，确定最终估值。对于单项房地产的评估，可以参看不同类型的房地产价值评估方法；对于批量、自动评估模型参看本章第三节。

四、房地产营业税课税估价

营业税是指在中国境内提供《中华人民共和国营业税暂行条例》(2008)规定的劳务、转让无形资产(不包括土地使用权)或者销售不动产的单位和个人，需要依据营业额和规定税率计征的一种流转税。《中华人民共和国营业税暂行条例》规定，凡是提供条例规定的劳务的，或者转让、销售不动产的单位或者个人，以及将不动产、土地使用权无偿赠送的，自己新建建筑物后销售的，都为营业税纳税人。但是，以不动产投资入股，参与接受投资方利润分配、共同承担投资风险的行为，不征营业税。若转让该项股权，应按本税目征税。

对于单位销售、转让房地产，提供房地产开发等劳务的，营业税是依据应税营业额乘以适合税率进行计算的。其中"适合税率"为5%。"应税营业额"是指纳税人提供应税劳务、转让销售不动产收取的全部价款和价外费用。

如果房地产企业从事建筑、修缮、安装和其他工程作业，其取得的营业收入额为"应税营业额"。如果纳税人将建筑工程分包给其他单位的，"应税营业额"为取得的全部价款和价外费用扣除其支付给其他单位的分包款后的余额。

当纳税人提供应税劳务或者销售不动产的价格明显偏低，且无正当理由的，视同发生应税行为而无营业额的，主管税务机关按下列顺序确定其营业额：①按纳税人最近时期发生同类应税行为的平均价格核定；②按其他纳税人最近时期发生同类应税行为的平均价格核定；③按公式(11-2)核定。

$$营业额=营业成本或者工程成本×(1+成本利润率)÷(1-营业税税率) \qquad (11-2)$$

对于个人出租经营房地产的所得，依据《财政部、国家税务总局关于调整住房租赁市场税收政策的通知》(财税[2000]125号)规定：对个人按市场价格出租的居民住房，其应缴纳的营业税暂减按3%的税率征收；对于居民住房出租后用于生产经营的，其缴纳的营业税仍应按5%的税率征收。

征收营业税，一般以纳税人的合同收入、营业额等合同或者会计凭证为依据计算应税营业额。但为了保护房屋产权交易双方的合法权益，避免发生隐价、瞒价等逃税行为，征税机关认为在必要时，会直接由税务机关内部的评估人员或者委托第三方评估机构对被交易房地产价值进行评估，要求交易双方以评估价格作为计税依据缴纳营业税。例如二手房交易时需要对二手房的交易价值作估价；在房产的非直系亲属的馈赠转让过程中，需要对被转让的房产估值征税。

营业税和契税、个人所得税在计征的过程中，都会存在由税务部门提出要对课税房地产估值。房地产评估机构一般会依据市场价值原则，给予税务部门一个估价报告，具体的方法可以参考契税或房产税的课税估价方法。

第二节　土地增值税课税估价

一、土地增值税概述

土地增值税是指对有偿转让国有土地使用权及地上建筑物和其他附着物的单位和个人征收的一种行为税。通过有偿转让国有土地使用权及其地上固着物，取得收入的单位和个人为土地增值税的纳税人，包括各类企事业单位、机关团体、个体经营者、外商投资企业及外国驻华机构、外国公民、华侨、港澳同胞等。注意，通过继承、赠与等方式无偿转让房地产的行为，不计征土地增值税。

土地增值税是以有偿转让房地产取得的土地增值额为计税依据，实行四级超额累进税率。应纳税额的计算如公式(11-3)所示，其中累进税率及速算扣除系数的确定见表 11-2。"土地增值额"是指纳税人转让所取得的收入减去扣除项目金额后的余额。"转让所得的收入"是指货币收入、实物收入和其他收入。"土地增值税的扣除项目"包括：①取得土地使用权时所支付的金额；②土地开发成本、费用；③建房及配套设施的成本、费用，或者旧房及建筑物的评估价格；④与转让房地产有关的税金；⑤财政部规定的其他扣除项目等。

$$应纳税额=土地增值额×适用税率-扣除项目金额×速算扣除系数 \qquad (11-3)$$

表 11-2　土地增值税累进税率及速算扣除系数

档 次	级 距	税 率	速算扣除系数
1	增值额未超过扣除项目金额 50%的部分	30%	0
2	增值额超过扣除项目金额 50%，未超过 100%的部分	40%	5%
3	增值额超过扣除项目金额 100%，未超过 200%的部分	50%	15%
4	增值额超过扣除项目金额 200%的部分	60%	35%

土地增值税应纳税额的计算方法有五种：查账计征法、预征计征法、评估价计征法、发票抵扣计征法和核定计征法。《土地增值税暂行条例》第九条规定，纳税人有下列情形之一的，按照房地产评估价格计算征收：①隐瞒、虚报房地产成交价格的；②提供扣除项目金额不实的；③转让房地产的成交价格低于房地产评估价格，又无正当理由的。

实际操作过程中，由于会计制度存在诸多虚报、谎报收入和扣除项目金额的行为，通过公正、专业的房地产价值评估来维护国家税收，无疑是保障土地增值税征收最合理、最便捷的方式。例如某工业企业转让一幢 20 世纪 90 年代建造的厂房，当时造价为 100 万元，无偿取得土地使用权。该企业按 500 万元的出售价格向税务机关申报土地增值税纳税收入。如果按照重置成本法评估扣除项目，考虑现行市场价的材料、人工费等，建造同样的房子需要 600 万元，该房子为 7 成新，重置成本价值为 420 万元(600×0.7=420 万元)，则增值额为 80 万元，不超过扣除项目的 50%，应纳税额=80×30%=24 万元。但是税务机关认为该企业虚报了出售价格，因为参照同类房地产的市场交易价格，运用市场比较法进行评估，该企业转让房地产的评估价格应为 800 万元。暂不考虑其他因素，按照评估价值核算，此时增值额为 380 万元(800-420=380 万元)。因为增值额为扣除项目的 90.48%(增值率=380÷420×100%=90.48%)，则应纳税额应为 131 万元(380×40%-420×5%=131 万元)。

二、土地增值税课税估价概述

以课征土地增值税为目的的评估，评估业务的起因不同，评估目的就不同，评估价值的内涵和估价方法就存在差异。起因一："税务机关怀疑纳税人隐瞒、虚报房地产成交价格的"，是指纳税人不报或有意低报转让土地使用权、地上建筑物及其附着物价款的行为。起因二："转让价格的成交价格低于房地产评估价格又无正当理由的"，是指纳税人申报的转让房地产的实际成交价低于房地产评估机构评定的交易价，纳税人又不能提供凭据或无正当理由的行为。以上情况，税务机关需根据评估价格确定转让房地产的收入，从而计征应纳税额。因此，此类评估业务的目的是以确定应税房地产的合理转让价值为目的。对此宜采用市场比较法，辅助采用收益法、假设开发法，不宜采用成本法进行评估。具体评估思路可以参考其他同类房地产以交易转让为目的的评估，同时考虑类似房地产市场交易案例的丰富程度，被估房地产是否有收益性，以及用途和功能是否特殊等因素。起因三：税务机关怀疑纳税人"提供扣除项目金额不实的"，即税务机关会需要根据评估价格确定扣除项目金额。此时评估业务的目的是，以确定扣除项目的合理价值为目的，宜采用重置成本法评估。当"以扣除项目合理价值为目的"评估时，评估人员需首先区分纳税人的法人身份，属于从事房地产开发企业，还是属于非从事房地产开发企业，其适用的扣除项目明细表是不同的，如表 11-3 和表 11-4 所示。评估过程中需要对扣除项目中的每一项，诸如取得土地使用权所支付的费用、房地产合理的开发成本、旧房及建筑物的合理评估价值等一一进行估值，下面将具体展开说明。

三、土地增值税应扣项目的评估价值

(一)从事房地产开发的纳税人适用的应扣项目

如果纳税人属于房地产开发企业，土地增值税计征的应扣除项目一般包括"取得土地使用权所支付的金额"、"开发土地和新建房及配套设施的成本"和"与转让房地产有关的税金"等三项内容，其中"有关税金"，由于在税法中已经规定了扣除的比例和计算方法，故可以不在评估内容中。但属于评估的项目应在"土地增值税纳税申报表"(一)中明示，具体如表 11-3 所示。

表 11-3　××房地产开发项目土地增值税纳税评估结果明细表

扣除项目		编　号	评估内容	评估结果
1. 取得土地使用权所支付的金额		5	√	×××
2. 房地产开发成本 6=7+8+9+10+11+12		6	√	×××
其中	土地征用及拆迁补偿费	7	√	×××
	前期工程费	8	√	×××
	建筑安装工程费	9	√	×××
	基础设施费	10	√	×××
	公共配套设施费	11	√	×××
	开发间接费用	12	√	×××
3. 房地产开发费用 13=14+15+16		13		
其中	销售费用	14		
	管理费用	15		
	财务费用	16		
4. 与转让房地产有关税金		17		
……		……	……	……

资料来源：中国房地产估价师与房地产经纪人学会. 房地产估价案例与分析[M]. 北京：中国建筑工业出版社，2007.

(二)从事非房地产开发的纳税人适用的应扣项目

非从事房地产开发的纳税人，申报土地增值税时需填写国家税务总局印发的《土地增值税纳税申报表》(二)，其中"取得土地使用权所支付的金额"和"旧房及建筑物的评估价格"两项需以评估价值为依据。同样，"与转让房地产有关的税金"等扣除项目由于税法已经规定了扣除比例，故可以不在评估内容之列，如表 11-4 所示。

表 11-4　××项目土地增值税纳税评估结果明细表

扣除项目		编　号	评估内容	评估结果
1. 取得土地使用权所支付的金额		5	√	×××
2. 房地产开发成本 6=7×8		6	√	×××
其中	旧房及建筑物的重置成本价	7	√	×××
	成新度折扣率	8	√	×××
3. 与转让房地产有关税金		9		
……		……	……	……

资料来源：中国房地产估价师与房地产经纪人学会. 房地产估价案例与分析. 北京：中国建筑工业出版社，2007.

(三)应扣项目估价的价值内涵

1. 取得土地使用权所支付的金额

取得土地使用权所支付的金额，是指纳税人为取得土地使用权所支付的地价款和国家统一规定交纳的有关费用。目前主要包括以下几种方式：①以出让金形式取得土地使用权，以出让合同为依据按照出让金进行扣除；②以毛地价形式取得土地使用权，以出让合同为依据按照毛地价进行扣除；③以招牌拍挂形式取得土地使用权，以土地和税务部门登记的受让价格和土地增值计税价格进行扣除；④无法确认历史土地使用权取得价格的情况，依据《土地增值税暂行条例》的相关规定，按照取得土地使用权时的基准地价进行评估；⑤划拨土地转让时，按照转让时点地价标准评估其应补交的出让金或者毛地价。

2. 应计的房地产开发成本

房地产开发成本是指纳税人房地产开发项目实际发生的，开发土地和新建房及配套设施的新增开发成本，包括土地征用及拆迁补偿费、前期工程费、建筑安装工程费、基础设施费、公共配套设施费和开发间接费用等。其中：①土地征用及拆迁补偿费，包括土地征用费、耕地占用税、劳动力安置费及有关地上、地下附着物拆迁补偿的净支出、安置动迁用房支出等；②前期工程费，包括规划、设计、项目可行性研究和水文、地质、勘察、测绘、"三通一平"等支出；③建筑安装工程费是指以出包方式支付给承包单位的建筑安装工程费，以自营方式发生的建筑安装工程费；④基础设施费，包括开发小区内道路、供水、供电、供气、排污、排洪、通信、照明、环卫、绿化等工程发生的支出；⑤公共配套设施费，包括不能有偿转让的开发小区内公共配套设施发生的支出；⑥开发间接费用是指直接组织、管理开发项目发生的费用，包括工资、职工福利费、折旧费、修理费、办公费、水电费、劳动保护费和周转房摊销等。

房地产项目的开发成本评估，适宜采用市场比较法和分部分项的重置成本法，关键是需反映评估时点的、现时的重置价值。房地产项目开发成本的评估难点是如何与土地使用权取得费用进行衔接。若取得土地使用权所支付的仅为出让金，房地产开发成本中还应包括政府收取市政基础设施建设费、开发商发生的通平费用；若取得土地使用权所支付的仅为毛地价，房地产开发成本中应包括开发商产生的通平费用；若取得土地使用权所支付的为熟地价，房地产开发成本中不应再包括土地征用及拆迁补偿费。

3. 应计的房地产开发费用

房地产开发费用是指与房地产开发项目有关的销售费用、管理费用和财务费用等。一般来说，"财务费用中的利息支出"，凡能够按转让房地产项目计算分摊并提供金融机构证明的，允许据实扣除，但最高不能超过按商业银行同类同期贷款利率计算的金额。其他应计"房地产开发费用"，按前述的第一项和第二项合计成本(取得土地使用权金额+项目的开发成本)的5%以内计算扣除；凡不能按转让房地产项目计算分摊利息支出或不能提供金融机构证明的，房地产开发费用按前述的第一项和第二项合计成本(取得土地使用权金额+项目的开发成本)金额之和的10%以内计算扣除。

4. 应计旧房及建筑物的评估值

旧房及建筑物的评估价格，是指在转让已使用的房屋及建筑物时，由政府批准设立的房地产评估机构评定的重置成本价乘以成新度折扣率后的价格。评估价格必须经当地税务机关确认。根据《房地产估价规范》的规定，重置成本包含土地开发费、建筑安装工程费用、前期工程费用、基础设施建设费用、公共配套设施费用、管理费用、投资利息、销售费用和开发利润九个部分，不包括取得土地使用权所支付的毛地价款及转让房地产有关税金。

另外，旧房及建筑物的评估价格在核算重置成本时，销售费用的计算，应注意区分不能等同于估价规范中的销售税费，避免销售过程中的税费(营业税及其附加)重复计算。至于开发利润，《土地增值税暂行条例》中并未作明确的说明，开发利润的记取应遵循房地产估价规范的要求，即应以土地取得费和开发成本之和为基础，根据开发、建造类似房地产相应的平均利润率水平求取，因为只有这种结果才能充分体现开发主体投资行为所承担的全部风险报酬。

(四)其他问题

1. 评估费用是否属于应扣项目

财税字[1995]048号文件第十二条规定，纳税人转让旧房及建筑物时因计算纳税的需要而对房地产进行评估，其支付的评估费用允许在计算增值额时予以扣除。但《土地增值税暂行条例》第九条规定，纳税人隐瞒、虚报房地产成交价格等情形而按房地产评估价格计算征收土地增值税所发生的评估费用，不允许在计算土地增值税时予以扣除。

2. 哪些税金属于应扣项目

应扣税金是指在转让房地产时缴纳的营业税、城市维护建设税和印花税，因转让房地产交纳的教育费附加，也可视同税金予以扣除。

《土地增值税暂行条例》第七条第六项规定，对从事房地产开发的纳税人，应扣项目金额也可在前述第一项和第二项成本合计(取得土地使用权金额+项目的开发成本)金额基础上，加计20%的扣除。

四、案例分析

(一)案情介绍

2005年9月，甲公司与乙公司签订了《房屋转让协议》，将原属于甲公司所有的××大厦的部分转让给乙公司，乙公司已经支付了物业的产权转让价款。在办理产权转让登记的环节，房产权属管理部门要求甲公司提供土地增值税的完税凭证。由于甲公司的物业原来是通过和当地集体经济组织合作投资的方式取得，几经转手，土地成本和建筑成本的原始凭证难以准确获得，提供的扣除项目的会计资料数据不被税务部门所采信。为此，甲公司需要委托房地产评估机构，依据《房地产估价规范》、《中华人民共和国土地增值税暂行条例》等法律规范，对估价对象在转让房产过程中缴纳土地增值税时应计的扣除项目进行准确、客观的评估，为税务机关征税提供价格参考。

(二)评估要素

1. 评估对象概述

××大厦位于×市×区×大街×号，总用地面积21 834.16平方米，总建筑面积为96 061.24平方米，容积率为4.4。本次评估对象为委托方甲公司拟申报土地增值税涉及的位于×区×大街100号的××大厦部分房地产，总建筑面积37 168.36平方米，分摊占地面积为8 448.16平方米。

估价对象所占土地南临××路，东临××路，西至××路，北临××路。土地使用权为出让性质，综合用途，土地使用年期50年，终止日期2053年8月21日。该宗地形状规则，便于开发利用。该地基础设施条件为七通，属于×市综合用地四级地区。××大厦于1996年10月开工建设，2001年12月完工。

××大厦整体设计为星级标准智能写字楼，并配有办公、商务、餐饮等综合服务设施。其市场定位为高科技园区的高档写字楼。大楼地下二层，地上十五层，局部十七层。其中：地下两层作为库房及车库之用，地上一至十五层为写字间，十六、十七层为设备间，楼前绿地广场面积约4 000平方米。地上停车场4 000车位，地下也有专用车位，有偿为客户提供库房。

××大厦的物业管理标准是五星级酒店服务标准，服务通过ISO9001认证。大厦的装修标准如表11-5所示。

表 11-5 ××大厦装修及附属设施一览表

附属设施	装修标准
大楼外墙	全部采用高级复合铝板及石材
窗户	高级铝合金双层镀膜单反玻璃窗
供电系统	双路供电，独立电表，每户预留三个语音插孔(12 路电话)一个数字插孔，独立室温控制
通信系统	西门子内部电话交换机内线 800 条，2000 条直播电话线路并提供 IDD、DDD 服务，BBN(北京宽带网)，CNCEN(中国网通)，北京高速城域网，可支持多带宽选择
电梯系统	四部东芝电梯 24 小时运行，1～2 层两部滚梯、B2～2 层一部专用货梯
安全系统	美国 Roris IDR2016 智能数字录像监控系统，全楼 24 小时保安空调系统：约克 YORK 旋转螺杆式大型制冷主机；法国西亚特 STL 蓄冰空调自控系统
消防系统	美国爱德华 EST3 全自动消防报警系统及飞利浦广播系统；美国费尔智能火灾探测器；英国自动火喷灭火系统；共用天线及卫星电视系统：最大 7.5cm 天线

估价对象位于北四环西路，所在地区属于×商圈，周边有×电脑城，×图书城，×科技大厦、左岸工社以及××大学、××大学等著名高等学府，区域繁华程度较高。周边环境交通便捷，有多条公共汽车线路从此经过，处于×高科技开发区的腹地。同时，估价对象所在地段处于×市上风上水的位置，东临×湖、×园、×园等景区，绿化程度高，自然环境质量优越。

2. 委托方、估价机构、估价目的、价值时点等

(1) 委托人：甲公司。

(2) 估价机构：××评估有限责任公司。

(3) 估价目的：根据《中华人民共和国土地增值税暂行条例》的规定，为委托方申报土地增值税，核定估价对象房地产开发成本提供价值参考依据。

(4) 价值时点：二○○六年十月一日。

(5) 估价作业时间：二○○六年十月一日至二○○六年十一月一日。

(6) 估价报告使用期限：本估价报告使用期限为二○○六年十月一日起至二○○七年九月三十日止。

3. 估价依据、估价原则和价值定义

(1) 估价依据，包括：①有关政策法规和文件；②委托方提供的有关资料；③估价人员实地查勘及对市场调查资料分析结果等。

(2) 估价原则，遵循客观、公正、科学、合理的原则，遵循土地增值税纳税评估的相关规定，按照国家和北京市的有关法律、法规及其他规范性文件，开展此项估价工作。

(3) 价值定义，根据×市地方税务局《关于印发<土地增值税纳税指南>的通知》京地税二[1996]第 251 号的规定，本次估价对象为已使用一年以上的房屋及建筑物。根据《中华人民共和国土地增值税暂行条例》及其实施细则等相关法规的规定，其旧房及建筑物评估值等于旧房及建筑物的重置成本乘以成新率折扣率。

(三)估价思路

根据《房地产估价规范》的规定，本次评估对房屋及建筑物的重置成本采用成本核算法进行评估；成新率折扣率采用耐用年限直线法进行测算。估价步骤如下。

第一步，采用重置核算法测算旧房及建筑物的重置成本，如公式(11-4)所示，其中"土地开发费用"采用基准地价修正法，如公式(11-5)所示。

单位楼面重置成本=单位楼面土地开发费+单位建筑安装工程费用+前期工程费用+

基础设施建设费用+公共配套设施费+管理费用+

投资利息+销售费用+开发利润　　　　　　　　　(11-4)

其中：

单位楼面土地开发费=单位宗地楼面熟地价-单位宗地楼面毛地价

=(适用的楼面熟地价×容积率修正系数-适用的楼面毛地价)

×期日修正系数×年期修正系数×因素修正系数　　(11-5)

第二步，采用耐用年限直线法测算成新率折扣率。

第三步，上述两步的结果相乘，得出估价对象的旧房及建筑物评估价值，如公式(11-6)所示。

旧房及建筑物评估值=单位楼面重置成本×成新率　　　　　(11-6)

1. 运用基准地价修正法估算单位楼面的土地开发费

土地开发费包括土地征用及拆迁费用、红线外基础设施建设费用。根据×市人民政府《关于调整本市国有土地使用权基准地价的通知》京政发[2002]32 号文件的规定，楼面熟地价是指各土地级别内，完成通平的土地在平均容积率条件下，单位建筑面积分摊的完整土地使用权平均价格；楼面毛地价是指个土地级别内，在平均容积率条件下，政府收取的某种用途法定最高出让年期的土地出让金和市政基础设施配套建设费(即毛地价)的平均楼面价格。所以两者的差额，就是单位楼面所分摊的土地通平费用，即土地开发费，如公式(11-5)所示。

(1) 根据《×市基准地价级别范围》划分标准，估价对象所在地区属于综合用途四级地价区，紧邻三级地价区。根据《×市基准地价表》，四级基准地价(楼面熟地价)为 2 650～3 900 元/平方米，四级基准地价(楼面毛地价)为 880～1 320 元/平方米。结合估价对象在四级地价区所在位置紧邻三级地价区以及交通、环境等因素，本次评估的使用基准地价分别取最高限水平，即熟地楼面价为 3 900 元/平方米，毛地楼面价为 1 320 元/平方米。

(2) 根据×市政府发布的《容积率修正系数表》确定容积率修正系数：

容积率=总建筑面积/总土地面积

=96 061.24/21 834.08=4.40

查《容积率修正系数表》，得适用的容积率修正系数为 0.885。

(3) 由于《×市基准地价表》于 2002 年 12 月 4 日发布，距离价值时点 2006 年 10 月 1 日间隔已经近 3 年零 6 个月。根据国土资源部颁布的相关城市地价指数，×市 2002 年的地价综合指数为 105，近两年中×地区地价上涨较快，估测价值时点地价综合指数为 120。于是，期日修正系数为：

期日修正系数=评估基准日地价指数/基准地价基准日地价指数=120/105=1.143

(4) 年期修正系数的确定，如公式(11-7)：

$$年期修正系数=\cfrac{1-\cfrac{1}{(1+r)^m}}{1-\cfrac{1}{(1+r)^n}} \tag{11-7}$$

式中：r——土地报酬率；

m——宗地剩余使用年限；

n——宗地法定最高出让年限。

由于本次评估土地开发费用为假设全新购置土地发生的开发投入，因此年期修正系数为1。

(5) 区域及个别因素修正系数的确定。

区域及个别因素，是指除上述因素以外的其他影响地价的因素的综合修正系数，包括办公集聚程度、交通便捷程度、区域土地利用方向、临街宽度和深度、临街道路状况、宗地形状及可利用程度、公共服务设施和基础设施状况等。根据《××市基准地价因素修正系数表》结合估价对象实际情况确定因素修正系数为1.185，如表11-6所示。

表 11-6 区域及个别综合因素修正系数分析表

影响因素	控制范围	说 明	优劣评价	分 值
办公集聚程度	-4.0～4.0	周边有写字楼数十个，办公集聚程度高	良好	3.5
交通便捷度	-5.0～5.0	紧邻北四环西路，交通便利	良好	4.5
区域土地利用方向	-2.0～2.0	与区域土地利用方向一致	优	2.0
临街宽度和深度	-2.0～2.0	临街宽度 40m，临街深度 5m	优	2.0
临街道路状况	-3.0～3.0	良好	优	2.5
宗地形状及可利用程度	-1.6～1.6	宗地形状规则，可利用程度高	优	1.6
公共服务和基础设施状况	-2.4～2.4	完善	优	2.4
合计				18.5

(6) 单位楼面土地开发费的估算：

单位楼面土地开发费=单位宗地楼面熟地价-单位宗地楼面毛地价

=(适用的楼面熟地价×容积率修正系数-适用的楼面毛地价)×

期日修正系数×年期修正系数×因素修正系数

=(3 900×0.885-1 320)×1.143×1.185

=2 887(元/平方米)

2. 估算建筑安装工程费用

建筑安装工程费用是指以出包方式支付给承包单位的建筑安装工程费，包括建筑工程费用、设备采购费用和安装工程费用三个部分。

××大厦为地下两层，地上十五层建筑，建筑高度 50m，其中地下一层 4.5m，地下二层 3.9m，一至十五层 3.15m。该建筑为钢筋混凝土结构，外墙采用 250mm 厚陶粒混凝土盲孔砌块，内贴舒乐板复合墙体，内墙采用 150mm 厚(局部 200mm 厚)加气混凝土砌块，卫生间下部墙体采用 1200 高黏土砖墙，上部墙体采用加气混凝土砌块，管道井均采用 120mm 厚砖墙。屋面保温层均采用 50mm 厚聚苯乙烯保温板，屋面找坡层做 1∶6 水泥焦砟，最低处厚度为 40mm，防水采用三元乙丙橡胶卷材。坡屋面部分的屋面做红色压型钢板，平屋面部分在防水卷材上做银色保护图层。

所有木门窗采用了二级红松，防水检修门采用乙级防火门，其他采用甲级火门。外墙首层为大理石，首层以上为铝幕墙，铝合金窗；首层大堂为大理石墙面，地砖地面。楼梯为水磨石地面，实木扶手。一至十五层为办公用房，地砖地面，墙面高级涂料，普通日光灯照明，走廊为石膏吊顶，卫生间地砖地面，瓷砖到顶，吸音板吊顶。

此外，办公楼设置了车库、配电室、空调机房、电梯等，设置了先进的消防、供暖、制冷、宽带、电话、安全系统。该物业的分部分项工程投资估算表如表 11-7 所示。

表 11-7　建筑安装工程费用估算结果表

序　号	项　目	造价/(元/平方米)
1	建筑工程	2 500
2	装饰工程	700
3	电气工程	350
4	给排水工程	270
5	通风空调工程	200
6	电梯	120
7	停车设施	20
8	措施项目	300
合计	—	4 460

根据估价对象的实际情况，依据×市目前的建筑承发包市场行情，参照其他类似建筑指标，确定建安造价标准为 4 460 元/平方米。

3. 估算前期工程费用

前期工程费用包括规划、设计、项目可行性研究和水文、地质、勘察、测绘、"三通一平"等支出。其中：①设计费是指包括初步设计和概算、施工图设计、按合同规定配合施工、进行设计技术交底及工程竣工验收等工作的费用，依据国家计委、建设部关于发布《工程勘察设计收费管理规定》的通知计价[2002]10 号，设计费取建筑安装工程费的 4%；②工程监理费，可以根据《×市工程建设监理费收费标准实施办法》的规定，取建筑安装工程费的 1.5%；③可行性研究、房屋安全鉴定费、招投标代理服务费等其他前期费用综合按建筑安装工程费的 3%记取。

前期工程费=4 460 元/平方米×(4%+1.5%+3%)=379 元/平方米

4. 估算基础设施建设费用

基础设施建设费用,包括建筑物外墙 2 米以外、开发小区红线内道路、供水、供电、供气、排污、排洪、通信、照明、环卫、绿化等工程建设费用以及各项设施与市政设施干线、干管、干道的接口费用。根据项目的建设规模和宗地形状以及周边的市政基础设施情况,项目的基础设施建设费用取建筑安装工程费的 15%。

$$基础设施建设费=4\ 460\ 元/平方米×15\%=669\ 元/平方米$$

5. 估算公共配套设施费用

项目修建 4 000 平方米的地上大型停车场,设置停车泊位 150 个。根据停车场的建造标准,取 150 元/平方米。

$$公共配套设施费=150\ 元/平方米×4\ 000\ 平方米$$
$$=600\ 000\ 元(约\ 11\ 元/平方米)$$

6. 估算管理费用

管理费用是指直接组织、管理开发项目发生的费用,包括工资、职工福利费、折旧费、修理费、办公费、水电费、劳动保护费和周转房摊销等。管理费用根据项目管理和组织难度取上述费用之和的 2.5%。

$$管理费用=(2\ 887+4\ 460+379+669+11)×2.5\%$$
$$=8\ 406×2.5\%=210(元/平方米)$$

7. 估算投资利息

投资利息参考价值时点中国人民银行公布的固定资产投资贷款利率,按年利率 5.76%计算,单利计息。合理建设工期为三年,建设工程投资均匀投入。

$$投资利息=(2\ 887+4\ 460+379+669+11)×[(1+5.76\%)×1.5-1]$$
$$=8\ 406×0.0876=736(元/平方米)$$

8. 估算销售费用

销售费用包括销售广告宣传费、委托销售代理费、转让手续费等,根据项目的规模取销售收入的 1.0%。根据委托提供的房地产转让协议,估计对象的平均转让价格为 11 830 元/平方米。

$$销售费用=11\ 830\ 元/平方米×1.0\%=118\ 元/平方米$$

9. 估算开发利润

开发利润根据现时×市房地产开发市场行情,取上述费用之和的 15%。

$$开发利润=(2\ 887+4\ 460+379+669+11+210+736+118)×15\%$$
$$=9\ 471×15\%=1\ 421(元/平方米)$$

10. 确定旧房和建筑物的重置成本

估价对象旧房和建筑物的重置成本=2 887+4 460+379+669+11+210+736+118+1421
$$=10\ 892(元/平方米)$$

11. 成新折扣率的确定

根据《房地产估价规范》的规定，估价对象为钢筋混凝土结构，耐用年限为60年，残值为零。项目竣工于2001年12月，至价值时点已经使用4.8年。

$$项目成新率=(60-4.8)/60=92\%$$

12. 估价结果的确定

通过估价过程得出的结果确定，估价对象于价值时点的估价对象旧房和建筑物评估价值为

$$评估总价=重置成本价格×成新折扣率×估价对象建筑面积$$
$$=10\ 892\ 元/平方米×92\%×37\ 168.36\ 平方米$$
$$=37\ 246\ 万元$$

最后，估价人员经过周密准确的计算，并结合估价经验与对影响房地产价格因素的分析，确定估价对象在估价基准日二〇〇六年十月一日的旧房及建筑物评估价值总额为37 246万元人民币(大写金额：人民币叁亿柒千贰佰肆拾陆万元整)。

第三节　房产税的批量课税估价

一、房产税与批量估价

(一)房产税概述

1. 房产税计征

根据《房产税暂行条例》规定，房产税是以房产为课税对象，面向中国境内的城市、县城、建制镇和工矿区的拥有房屋产权的单位和个人征收的一种财产税。产权属于全民所有的，以经营管理的单位和个人为纳税人；产权出典的，以承典人为纳税人；产权所有人、承典人均在房产所在地的，或者产权未确定以及租典纠纷未解决的，以房产代管人或者使用人为纳税人。自2009年1月1日起，废止《城市房地产税暂行条例》，外商投资企业、外国企业和组织以及外籍个人(包括港澳台资企业和组织以及华侨、港澳台同胞，以下统称外资企业及外籍个人)依照《房产税暂行条例》(国发[1986]90号)缴纳房产税。

房产税有两种计征办法，第一种是对于非出租的房产，以房产原值一次减除10%～30%后的余值为计税依据，按照1.2%计征；第二种是对于出租的房产，以房产年租金收入为计税依据，按照12%计征。从2001年1月1日起，对个人按市场价格出租的居民住房，用于居住的，可暂时按照4%的税率征收房产税。其中，租金收入是指房屋所有权人出租房产使用权所得的报酬，包括货币收入和实物收入。如果以劳务或者其他形式为报酬抵付房租收入的，应按照当地房产的租金水平，确定一个标准租金额按租计征。房产税按年征收，分期缴纳，纳税期限由省、自治区、直辖市人民政府规定。

除此之外，依据2006年1月1日起生效执行的《财政部税务总局关于房产税若干具体问题的解释和暂行规定》，完全建在地面以下的地下建筑，需要交纳房产税。其中地下建

筑属于自用的工业用房产，按照房屋原价的 50%~60%作为应税原值；地下建筑属于自用的商业和其他用途房产，按照房屋原价的 70%~80%作为应税原值。但是对于建在地下和地上建筑相连的，具有房屋功能的地下建筑，如房屋的地下室、地下停车场、商场的地下部分等，不论是自营、自用，还是出租，应将地下部分和地上房屋视同为一个整体按照地上房屋建筑的有关规定计算征收房产税。

在城镇，并不是所有自用房产都需要交纳房产税。例如国家机关、人民团体、军队、学校、医院、由国家财政部门拨付事业经费等单位自用的房产，宗教寺庙、公园、名胜古迹自用的房产，财政部批准免税的危房、闲置房、大修停用半年以上且处于大修期的、临时性房屋以及个人所有的非营业用的房产等，都属于免征的对象。但是以上单位和个人将房产用于非自用的、营业性的、出租性的用途，则需要按照规定交纳房产税。

2. 居民自住房产的房产税的计征(部分城市试点)

2011 年以前，税务机关仅对个人自用的出租性房产按租金收入一定比率征收房产税，对个人自住的房产实行房产税免征。但 2011 年始，上海与重庆开始对部分个人自住房产试行征收房产税。2011 年 1 月 27 日，上海市政府印发《上海市开展对部分个人住房征收房产税试点的暂行办法》的通知，决定从 2011 年 1 月 28 日起将开展对部分个人住房征收房产税试点。该通知规定，征收对象为两类：第一类是本市居民家庭，在本市新购属于该居民家庭第二套及以上的住房，且合并计算的家庭全部住房面积人均超过 60 平方米的；第二类是非本市居民家庭在本市新购住房的。

上海市对居民自住用房开征的房产税，以应税住房的市场交易价格作为计税依据，开征初始暂按应税住房市场交易价格的 70%计算缴纳，适用税率暂定为 0.6%。当应税住房每平方米市场交易价格低于本市上年度新建商品住房平均销售价格 2 倍的，税率暂减为 0.4%。

房产税应纳税额=(新购房面积-60 平方米×家庭人数)×新购住房单价×70%×适合税率

如果(购房面积-60 平方米×家庭人数)<0，则房产税免征。其中"居民家庭住房套数"根据居民家庭(包括夫妻双方及其未成年子女)成员来确定，计税依据为参照应税住房的房地产市场价格确定的评估值，评估值按规定周期进行重估。

重庆市于 2011 年 1 月 28 日正式启动个人住房房产税改革试点工作，并在此间颁布了《重庆市个人住房房产税征收管理实施细则》。该实施细则规定：试点区域只限主城九区：包括渝中区、江北区、沙坪坝区、九龙坡区、大渡口区、南岸区、北碚区、渝北区、巴南区，含北部新区、高新技术开发区和经济技术开发区。

重庆市房产税的计征条件是：①个人拥有的独栋别墅，不论是之前买的，还是新买的，都得缴税。独栋别墅的认定标准是：在国有土地上依法修建的独立、单栋且与相邻房屋无共墙、无连接的成套住宅。②个人新购的住房属高档住房。所谓"高档住房"，是指建筑面积交易单价达到上两年主城九区新建商品住房成交建筑面积均价 2 倍(含 2 倍)以上的住房。国土房管部门每年 1 月会公布上年度的建面成交均价，市民把上两个年度的均价加起来除以 2，就能知道今年买什么样的房子要交房产税了。③在重庆市同时无户籍、无企业、无工作的个人新购的第二套房子，不管是高档房还是低档房，都得缴税。

应税住房的计税价值暂时为房产交易价，条件成熟时，以房产评估值作为计税依据，实行差别税率计征：①独栋商品住宅和高档住房建筑面积交易单价在上两年度主城九区新建商品住房成交建筑面积均价 3 倍以下的住房，税率为 0.5%；②独栋商品住宅和高档住宅建筑面积交易单价为 3 倍(含 3 倍)至 4 倍的，税率为 1%；③独栋商品住宅和高档住房建筑面积交易单价为 4 倍(含 4 倍)以上的，税率为 1.2%。

注意：应税住房的计税价值需要扣除免税面积。重庆市规定：①2011 年 1 月 28 日前拥有的独栋商品住宅，免税面积为 180 平方米；②新购独栋商品住宅、高档住房，免税面积为 100 平方米。免税面积以家庭为单位进行扣除，一个家庭只能按时间顺序对先购买的第一套应税住房扣除免税面积。不予扣除免税面积是指在重庆市同时无户籍、无企业、无工作的个人应税住房不予扣除，纳税人家庭拥有的第二套(含)以上的应税住房不予扣除。

(二)批量估价

上海、重庆对部分自住房产在持有期间，按年征收房产税，尽管征收对象的范围较小，征收历史较短，纳税额较低，以自住居住房的房产税课征为目的的评估业务数量较少，评估结果的时效性和准确性较低，但一旦房产税进一步扩大征收范围，自住居住房的批量评估技术及系统建设将是房产税扩征的技术基础。所以本章将详细阐述如何运用特征价格模型建立批量住宅自动估价模型。

二、批量房地产自动估价的模型原理

(一)批量房地产的估价

批量评估(Mass Appraisal)是指一次性评估大批量房地产的一种评估方法。它往往需要计算机作为辅助工具，运用房地产价值理论和特征价格理论，通过大样本数据调查，建立多元线性回归模型，并以此作为批量房地产的估价依据。这种方法的重要假设前提是，房地产各类特征经过指标量化后与房地产价格存在线性关系。

批量评估方法可以视为一种独立的评估方法，因为它更侧重于评估的程序，包括数据的搜集、量化处理、样本的筛选、模型的建立和校准，以及模型的长期动态调整等，最后到计税价值依据的测算和纳税通知单的发送，以及可能产生的申述和复核工作。

房地产批量评估与一般性的房地产评估相比，有着自己的特点。

(1) 评估样本数量具有海量性。批量评税是一种政府行为，需要根据一国的房地产税制评估该国的全部房地产，评估数量巨大。

(2) 评估价值的标准具有特殊性。批量评税评估所采用的标准是为税收服务，评估结果将作为课税的依据，公开市场价值不适合作为批量评税的价值标准。批量评税的价值标准称为计税价值，是指根据房地产税收有关的法律、法规的规定，以房地产的公开市场价值为参考，忽略影响房地产价值的少数个性因素、房地产在评税时点所承受的他项权利及土地取得方式对价值的影响，通过评税方法确定的应税房地产价值。

(3) 空间分布的区域化特征明显，批量样本存在区域的同质性。批量评税的房地产数量较大，且呈现较明显的空间区域分布的特点。

(4) 价值时点具有统一性。批量评税的价值时点一般是统一的，即决定征税的基准年或者基准日期，例如年初或年末。我国规定评估基准日是年度开始日，即某年的 1 月 1 日。

(5) 批量评估工作具有周期性和长期性。普通房地产评估是一次性的，很少重复进行。批量评税从本质上讲是一种重复性的估价活动，根据经济发展和价格变动表现为一定的周期性。当市场价格变化较为明显时，就需要重新评估。如果房地产价格稳定，估价周期还可以适当延长。

(二)批量房地产估价的模型

批量房地产自动估价系统认为同区域、同类型的相似房地产的价格变化存在可以总结的规律，尽管每一宗房地产存在性状上的差异，但是其价格受制于朝向、户型、结构、使用年限和交通便利程度等因素的影响程度，还是有相似性的。也就是说，如果建立一个价格模型，对大样本的价格和影响因素之间的关系进行统计，我们会发现价格和影响因素之间的关系会出现较强的相似性，或者说因素的影响系数会存在某种稳定性，这种稳定性会在一段时间一直延续。

特征价格模型(Hedonic Price Model)是一种处理异质产品差异特征与产品价格间关系经常采用的模型，该理论认为消费者对异质性商品的需求并不是给予商品本身，而是因为商品所内含的特征或属性。消费者购买使用商品的投入，是基于获得的效用，而效用依赖于商品所包含的各种特征的数量。巴特勒(Butler，1982)指出房地产价格特征模型应当仅包括影响房地产价格的因素，这些因素可分为三类：区位(Location)、邻里环境(Neighborhood)和建筑物属性(Structure)，因此房地产价格可以用公式(11-8)表达。

$$p = f(L, S, N) \tag{11-8}$$

该函数是特征价格模型的基本形式，最为常见的函数形式是线性形式，但在现实中，变量之间的数量依存关系更普遍的为非线性依存关系，所以还有对数函数形式和半对数函数形式。后两种函数形式是计量经济学中经常使用的可线性化模型，即经过适当的变量转换或者函数变换可以形成线性回归模型，从而将非线性回归模型的参数估计问题转换为线性回归模型的参数估计。常用的函数形式一般有以下四种。

(1) 线性形式，见公式(11-9)：

$$P = \beta_0 + \sum \beta_i X_i + \varepsilon \tag{11-9}$$

参数 β_i 反映特征变量变化一个单位给房地产带来的价格变动。此函数形式的缺点是无法表现边际效用递减的规律。

(2) 半对数形式，见公式(11-10)：

$$\ln P = \beta_0 + \sum \beta_i X_i + \varepsilon \tag{11-10}$$

参数 β_i 反映特征变量变化一个单位给房地产价格带来的变动比率。该函数的自变量采用线性形式，因变量采用对数形式，则回归参数对应的是特征变量每变动一个单位时，特征价格随之变动的增长率。

(3) 对数形式，见公式(11-1)：

$$\ln P = \beta_0 + \sum \beta_i \ln X_i + \varepsilon \tag{11-11}$$

式(11-11)中自变量和因变量均以对数形式进入模型，回归参数对应着特征价格弹性，即在其他特征不变的情况下，某特征变量每变动一个百分点，特征价格将随之变动的百分点。

(4) 逆半对数形式，见公式(11-12)：

$$P = \beta_0 + \sum \beta_i \ln X_i + \varepsilon \tag{11-12}$$

自变量采用对数形式，因变量采用线性形式，则回归系数对应着特征的边际价格。

在具体应用时，选择哪一种函数形式应通过统计分析和检验来确定。一般来说，大多数研究者都是凭借经验初步设定函数形式，然后不断地尝试和修正，直到认为函数形式能够解释样本数据的差异，并使得模型对样本数据的拟合满足要求。这就促进了最适函数的发展。尽管研究者不断地运用新的模型形式来改进函数的拟合度，但是为了方便估计和对参数进行解释，通常是把商品的价格和特征之间的关系假设为简单的线性函数关系，如线性、半对数和对数等，运用最小二乘法进行统计推论和假设检验。

最小二乘法是一类依赖样本信息，从最小二乘原理出发的参数估计方法。在特征价格模型的估计中，可以充分借鉴计量经济学中多元线性回归模型的参数估计和参数检验方法。参数估计量的方差或标准差是衡量模型参数估计准确精度的重要指标，它是等于因变量(住宅价格)的实际值和模型估计值差的平方的平均程度。如果这个方差或标准差值越大，说明回归直线的精度越低；标准误差越小，回归直线的精度越高；当标准误差为零时，表示所有的样本点都落在回归直线上。

模型检验常用的统计指标主要有以下几个。

(1) 样本决定系数(R^2)：反映数据所拟合的回归线的拟合程度。当系数越接近于 1 时，模型的拟合效果越让人满意。但是该系数有一个重要的缺陷，就是回归自变量的个数越多，该系数就越大，而这并不意味着模型的拟合优度本质上在增强。所以为了辨别系数的增加，不是因为回归系数元的增多而造成的，人们通常会采用修正后 R^2(Adjusted R-Square)来反映模型的真正的拟合效果。

(2) F 检验：评价所得模型和理性的重要统计量之一，即检验因变量与各种影响因素之间线性关系是否显著，是否可以用线性模型来描述因变量与影响因素之间关系的指标。F 统计量越显著，模型拟合得越好。

(3) T 检验：即考察各因素对房价的影响程度。当$|T|$>临界值时，说明自变量对因变量存在显著的影响。

(4) D-W(Durbin-Watson)检验：是对模型残差是否具有一阶自相关性的检验，体现模型的自变量是否充分解释了因变量房屋单价的变化，其值在 2.0 左右最好。当其值大于 2.0 时，说明残差存在负相关；当其值小于 2.0 时，说明残差存在正相关。当然，D-W 值在以 2.0 为中心的一定范围内，则这种相关性对于模型的拟合和预测效果没有明显的影响，即拟合和预测值被认为是接近真值的。至于这个范围的具体大小，是由模型中的样本数量和解释变量的个数决定的。

三、批量房地产自动估价的技术流程

(一)批量估价的程序

一般来说，批量房地产估价评税的程序如下：①收集足够数量的房地产可比交易案例，同时将这些可比案例的地理空间数据、房屋属性数据和纳税人信息数据等整理成标准格式的数据库；②根据区域价格波动规律的相似性、房地产使用功能的相似性、房地产结构的相似性等标准，运用聚类分析方法，将可比交易案例样本进行分类分区；③在每一个特定的子样本集群中，运用多元回归分析求取价格和性状特征之间的回归表达式，建立房地产定价模型；④根据市场形势的变化，对既定的房地产定价模型时常作出调整、检验和校准模型的精度；⑤评税评估时，将具体个案的特征参数量化，代入定价模型，得到每个个案的计税评估价值；⑥对被评估房地产的评估结果进行再审核。

(二)数据资料的搜集

数据是批量评估精度的基础和关键，在批量评估工作开始之前，就应该制订周密的数据收集计划，明确需要收集的数据类型。一般来说，应收集的评估数据包括地理空间数据、房地产数据和纳税人信息数据三类：地理空间数据是描述房地产空间特点的信息，包括土地和建筑物的图件、土地等级和区位、房地产位置等；房地产数据是指房地产的成本、交易、收益、个体特征、税收政策和评估参数等数据；纳税人信息数据是指纳税人及其家庭的基本情况，包括纳税人的收入、家庭成员、户籍人口、年龄、性别、职业和从业时间等。

为了保证批量评税建立的模型估计准确度更高，所要求收集的数据必须满足真实性、完整性、全面性、代表性和时效性。具体而言，数据质量要求：①数据要真实可靠；②数据类型要完整；③数据应该能够覆盖整个评税区域的连续交易时间点，房地产案例的分布应该尽可能地接近随机分布的特征；④所收集的数据能够代表某类房地产的价格及其变动特征；⑤所收集到的数据应是接近于评估时点，能够真实地反映当前市场价格变化水平的数据。

数据的搜集渠道是数据质量的重要根本。一般来说，税务部门会利用政府强制性的行政能力，将各个部门的相关数据进行整合。例如将卫星地面接收站或者专门从事遥感影像工作的部门的地理影像数据和测绘部门的航拍图、行政区划图，土地管理部门的土地等级图、基准地价图、地籍图，以及房地产管理部门的房屋产权信息结合起来，就可以构成地理空间数据系统。再如从建设管理部门、工程造价制定和管理部门、房地产开发公司等渠道可以收集房地产成本数据；从房地产交易中心、产权登记管理部门、房地产评估公司等部门可以收集房地产交易数据；从税务部门、房地产中介部门、房屋土地管理部门、房地产评估公司等渠道可以获得房地产收益数据。这些数据的整合就可以构成房地产的属性数据的系统。最后有关纳税人的信息数据则需要税务部门联合民政局、户籍管理的公安部门、个人纳税记录等整合起来。随着个人所得税按照家庭为单位征收的改革逐步推进，以家庭为单位的纳税信息系统也在逐步完善，为税务部门房产税征收改革也提供了信息基础。

数据的录入工作是非常重要的环节。首先，评税机构需要制定比较规范的数据收集、管理的细则规定；其次，评税机构需要根据评税目的的需要，对数据录入人员给予专业知识的培训，以保证数据录入内容的完整、准确和对特殊样本有恰当的处理能力；再次，数据录入需要有比较成熟的计算机软件系统做支撑，也需要有规范的数据录入格式、数据样本的筛选标准和办法、数据一致性检验的自我监测机制等；最后，数据的更新和维护也是非常重要的。评税机构需要有专门的人员来从事数据录入、维护工作。

(三)交易样本的分类分区

类似房地产的价值与价值影响因素之间的关系，会表现出统计上的一致性特点，所以在建立多元回归特征价格模型之前，评税机构需要对已成交的案例样本进行分类分区。首先需要将房地产按照用途分类。一般来说，房地产的用途可以分为居住、商业、工业和综合四个类别。居住类房地产进一步可以分为别墅、公寓、独门院落及其他居住性房地产。商业房地产一般包括商务办公、商场、商铺、餐饮、娱乐、综合商业、特殊经营类(加油站、高尔夫球场和停车库等)。工业类房地产可以分为工业生产用房、工业辅助用房、工业配套用房及其他工业性房地产。综合类房地产则是指除上述三类房地产之外的公共事业性质、公益性质和其他性质的房地产。

在用途相似的房地产中，区位是影响价格变动规律的重要个体因素。根据我国国情，可以采用两种分区技术思路。一种是已建立城镇基准地价体系的地区，利用当地已有的土地定级估价成果，考虑评税工作的需要，对基准地价分区进行适当调整，划分评税分区。当基准地价体系的分区标准发生改变时，评税分区也随之进行必要的调整。

另一种是运用聚类分析法进行分区。聚类分析分区法是以广泛采样的房地产个体特征数据为依托，利用统计学和计量经济学的方法对整体样本进行聚类分析，从而将样本分为若干类别。各类别的差异体现为各种特征的显著不同，而不是笼统地以"房地产品质"的高低排序。沿用多元线性回归模型对影响房地产因素分类，例如分为建筑物因素、区位因素、土地因素等。对影响因素进行综合评分后，将整体样本进行聚类分析，通过调整聚类的参数获得合理的聚类结果后，以类别内交易实例的平均价格作为该类别的房地产评估价格。

评税分区不是一成不变的，当房地产市场情况发生了显著变化，特别是房地产价格变化显著时，需要对评税分区进行调整，甚至重新划定评税分区。当大量的交易案例样本按照用途分类之后，继而运用聚类分析法进行区位分划，接着评估机构就可以利用类似用途的每个区划范围的大量交易样本的价格和特征数据，建立该区划范围内该用途的批量估价模型。

(四)特征变量的选择和量化

完成交易样本的分类分区，接着需要运用特征价格模型建立各类、各区样本的批量估价模型。在特征价格模型中，因变量房地产价格，通常选用的是单价或者单价的自然对数；反映房屋特征的自变量，其构造方法则有一定技巧。有一部分房地产特征本身可以被量化，例如建筑面积等，这类特征可以直接作为自变量引入模型；还有一部分房地产特征只可能有若干种固定的取值，例如所在行政区、土地等级、产权性质等，这类特征通常要以虚拟变量组的形式引入回归模型。以"所在行政区"为例，假设所有考察样本来自 4 个行政区——城东区、城西区、城南区、城北区，那么只需要"是否属于城东区"、"是否属于城西区"和"是否属于城南区"3 个虚拟变量就可以确定一套房屋所在的行政区。每个虚拟变量都是在条件成立的时候取值 1，不成立的时候取值为 0。

最后，模型中一般还包括常数项，表示在标准样本状态下，其他特征值为零的情况下，该类特征房地产的市场均价水平。计量模型如公式(11-13)所示。

$$\log(P_i) = \beta_0 + \beta_1 X_{1i} + \beta_2 X_{2i} + \cdots + \beta_n X_{ni} + \mu_i \tag{11-13}$$

其中 P_i 是样本 i 的房价，$X_i \sim X_{ni}$ 是依据样本 i 的房地产特征转化的自变量组。

在选择自变量因素的时候，我们要注意：不同用途房地产的价格影响因素不同，例如工业土地的价格影响因素包括产业的集聚度、与高速公路的距离、与火车站和飞机场的距离、土质坚硬度、地势等因素。商业土地的价格影响因素则包括土地级别、周边类似商业的集聚度、人流量等因素。并且，影响因素的设定不是越多越好，也不是越少越好，关键是要根据房地产价格波动影响的规律，设定几个影响最大的因素，使得模型对已成交价格的拟合度更高。没有最好的模型，只有更好的模型。理论研究者总是不断地应用最新的研究成果，希望找到精度更高的估价模型。

(五)模型的校验和审核

当特征价格估价模型的参数估计完成之后，评估公司需要首先对批量评税的程序进行全面的检查，检查各个程序履行是否正常和顺利，是否达到每个程序的质量控制要求，包括数据收集是否全面完整，评税分区的样本数据量是否满足建立评税模型的要求，数据收集的特征是否全面，特殊的房地产价值影响因素是否被充分考虑到，评税结果清单是否齐全、没有遗漏等。

完成一个评税模型建立程序的自查之后，就需要对模型的参数估计进行精确度的检验。首先，是运用统计指标进行样本拟合精度的统计检验，比如样本决定系数 R^2、F 检验、T 检验和 $D\text{-}W$ 检验等；其次，是将近期房地产的实际交易案例和评估结果进行比对来进行预测精度的检验，比较评估结果和模型结算结果的差异。如果比较结果显示二者之差不大，不超过±10%，基本可以认为评税模型是可靠的；相反，如果出现一定数量的比对房地产评估结果与模型计算结果差异比较大，或者出现差异趋势相同的情况，则说明模型可能存在问题，例如模型对某一价值影响因素没有充分顾及等。对于这种情况，需要认真分析，找出原因，并且对评估模型进行修正。

除了以上校验措施外，自动评税系统要求评估检核师经常进行现场审核，即到房地产现场进行检查核对的工作。一般来说，只要认真进行以上的程序自查和模型精度的校验，并且室内房地产资料准确充分，则对大多数房地产来说，评估检核师驾车检查就可以完成审核任务。例如在典型的居住密度适中的城市区域，检查频率是一天 100～150 宗。但是，如果在郊区或者乡村，检查的效率就会偏低，一般每天检查频率为 25～60 宗。当然，如果进行大型商业房地产的审核，由于物业的数据复杂性，每天审核的频率也会相应地减少。无论如何，现场审核要求的时间，随着房地产的类型和区域人口密度、数据质量等不同，检查频率会有所差别，但无论如何，保证数据的时效性、准确性是工作进度安排的首要原则。

四、批量房地产自动估价的模型建立

(一)样本的来源

此案例以一篇论文为例，首先通过经纪机构门店采集，在 2011 年 3 月上旬开始至 2011 年 4 月初结束，实地调研采集数条二手房出售数据。其中价格信息为各经纪机构信息系统中业主的真实报价，标的房屋均经过经纪人实地踏勘并拍照，具有较好的真实性。该样本分布在北京市 4 个居住项目较为密集的地区，分别是丰台区的青塔地区、光彩路地区，石景山区的鲁谷地区，以及位于丰台、海淀、石景山交界处的玉泉路地区。所有房源来自于 46 个住宅小区，建筑年代从 20 世纪 80 年代到 2010 年不等，其中两个小区按照经济适用房住房管理(交易过户时补交 3%的土地出让金)，其余小区均可作为商品住房交易。由于样本数量较少，且都属于二手房住宅，类别相同，四个居住区在基准地价体系中的级别相似，所以样本无须用聚类分析法进行分类分区。

(二)样本的筛选

首先进行样本的筛选，剔除异常样本。异常样本一般是指样本数据的某一项或者某几项特征值和总体调查数据样本相比存在较大的偏差，或者存在某些重要特征值数据的缺失，这样的样本都不适合保留在数据样本中参与分析。比如本案例，经纪人首先会对所有样本进行一轮筛选，根据经验去除一个月内售出的高报价样本，以及采取了明显低报价策略的样本，这样进入分析的样本数量被压缩为 403 个。

为了方便后期对估价模型进行估计精确度的校验，分析师首先将样本分为"建模样本"和"评估样本"两个部分。具体办法是对 403 个样本进行随机性检验，如果每一条样本的随机数大于 0.25，则该样本被纳入"建模样本"范畴，否则就为"评估样本"。这样抽样后，确定302 条"建模样本"和 101 条"评估样本"。样本量的分布分类情况如表 11-8 所示。

表 11-8　各小区编号和样本量

PRO_ID	小区名称	总样本量	建模样本	PRO_ID	小区名称	总样本量	建模样本
1	博龙家园	7	5	14	老山西里	4	4
2	彩虹城	50	41	15	刘家窑东里	1	1
3	春园	21	19	16	六合园	2	1
4	定安里	7	6	17	鲁谷74号院	1	1
5	定安西里	3	3	18	鲁谷村	2	2
6	芳园	6	5	19	七星园	2	2
7	慧时欣园	11	6	20	青塔西里	1	1
8	嘉德公寓	7	5	21	石榴园北里	5	4
9	贾家花园	1	1	22	石榴园南里	6	5
10	建邦华府	17	11	23	时代庐峰	4	4
11	京汉旭城	1	1	24	世华水岸	9	8
12	聚兴园	3	2	25	双锦园	6	6
13	康泽园	4	2	26	同仁园	3	2

续表

PRO_ID	小区名称	总样本量	建模样本	PRO_ID	小区名称	总样本量	建模样本
27	万科紫台	9	4	37	远洋山水	30	23
28	蔚园	19	16	38	远中悦麒	2	2
29	五芳园	6	5	39	兆丰园	2	1
30	秀蝶双座	14	11	40	赵公口小区	1	1
31	秀园	13	10	41	重聚园	6	2
32	依翠园	3	2	42	重兴嘉园	2	2
33	永乐东区	1	1	43	重兴园	4	4
34	永乐西区	9	7	44	珠江峰景	26	16
35	玉泉新城	14	12	45	京铁家园	10	9
36	远洋沁山水	38	26	46	民岳家园	10	7

(三)特征变量的选择、量化与处理

分析师对各样本的特征属性进行梳理，根据住宅价格的影响因素的重要性原则，分析师选择了小区建筑年代、所属行政区、环线位置、容积率、绿化率、物业服务费、建筑面积、所在楼层、建筑总层数、卧室朝向和卧室数量等特征属性，并且将"是否按经济适用住房管理"和"1公里内是否有地铁站"作为两项虚拟变量。

为了能够满足统计分析软件数据处理的要求，分析师需要将收集的特征中文表达转化为言简意赅的英文或者拼音缩写，比如常用的特征变量的英文缩写，如表11-9所示。

表 11-9　评估模型初始自变量含义和赋值说明表

自 变 量	含 义	自 变 量	含 义
C	常数项	UNIT_TYPE=4	四居室
UNIT-FLOOR	房屋所在层	UNIT_FACE^2=30	全南户型
UNIT-FLOOR×UNIT-FLOOR	(二次项、后同)	UNIT_FACE=13	东南户型
PRO-FLOOR	建筑总层数	UNIT_FACE=23	西南户型
PRO-FLOOR×PRO-FLOOR		UNIT_FACE=10	正东户型
UNIT-AREA	房屋建筑面积/m²	UNIT_FACE=20	正西户型
UNIT-AREA×UNIT-AREA		UNIT_FACE=14	东北户型
RJL	小区容积率	UNIT_FACE=12	东西户型
RJL×RJL		UNIT_FACE=40	正北户型
LHL	小区绿化率	UNIT_FACE=24	西北户型
LHL×LHL		PRO_RING^3=3	小区在三至四环之间
SFEE	小区物业费率	PRO_DIS^4=2	小区在石景山区
SFEE×SFEE	(元/m²/月)	PRO_DIS=3	小区在海淀区
ISTOP	顶层	PRO_AGE^5=1995	建筑年代1995左右
SUBWAY	1km内有地铁站	PRO_AGE=2010	建筑年代2008以后
JJSYF	按经适房管理	PRO_AGE=2000	建筑年代2000左右
UNIT-TYPE^1=3	三居室	PRO_AGE=1985	建筑年代1985左右
UNIT-TYPE=1	一居室	PRO_AGE=1990	建筑年代1990左右

注意：(1)UNIT_TYPE=2 的样本(二居室)最多，故作为默认值，不设置虚拟变量；(2)UNIT_FACE 默认值为 34(南北通透)；(3)PRO_RING 默认值为 4(四环至五环之间)；(4)PRO_DIS 默认值为 1(丰台)；(5)PRO_AGE 默认值为 2005。

(四)回归模型的建立与参数估计

利用多元回归分析软件，比如 SPSS 软件、STATA 软件等，引入全部自变量，然后按照 t-统计量绝对值由小到大排序，逐一进行多余变量检验，删除多余变量，最终保留了 24 个自变量，回归结果如表 11-10 所示。模型的拟合优度达到 0.952，随机扰动项的方差为 9.55%，由于被解释变量是房价的对数，据此可以推算，评估价格的 1 倍标准误差区间是 (-9.10%，+10.02%)，在允许精度误差的范围内。对参与建模的 302 个样本而言，平均绝对预测误差(MAPE)为 6.71%。上述数据说明，使用该模型进行评估，具有一定的实用性。

表 11-10 特征价格评估模型回归结果

被解释变量：log(PRICE)　　　　　　　　　　　　　样本量：302

R^2=0.952　　　　AIC=−1.784　　　　σ^2=9.55%^{2}　　　　MAPE=6.71%

变　量	系　数	标准误差	t-统计量
C	2.017***	0.257	7.853
PRO_FLOOR×PEO_FLOOR	6.08E-05*	3.11E-05	1.952
UNTT_AREA	0.014***	1.05E-03	13.545
UNTT_AREA×UNTT_AREA	−2.23E-05***	4.18E-06	−5.332
RJL	1.220***	0.121	10.081
RJL×RJL	−0.208***	0.023	−9.176
LHL	1.463	0.957	1.528
LHL×LHL	−1.572	1.155	−1.361
SFEE	0.206**	0.082	2.52
SFEE×SFEE	−0.034	0.022	−1.551
SUBWAY	0.036*	0.019	1.869
UNTT_TYPE=1	−0.093***	0.022	−4.249
UNTT_FACE=30	−0.022	0.017	−1.31
UNTT_FACE=23	−0.032	0.021	−1.538
UNTT_FACE=10	−0.052*	0.029	−1.777
UNTT_FACE=14	−0.069**	0.031	−2.24
UNTT_FACE=12	−0.035	0.032	−1.07
PRO_RING=3	0.046***	0.017	2.637
PRO_DIS=3	−0.066**	0.029	−2.257
PRO_AGE=1995	−0.095**	0.047	−2.034
PRO_AGE=2010	0.137***	0.029	4.748
PRO_AGE=2000	−0.137***	0.049	−2.795
PRO_AGE=1985	−0.138**	0.063	−2.203
PRO_AGE=1990	−0.069	0.068	−1.015

回归模型自变量的系数揭示了影响房价的因素。从表 11-10 中可以看到，房屋建筑面积、小区容积率对房价的影响最为显著，且影响程度呈现出二次变化规律。其他显著水平达到

5%的影响因素还有：物业费率与房价正向相关；一居室的价格水平低于其他户型；东北朝向房屋价格低于默认户型(南北通透)；三环至四环之间小区的价格更高；海淀区(只包含玉泉路的两个小区)价格偏低；建筑年代为2010年的小区价格最高，2005年的小区价格次之，其他更早年代的小区价格更低。

(五)模型的校验和审核

得到评估模型后，用其余没有参与建模的101个样本检验评估效果。每个样本的实际价格集为S_i，评估价格为A_i，评估价格与实际价格之比记为AR_i。采用下述国际评估师协会建议的评价标准衡量评估效果，如表11-11所示。

表11-11　特征价格模型评估效果检验标准及实际情况对比

评价指标	计算公式	IAAO建议范围	模型效果
简单平均AR	$\sum_{i=1}^{n} \dfrac{A_i}{S_i} \Big/ n$	0.9～1.1	0.984
中位数AR	记作M	0.9～1.1	0.977
加权平均数AR	$\dfrac{\sum_{i=1}^{n}\left(\dfrac{A_i}{S_i} \times S\right)}{\sum_{i=1}^{n} S} = \sum_{i=1}^{n} A_i \Big/ \sum_{i=1}^{n} S_i$	0.9～1.1	0.980
价格相关差PRD	简单平均AR/加权平均AR	0.98～1.03	1.004
离散系数COD	$\dfrac{\sum_{i=1}^{n}\left|AR_i - M\right|}{n} \div M \times 100$	10以下	5.540
AR在0.9～1.1以外的样本个数和比例		—	16例(占15.8%)

平均AR和中位数AR衡量评估的准确度。国际评估师协会在1999年的《Standard on Ratio Studies》(比率研究的标准)中要求评估比率在0.9～1.1之间。价格相关差PRD衡量按价格加权平均的评估比率，与简单平均的评估比率是否一致。如果PRD低于0.98，说明评估模型将明显高估高价住房、低估低价住房(激进)；如果PRD高于1.03，说明出现相反的情况(保守)。离散系数COD衡量评估误差的分布。从表11-11中可以看到，该特征价格模型的评估效果满足国际评估师协会提出的标准。

本　章　小　结

房地产相关税种较为丰富，其中课征房地产契税、营业税、土地增值税和房产税时，税务部门或纳税人需要评估机构提供相应的评估服务。房地产课税估价的目的是为税务机关或纳税人提供应税房地产的市场价值参考。

房地产营业税和契税是以应税房地产的市场价值或者经营收入为依据课征税，评估机构需要对应税房地产的市场价值或者应税收入提供合理的价值参考。

土地增值税是以应税房地产的买卖增值收入为依据来课征税，评估机构需要对应税房地产的合理转让价值，或者应扣项目的合理价值提供价值参考。

房产税是以应税房产的评估值，或者出租收入为依据来课征税。随着部分城市对自用房产征收房产税，如何对批量房产的价值进行自动估价，成为理论界和实务界关注的焦点。以特征价格模型为基础，计算机系统为辅助工具的批量房产自动估价系统是目前大多数征收房产税的国家通行的做法。

复习思考题

1. 简述房地产相关税种。
2. 辨析"课税估价"和"纳税评估"的区别。
3. 简述房地产契税和营业税课税估价的目的。
4. 简述土地增值税及其课税估价的目的。
5. 简述土地增值税应扣项目的内容及其价值内涵。
6. 简述房产税及其课税估价的目的。
7. 简述特征价格模型的基本原理。
8. 简述批量房地产自动估价模型建立的技术思路。

第十二章

城镇基准地价评估

【本章学习要求及目标】

通过本章的学习，掌握城镇基准地价的界定及意义；了解城镇土地分等定级的原理；理解城镇土地分等定级与基准地价评估的关系和区别；掌握城镇基准地价评估的原理、操作流程；理解级差收益测算法的原理；理解交易实例测算法的原理；理解基准地价修正系数表编制的原理；了解基准地价更新的基本方法。

第一节　城镇基准地价

一、城镇基准地价的界定

(一) 城镇基准地价的概念

城镇基准地价是指在城镇规划区内，现状利用条件下，不同级别或不同均质地域的土地，按照商业、办公、居住、工业等用途，分别评估的、某一价值时点的、法定最高年期的、土地使用权的区域平均价格。它反映城市内地价的总体分布状况和各级各类土地的平均价格水平，是由政府部门定期组织或委托具有一定资质的评估机构评估，经政府认可后公布的。

(二) 城镇基准地价的内容

城市基准地价体系包括三方面的内容：城市土地分级标准及区域划分；城市基准地价表及价格内涵；基准地价修正因素系数表及使用说明等。下面以上海市 2009 年基准地价更新成果(征求意见稿)为例进行说明。

1. 城市土地等级及区域划分

根据不同用途土地价格的分布情况，上海市按照居住、商业、办公、工业等四种用途，将城区分为 8～10 个级别，表 12-1 反映上海市行政区域按居住用途划分，10 个级别土地的区域范围及楼面地价、单位地价、基准容积率等分布状况。

表 12-1　上海市居住用地级别范围及基准地价表(2009 年)

价值时点：2009 年 1 月 1 日

级别	区　域	楼面地价 /(元/平方米)	土地单价 /(万元/亩)	设定容积率
1	黄浦江以西：北京西路—万航渡路—华山路—延安西路—江苏路—华山路—广元西路—恭城路—虹桥路—文定路—南丹路—南丹东路—宛平路—建国西路—襄阳南路—永嘉路—瑞金二路—复兴中路—西藏南路—西藏中路—西藏北路—北京西路。 黄浦江以东：黄浦江—张家浜—浦明路—浦电路—浦城路—陆家嘴环路—黄浦江	15 485	2 581	2.5
2	黄浦江以西：黄浦江—秦皇岛路—杨树浦路—大连路—周家嘴路—海宁路—河南北路—天目中路—天目西路—长寿路—武宁路—苏州河—中山西路(内环)—延安西路—虹许路(中环)—古羊路—宋园路—吴中路—中山西路(内环)—延安西路(延安路高架)—虹许路(中环)—古羊路—宋园路—吴中路—中山西路(内环)—中山南二路(内环)—中山南一路(内环)—中山南路(内环)—外马路—黄浦江所围区域除 1 级以外的地区	10 700	1 783	2.5

续表

级别	区 域	楼面地价/(元/平方米)	土地单价/(万元/亩)	设定容积率
2	黄浦江以东：黄浦江—陆家嘴环路—浦城路—浦电路—浦明路—张家浜—黄浦江—塘桥新路—浦建路—东方路—黄浦江。 源深：浦东大道—源深路—灵山路—民生路—浦东大道。 联洋世纪公园：杨高中路—民生路—锦绣路—芳甸路—花木路—锦绣路—浦建路—樱花路—白杨路—兰花路—芳甸路—花木路—罗山路(内环)—锦绣路—杨高中路	10 700	1 783	2.5
3	内环内除1~2级以外的其他区域。 黄浦江以西： 天山：苏州河—双流路—天山路—古北路—延安西路—中山西路(内环)—苏州河； 田林龙华世博：吴中路—桂林路—钦州南路—钦州路—龙华港—黄浦江—外马路—中山南路—中山南一路(内环)—中山南二路(内环)—中山西路(内环) 吴中路。 黄浦江以东：世博会场址规划区。 碧云：杨高中路—罗山路(内环)—锦绣东路—金桥路(中环)—杨高中路	7 510	1 001	2
4	政立路 国权北路 三门路—逸仙路高架—广灵四路—郭江路—共和新路—灵石路—岚皋路—石泉路—中宁路—武宁路—大渡河路—苏州路—北虹路—天山西路—环西一大道(外环)—吴中路—莲花路—沪闵路—虹梅路(中环)—上中西路(中环)—上中路(中环)—黄浦江—耀华路—浦东南路—高科西路—张江路(中环)—金桥路(中环)—黎平路(中环)—军工路(中环)—翔殷路—国和路—政立路，所围区域除1~3级以外的地区	6 010	801	2
5	黄浦江—杨浦区北部行政边界—逸仙路高架 杨中路—共和新路—汶水路(中环)—真北路(中环)—沪宁铁路—祁连山南路—祁连山路—云岭西路—苏州河—环西一大道(外环)—环南二大道(外环)—黄浦江—中环—华夏西路(中环)—华夏中路(中环)—张江路(中环)—高科中路—申江路—唐陆公路—东陆公路—杨高北路—赵家沟—黄浦江，所围区域除1~4级以外的地区	4 950	660	2
6	外环内其他区域及外环对浦东新区三林镇规划建设区域。 普陀、长宁、徐汇1~5级以外区域。 黄浦江以西： 宝山：友谊路街道、吴淞街道规划建设区。 闵行：闵行边界—北横泾—沪青平公路—中春路—春申塘—闵行区边界—环南大道外环—环西大道(外环)—闵行边界。 黄浦江以东：浦东三林镇规划建设区外环外区域	3 860	463	1.8
7	黄浦江以西： 闵行区：华漕镇、颛桥镇、马桥镇、吴泾镇、江川街道规划建设区。 宝山：顾村镇、杨行镇、大场镇规划建设区。 嘉定镇：江桥镇、南翔镇规划建设区。 松江：九亭镇、新桥镇规划建设区。 青浦区：盈浦街道、夏阳街道、香花桥街道、徐泾镇规划建设区。 黄浦江以东： 浦东新区：高东镇、高行镇、高桥镇规划建设区七级以外区域及 A30 以西区域。 南汇区：周浦康桥镇规划建设区七级以外区域。 闵行区：浦江镇沈社公路以北区域	2 720	326	1.8

级别	区 域	楼面地价 /(元/平方米)	土地单价 /(万元/亩)	设定容积率
8	浦东新区：A30 以外区域。 闵行区：浦江镇沈社公路以南区域。 宝山区：月浦镇、罗店镇规划建设区。 嘉定区：新成路街道、真新新村街道、菊园新区、嘉定镇街道、黄渡镇、安亭镇、马陆镇规划建设区。 松江区：岳阳街道、永丰街道、方松街道、中山街道、佘山镇、泗泾镇、车墩镇、肖琨山镇规划建设区。 青浦区：朱家角镇、赵巷镇、重固镇、白鹤镇、华新镇规划建设区。 金山区：朱泾镇、金山卫镇、石化街道规划建设区。 南汇区：惠南镇规划建设区、临港新城中心区。 奉贤区：南桥镇、海湾镇规划建设区	2 050	191	1.4
9	上海市(不含崇明县)1~8 级以外区域；崇明县：城桥镇规划建设区	1 380	129	1.4
10	崇明县除 9 级以外区域	760	51	1
11	滩涂待定			

说明：上海市居住用地共分 10 级，外环以内以 1~6 级为主，外环以外以 7~10 级为主。

资料来源：上海市 2009 年基准地价更新成果(征求意见稿)，http://xiazai.dichan.com/show-613716.html。

城市中，同一区域土地的基准地价水平，因土地用途不同，所属的级别可能并不相同，价格也有较大差异，比如上海市 2009 年基准地价表中，上海世博会场规划区内的土地被定级为居住用地 3 级，商业用地 4 级、办公用地 4 级和工业用地 3 级，其基准地价(楼面地价)分别评估为 7 510 元/平方米、11 450 元/平方米、6 830 元/平方米和 2 740 元/平方米。

2. 城市基准地价表及价格内涵

城市基准地价有"楼面地价"和"单位地价"两种形式，如表 12-1 所示。其中价格内涵有明确界定：价值时点为 2009 年 1 月 1 日，土地使用年限设定为相应用途的法定最高出让年限，土地开发程度设定为已完成"七通一平"，其中工业用地的土地开发程度设定为已完成"五通一平"。不同用途不同级别土地的基准容积率水平如表 12-2 所示。

表 12-2 上海市 2009 年基准地价表(楼面地价表达式)

价值时点：2009 年 1 月 1 日　　　　　　　　　　　　　　　　　　单位：元/平方米

用途	居 住		商 业		办 公		工 业	
级别	价 格	设定容积率	价 格	设定容积率	价 格	设定容积率	价 格	设定容积率
1	15 485	2.5	35 800	2	16 200	4	6 750	2
2	10 700	2.5	23 900	2	10 500	4	4 500	2

续表

用途	居　住		商　业		办　公		工　业	
级别	价　格	设定容积率	价　格	设定容积率	价　格	设定容积率	价　格	设定容积率
3	7 510	2	14 800	2	8 170	4	2 740	1.6
4	6 010	2	11 450	2	6 830	3.5	1 450	1.6
5	4 950	2	7 860	1.8	5 050	3.5	995	1.6
6	3 860	1.8	5 270	1.8	3 820	3.5	720	1
7	2 720	1.8	4 050	1.6	2 970	2.5	360	1
8	2 050	1.4	2 560	1.6	2 120	2.5	255	1
9	1 380	1.4	1 630	1.2	1 400	1.2		
10	760	1	1 020	1.2	760	1.2		
11	滩涂待定							

3. 基准地价修正因素系数表及使用说明

基准地价是特定条件下评估的一定区域范围内土地的平均价格水平，用于具体宗地价值评估时，需考虑时间因素、土地剩余使用年期、容积率、区域因素、个别因素、楼层等条件的差异。"基准地价更新成果征求意见稿"同时对各级别土地的区域因素、个别因素状况进行说明，并提供容积率因素、区域因素、个别因素、楼层因素等的修正系数表，以居住用地为例。

1) 容积率因素修正

容积率修正系数=宗地实际容积率对应的修正系数/宗地所属用途和

级别设定平均容积率对应的修正系数 　　　　　　　　(12-1)

当宗地容积率 R 大于 10 时，假定居住宗地的容积率修正系数为 X_1，则计算公式如下：

$$X_1 = -0.0478 \times R + 1.1195$$

当宗地实际容积率介于表 12-3 所列容积率之间时，可用直线插值法确定其对应的修正系数。

上海市居住类用地基准地价容积率修正系数如表 12-3 所示。

2) 区域因素和个别因素修正

基准地价对应的区域因素和个别因素状况为"一般"，具体到某一宗地，其区域因素和个别因素有可能会优于或劣于基准地价对应的水平，需进行相关修正，如公式(12-2)所示。

区域和个别因素修正系数=$\sum K_i$ 　　　　　　　　(12-2)

式中：K_i 表示单项区域因素或个别因素的修正系数，可为负数，也可为正数。

由于不同级别居住用地的地价水平对区域和个别因素的状况的敏感系数存在差异，为了提高因素修正系数的精确度，上海市 2009 年基准地价更新成果中将区域因素和个别因素的说明表和系数表分为三类：1~3 级、4~6 级和 7~10 级。本节以 1~3 级居住用地的区域因素和个别因素修正指标说明及系数为例进行说明，如表 12-4 所示。

表 12-3　上海市基准地价容积率修正系数表(居住用地)

容积率	修正系数	容积率	修正系数	容积率	修正系数	容积率	修正系数
0.1	2.497	2.6	0.995	5.1	0.876	7.6	0.756
0.2	2.274	2.7	0.990	5.2	0.871	7.7	0.751
0.3	2.070	2.8	0.986	5.3	0.866	7.8	0.747
0.4	1.886	2.9	0.981	5.4	0.861	7.9	0.742
0.5	1.722	3.0	0.976	5.5	0.857	8.0	0.737
0.6	1.577	3.1	0.971	5.6	0.852	8.1	0.732
0.7	1.452	3.2	0.967	5.7	0.847	8.2	0.728
0.8	1.346	3.3	0.962	5.8	0.842	8.3	0.723
0.9	1.261	3.4	0.957	5.9	0.837	8.4	0.718
1	1.195	3.5	0.952	6.0	0.833	8.5	0.713
1.1	1.170	3.6	0.947	6.1	0.828	8.6	0.708
1.2	1.148	3.7	0.943	6.2	0.823	8.7	0.704
1.3	1.127	3.8	0.938	6.3	0.818	8.8	0.699
1.4	1.108	3.9	0.933	6.4	0.814	8.9	0.694
1.5	1.090	4.0	0.928	6.5	0.809	9.0	0.689
1.6	1.074	4.1	0.924	6.6	0.804	9.1	0.685
1.7	1.059	4.2	0.919	6.7	0.799	9.2	0.680
1.8	1.046	4.3	0.914	6.8	0.794	9.3	0.675
1.9	1.035	4.4	0.909	6.9	0.790	9.4	0.670
2	1.025	4.5	0.904	7.0	0.785	9.5	0.665
2.1	1.017	4.6	0.900	7.1	0.780	9.6	0.661
2.2	1.010	4.7	0.895	7.2	0.775	9.7	0.656
2.3	1.005	4.8	0.890	7.3	0.771	9.8	0.651
2.4	1.002	4.9	0.885	7.4	0.766	9.9	0.646
2.5	1.000	5.0	0.881	7.5	0.761	10.0	0.642

表12-4　居住用地基准地价修正因素修正系数指标说明表(1～3级)

影响因素		优 状况	优 系数/%	较优 状况	较优 系数/%	一般 状况	一般 系数/%	较劣 状况	较劣 系数/%	劣 状况	劣 系数/%
区域因素 繁华程度	距市级商务中心距离/km	<0.3	1.60	[0.3,1)	0.80	[1,2)	0.00	[2,3)	-0.8	≥3	-1.6
	距区级商业中心距离/km	<0.2	1.00	[0.2,0.5)	0.50	[0.5,1)	0.00	[1,2)	-0.5	≥2	-1
	距社区商业中心距离/km	<0.1	0.70	[0.1,0.3)	0.30	[0.3,0.8)	0.00	[0.8,1.5)	-0.3	≥1.5	-0.7
	周围道路类型	300米内有主干道	2.10	500米内有主干道	1.00	500米内有次干道	0.00	500米外有次干道	-1		—
	距快速路闸口距离/km	<0.5	0.50	[0.5,1)	0.30	[1,1.5)	0.00	[1.5,2)	-0.3	≥2	-0.5
交通条件	距轨道交通站点距离/km	500米内有两条以上线路的站点	2.10	<0.5	1.10	[0.5,1)	0.00	[1,2)	-1.1	≥2	-2.1
	距公交站点距离/km	200米内有十条以上线路的站点	1.80	200米内有五条以上线路的站点	0.90	<0.3	0.00	[0.3,0.5)	-0.9	≥0.5	-1.8
基本设施状况	基础设施	七通、障率高	1.90	七通、保障率较高	0.90	七通、保障率一般	0.00	六通、保障率一般	-0.9	五通、障率一般	-1.9
	公用设施	1公里以内设施齐全	1.90	2公里以内设施齐全	0.90	2公里以内设施齐全	0.00	2公里以内设施较少	-0.9	一般	—

续表

影响因素		优		较优		一般		较劣		劣	
		状况	系数/%	状况	系数/%	状况	系数/%	状况	系数/%	状况	系数/%
区域因素	环境状况 环境状况	优越	4.50	良好	2.30	一般	0.00	较差	-2.3	差	-4.5
	人口状况 人文环境	好	4.30	较好	2.10	一般	0.00	较差	-2.1	差	-4.3
	城市规划 城市规划	有利	2.80	较有利	1.40	无影响	0.00	较不利	-1.4	不利	-2.8
个别因素	临街状况 临街道路类型	支路	5.00	综合性次干道	2.50	交通性次干道	0.00	主干道	-2.5	快速路	-5
	宗地形状 宗地形状	规则、利用合理	3.00	较规则，有利于利用	1.50	无不利影响	0.00	不规则，影响利用	-1.5	不规则，严重影响利用	-3
	宗地面积 宗地面积/平方米	≥50 000	5.00	[20 000, 50 000)	2.50	(8 000,20 000)	0.00	(3 000,8 000]	-2.5	≤3 000	-5

3) 楼层修正系数

对于商业房地产，位处不同楼层的被估房地产所分摊的土地价值也不相同，上海市 2009 年基准地价更新成果中提供了同一宗商业用途土地上不同楼层房地产所分摊的土地价值的楼层修正系数，如表 12-5 和表 12-6 所示。某楼层商业房地产分摊的土地价值修正系数由两方面因子之积得到：一是各级别 1 层相对基准地价的修正系数；二是各楼层相对 1 层的修正系数，见公式(12-3)。

商业某楼层分摊土地使用权修正系数=该商业所在级别 1 层相对基准地价的修正系数×

该楼层相对 1 层的修正系数   (12-3)

表 12-5 各级别 1 层相对基准地价的修正系数表

土地级别	1	2	3	4	5	6	7	8	9	10
1 层修正系数	1.48	1.48	1.42	1.42	1.3	1.3	1.25	1.25	1	1

表 12-6 各楼层相对 1 层的修正系数表

所在楼层	1	2	3	4	5	6	6 层以上
相对 1 层修正系数	1	0.8	0.7	0.6	0.5	0.45	0.4

二、城镇基准地价的意义

城镇基准地价体系是政府进行土地资源管理和再利用的重要价格依据，有着重要的经济、政治和社会意义。其一，它满足政府土地出让管理的需要，为政府审核土地使用权出让价格提供地价依据；其二，为确定土地招、拍、挂出让底价和土地市场交易提供价格参考；其三，为各种补地价评估提供参考，包括划拨用地补出让金、超建筑面积补地价、土地变性或规划条件发生变更等各种土地使用条件发生变化时的补地价评估；其四，为征收土地相关税费提供重要依据，包括新增建设用地土地有偿使用费、土地增值税的征收等；其五，为征收评估提供土地补偿价格参考；其六，为城市规划、城市地价总体变化趋势的监测等，为政府制定相关宏观调控政策的决策提供重要依据；其七，为房地产拍卖、司法仲裁、土地使用权转让、土地使用权抵押、国有企业改制，以及土地的收购储备等提供价格依据。

城镇基准地价的评估工作，一般由国土资源管理部门组织进行，并未要求必须由房地产评估机构或房地产估价师、土地估价师操作。但熟知并掌握城镇基准地价评估的原理、流程及实务，对房地产估价人员是非常必要，也是非常重要的。由于城镇基准地价评估总是伴随着城镇土地分等定级工作一并进行，因此在介绍城镇基准地价评估原理之前，需理解城镇土地分等定级与基准地价评估两项工作的联系与区别。

三、城镇基准地价与土地分等定级

(一)土地分等定级与基准地价的关系

城镇土地的分等定级，是指基于城镇土地的自然属性和社会经济价值大小，对区域内土地的区位利用价值进行分等定级。城镇土地的区位价值，不仅需要考虑土地的交通、公用设施配套、公共设施配套等状况，还需要考虑该区域的工业、商业、金融服务、技术、人口等经济和社会状况。根据评价的区域范围、详细程度不同，我国城镇土地经济质量的评价体系可以分为城镇土地分等、定级和估价三个层次。

土地分等是全国范围内或者省级控制的，反映一定区域范围内或全国不同城镇间城镇整体土地质量水平的差异。城镇土地分等的差异，主要体现在经济、社会、自然等各项宏观、中观因素的综合水平，包括城镇人口和产业的集聚度、区域生产总值、商贸活动的规模、金融服务和科学技术开发能力等。

土地定级是同一等的城镇内部土地区位条件和利用效益差异的质量级，即城镇土地的分级，反映城镇土地条件相似和样点地价相近的均质地域。城镇土地级的差异，主要体现在经济和自然两方面的微观因素的综合水平，包括区域内商服中心的繁华度和集聚度、区域内的绿化覆盖率、区域内公用服务设施的齐备度等。

土地估价特指在城镇土地定级基础上，地方政府定期评定并公布的特定市镇范围内土地的基准地价及基准地价修正系数表。基准地价是以价格的形式显示了城区土地质量的高低及范围，是土地定级成果的货币化表现。一方面，土地的分等定级与基准地价评估是密切联系的两项工作，土地定级的资料及成果为基准地价评估提供了均质区划分的基础，土地定级影响因素及作用分值为基准地价体系的构成和评估提供了充分的数据。另一方面，基准地价评估过程中得到的样点土地"级差收益"，为土地级别差异的客观性提供了依据。因此，在确定城镇基准地价体系的工作中，往往是将定级与估价结合起来，先定级，后估价，不仅能起到相互补充、相互印证的作用，而且使以序数形式表示的土地质量关系能以具体化的货币形式反映出来，使得定级成果实用价值更大。

(二)土地分等定级的操作原理

1. 分等定级的技术思路

城镇土地分等定级的基本方法是多因素综合评价法，也称多因素分值加和法。通过影响城镇土地质量的因素分析及其选择、因素量化与标准化、因素权重确定以及因素分值计算和汇总而成总分值，按总分值的高低，即可评定出土地等、级的差别，公式如下：

$$S_i = \sum_{j=1}^{n} (W_j \times F_{ij}) \tag{12-4}$$

式中：S_i——第 i 个分等对象或定级因素的单位总分值；

W_j——第 j 个分等对象或定级因素的权重值，其中有 $\sum W_j = 1$；

F_{ij}——第 i 个分等对象第 j 个因素分值；

n——分等或定级因素的总数。

现行土地分等定级工作的基本流程如图 12-1 所示。

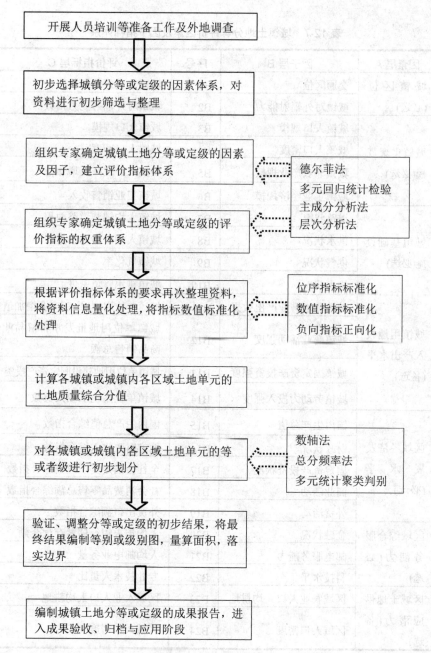

图 12-1 城镇土地分等定级工作的基本流程

2. 土地分等的因素和因子

依照综合分析原则、主导因素原则和定量定性分析结合等原则，2001 年国家出台了《城镇土地分等定级规程》(GB/T 18507—2001)，建议城镇土地分等的因素分为 7 个层面，每个层面下方又有相应的因子和反映因子状况的指标，共计 24 个因子，如表 12-7 所示。

表 12-7　城镇土地分等评价因素及因子指标体系

序号	因素层 A	因子层 B	序号	评价指标层 C	序号
A1	城镇区位 (必选)	交通区位	B1	城镇交通条件指数	C1
		城镇对外辐射能力	B2	城镇对外辐射能力指数	C2
A2	城镇集聚规模(必选)	城镇人口规模	B3	城镇人口规模	C3
		城镇人口密度	B4	城镇人口密度	C4
		城镇非农产业规模	B5	城镇二、三产业增加值	C5
		城镇工业经济规模	B6	城镇工业销售收入	C6
A3	城镇基础设施(必选)	道路状况	B7	城镇人均铺装道路面积	C7
		供水状况	B8	城镇人均生活用水量	C8
		供气状况	B9	城镇气化率	C9
		排水状况	B10	城镇排水管道密度	C10
A4	城镇用地投入产出水平 (备选)	城镇非农产业产出效果	B11	城镇单位用地二、三产业增加值	C11
		城镇商业活动强度	B12	城镇单位用地批发零售贸易业商品销售总额	C12
		城镇固定资产投资强度	B13	城镇单位用地建设固定资产投资	C13
		城镇劳动力投入强度	B14	城镇单位用地从业人员数	C14
A5	区域经济发展水平 (必选)	国内生产总值	B15	国内生产总值综合指数	C15
		财政状况	B16	地方财政收入综合指数	C16
		固定资产投资状况	B17	全社会固定资产投资综合指数	C17
		商业活动	B18	社会消费品零售总额综合指数	C18
		外贸活动	B19	外贸出口额综合指数	C19
A6	区域综合服务能力 (必选)	金融状况	B20	人均年末银行储蓄存款余额	C20
		邮电服务能力	B21	人均邮电业务量	C21
		科技水平	B22	专业技术人员比	C22
A7	区域土地供应潜力 (备选)	区域农业人口人均耕地	B23	区域农业人口人均耕地	C23
		区域人口密度	B24	区域人口密度	C24

资料来源：《城镇土地分等定级规程》(GB/T 18507—2001)。

3. 土地定级的因素和因子

根据《城镇土地分等定级规程》(GB/T 18507—2001)中的规定，土地综合定级、商业用地定级、住宅用地定级和工业用地定级的基本因素和因子体系如表 12-8～表 12-11 所示。

表 12-8 城镇土地综合定级的可选因素指标体系

序号	因素层 A	因子层 B	序号	指标层 C	序号
A1	土地区位	繁华度	B1	商服中心等级	C1
				高级商务金融集聚度	C2
				农贸市场	C3
		交通通达度	B2	道路功能与宽度	C4
				道路网密度	C5
				公交便捷度	C6
A2	城市设施	城镇基础设施	B3	供水设施	C7
				排水设施	C8
				供暖设施	C9
				供气设施	C10
				供电设施	C11
		公用服务设施	B4	文化教育设施	C12
				医疗卫生设施	C13
				文娱体育设施	C14
				邮电设施	C15
				公园绿地	C16
A3	环境优劣度	环境质量	B5	大气污染	C17
				水污染	C18
				噪音	C19
		自然条件	B6	地形坡度	C20
				地基承载力	C21
				洪水淹没与积水	C22
		绿化状况	B7	绿化覆盖率	C23
A4	其他	人口密度	B8	人口密度	C24
		城镇规划	B9	用地潜力	C25

资料来源：《城镇土地分等定级规程》(GB/T 18507—2001)。

表 12-9 城镇商业用地定级因素表

基本因素	繁华程度	交通条件			基本设施状况	人口状况
定级因素	商服繁华影响度	道路通达度	公交便捷度	对外交通便利度(客运)	基础设施完善度	人口密度
选择性	必选	至少一种必选			必选	备选
重要性顺序	1	2 或 3			3 或 2	4
权重范围	0.25~0.45	0.25~0.05			0.25~0.05	0.2~0.1

资料来源：《城镇土地分等定级规程》(GB/T 18507—2001)。

表 12-10　城镇住宅用地定级因素表

基本因素	基本设施状况		交通条件			环境条件		繁华程度	人口状况
定级因素	基础设施完善度	公用设施完善度	道路通达度	公交便捷度	对外交通便利度(客运)	环境质量优劣度	绿地覆盖度	商服繁华影响度	人口密度
选择性	必选		至少必选一种		备选	至少必选一种		备选	备选
重要性顺序	1		2 或 3			3 或 2		4 或 5	5 或 4
权重范围	0.2～0.4		0.2～0.3			0.15～0.25		0.1～0.2	0.05～0.1

资料来源：《城镇土地分等定级规程》(GB/T 18507—2001)。

表 12-11　城镇工业用地定级因素表

基本因素	交通条件		基本设施状况	环境条件	产业集聚效益
定级因素	道路通达度	对外交通便利度(货运)	基础设施完善度	自然条件优劣度	产业集聚影响度
选择性	必选			备选	
重要性顺序	1		2	3	4
权重范围	0.2～0.4		0.2～0.3	0.1～0.2	0.05～0.01

资料来源：《城镇土地分等定级规程》(GB/T 18507—2001)。

第二节　城镇基准地价评估原理

一、理论依据

城镇基准地价评估的理论依据包括以下四个方面。

首先，基准地价的评估遵循地价是"土地级差收益"的资本化的原理，通过估算土地"级差收益"，从而确定差异化的土地价格。依据"级差地租"的理论，"土地级差收益"主要取决于土地的"区位"差异，也就是商服繁华程度、基础设施条件、交通条件、生活环境、自然环境等因子，表现为不同土地使用者获得不等的土地出租租金、不等的土地经营收益、不等的土地资本投入和不等的人工成本等。

其次，基准地价的评估考虑了地价差异的空间相似性和渐变性。土地价格的差异会呈现较小范围相邻地域的价格或者租金收益的接近性和更大范围内区域之间的差异性。也就是说，基准地价水平差异在空间上存在单元组团分布的特点。我们可以运用聚类分析，将城镇范围内的基准地价分成不同级别，并且每个级别都呈现出相邻区域成片的单元化分布和相邻区块级别连续递减或递增的渐变性规律。

再次，基准地价评估强调科学地对样本进行分类，因为土地的"级差收益"因土地利用方式的不同而存在变化规律的差异。各种经济活动对土地质量的要求存在不同的运行特点，利用土地产生的超额利润也会存在差异。因此，在确定基准地价的过程中，通常要考虑不同用途条件下、各种地理要素、各种社会经济活动，在空间分布规律的变化过程中的区位特征，这三方面与土地利用效益之间的互动规律。

最后，"基准地价"评估要求定期更新，但更新的周期兼顾地价变化的相对稳定性和动态发展性。城镇土地利用结构基本稳定，所以基准地价在短时期内相对稳定。但是随着城镇的发展、土地利用现状的变化以及行业聚集效益的变化，土地利用结构和土地利用效益在长期趋势上也会发生变化，所以基准地价也将处于不断的变化之中。

二、操作流程

进行基准地价评估的流程如下。

第一步，搜集尽可能多的、不同利用类型、不同价格类型的样本资料，按土地条件相似或土地使用价值相等划分同质区域，对不同利用类型条件下不同区域级别的样本资料进行分类。

第二步，同类样本中，运用"级差收益测算法"或者"市场交易实例测算法"得到不同级别、不同土地利用类型的土地样点的平均地价。同时，对计算结果进行一致性检验。

第三步，利用样点的价格资料，编制基准地价修正系数表，绘制基准地价空间分布图。

城镇基准地价技术流程如表 12-12 所示。

表 12-12 城镇基准地价技术流程

步骤	基本任务		具体内容
第一步	资料调查与搜集工作		调查前的准备工作
		调查内容	土地定级成果资料
			土地利用效益资料
			地租、地价资料
			影响地价的因素资料
			经济统计、成本费用、法规政策、城市规划等资料
			设计调查工作表、管理工作流程、整理调查资料
第二步	处理样点数据，得到样点的正常单位地价 V_{nb}	级差收益测算法	处理样点资料数据，得到每一个样点的"土地质量指数 X_{ni}"，"土地合理资本占有量 Z_{ni}"，"土地合理工资占有量 W_n"
			将级别 n 区域内的土地样点 i 的收益或价格数据转换为修正后的样点年纯收益 I_{ni}
			对样点 i 的数据及结果进行统计检验，包括样本是否为相同总体的样本、样本总体分布的函数是否与理论分布一致等
			建立级差收益 I_{ni} 与土地级别指数 X_{ni} 之间的函数关系 $I_{ni}=f(X_{ni})$，选择拟合优度最高的模型形式作为理论级差收益的估计模型

步骤	基本任务		具体内容
第二步	处理样点数据，得到样点的正常单位地价 V_{nb}	级差收益测算法	将样点数据重新代入上述模型，得到样点土地 i 估计的理论级差收益 $\tilde{I}_{ni}$，继而得到利用类型 b、级别 n 的土地理论平均收益 I_n
			确定 b 利用类型土地的报酬率 r_{nb}
			选择合适的收益价格模型，代入理论平均收益 I_n，土地报酬率 r_b 和土地法定最高使用年期 n 得到利用类型 b，级别 n 的土地基准地价 V_{nb}
		交易实例测算法	划分测算区域，将样点进行分区分类
			将样点的收益或价格数据转换为级别 n 的土地样点 i 的单位地价 P_{ni}
			根据基准地价的内涵要求，对样点的单位地价进行各因素的系数修正，得到级别 n 的土地样点 i 标准状态下的单位地价 $\tilde{V}_{ni}$
			对样点数据及结果进行统计检验
			运用算术平均法或指数模型法，由样点的标准状态的单位地价得到类型 b、级别 n 的土地的基准地价 V_{nb}
第三步	编制基准地价修正系数表	利用土地收益资料或土地价格资料编制系数修正表	确定各类型、各级别土地的修正因素、修正系数及因素系数对价格的影响权重
			利用样点正常的土地年纯收益或者土地单位地价数据，确定各因素上调或下调的最大幅度
			确定各因素优、较优、一般、较劣、劣五级的具体修正幅度
第四步	更新基准地价		利用标准宗地的价格变化或建立地价指数的方法，定期更新基准地价及其修正系数体系

三、评估方法一——级差收益测算法

(一)基本思路

"级差收益测算法"又称"收益法思路"，是指以土地定级为基础、土地收益为依据、市场交易资料为参考评估基准地价。该思路的理论依据是，土地价格本质上是土地权力利益的价格，是用来购买土地效用或预期经济收益所应付出的代价，因此基准地价的评估必须以土地收益为主要依据。

(1) 根据收益法的原理，各级别、不同用途土地的基准地价计算公式如下：

$$V_{nb} = \frac{I_n}{r_{nb}} \times \left[1 - \frac{1}{(1 + r_{nb})^t} \right] \tag{12-5}$$

式中：V_{nb}——b 用途第 n 级土地单位土地面积的基准地价；

I_n——b 用途第 n 级土地单位土地面积的平均年纯收益；

r_{nb}——b 用途第 n 级的土地报酬率；

t ——b 用途土地的法定最高出让年限。

(2) 级差收益 I_n，表示同级别 n、同用途 b 所有样点 i 单位面积土地年纯收益的算术平均值，反映第 n 级土地区域内，相同用途 b 的不同行业样点土地 i 的平均收益水平，是一个理论值，如下所示：

$$I_n = \frac{\sum\limits_{i=1}^{m} \tilde{I}_{ni}}{m} \tag{12-6}$$

式中：$\tilde{I}_{ni}$——第 n 级，特定用途的第 i 样点土地的理论年纯收益，是通过土地收益和土地特征的函数模型得到的该用途、该样点土地估计的级差收益值；

m——样点数量。

(3) 样点 i 的级差收益 $\tilde{I}_{ni}$，是样点单位土地面积的理论年纯收益，是通过多个宗地样本的土地收益值建立模型得到的，具体技术思路参见本节解释。

(二)技术路线

进行城镇土地基准地价评估之前，城镇土地大多完成定级分区的工作，因而每一宗样本土地的质量级别是已知的，且相关定级信息资料较为齐备。在此基础上，根据城镇的特点和土地经济收益差异，城镇土地一般分为商业、住宅、工业用地三大类。在一些土地利用差异性较明显的大城市和特大城市，可将商业用地进一步分为金融、宾馆、办公和普通商业等用地，住宅用地进一步分为一级住宅、二级住宅和三级住宅用地等类型。土地基准地价的评估技术思路包括以下七步。

1. 处理样点资料数据

处理样点资料数据，得到每一个样本的"单位土地质量指数 X_{ni}"、"单位土地面积资金占有量 Z_{ni}"与"单位土地面积合理工资占有量 W_{ni}"，但需先求取"土地经营企业的标准资本额 C_s"与"土地经营企业的合理工资量 L_{cs}"。

(1) 单位土地质量指数 X_{ni}：

$$X_{ni} = \frac{f_{ni}}{n} \tag{12-7}$$

式中：f_{ni}——第 n 级 i 样点土地的区位质量总分值，是采用多因素分值加和法，经过因素的选择、因素量化与标准化、因素权重确定以及因素分值计算汇总等步骤取得的总分值。

n——该单元土地的级别数。

(2) 单位土地面积标准资金占有量 Z_{ni}:

$$单位土地面积标准资金占有量 Z_{ni} = \frac{企业标准资本额 C_s}{土地面积} \tag{12-8}$$

式中: "企业标准资本额 C_s"是考虑不同行业或不同类别的资本效益折算系数, 将利用土地的企业的实际资本额修正得到的, 具体参见《城镇土地估价规程》(GB/T 18508—2001)。

(3) 单位土地面积合理工资占有量 W_{ni}:

$$单位土地面积合理工资占有量 W_{ni} = \frac{标准定员情况下企业应支出工资额 L_{cs}}{土地面积} \tag{12-9}$$

式中: "标准定员情况下企业应支出工资额 L_{cs}"是将土地利用企业的实际支出的工资额, 考虑某一技术水平下同等规模企业的劳动力标准数量, 修正计算得到的, 具体参见《城镇土地估价规程》(GB/T 18508—2001)。

2. 处理样点的土地收益资料

处理样点的土地收益资料, 得到单位土地面积的纯收益 I_{ni}, 详见本章第三节。

3. 对样本数据进行检验

检验的内容包括以下几方面。

(1) 总体一致性检验, 检验同类型、同级别、同一收益方式样点的土地数据是否符合样本总体同一性。当检验发现样点地价为不同总体的样本时, 要考虑调整级别划分或调整地价计算方法, 消除系统误差, 直到检验符合要求为止。

(2) 样本总体分布类型的检验, 即以土地级别或同类型均质区域为单位, 对不同类型的样本数据分布类型进行总体检验。最常用的检验方法是卡方 X^2 检验, 检验样本分布函数是否与理论分布吻合、是否符合分布函数的特征。

(3) 异常值剔除, 即应用 t 检验法和方差分析法, 假设样本总体为正态分布或非正态分布时, 进行异常值剔除。当检验后的数据不能满足模型建立的需要时, 应增加抽样数据。

4. 建立合适的模型形式

将样点已知的指标数据代入可能的级差收益模型中, 选择合适的模型形式, 估计模型参数, 并对模型的估计参数作可靠性检验。依据级差收益递增或递减的原理, 可供选择的常用级差收益(地租)测算模型见公式(12-10)~公式(12-13)。

(1) 指数模型:

$$I_{ni} = A \times (1+\gamma)^{x_{ni}} 或者 I_{ni} = A \times (1+\gamma)^{\alpha x_{ni}} \tag{12-10}$$

式中: I_{ni}——第 n 级土地样本 i 单位面积的级差收益值;

A——常数;

γ——收益的级差系数;

X_{ni}——第 n 级土地 i 的级别指数或单元土地质量指数;

α——待定系数。

(2) 多元线性模型:

$$I_{ni} = b_0 + b_1 X_{ni} + b_2 Z_{ni} + b_3 W_{ni} \tag{12-11}$$

式中: I_{ni}——第 n 级土地样本 i 单位面积的级差收益值;

X_{ni}——第 n 级土地 i 的级别指数或单元土地质量指数;

Z_{ni}——单位面积土地 i 的标准资金占有量；

W_{ni}——单位面积土地 i 的标准工资占有量；

b_0——常数，大于零；

b_1，b，b_3——分别为土地、资本、劳动力的回归系数。

(3) 生产函数模型：

$$I_{ni} = A \times (1+\gamma)^{X_{ni}} Z_{ni}^{b_2} W_{ni}^{b_3} \tag{12-12}$$

式中：I_{ni}——第 n 级土地样本 i 单位面积土地的级差收益值；

A——常数；

γ——收益的级差系数；

X_{ni}——第 n 级土地 i 的级别指数或单元土地质量指数；

Z_{ni}——单位面积土地 i 的标准资金占有量；

W_{ni}——单位面积土地 i 的标准工资占有量；

b_2，b_3——分别为资本、劳动力的回归系数。

(4) 分级回归模型：

$$I_{ni} = F(X_{ni}) + b_2 Z_{ni} + b_3 W_{ni} + \varepsilon \tag{12-13}$$

式中：I_{ni}——第 n 级土地样本 i 单位面积的级差收益值；

X_{ni}——第 n 级土地 i 的级别指数或单元土地质量指数；

$F(X_{ni})$——自变量 X_{ni} 的未知函数，反映土地 i 带给企业的利润量；

Z_{ni}——单位面积土地 i 的标准资金占有量；

I_{ni}——单位面积土地 i 的标准工资占有量；

b_2，b_3——分别为资本、劳动力的回归系数；

ε——误差项。

确定模型的函数方法一般有两种：一是在已知线性模型的前提下，依据被解释变量与解释变量的相关数学关系，通过相关性检验初步确定模型的函数形式；二是将样本数据依次代入可能的函数模型中，得到同一样本群的、不同的回归模型，对各回归模型进行统计检验，选定拟合度最优的回归模型。

一旦模型函数的形式确定，就需要进行参数估计及其可靠性检验，包括符号和值阈的经济意义检验、回归参数的统计显著性检验，以及判断统计有效性的异方差检验和多重共线性检验等。

5. 得到同类型、第 n 级土地的平均收益 I_n

将样本数据代入确定的数学模型中，得到每个样本 i 的、估计的年纯级差收益 $\tilde{I}_{ni}$，运用算术平均法得到各级土地上，不同用途土地的平均收益值 I_n。同区域、同用途土地的平均理论级差收益 I_n 的计算公式(12-6)，表示同类型第 n 级土地或区域内不同样点土地的平均收益，是一个理论值。

6. 确定土地报酬率 r_{nb}

在确定土地报酬率时，还应注意不同土地权利、不同土地使用年期、不同类型及不同级别土地之间报酬率的差别。用途 b、第 n 级土地报酬率可以按照下列三种方法确定。

(1) 土地纯收益与售价比率法：选择三宗以上近期发生交易的，且交易类型与待估土地相似的交易实例，以交易实例的年纯收益与市场价格的比率均值作为报酬率。

(2) 安全利率加风险调整值法：

$$报酬率=安全利率+风险调整值$$

其中："安全利率"可选用同一时期的一年期国债年利率或银行一年期定期存款年利率；"风险调整值"应根据估价对象所处地区的社会经济发展和土地市场等状况对其影响程度进行确定。

(3) 投资风险与投资收益率综合排序插入法：将社会上各种相关类型投资，按它们的收益率与风险大小排序，然后分析判断估价对象所对应的范围，确定其报酬率。

7. 选择合适的收益法公式

选择合适的收益法公式，得到不同级别、不同用途同一均质区域土地的基准地价，如公式(12-5)。除此之外，土地收益变化还可采用以下公式(12-14)～公式(12-21)。

(1) 纯收益流量每年按某个固定的数额递增或递减。

① 无限年期时，土地纯收益每年递增情形：

$$V = \frac{a}{r} + \frac{b}{r^2} \tag{12-14}$$

② 无限年期时，土地纯收益每年递减情形：

$$V = \frac{a}{r} - \frac{b}{r^2} \tag{12-15}$$

③ 有限年期时，土地纯收益每年递增情形：

$$V = \left(\frac{a}{r} + \frac{b}{r^2} \right) \left[1 - \frac{1}{(1+r)^2} \right] - \frac{b \cdot n}{r \cdot (1+r)^n} \tag{12-16}$$

④ 有限年期时，土地纯收益每年递减情形：

$$V = \left(\frac{a}{r} - \frac{b}{r^2} \right) \left[1 - \frac{1}{(1+r)^n} \right] + \frac{b \cdot n}{r \cdot (1+r)^n} \tag{12-17}$$

(2) 纯收益流量每年按某个固定的比率递增或递减。

① 无限年期时，土地纯收益每年递增情形：

$$V = \frac{a}{r-s} \tag{12-18}$$

② 无限年期时，土地纯收益每年递减情形：

$$V = \frac{a}{r+s} \tag{12-19}$$

③ 有限年期时，土地纯收益每年递增情形：

$$V = \left(\frac{a}{r-s} \right) \left[1 - \frac{(1+s)^n}{(1+r)^n} \right] \tag{12-20}$$

④ 有限年期时，土地纯收益每年递减情形：

$$V = \left(\frac{a}{r+s} \right) \left[1 - \frac{(1-s)^n}{(1+r)^n} \right] \tag{12-21}$$

式中：V——土地收益价格；

　　　a——年土地纯收益；

　　　r——土地报酬率；

　　　n——未来土地收益期；

　　　b——土地纯收益每年递增或递减的数额，且 $b>0$；

　　　s——土地纯收益每年递增或递减的比率，且 $r>s>0$。

四、评估方法二——交易实例法

(一)基本思路

市场交易实例法又称"市场法思路"，是指在土地定级成果的基础上，依据土地区位质量差异，将土地划分成各个均质区域，同一均质区域内，利用土地或者房地产的交易或经营资料，获得样点土地修正后的"正常"土地单价，继而运用算术平均法或者指数模型法，得到各级区域、各亚级区域土地的基准地价。该方法的理论依据是认为利用类型相同、区位品质相近的区域内，理性的供需双力会伸特征相同的土地交易价格趋于一致，因此，由已经成交的交易实例的土地单价求取该区域的基准地价，符合市场供需状况。

1. 算术平均法

适用于土地交易市场比较活跃，土地使用权出让、转让、出租等样点资料较丰富且分布范围较广的城镇，计算公式如下：

$$V_{nb} = \frac{\sum_{i=1}^{m} \tilde{V}_{ni} \times S_i}{\sum_{i=1}^{m} S_i} \tag{12-22}$$

或

$$V_{nb} = \frac{\sum_{i=1}^{m} \tilde{V}_{ni}}{m} \tag{12-23}$$

式中：V_{nb}——第 n 级均质地域内 b 用途的土地单位面积基准地价；

　　　$\tilde{V}_{ni}$——第 n 级均质地域内 b 用途各有效样点 i 修正后的单位面积地价；

　　　m——第 n 级均质地域内可利用的有效地价样点数；

　　　S_i——样点 i 的宗地面积。

其中：$\tilde{V}_{ni}$ 表示样点 i 在标准状态下的理论单价，可由该样点的实际成交单价 P_{ni}，经因素修正后求得，如公式(12-24)。

$$\tilde{V}_{ni} = P_{ni} \times F_1 \times F_2 \times F_3 \times F_4 \times F_5 \times F_6 \times F_7 \tag{12-24}$$

式中：P_{ni}——第 n 级均质地域内土地样点 i 的单位面积地价；

　　　F_1——土地使用年期的修正系数；

　　　F_2——土地交易时间的修正系数；

　　　F_3——土地容积率的修正系数；

　　　F_4——土地交易情况的修正系数；

F_5——土地楼层因素的修正系数；

F_6——土地区域因素的综合修正系数；

F_7——土地微观因素的综合修正系数。

2. 指数模型法

指数模型法的原理是在土地定级资料的基础上，通过建立样点地价与土地区位质量指数之间的数学关系模型，估计模型参数，如各用途、各级别的地价级差系数 γ，再用地价级差系数 γ 等参数来计算各级别的均质区域的平均地价水平，即基准地价。一般采用指数模型，公式如下：

$$\tilde{V}_{ni} = A \times (1 + \gamma)^{X_{ni}} \tag{12-25}$$

式中：$\tilde{V}_{ni}$——样点 i 在标准状态下的理论单价，可由该样点的实际成交单价 P_{ni}，经因素修正后求得，如公式(12-24)；

γ——级差系数；

X_{ni}——该样本土地的区位质量指数；

A——常数。

其技术路线是：①确定样点资料的实际交易地价 P_{ni}；②通过因素修正，得到样点土地 i 在标准状态下的理论单价 $\tilde{V}_{nl}$；③确定每宗样点土地 i 的单元总分值 X_{ni}；④将每宗样点资料的地价 $\tilde{V}_{nl}$ 和土地单元的总分值 X_{ni} 代入以上模型，估计模型的系数 A 和 γ，并对模型的参数进行可靠性检验；⑤当已知用途 b 土地第 n 级别的平均单元总分值 $\overline{X}_{nb}$ 时，代入模型，得到各类用地、各级别的均质土地区域内的基准地价 V_{nb}，公式如下：

$$V_{nb} = A \times (1 + \gamma)^{\overline{X}_{nb}} \tag{12-26}$$

(二)技术路线

"交易实例法"的技术路线具体分为五步。

1. 划分均质区域

对于已经进行土地级别划分的城镇，可以以划定的土地级别作为基准地价的测算区域。如果城市土地级别较多，而同类用地的地租或地价在同一级别的变化幅度较大，则需要进一步细分土地级别或区域。如果城镇没有划分土地级别的，可按城镇土地条件相似和样点地价相近划分均质地域，作为基准地价测算区域。其一般程序为：①选择划分区域的因素；②确定因素划分区域的标准；③调查资料和图件，初步划分区域；④实地校核、调整和确定区域边界。如果均质地域中样本数量较少，不能满足模型推断的样本需要量时，可以通过均质地域同一性判别，进行适当归并。

2. 计算样点资料的单位地价 P_{ni}

样点的交易形式有很多种，需要灵活运用收益法、市场比较法、成本法估算出样点的价格。在样点地价的整理中，关键是各参数的确定。估价人员一定要从实际出发，调查研究，积累有效数据，确定不同时期不同地区的估价参数。《城镇土地估价规程》将样点宗地的价格资料分为土地出让转让资料、土地出租资料、房地出租资料、土地联营入股资料、以地换房资料、柜台出租资料、房屋买卖资料、联建分成资料等几种情形，具体计算方法参看本章第三节。

3. 系数修正，测算样点标准条件下的理论地价 $\tilde{V}_{ni}$

经计算后的样点地价 P_{ni} 还需进行样点地价的修正，使样点地价的内涵符合基准地价的内涵界定，包括评估基准日、土地剩余使用年限、土地容积率、土地成熟程度、标准楼层、基础设施配套的成熟度等因素，修正后的样点地价 $\tilde{V}_{ni}$ 的内涵需与基准地价的界定保持一致。

4. 对样点数据进行检验和处理

(1) 对样点数据进行检验的基本原则：①同一土地级或均质地域中，同一交易方式的样本地价要通过样本同一性检验。同一均质地域中样本数量不能满足总体检验的需要时，需对均质地域进行差别判别归类，按类进行样本总体同一性检验。②同一均质地域中，不同交易方式计算的样本地价，也要通过样本总体同一性的检验。

(2) 对样点数据进行处理和整理，遵循以下原则：①城市中商业中心区的地价最高区段，应单独表示。②相同用途的样点地价，在确定方差检验精度后，精度以外的数据作为异常数据剔除。③同一级别、均质地域中，不同交易方式下估算的样点地价，当总体不一致时，以最有代表性、样点数量最多的作为基准地价评估的基础资料。④将经过修正及样本数据处理以后的样点，按土地级、土地均质区域、土地用途和资料交易方式的顺序进行整理，并填入相应的表格中。

5. 确定基准地价，编制基准地价图

在获得样点地价之后，进行基准地价的计算可以有多种方法，主要有：①利用样点地价建立算术平均数模型评估基准地价；②建立样点地价和土地级别单元总分值的数学模型评估基准地价，如指数模型法。各级土地的基准地价可以是上述两种方法结果的算术平均值或者加权平均值。

最后，绘制基准地价图。基准地价图是通过不同的图斑、色调、注记来反映基准地价的相关要素。基准地价图需要直观地反映不同级别或区段各类用地的基准地价与界线，以及地价高低有关的城镇道路、土地用途等。除此之外，它还需要按照制图规范标出图廓、公里网、图名、指北针、图例、比例尺以及制图单位和时间等。

五、评估方法的选择

"级差收益测算法"和"交易实例法"，两种技术思路有不同的特点和适用范围。前者较适用于测算土地的理论价格，在房地产市场不太发达但已完成土地定级的城镇，它是结合土地定级，间接测算基准地价的一种可行的技术路线，但由于土地收益资料难以获得，且企业的生产收益和其他资料并不准确，在实际运用中有一定的局限性。后一种技术路线具有简捷、准确的特点，且更切合实际，但由于目前我国大多数城镇的地产市场刚刚起步，交易案例较少，因此该路线的应用范围受到了一定程度的限制。在实际应用中，各城镇应根据自身的特点和基准地价的评估要求，选择合适的技术路线。

第三节　城镇基准地价评估操作要点

一、评估资料的内容、搜集与整理

(一)调查资料的内容

在调查收集资料之前，首先应制订细致的计划，包括资料调查收集的范围、类型、进度、方法、组织及人员安排等，同时，应根据评估的需要，设计相应的调查表格，表格要求内容全面，且易于调查人员理解和填写；其次，应对参加调查的合作人员进行专业知识培训，使其能掌握调查的方法，理解调查的内容。

主要的调查表格包括城镇商业、产业、服务业、文体设施用地效益调查表，土地使用权出让、转让价格调查表，土地使用权出租租金调查表，土地使用权出让、转让价格调查表，土地使用权出租租金调查表，房屋买卖价格调查表，房屋出租租金调查表，柜台出租租金调查表，商品房出手价格调查表，土地联营入股资料调查表，联合建房资料调查表，以地换房资料调查表，以及征地、拆迁开发土地资料调查表等。调查的内容包括土地定级资料、土地利用效益资料、地租或地价资料、影响地价的因素状况资料和政策法规等，具体如表 12-13 所示。

表 12-13　基准地价评估资料调查的内容

资料类别	具体内容
土地定级成果资料	①土地级别图；②土地定级工作和技术报告；③其他能用于土地估价的定级成果及资料
土地利用效益资料	①不同行业资金利润率标准；②同一行业不同规模的资金利用效益资料；③不同行业不同规模的企业劳动力标准；④行业经济效益资料；⑤单位或企业土地利用效益资料
地租、地价资料	①土地使用权出让、转让、出租、入股等资料；②房屋买卖、出租资料；③土地征用及房屋拆迁、补偿标准资料；④联合建房的分成资料；⑤房屋造价、重置价等相关标准及土地开发费用资料；⑥宗地用途、出租时间、容积率等；⑦有关税费征收标准；⑧其他资料
影响地价的因素资料	①一般因素资料，如经济因素、社会因素、行政因素资料等；②区域因素资料，如商服繁华度、基础设施状况、环境因素资料等；③个别因素资料，如容积率因素、使用年期因素、形状因素资料等
其他资料	①历史地价资料；②统计年鉴、地方志、综合统计资料；③有关经济指数及建筑材料价格变动指数；④土地开发与经营的政策法规、规章、规定；⑤有关土地、房屋的税收种类、税率等；⑥城镇规划资料

资料来源：参考《城镇土地估价规程》(GB/T 18508—2001)。

(二)资料搜集的要求和途径

1. 资料收集的要求

资料收集的要求具体包括：①所选样本应附有土地条件资料；②调查资料必须及时填入相应的调查表格，注明调查日期，并由填表人签名；③收集到的地租、地价资料要按实际位置标注到相应的基准地价评估工作底图上；④资料调查应在土地级别或均质地域划分的基础上，以划分的地价调查区为单位进行；⑤调查样本应具有代表性，并且分布要均匀；⑥调查样本数为每级别内相同土地利用性质宗地数的五分之一至五十分之一，一般房地出租买卖的调查样本至少应占其总量的 15%，每级样本总数不少于 30 个；⑦土地利用效益等经济资料要求不少于近期两年的数据；⑧出让、转让、出租、入股、联营、联建等地价和企业单位土地利用效益资料以元为单位，准确到小数点后一位。

2. 资料调查的途径和方法

估价人员一般要深入有关的企业和政府管理部门，有的资料还需要向交易双方当事人进行调查，具体操作办法有：①企业土地利用效益资料，一般到企业、工商业主管部门及工商、税务、财政等部门调查；②土地使用权转让、出租资料，向双方当事人及主管部门、公证处、税务、财政部门、街道办事处等调查了解；③土地联营入股资料，向经营双方及主管部门等了解；④联合建房资料，向建房双方、产权登记、公证机关、物价等部门调查；⑤以地换房资料，向双方当事人及主管部门、开发公司、房地产交易所、物价部门、工商部门、产权登记机关等调查；⑥企业兼并资料，向兼并双方及主管部门、国有资产管理部门、资产评估机构等调查；⑦房屋买卖资料，到交易双方及主管部门、房地产交易所、公证处，财政、税务、物价等部门调查；⑧房屋出租资料，向租赁双方及主管部门，工商、建设、物价等部门，街道办事处、房地产开发公司等调查；⑨商品房出售资料，到房地产开发公司、买房单位、产权登记机关，物价、建设及规划部门，税务局等调查；⑩征地拆迁开发资料，到开发公司，城建、税务、土地等部门调查。

(三)样点资料的整理和归类

样点资料的整理工作一般包括两方面：一是样点剔除，即逐表审查调查资料，将主要项目残缺、填报数据不符合要求和数据明显偏离正常情况的样点剔除掉；二是将样点资料进行归类，即将初步审查合格的样本资料，分别按照土地级别或者均质区域、土地用途、企业用地效益、地价交易方式和地价计算方法进行分类。当样本数量少于规定的数量时，应进行样本的补充调查。

二、土地单位面积纯收益 I_{ni} 的确定

(一)基本公式

样本每平方米的土地纯收益 I_{ni}，是从房与地的总纯收益中扣除非土地因素如房所产生

的纯收益后的剩余额除以土地面积得到的。土地的纯收益也可以按土地的总收益扣除土地的总费用计算。

$$单位面积的纯收益 I_{ni} = \frac{土地年净收益}{土地面积} = \frac{年总收益-年总费用}{土地面积} \tag{12-27}$$

其中，"年总收益"是指待估宗地按法定用途和最有效用途出租或自行使用，在正常情况下，合理利用土地应取得的持续且稳定的年收益或年租金，包括租金收益、押金利息收入等。对总收益的收益期超过或不足一年的，需要统一折算为年土地总收益。

"年总费用"是指利用土地进行经营活动时正常合理的必要年支出。在确定土地年总费用时，需要根据土地利用方式进行具体分析。对总费用的支出期超过或不足一年的，需要统一折算为年土地总费用。

几种主要的用地方式中土地年总费用的主要内容如下：①土地租赁：土地使用税、土地管理费、土地维护费、其他费用；②房地出租：经营维修费、经营管理费、房屋年保险费、房屋出租年应交税金、房屋年折旧费、建房资本的利息及其他费用；③经营性企业：销售成本、销售费用、经营管理费、销售税金、财务费用、经营利润；④生产性企业：生产成本(包括原材料费、人工费、运输费等)、产品销售费、产品销售税金及附加、财务费用、管理费用及企业利润。

(二)具体公式

根据土地收益方式的不同，土地年纯收益的计算公式也不同。

(1) 土地租赁中土地年纯收益的求取。

土地年纯收益=年租金收入-年总费用

(2) 房地出租中土地年纯收益的求取。

土地年纯收益=房地产年纯收益-房屋年纯收益

房地产年纯收益=房地产出租年总收入-房地产出租年总费用

房屋年纯收益=房屋现值×建筑物还原利率

(3) 经营性企业房地产中土地年纯收益的求取。

房地产年纯收益=经营总收入-经营总费用

土地年纯收益=房地产年纯收益-房屋年纯收益

(4) 生产性企业房地产中土地年纯收益的求取。

土地年纯收益=生产总收入-生产总成本

(5) 自用土地或待开发土地的年纯收益的求取。

自用土地或待开发土地的年纯收益可采用比较法求取，即比照类似地区或相邻地区有收益的相似土地的纯收益，经过区域因素、个别因素的比较修正，求得其土地的年纯收益。

三、土地单位地价 P_{ni} 的确定

1. 土地使用权出让或转让资料的利用

直接将出让或转让的总价转换为宗地单价，计算公式如下：

$$P = \frac{P_T}{S}$$

(12-28)

式中：P——转让或者出让土地的单位面积地价；

　　　P_T——转让或者出让土地的总地价；

　　　S——土地总面积。

2. 土地使用权出租资料的利用

土地使用权出租租金以实际签订出租合同中的租金为标准，计算地价的公式如下：

$$P = \left(\frac{R}{S}\right) \times \left(\frac{1}{r}\right)$$

(12-29)

式中：P——土地的单位面积地价；

　　　R——出租方每年得到的资金或实物现值；

　　　S——出租的土地总面积；

　　　r——土地资本化率。

3. 房地出租资料的利用

房地出租资料的利用根据收益还原法的相关原理处理。

4. 土地联营入股资料的利用

根据合同内容或双方的实际经营情况，按土地的年收益或入股比例，分别计算地价。第一种办法是用土地入股取得的年收益计算地价，公式如下：

$$P = \left(\frac{R}{S}\right) \times \left(\frac{1}{r}\right)$$

(12-30)

式中：P——联营土地的单位面积地价；

　　　R——土地股每年分享的利润或股息；

　　　S——联营土地总面积；

　　　r——土地资本化率。

第二种办法是用合同规定的资本投入情况和分成比例计算地价，公式如下：

$$P = C_g \times \frac{r_e}{r_c} \times \frac{1}{S}$$

(12-31)

式中：P——联营土地的单位面积地价；

　　　C_g——出资方的资本总量；

　　　r_e——出地方利润分成量；

　　　r_c——出资方利润分成量；

　　　S——联营土地面积。

5. 以地换房资料的利用

用出让方取得房地产的市场价格作为让出土地的总地价，计算地价的公式如下：

$$P = \frac{S_{tb} \times P_{bs}}{S}$$

(12-32)

式中：P——土地的单位面积地价；

S_{tb}——转让土地方获得的建筑面积；

P_{bs}——单位建筑面积的平均售价；

S——让出的土地面积。

6. 柜台出租资料的利用

利用柜台出租资料计算土地价格，需计算得到柜台出租租金中包含的土地收益，如公式(12-33)所示。

(1) 商店运营总费用计算：根据商店建筑物特点，计算商店在一年经营中需支付的经营管理费、房屋建筑维修费及折旧费、房屋保险费、水电热等运营费和与租房有关的各项税费等，作为商店运营总费用。

(2) 计算出租柜台应分摊费用：按照出租柜台的营业面积与总营业面积的比例计算柜台分摊的费用和土地面积。

(3) 计算地价，公式如下：

$$P = \left[\frac{R - E \times (S_{b1} \div S_b)}{S \times (S_{b1} \div S_b)} \right] \times \frac{1}{r} \tag{12-33}$$

式中：P——出租柜台单位土地面积的地价；

R——出租柜台年租金总收入；

E——出租柜台所在商店的年经营总支出费用；

S_{b1}——出租柜台的营业面积；

S_b——商店的总营业面积；

S——商店的土地总面积；

r——土地资本化率。

当出租柜台处在不同的楼层时，要考虑楼层修正系数。

7. 房屋买卖资料的利用

(1) 用剩余法评估现有房地买卖的土地价格，其公式如下：

$$P = P_r - P_h - T \tag{12-34}$$

式中：P——买卖房屋土地的单位面积地价；

P_r——房地合一的交易价格；

P_h——房屋的现值；

T——交易税费。

(2) 如果按整幢楼的商品房总售价作为估算地价的标准，则计算地价的公式如下：

$$P = \left[P_r - (C_h \times S_h) - I - T - B \right] \times \frac{G}{S_{b1}} \tag{12-35}$$

式中：P——某一商品楼用地的单位面积地价；

P_r——某一商品楼房总售价；

C_h——当地同类建筑单位面积的平均造价；

S_h——楼房总建筑面积；

I——开发公司的利润；

T——商品房开发中向国家交纳的投资及营业税等；

B——开发资金应支付的利息；

S_{b1}——建筑物占地面积；

G——规划的建筑覆盖率。

8. 联建分成资料的利用

联建分成的土地不直接进入市场，估价中不计算土地资本的利息，也不计算投资资本的利润，则地价计算公式如下：

$$P = \frac{(C_h + T) \times S_{lb}}{S_{cl}} = (C_h + T) \times S_{lb} \times \frac{R_v}{S_{cb}} \tag{12-36}$$

式中：P——联建房中单位土地面积的地价；

C_h——房屋单位建筑面积的造价；

T——房屋单位建筑面积交纳的税费；

S_{lb}——出地方分成的建筑面积；

S_{cl}——出资方建筑分摊的土地面积；

R_v——容积率；

S_{cb}——出资方分成建筑面积。

四、基准地价修正系数表的编制

基准地价修正系数表是运用替代原理，反映基准地价、宗地地价及其影响因素之间的数量关系，有利于在宗地条件调查的基础上，基准地价按照对应的修正系数，快速、高效、及时地评估出宗地地价。修正系数表的编制有两种技术思路：第一种技术思路是以土地利用收益资料为基础编制基准地价修正体系，第二种技术思路是用市场的土地交易资料编制基准地价修正系数表。

(一)以土地收益资料为依据的技术思路

1. 确定各因素上调或下调的最高值

以级别或区域为单位，调查各级别或区域中正常土地收益的上限、下限值等，分别以土地收益值同基准地价对应的年土地基准收益值相减，得到上调或下调的最高值。因素的上调幅度计算公式如下：

$$F_1 = \left[(I_{nh} - I_{lb})/I_{lb}\right] \times 100\% \tag{12-37}$$

因素下调幅度的计算公式为

$$F_2 = \left[(I_{lh} - I_{nl})/I_{lb}\right] \times 100\% \tag{12-38}$$

式中：F_1——基准地价上调的最大幅度；

F_2——基准地价下调的最大幅度；

I_{lb}——基准地价折算的年收益；

I_{nh}——级别或区域正常土地收益的最高值；

I_{nl}——级别或区域正常土地收益的最低值。

2. 确定各因素影响地价的修正幅度

$$F_{1i} = F_1 \times W_i \tag{12-39}$$

$$F_{2i} = F_2 \times W_i \tag{12-40}$$

式中：F_{1i}——某 i 因素的上调幅度；

F_{2i}——某 i 因素的下调幅度；

W_i——某 i 因素对宗地地价的影响权重。

基准地价为一般水平，其修正系数为零。在一般水平与上限价格之间，内插条件较优的修正系数，一般为 $F_{1i}/2$，同时确定较优条件下的地价标准。在一般水平与下限价格之间，内插条件较劣的修正系数，一般为 $F_{2i}/2$，同时确定较劣条件下的地价标准。在此基础上，将各地价影响因素的权重值同修正系数相乘，即得到各因素在不同标准下的实际修正系数。

3. 编制宗地各因素的地价修正系数表

根据在优、较优、一般、较劣、劣五个档次的地价标准确定各地价因素的修正系数，编制出级别或区域内不同用地类型的基准地价修正系数表，并确定各种修正系数对应的因素指标条件，即编制各类用地因素指标说明表。

(二)以土地交易资料为依据的技术思路

以土地交易资料为依据的技术思路如下。

(1) 确定土地级别或区域的基准地价。

(2) 将调查到的区域中正常地价的最高值、最低值与基准地价作相对值比较，得到相对于基准地价的最高和最低修正幅度值。

(3) 对基准地价与最高地价、最低地价之间的均分点，按样点地价计算修正幅度。按修正幅度值，将各有关地价点定为优、较优、一般、较劣、劣五个标准。

(4) 根据五个标准的修正幅度，将修正幅度按因素权重分解到各影响地价的因素上，确定出各因素在不同标准下的修正值。

(三)修正因素的选择

宗地的利用方式不同，地价的影响因素就有差别。

1. "商业用地"的影响因素

(1) 商业繁华度，主要是指商业区级别、商业服务业店铺总数。

(2) 交通便捷度，主要是指商业用地与公交、道路等城市交通系统连接的便利程度。

(3) 基础设施完善度，主要是指商业区各项市政基础设施的利用程度和质量高低。

(4) 环境质量优劣度，主要是指商业区的人口密度、收入水平、社会治安等人文环境和污染、绿化及自然灾害等自然环境。

(5) 规划限制，主要是指城市规划对商业区土地利用的要求。

（6）宗地条件，主要有宗地位置、形状、地质、面积、利用方向(细类)和利用强度等。

（7）其他因素。

2. "住宅用地"的影响因素

（1）住宅区的位置，包括距商业服务中心和城市中心的距离、所处的土地级及级中区位、商业服务业对各类型住宅区的影响程度等。

（2）基础设施完善度，主要指直接用于为居住服务的各项市政基础设施的利用程度和质量高低。

（3）交通便捷度，主要指生活和工作的交通方便程度。

（4）公用设施完备度，主要指为住宅区域服务的公用设施的完善程度，包括学校、幼儿园、医院、邮电所等的配置状况。

（5）环境质量优劣度，主要指住宅区内居民的就业结构、受教育程度、居住条件、治安等人文环境和污染、绿化程度、自然灾害等自然环境。

（6）规划限制，主要指城市规划对住宅区土地利用的要求。

（7）宗地条件，主要指宗地形状、地质、面积、利用方向(细类)和利用强度等。

（8）其他因素。

3. 工业用地的影响因素

工业用地的影响因素包括：交通便捷度、基础设施完善度、环境质量优劣度、产业集聚规模、规划限制、宗地条件和其他因素。

不同用途的土地选择哪些修正因素，可以采用德尔斐法、层次分析法等，按各因素对地价的影响程度，确定各因素的权重值。

五、基准地价的更新

(一)一般技术思路

基准地价更新的技术路线有三种：第一种是以土地定级为基础，以土地收益(地租)为依据，以市场交易地价资料为参考，更新基准地价；第二种是根据土地条件的差异，划分均质区域(或以土地定级为基础)，以市场交易地价资料为依据，更新基准地价；第三种是以土地定级或均质区域为基础，利用标准宗地价格(标定地价)或地价指数更新基准地价。城市基准地价的更新可以选用其中任一技术路线更新，也可以选用上述技术路线的组合更新。

(二)以代表性标准宗地为样本的基准地价更新

目前较常用的技术思路如下。

（1）以土地定级资料为基础，将城市划分为若干个同质区域，各区域内选择多个标准宗地样本作为长期跟踪样点。

（2）对标准宗地进行不同时点的地价评估。可以以土地收益资料为依据，或土地市场交易资料，或多种资料相结合的方式，得到标准宗地样本不同时间点的评估价格，以此为依据调整和更新该区域的基准地价，此思路被称为"直接用标准宗地价格更新价格"。也可以以标准宗地评估价格的变化，先编制城市的地价指数，分析不同时点的地价指数变化，最后以城市不同区域地价指数的变化调整和更新该区域的基准地价，此思路被称为"间接用标准宗地地价指数更新价格"。

以上技术思路的原理是，通过定期对标准宗地进行价格评估，掌握各土地级别或均质区域内各类用地的价格变化情况，利用更新期标准宗地的价格调整基准地价，或利用更新期的地价指数更新基准地价。该思路适用于大中小各类城市，也适用于地产市场发达和欠发达城市。其中"标准宗地"的设定的基本原则是：分用途、按均质区域均匀设置。要求形状规则、面积适中，具有代表性和稳定性。

第四节　城镇基准地价评估案例

一、案例概述

1998 年，根据宜宾市政府工作部署及国家和省国土资源局的要求，宜宾市政府决定成立专项资金，成立课题小组，负责宜宾市土地定级与估价工作。

宜宾市是西部和四川省发展较快的城市。一方面，经济的发展、较优越的区位，不断完善的基础设施和旧城改造，新技术开发区的项目增加等，促使了城市房地产业快速成长，土地出让、转让、房地产买卖、房地产租赁、房地产入股经营、商品房开发等房地产交易的经济活动日益活跃，产生了较丰富的房地产市场信息。另一方面，由于市场交易的相关产权产籍管理制度不完善，市场发育不充分，开放的、公开的、直接的地价资料较难收集。受地形的限制和影响，城市的价格布局并不是一个组团式、对外扩散的形式，而是五个组团组成的。土地定级估价的难度增大。因此，课题组确定出了一条科学的、可行的、符合城市实际情况的技术路线，采用综合定级与基准地价评估相结合。

项目计划的第一步是完成城镇土地的定级工作：组成专家小组，运用德尔菲法确定土地定级评价因素因子体系，定量确定因素因子的权重值；根据影响土地定级的因素因子对土地级别的作用强度和空间变化规律，分析不同区位土地质量的差异和均质性；划分土地级别，并以土地级差收益验证土地级别。

第二步是搜集房地产资料，确定大量土地样点的评估价格：根据城市房地产市场的地价、调查资料和企业用地效益资料，应用地价测算的原理和方法，计算各级别内不同用地类型的样点地价。

第三步是估算城镇土地的基准地价。以土地级别和单元为基础测算各级别及均质片区的基准地价；同时测算商业用地的路线价；分析影响宗地地价的因素，建立基准地价与宗地地价影响因素体系；测算宗地地价的修正系数，构成城区完整的地价系统。

在表格准备方面，宜宾市城区土地定级专项资料涉及土地定级因素因子的各项经济指标，通过分析、整理形成各种调查表格 310 份。图件准备方面，收集图件资料 534 幅。其中包括宜宾市城市总体规划图、宜宾市城区图，分别为 1:10 000 地形和 1:500 地籍图等。

二、土地定级工作概述

宜宾市土地的定级工作分七步进行。

(一)定性分析城市条件与地价之间的关系

分析宜宾市的具体情况，包括自然环境、经济条件、社会条件、产业发展结构以及文化、历史古迹的分布等，分析各方面质量的空间布局及空间变化趋势，分析城市各方面的条件与地价之间的关系。

(二)采用德尔斐法、层次分析法、多元回归分析法等初步确定土地定级评价因素

根据因素因子选择的基本原则，在充分调查和认真分析的基础上，制定《宜宾市城区土地定级因素选择调查表》，邀请 39 位专家，请专家独立选择定级因素因子。根据宜宾市的实际情况，采用德尔斐法和层次分析法，初步选择结果如表 12-14 所示。

表 12-14　宜宾市城区土地定级因素因子选择结果表(专家人数 $n=39$)

影响因素	序　号	选择人数	影响因子	序　号	选择人数
繁华程度	B1	39	商服中心繁华影响度	C1	39
			农贸小商品结合市场影响度	C2	37
交通条件	B2	38	道路通达度	C3	39
			对外交通便利度	C4	37
			路网密度	C5	30
			公交便捷度	C6	33
基础设施完善度	B3	39	供水设施完善度	C7	37
			供电设施完善度	C8	37
			供气完善度	C9	35
社会服务设施完备度	B4	39	教育设施完备度	C10	35
			医疗卫生设施完备度	C11	36
			文体娱乐设施完备度	C12	35
			邮政设施完备度	C13	36
环境优劣度	B5	38	大气噪声污染状况	C14	37
			绿地公园影响度	C15	36
自然条件优劣度	B6	39	地质地貌条件	C16	37
			供水淹没状况	C17	36
人口状况	B7	37	人口密度	C18	37
规划条件	B8	37	规划条件	C19	37

资料来源：李何超，曹正忠，朱健. 城市土地定级与基准地价评估实证研究[M]. 北京：科学出版社，2009.

然后运用多元回归分析法，用 t 检验法，多重共线性的 VIF(方差扩大因子)检验法，剔除对土地定级影响不显著的和存在严重共线性的多余因素或者因子，最终得到 6 个因素，10 个因子，如表 12-15 所示。为了谨慎，课题组以峨眉山市土地定级与基准地价评估资料为依据，进行了因素验证。

表 12-15　宜宾市城区土地定级因素因子选择结果表

因素(代码)	因子(代码)
繁华程度(B1)	商服中心影响度(C1)；农贸小商品综合市场影响度(C2)
交通条件(B2)	道路通达度(C3)；对外交通便利度(C4)；路网密度(C5)；公交便捷度(C6)
基础设施完善度(B3)	供水设施完善度(C7)
社会服务设施完备度(B4)	医疗卫生设施完备度(C11)
环境优劣度(B5)	洪水淹没状况(C14)
人口状况(B7)	人口密度(B18)

资料来源：李何超，曹正忠，朱健. 城市土地定级与基准地价评估实证研究. 北京：科学出版社，2009.

(三)采用德尔斐法和层次分析法确定因素因子的影响权重

确定土地定级评价因素的同时，用德尔斐法和层次分析法两种方法也可以确定因素因子的权重值。测算结果显示，两种方法测算出的因子权重值结果接近，重要性的顺序基本一致，如表 12-16 所示。

表 12-16　宜宾市城区土地定级因素因子权重表

影响因素		重要性	权重值/%	影响因子		权重值/%
繁华程度	B1	1	0.366 02	商服中心繁华影响度	C1	0.828 57
				农贸小商品结合市场影响度	C2	0.171 43
交通条件	B2	2	0.217 46	道路通达度	C3	0.545 64
				对外交通便利度	C4	0.234 58
交通条件	B2	2	0.217 46	路网密度	C5	0.093 25
				公交便捷度	C6	0.126 53
基础设施完善度	B3	3	0.150 05	供水设施完善度	C7	0.520 78
				供电设施完善度	C8	0.350 14
				供气完善度	C9	0.129 086
社会服务设施完备度	B4	4	0.110 25	教育设施完备度	C10	0.445 78
				医疗卫生设施完备度	C11	0.343 72
				文体娱乐设施完备度	C12	0.115 26
				邮政设施完备度	C13	0.095 24

续表

影响因素		重要性	权重值/%	影响因子		权重值/%
环境优劣度	B5	5	0.066 71	大气噪声污染状况	C14	0.746 03
				绿地公园影响度	C15	0.253 97
自然条件优劣度	B6	6	0.039 29	地质地貌条件	C16	0.741 94
				供水淹没状况	C17	0.258 06
人口状况	B7	7	0.029 37	人口密度	C18	1.000
规划条件	B8	8	0.020 85	规划条件	C19	1.000

注：表中暂时未剔除 B_6、B_8 两个影响因素。

(四)搜集和调查土地定级所需资料

一是前期准备工作，首先需要制订周密的计划，包括调查人员分组、调查部门和区域划分以及各调查组之间的衔接等。每个调查组要明确调查单位和区域，落实责任，以保证调查工作的顺利进行。

由于课题组需要各相关单位安排协调人员，所以需要对相关参与人员组织培训，着重介绍在收集资料过程中涉及的专业术语及基本概念，了解土地定级技术路线和方法，讲解各种调查表填写的内容、项目及注意事项，使每位参与调查的工作人员对所要做的工作有比较深刻的认识。

二是准备调查表格，开展资料收集工作。按照《城镇土地定级规程》的要求，共拟定各种表格 310 份。根据城镇城区的实际情况，主要采用填表式调查、访问式调查和座谈式调查。

(五)整理与量化土地定级资料，得到土地单元的各因素分值及分值分布图

土地定级资料调查工作完成后，要对各种资料按文字资料、图片资料、土地定级专项资料和土地利用效益资料四类分别进行整理，如果发现部分资料数据不全，需要安排调查人员再次到有关部门和企业单位进行核实和补充完善。

资料分类和完善后还需要进行量化，由于各因素在城镇中的空间分布形态及影响土地质量的方式不同，评价因素可以分为两类：一是点、线状分布形式的因素，比如商服中心的繁华影响度、道路通达度；二是面状分布形式的因素，比如路网密度等。《城镇土地定级规程》中对于不同因素的计量方法及因素分值的空间分布图的绘制等给出了详细的说明。课题组运用计算机计算出每个土地样点的因素分值，并绘制出各因素分值的空间分布图。

(六)采用主导因素分值重叠法，计算土地单元质量总分值，判定土地级别

课题组采用"主导因素分值重叠法"，首先在 6 个因素、10 个因子中选择"商服中心繁华影响度"、"农贸小商品市场影响度"和"道路通达度"三个因子为主导因素，这三个因素在综合评分中的权重总和为 48.47%。然后，在计算机图库中选择这三个因子的作用

分等值线重叠，直接绘制出重叠图。接着，根据单元划分原则，把等分值线连接起来的封闭图斑修订成内部大体一致、大小合适的土地定级单元，各单元面积控制在 25 平方公里以内。最后宜宾市城区共划分 391 个土地定级单元。

为了验证多因素加权综合评分法划分土地级别的准确度，课题组又运用土地基准地价评估资料，采用样本土地的级差收益，对同级土地级差收益的同质性和不同级土地级差收益的异质性做了检验。最后认定，宜宾市初步划分的 6 个土地级别是合理的。

(七)形成土地定级工作成果

土地级别确定后，课题组需要运用软件平台编制土地级别图、定级单元图等，确定土地级别界线。同时根据评定的土地级别，落实每一宗土地的级别，分总整理、统计，归档立案，建立宗地统计台账。最后形成城市土地定级报告，将城市土地定级基础资料汇编归档。

三、基准地价评估工作概述

城市基准地价评估，是以城市土地定级工作为基础，以货币形式反映不同利用方式的城镇土地，不同级别的质量差异。因而宜宾市在土地定级工作的基础上，继续完成城镇基准地价体系的评估。依照本章第二节、第三节的原理，基准地价工作的技术重点包括基准地价评估资料的收集和整理、还原利率的分析确定、样点地价的计算和修正检验，以及基准地价修正系数的编制等。

(一)资料的收集和整理

根据宜宾市城区基准地价评估的技术要求和土地市场状况，课题组确定调查的资料类型包括三类：第一类是样点地价资料，包括土地交易、土地开发成本和土地效益资料中测算样点地价的资料，比如土地使用权出让和出租、房屋出租和出手、柜台出租、联合建房、土地征用、房屋拆迁、土地开发，以及工业和商业用地效益等资料。第二类是样点地价测算有关的经济指标参数资料，比如土地和房屋还原利率、房屋造价标准、房屋经营及管理标准、土地有关税费标准、土地开发费用、资本利息、利润率、土地使用年期、标准宽度和标准深度、容积率标准、楼层修正等资料。第三类是影响地价的因素资料，包括人口、行政区划、城市发展规划、土地管理、社会经济和自然等宏观因素资料；城市的繁华程度、交通条件、公共和基础设施配套状况、区域环境条件、城市分区规划和自然条件等区位因素资料；还有与宗地直接有关的面积、形状、坡度、地质、临街状况、容积率、建筑高度、建筑密度、用途使用年限、生活和市政配套等资料。

除了对收集的资料进行常规整理外，在基准地价评估中，利用计算机技术，将结果整理归类后的地价样点资料建立成样点地价数据库，并对应土地级别图、单元图赋予地价样点资料土地级别、单元属性，为基准地价测算做准备。汇总资料情况如表 12-17 所示。

表 12-17　宜宾市城区基准地价评估资料汇总表

土地使用权转移方式	样 点 数
房屋出租	7 117
房屋买卖	175
商品房买卖	22
联合建房	20
柜台出租	5
土地使用权出租	37
土地使用权出让	105
征地、拆迁土地开发	12
土地使用权转让	205

资料来源：李何超，曹正忠，朱健. 城市土地定级与基准地价评估实证研究[M]. 北京：科学出版社，2009.

(二)基准地价还原利率的确定

土地还原利率是基准地价评估中的关键参数。本课题采用的是传统的风险累加法，即以中国人民银行一年期存款利率的均值作为安全利率，取 7.0%，然后根据宜宾市土地市场状况，将风险利率定为 1%，最终以 8.0% 为基准地价评估期日的土地还原利率。房屋还原利率比土地还原利率高 2%～3%，最终确定为 10.0%。

(三)样点地价的计算

1. 概述

样点资料的价格类型有九种(见表 12-17)，依据样点价格形成的原理不同，课题组采用了不同的求取样点地价的方法。对于房屋出租、土地出租样点，采用"收益法"计算样点地价；对于房屋买卖样本，采用"假设开发法"计算样点地价；对于土地出让及买卖资料，对成交地价加以修正计算样点地价；对于土地征用、拆迁资料，应用"成本法"计算样点地价。本节以"房屋出租资料"、"联合建房资料"、"柜台出租资料"和"征地、拆迁资料"为例说明样点地价的计算方法。

2. 根据房屋出租资料计算样点地价

(1) 确定房屋出租总收益，以房屋的实际成交租金作为出租总收益，对公房出租、内部职工出租、房屋精装修等特殊情况进行租金水平的合理修正。

(2) 计算房屋的出租经营总费用，包括出租经营管理费、维修费、保险费、年应交税费和空房损失费。其中：①"出租经营管理费"按照年租金总收益的固定比率核算，商业出租和住宅、工业出租的费率标准分别为 5%、2%、2%。②"维修费"按照房屋重置成本的 2% 核算，房屋的重置价是指评估时点重新建造与评估对象房屋完全相同或具有同等效用的房屋所需的人工、材料等费用和合理利润的累计。课题组将宜宾市城区各类结构房屋分为钢混、砖混、砖木等多种重置价格标准。③"房屋年保险费"是按照房屋重置价的2‰计算。④"房屋出租应交税金",是指房产所有人应缴纳的房产税和营业税,依照宜宾市规定,本课题组选取年租金的12%或20%两个标准计算。⑤"空房损失费"则取年租金收益的8.33%。

(3) 计算房屋年折旧费。按照平均年限折旧法计算:

$$房屋年折旧费 = \frac{房屋重置价 \times (1-残值率)}{房屋耐用年限}$$

宜宾市城区各类结构房屋耐用年限、残值率如表 12-18 所示。

表 12-18　宜宾市城区各类结构房屋耐用年限、残值率表

房屋结构	钢混	砖混	砖木	木	简易
耐用年限	70	50	40	15	10
残值率	0	2	4	4	2
年折旧费/(元/平方米)	9.49	11.47	7.61	14.98	14.7

资料来源:李何超,曹正忠,朱健. 城市土地定级与基准地价评估实证研究. 北京:科学出版社,2009.

(4) 房地年纯租金收益,即

房地年纯收益=房地出租年总收益-年经营管理费-年维修费-年保险费-年应交税金
　　　　　　 -年空房损失费-房屋年折旧费

(5) 计算房屋年纯收益,计算公式如下(房屋还原利率取 10%):

房屋年纯收益=(房屋重置价-房屋年折旧费×累计折旧年限)×房屋还原利率

(6) 计算土地价格,计算公式如下(土地还原利率取 8%):

$$样点土地总价 = \frac{房地年纯收益-房屋年纯收益}{土地还原利率}$$

3. 根据联合建房资料计算样点地价

在宜宾市城区,一方出地一方出资金的双方联合建房的行为也时有发生,其实质是出地方让出部分土地使用权,得到实物地租——一定比例的建筑物,出资方支付出地方分摊建筑物部分的造价和相应税费,得到部分土地使用权。依据双方分的建筑面积和分摊的土地面积比例关系及建筑造价、税费等,可计算出土地价格。其计算过程如下:

$$样点土地单价 = \frac{(房屋单位建面造价 + 房屋单位建面税费) \times 出地方得到的建筑面积}{出资方分摊的土地面积}$$

或

$$样点土地单价 = \frac{(房屋单位建面造价 + 房屋单位建面税费) \times 出地方得到的建筑面积 \times 容积率}{出资方分成的土地面积}$$

4. 根据柜台出租资料计算地价

在宜宾市,商店出租部分柜台的案例比较多,随着柜台的出租,柜台所分摊的土地使用权随之出租,因而,可以从柜台租金中分离出地租,从而计算出样点地价。

（1）计算商店营运总费用。根据商店建筑物的特点，计算商店在一年经营中需支付的经营管理费、房屋建筑维修费及折旧费、房屋保险费、水电等运营费和与租房有关的各项税费等，作为商店营运年总费用。

（2）计算出租柜台应分摊费用。按照出租柜台的营业面积占总营业面积的比例，计算柜台分摊费用和分摊的土地面积。

（3）确定土地还原利率，取 8%。

（4）计算土地价格。将出租柜台的租金总收入、商店营运总费用、商店土地面积、商店与出租柜台的营业面积等数据代入计算公式，得到柜台出租样点的土地单价，如下式所示。

$$土地单价=\left[\frac{出租柜台的年总收入-柜台所在商店的年经营总费用\times\left(\dfrac{出租柜台营业面积}{柜台所在商店总营业面积}\right)}{出租柜台分摊的土地面积}\right]\times\frac{1}{土地还原利率}$$

其中，出租柜台分摊的土地面积$=商店总土地面积\times\left(\dfrac{出租柜台营业面积}{柜台所在商店营业面积}\right)$

5. 根据征地、拆迁资料计算样点地价

以征地拆迁资料计算样点地价，采用成本法思路。

（1）计算土地取得费用，包括征用土地支付的征地补偿费、劳动力安置补助费、青苗和地上附着物补偿费等，标准如表 12-19 所示，这些费用加总得到土地取得费用。

表 12-19　土地取得费用表

费用项目	费用标准	
征地补偿及安置补助费	7.20～37.50 元/平方米	0.48～2.50 万元/亩
青苗及附着物补偿费	6.90～8.00 元/平方米	0.46～0.53 万元/亩
其他各种补贴补助费	13.50～63.00 元/平方米	0.90～4.20 万元/亩

资料来源：李何超，曹正忠，朱健. 城市土地定级与基准地价评估实证研究. 北京：科学出版社，2009.

（2）计算土地开发费用，根据宜宾市基准地价定义的土地开发程度为宗地内场地平整，具备六通一平，合计费用为 56.0 元/平方米，测算标准如表 12-20 所示。

表 12-20　土地开发费用表

费用项目	费用标准
通电	4.50 元/平方米
通上水	2.80 元/平方米
通下水	3.00 元/平方米
通信	0.50 元/平方米

续表

费用项目	费用标准
通气	10.30 元/平方米
通路	4.50 元/平方米

资料来源：李何超，曹正忠，朱健，等. 城市土地定级与基准地价评估实证研究[M]. 北京：科学出版社，2009.

(3) 确定有关的税费，如表 12-21 所示。

表 12-21　宜宾市土地相关税费标准表

费用项目	费用标准	
耕地占用税	9.00 元/平方米	0.60 万元/亩
土地管理费	土地取得费的 3%	
耕地复耕费	30.00 元/平方米	2.00 万元/亩
公路建设附加费	12.00 元/平方米	0.80 万元/亩
粮食附加费	4.50 元/平方米	0.30 万元/亩
菜田基金	27.00 元/平方米	1.80 万元/亩

资料来源：李何超，曹正忠，朱健，等. 城市土地定级与基准地价评估实证研究[M]. 北京：科学出版社，2009.

(4) 确定投资利息率，以当时一年期贷款利息率加上投资风险调整值作为投资利息率，即为 7.85%。

(5) 确定投资利润率，经调查分析，确定各类用地的投资平均利润率为 1%。

(6) 确定土地增值收益率，通过测算分析当地土地出让价格与成本价格的比例关系，确定以商业用地 25%，住宅用地 15%，工业用地 10% 作为宜宾市城区的土地增值收益率。

(7) 计算土地价格，按照如下公式计算：

$$样点单位地价=[(单位农地取得费用+单位土地开发费用+单位土地税费)×$$
$$(1+资金利息率+资金利润率)]×(1+土地增值率)$$

(四)样点地价的修正

城镇基准地价的价格标准是明确的，因此要求计算出所有样点的地价之后，需要进行土地交易情况、交易时间、土地出让年限、土地深度和宽度、土地开发程度、土地地形地质影响、土地容积率以及土地临街状况等因素的修正。课题组依据《城镇土地估价规程》，对样点地价进行多因素的修正，基本原理参见本章第二节和第三节。

(五)样点地价的统计检验

课题组对修正后的样本地价作了样本总体一致性检验、样本总体分布类型一致性检验和样本数据准确性检验。

(六)测算基准地价

根据宜宾市城区地价的分布特点和影响地价的因素条件，分析各土地级别各亚区土地质量与地价的相关关系，确定选用两种测算模型进行基准地价测算。

1. 利用算术平均数模型测算基准地价

课题组采用算术平均法处理城区样点地价资料，以土地级别和各亚区为单位，分别将各类土地用途可利用的样点单位地价代入计算公式，得到各级别、各类土地的基准地价，公式如下：

$$V_{nb} = \frac{\sum_{i=1}^{m} \tilde{V}_{ni}}{m} \tag{12-41}$$

式中：V_{nb}——第 n 级均质地域内 b 用途的土地单位面积基准地价；

$\tilde{V}_{ni}$——第 n 级均质地域内 b 用途各有效样点 i 修正后的单位面积地价；

m——第 n 级均质地域内可利用的有效地价样点数。

2. 利用指数模型测算基准地价

首先根据城区样点地价资料，选择如下公式作为测算模型：

$$\tilde{V}_{ni} = A \times (1+\gamma)^{X_{ni}} \tag{12-42}$$

式中：$\tilde{V}_{ni}$——样点 i 在标准状态下的理论单价，可由该样点的实际成交单价 P_{ni}，经因素修正后求得，如公式(12-43)；γ 为级差系数；X_{ni} 为该样本土地的区位质量指数；A 为常数。

$$\tilde{V}_{ni} = P_{ni} \times F_1 \times F_2 \times F_3 \times F_4 \times F_5 \times F_6 \times F_7 \tag{12-43}$$

式中：P_{ni}——第 n 级均质地域内土地样点 i 的单位面积地价；

F_1——土地使用年期的修正系数；

F_2——土地交易时间的修正系数；

F_3——土地容积率的修正系数；

F_4——土地交易情况的修正系数；

F_5——土地楼层因素的修正系数；

F_6——土地区域因素的综合修正系数；

F_7——土地微观因素的综合修正系数。

公式(12-42)中，"土地级别指数 X_{ni}"的计算方法参照本章第二节中"单位土地质量指数 X_{ni}"的原理。具体操作是直接利用宜宾市城镇土地定级的成果，得到每个样点土地的质量总分值 X_{ni}。这个总分值 X_{ni} 是在 6 个因素、10 个因子中选择了"商服中心繁华影响度"、"农贸小商品市场影响度"和"道路通达度"三个因子为主导因素(这三个因素在综合评分中的权重总和为 48.47%)，将这三个因素标准化后的分值做加权平均得到的。

每个样本都有经过处理和修正后的单位地价值 V_{ni} 和土地质量指数 X_{ni}，因而按照土地利用类型细分，将通过检验的样点地价资料代入上述测算模型，利用最小二乘法估算参数值 A 和 γ。估算的宜宾市城区基准地价指数模型的有关参数如表 12-22 所示。

表 12-22　指数测算模型参数表(最小二乘法)

土地利用类型	A	γ
商业用地	191.125	0.6888
住宅用地	152.250	0.4623
工业用地	142.750	0.3580

资料来源：李何超，曹正忠，朱健，等. 城市土地定级与基准地价评估实证研究. 北京：科学出版社，2009.

然后对估算出的 A 和 γ，按数理统计要求进行可靠性检验。

(1) 商业用地参数检验结果如下：

$$F = 302.928 > F_{(0.05)}$$
$$t_A = 23.251 > t_{(0.05)} = 7.71$$
$$t_\gamma = 17.405 > t_{(0.05)} = 2.78$$

检验结果表明，构造检验统计量大于标准检验统计量，检验结果显著。说明各土地级别商业用地稽查明显，指数模型的参数 A 为常数且远偏离零。

(2) 住宅用地参数检验结果如下：

$$F = 163.693 > F_{(0.05)} = 7.71$$
$$t_A = 21.622 > t_{(0.05)} = 2.78$$
$$t_\gamma = 17.405 > t_{(0.05)} = 2.78$$

检验结果表明，构造检验统计量大于标准检验统计量，检验结果显著。说明各土地级别住宅用地级差明显，A 为常数且远偏离零。

(3) 工业用地参数检验结果如下：

$$F = 38.596 > F_{(0.05)} = 10.10$$
$$t_A = 14.889 > t_{(0.05)} = 3.18$$
$$t_\gamma = 6.213 > t_{(0.05)} = 3.18$$

检验结果表明，构造检验统计量大于标准检验统计量，检验结果显著。说明各土地级别工业用地级差明显，A 为常数且远偏离零。

将估计值 A、γ 代入指数测算模型，得到宜宾市城区各类用地基准地价指数。

(1) 商业用地基准地价测算模型：$V_{ni} = 191.125 \times (1 + 0.6888)^{x_{ni}}$

(2) 住宅用地基准地价测算模型：$V_{ni} = 152.250 \times (1 + 0.4623)^{x_{ni}}$

(3) 工业用地基准地价测算模型：$V_{ni} = 142.750 \times (1 + 0.3580)^{x_{ni}}$

依据上述测算模型，计算得到宜宾市城区各土地级别商业用地、住宅用地和工业用地基准地价结果。

(七)确定基准地价，编制基准地价图

宜宾市城区基准地价评估的资料较为丰富，测算中运用两种测算方法分别评估出了城区各级别各亚区不同土地用途的基准地价。根据两种评估结果同当地土地市场状况和地价水平的一致性程度，采用对两种测算评估结果加权平均的方法，确定宜宾市城区各土地级

别各亚区各类用地基准地价。确定过程中，进行了如下具体处理。

(1) 经分析、比较，赋予两种测算模型评估结果的权重分别是：算术平均模型评估结果权重为 0.60，指数模型评估结果权重为 0.40。

(2) 对商业用地，在两种评估结果加权平均的基础上，依据算术平均模型测算出的各级土地中各亚区地价水平的比例关系，确定出各级别内各亚区的基准地价标准。

(3) 为了促进土地的合理利用和土地效益的最有效发挥，根据宜宾市城区一级土地利用现状，并考虑城市发展规划要求，确定一级土地内不评估工业用地的基准地价。

宜宾市城区各土地级别各亚区各类用地基准地价如表 12-23 所示。

表 12-23　宜宾市城区各土地级别各亚区各类用地基准地价测算结果表　　单位：元/平方米

土地利用类型	一级土地		二级土地		三级土地			四级土地			五级土地		六级土地			
商业用地	1区	2区	1区	2区	1区	2区	3区	1区	2区	3区	1区	2区	1区	2区	3区	4区
住宅用地	5958	4718	2908	2377	1651	1500	1344	933	835	770	553	499	356	326	408	353
工业用地	1482		1064		784	723	607	433			311		237			

资料来源：李何超，曹正忠，朱健，等. 城市土地定级与基准地价评估实证研究. 北京：科学出版社，2009.

宜宾市基准地价的内涵：①评估期日：2001 年 12 月 31 日；②土地开发程度：宗地外流通，即通上水、通下水、通电、通信、通天然气、通路，宗地内为场平；③分商业用地、工业用地和住宅用地三种类型评估基准地价；④按国家法律规定的最高使用年限评估基准地价，即商业用地为 40 年，住宅用地为 70 年，工业用地为 50 年；⑤商业用地设定标准容积率为 2～2.5，住宅用地设定标准容积率为 1.5～2，工业用地设定标准容积率为 0.4～0.5。

最后，根据《城镇土地估价规程》对基准地价图编制的要求，课题组在 ArcView3.0 软件平台上绘制出 1：7 500 比例尺的宜宾市城区土地基准地价图和宜宾市城区主要街道商业用地路段地价图。

(八)编制基准地价修正体系

编制基准地价修正体系的工作涉及三个问题：确定不同级别不同类型土地修正因素和影响权重；确定因素整体的修正范围；确定各影响因素的具体修正系数。解决了以上三个问题后，编制修正系数表和因素指标说明表。

1. 选择宗地地价修正因素及权重

针对宜宾市城区的具体情况，影响地价的因素在各土地级别中是不相同的，某个因素在某级某区内对土地价格影响非常大，在另一级中的影响可能会变小，甚至不存在。例如洪水淹没，在可能受水淹的区域对地价影响非常大，但在那些根本不可能淹没的区域就不存在任何影响，再如地形坡度在基本一致的市中心区域就不产生影响，但在郊区却是一个非常重要的因素。所以针对每个地价区域影响地价的主要因素不同，从而确定了各级、各亚区、各土地利用类型影响宗地地价的区域因素和个别因素。本课题采用派生德尔斐法，邀请宜宾市国土局、宜宾市地价所等单位对土地评价有丰富经验的专家，对这些因素进行打分，确定权重值。

2. 确定各级别、各类用地修正幅度

首先，确定各级各亚区土地各类用地优劣地价标准。根据宜宾市城区基准地价评估调查资料，以土地级别为单位，分商业用地、住宅用地和工业用地，选择符合要求的样点地价资料，应用 SPSS 软件对资料进行聚类分析。根据聚类分析的结果，将样点地价分成五个组团，计算五个组团优、较优、一般、较劣、劣状况下的平均地价。

然后，根据各级各亚区、各类用地优劣状况下的地价标准，计算出各级、各亚区、各类用地的修正幅度。

(1) 优状况下地价修正幅度计算公式如下：

$$F_A = \frac{P_A - P_{nb}}{P_{nb}} \times 100\% \tag{12-44}$$

式中：F_A——某级别某区某类用地优状况下基准地价修正幅度；

$\quad\quad P_A$——该级别该区内该类用地优状况下平均地价；

$\quad\quad P_{nb}$——该级别该区该类用地基准地价。

(2) 较优状况下地价修正幅度计算公式如下：

$$F_B = \frac{P_B - P_{nb}}{P_{nb}} \times 100\% \tag{12-45}$$

式中：F_B——某级别某区某类用地较优状况下基准地价修正幅度；

$\quad\quad P_B$——该级别该区内该类用地较优状况下平均地价；

$\quad\quad P_{nb}$——该级别该区该类用地基准地价。

(3) 一般状况下地价修正幅度计算公式如下：

$$F_C = \frac{P_{nb} - P_{nb}}{P_{nb}} \times 100\% \tag{12-46}$$

式中：F_C——某级别某区某类用地一般状况下基准地价修正幅度；

$\quad\quad P_{nb}$——该级别该区该类用地基准地价。

(4) 较劣状况下地价修正幅度计算公式如下：

$$F_D = \frac{P_{nb} - P_D}{P_{nb}} \times 100\% \tag{12-47}$$

式中：F_D——某级别某区某类用地较劣状况下基准地价修正幅度；

$\quad\quad P_D$——该级别该区内该类用地较劣状况下的平均地价；

$\quad\quad P_{nb}$——该级别该区该类用地的基准地价。

(5) 劣状况下地价修正幅度计算公式如下：

$$F_E = \frac{P_{nb} - P_E}{P_{nb}} \times 100\% \tag{12-48}$$

式中：F_E——某级别某区某类用地劣状况下基准地价修正幅度；

$\quad\quad P_E$——该级别该区内该类用地劣状况下平均地价；

$\quad\quad P_{nb}$——该级别该区该类用地基准地价。

依据上述公式，再根据《城镇土地估价规程》的要求并结合实际情况做适当调整，得到宜宾市城区各级别、各亚区、各类用地地价的修正幅度。

3. 确定各影响因素修正系数

样点地价优劣之于基准地价的幅度，是由于影响地价的因素及其重要性共同决定的。在确定各级别、各亚区、各类用地地价修正幅度的基础上，按商业用地、住宅用地、工业用地三种类型和各类地价各影响因素的权重值，计算各影响因素的修正幅度。其计算公式如下：

$$F_{Ai} = F_A \times W_i \qquad F_{Bi} = F_B \times W_i$$
$$F_{Ci} = F_C \times W_i \qquad F_{Di} = F_D \times W_i$$
$$F_{Ei} = F_E \times W_i \tag{12-49}$$

式中：F_{Ai}——某类用地某因素优状况下修正幅度；

F_{Bi}——某类用地某因素较优状况下修正幅度；

F_{Ci}——某类用地某因素一般状况下修正幅度；

F_{Di}——某类用地某因素较劣状况下修正幅度；

F_{Ei}——某类用地某因素劣状况下修正幅度；

W_i——某因素权重值；

F_A、F_B、F_C、F_D、F_E——修正幅度。

根据宜宾市城区的实际情况，确定以各影响因素修正幅度作为其在相应条件状况下的实际修正系数。同时，确定各修正系数对应的因素条件。确定各影响因素条件时，充分应用宜宾市城区土地定级中已经形成的成果资料，以因素作用分值为基础，使其定量比较标准更为准确，从而避免因估计距离不准、考虑不同类型因素叠加作用不准等情况而产生的误差，以保证估价结果的准确性、真实性。

4. 编制修正系数表和因素指标说明表

根据以上计算结果，分别编制宜宾市城区各级、各亚区商业用地、住宅用地、工业用地宗地地价修正系数表和相对应的影响因素指标说明表。

本 章 小 结

城镇基准地价是在城市规划区内，现有利用状况条件下，不同级别或均质地域内，不同利用类型的土地在估价基准日、法定最高使用年限、基准容积率、特定土地开发程度和使用状态下的区域平均价格水平。城镇基准地价体系包括不同利用类型土地的级别及区域范围、不同级别土地的单价及修正因素系数表等内容。评估人员可以基准地价为基础，评估不同利用状况下宗地的价值。

城镇土地分等定级是基于城镇土地的自然属性和经济属性，对土地经济质量的差异进行分等定级。基准地价是以价格的形式显示了城区土地质量的高低及范围，是土地定级成果的货币化表现。土地的分等定级与基准地价评估是密切联系的两项工作。

基准地价评估的理论依据遵循地价是"土地级差收益"的资本化的原理，考虑了地价差异的空间相似性和渐变性，强调科学地对样本进行分类。基准地价评估的技术思路有两种，即"级差收益测算法"和"市场交易实例测算法"。

基准地价评估工作的流程包括资料调查和搜集、样点数据的处理及测算正常单位地价；编制基准地价修正系数表，以及定期更新基准地价等。

四川省宜宾市的案例很好地展示了城镇土地定级工作和基准地价评估工作流程、技术方法，形象地解释了城镇基准地价评估工作的原理。

复习思考题

1. 城镇土地分等定级与基准地价评估的区别和联系有哪些？
2. 简述"级差收益测算法"的原理及技术思路。
3. 简述"交易实例测算法"的原理及技术思路。

第十三章

房地产项目评估

【本章学习要求及目标】

通过本章的学习，掌握可行性分析的主要内容；了解可行性分析的工作阶段；了解房地产开发项目可行性分析的作用；理解房地产开发项目可行性分析的特点；掌握房地产开发项目可行性报告的主要内容；掌握房地产贷款项目评估及内容；理解房地产贷款项目评估的特点；了解房地产贷款项目应注意的事项。

第一节　房地产项目投资可行性分析

一、项目投资可行性分析概述

(一)项目投资可行性分析的概念

可行性分析是我国于 20 世纪 70 年代末期从国外引进的一门新兴学科，它最早试行于 20 世纪 30 年代美国田纳西河流域开发规划项目。第二次世界大战后，它不仅应用于军事武器的研制，而且还在生产领域中得到运用和推广。20 世纪 60 年代可行性研究形成一整套系统的科学研究方法，其应用范围逐渐扩大和渗透到各个领域。

可行性分析是投资决策前对建设项目进行全面的技术经济分析论证的科学方法和工作阶段。它是在投资决策前对与拟建项目有关的社会、经济和技术等各方面情况进行深入细致的调查研究，对各种可能拟订的技术方案和建设方案进行认真的技术经济分析与比较，对项目建成后经济效益进行科学的预测和评价的基础上，综合研究建设项目的建设必要性和可能性、技术先进性和适用性、经济合理性和有效性，由此确定该项目是否应该投资和如何投资的科学方法。其任务主要是根据国民经济长期规划和地区规划、行业规划的要求，对拟建项目进行投资方案规划、工程技术论证、社会和经济效果预测，从而为项目决策提供了可靠的依据和建议。

(二)项目投资可行性分析的主要内容

可行性研究的根本目的是实现项目决策的科学化、民主化，减少或避免投资决策的失误，提高项目开发建设的经济、社会和环境效益。可行性研究的主要内容有：①项目概况；②开发项目用地的现场调查及动迁安置；③市场分析和建设规模的确定；④规划设计影响和环境保护；⑤资源供给；⑥环境影响和环境保护；⑦项目开发组织机构、管理费用的研究；⑧开发建设计划；⑨项目经济及社会效益分析；⑩结论及建议。

(三)项目投资可行性分析的工作阶段

项目可行性分析工作一般需四个阶段：投资机会研究阶段、初步可行性研究阶段、详细可行性研究阶段以及项目评估和决策阶段。

(1) 投资机会研究阶段，主要任务是对投资项目或投资方向提出建议，即在一定的地区和部门内，以自然资源和市场调查预测为基础，寻找最有利的投资机会。投资机会研究相当粗略，主要依靠笼统的估计而不是依靠详细的分析。该阶段投资估算的精确度为±30%，研究费用一般占总投资的 0.2%～0.8%。如果投资机会研究分析报告认为可行的，就可以进行下一阶段的工作。

(2) 初步可行性研究阶段，亦称"预可行性研究"，是在机会研究的基础上，进一步对项目建设的可能性与潜在效益进行论证分析。初步可行性研究阶段投资估算精度可达

±20%，所需费用占总投资的 0.25%～1.5%。

（3）详细可行性研究阶段，即通常所说的可行性研究。详细可行性研究是开发建设项目投资决策的基础，是在分析项目在技术上、财务上、经济上的可行性后作出投资与否的决策的关键步骤。这一阶段对建设投资估算的精度在±10%，所需费用，小型项目占投资的 1.0%～3.0%，大型复杂的工程占投资的 0.2%～1.0%。

（4）项目评估和决策阶段。按照国家有关规定，对于大中型和限额以上的项目及重要的小型项目，必须经有权审批的单位委托有资格的咨询评估单位就项目可行性研究报告进行评估论证。未经评估的建设项目，任何单位不准审批，更不准组织建设。

二、房地产项目投资可行性分析概述

(一)房地产项目投资可行性分析的概念

房地产项目可行性研究是可行性研究理论和方法在房地产开发项目上的具体运用。具体来讲，房地产开发项目的可行性研究是对开发项目的必要性、实施项目的外部条件、项目选址和规模、企业的投资能力、项目实施方式、开发经营周期、项目的投资效益等方面所进行的调查研究和分析论证。它是决定一个开发项目是否应该进行投资、保证开发项目以最少的投资耗费取得最佳经济效益的科学手段，也是实现开发项目建设上可行、技术上先进、经济上合理的科学方法。

(二)房地产项目投资可行性分析的作用

房地产项目投资可行性分析具有以下作用。

1. 为投资决策提供依据

房地产开发具有投资量大、涉及面广、建设期长等特点。因此，在投资前，为了避免和减少投资决策的盲目性，提高开发项目综合效益，应在市场预测和投资环境分析的基础上，对拟建项目在技术上是否先进适用、经济上是否合理、财务上是否盈利、建设上是否可能等进行综合论证。通过可行性研究，明确该开发项目是否可行，从而为投资决策提供科学的、可靠的依据。

2. 是项目资金筹措的依据

房地产开发所需的巨额资金一般通过银行信贷、保险公司投资、企事业单位集资以及发行建设债券和股票等途径筹集。目前，开发项目的资金主要来源于银行的信用贷款。房地产开发企业向银行申请贷款时，必须附有开发项目的可行性研究报告，经银行对其进行审查，确认该项目在规定的时间内具有偿还能力、不会承担过大的风险时，银行才会同意贷款。同样，其他途径的主要资金来源方，在投放资金前，也必须对项目的可行性报告进行审查。此外，当房地产开发项目的所需资金来源于多种途径时，应进行可行性分析，确定最佳的资金筹措方式，以减少资金利息和开发项目的总投资。

3. 是编制各设计规划文件的依据

在房地产开发项目可行性研究中，根据开发场地的规划要求，对拟开发项目的占地面积、建设性质和规模、建筑密度、容积率以及其他设计条件都提出了明确要求，并对开发场地的工程地质条件和原来使用的情况作了调查分析，这些资料为编制设计文件和规划设计提供了依据。

4. 是有关部门签订协议、合同的依据

房地产开发涉及面广，为保证开发项目顺利进行，牵涉到与有关部门签订协议或合同，明确双方的权利和义务，并使其受到法律的约束和监督。在可行性研究中，对诸如土地征用、拆迁方案、主要材料供应、设备选型、开发项目的总造价等有关问题作了论证和估算，为同有关部门签订协议或合同提供了依据。

5. 是申请建设执照的依据

房地产开发应符合城市经济社会发展计划和城市规划的要求，符合各种法规的要求。在可行性研究报告中，对开发场地、总体布局以及建设方案作了论证，为申请建设场地和建设执照提供了依据。

三、房地产项目投资可行性分析特点

房地产项目投资可行性分析是房地产投资项目开发的前期工作。房地产项目投资可行性分析也是房地产估价师经常要做的一项工作，这项工作与一般的房地产估价既有不同，又有密切联系。

房地产项目投资可行性分析与一般的房地产估价的最大不同在于：投资可行性分析主要是以安全可靠地获得投资收益为目的对投资项目的各项财务指标进行分析，而一般的房地产估价则以评估房地产的价值为目的。二者的联系在于投资可行性分析一般都需要预测项目建成之后的市场价值，这正是一般的房地产估价所要做的工作。

房地产项目投资可行性分析和一般的项目投资可行性分析还有一个关键的区别。一般的投资项目是实物投资项目，以工业投资项目为主。工业投资项目的投资回收过程是：项目建成之后成为生产企业，企业生产产品，产品销售之后获得收益，从而回收投资和获得投资回报。而房地产投资项目(以建成全部销售的房地产项目为例)的投资回收过程是：项目建成之后形成产品，产品销售之后获得收益，从而回收投资和获得投资回报。也就是说，房地产项目完成之后直接形成产品，而一般工业投资项目完成之后是形成企业。这导致房地产项目的投资测算过程和一般工业项目的投资测算过程是有所区别的，主要区别是一般工业项目投资测算固定资产摊销和企业运营、流动资产占用、在房地产项目投资测算时的表现形式是不同的。

尽管如此，目前房地产开发项目可行性分析的主要依据是住建部发布的《房地产开发项目经济评价方法》，这个评价方法的基本过程和用于一般工业项目投资可行性分析的《关于建设项目经济评价工作的若干规定》、《建设项目经济评价方法》、《建设项目经济评

价参数》(由国家发展改革委和住建部发布)等文件是一样的，并未充分体现上述房地产投资的特点。

四、房地产项目投资可行性分析报告结构

由于房地产开发项目的规模、性质和复杂程度不同，可行性研究的内容也不尽相同，各有侧重。一般来讲，专业机构编写一个项目的可行性研究报告应包括封面、摘要、目录、正文、附件和附图六个部分。

(一)封面

封面一般要反映可行性报告的名称、专业研究编写机构名称及编写报告的时间三项内容。

(二)摘要

摘要是用简捷明了的语言概要地介绍项目的概况、市场情况可行性研究的结论以及有关说明或假设条件，要突出重点，假设条件清楚，使阅读人员在短时间内能了解全报告的精要。也有专家主张不写摘要，因为可行性研究报告事关重大，阅读者理应仔细、全面地阅读。

(三)目录

由于一份可行性报告少则十余页，多则数十页，为了便于写作和阅读人员将报告的前后关系、假设条件及具体内容条理清楚地编写和掌握，必须编写目录。

(四)正文

正文是可行性报告的主体，一般来讲，应包括以下内容。

(1) 概况(包括：项目背景、项目概况、委托方、受托方、可行性研究的目的、可行性研究的编写人员、编写的依据、编写的假设和说明)。

(2) 市场调查和分析。

(3) 规划设计方案。

(4) 建设方式和建设进度。

(5) 投资估算及资金筹措。

(6) 项目财务评价。

(7) 风险分析。

(8) 可行性研究的结论。

(9) 研究人员对项目的建议。

(10) 相应的附表。

(五)附件

附件包含可行性研究的主要依据，是可行性研究报告必不可少的部分。一般来讲，一个项目在做正式的可行性研究时，必须有政府有关部门的批准文件(如规划选址意见书、土地批租合同、土地证、建筑工程许可证等)。专业人员必须依照委托书和上述文件以及相应的法律、法规才能编写项目可行性研究报告。

(六)附图

一份完整的可行性报告应包括以下附图：项目的位置图、地形图、规划红线图、设计方案的平面图。有时也包括项目所在地区或城市的总体规划图等。

五、房地产项目投资可行性分析报告正文

一般房地产开发项目可行性研究正文应包括以下内容。

(一)项目总论

(1) 项目背景：主要说明项目名称、开发企业基本情况、承担可行性研究工作的单位、研究报告编制的依据、项目建设规模以及建设规模情况的。

(2) 可行性研究结论及建议主要包括：宏观经济分析总结、市场前景预测、投资估算和资金筹措、项目经济效益、社会效益及其环境效益评价、项目综合评价结论及建议。

(二)项目概况

项目概况主要包括项目位置、项目地块现状及地块分析、项目 SWOT 分析等。

(三)项目投资环境分析

项目投资环境分析主要针对宏观经济环境、政策环境、人口环境、城市发展环境等进行分析。

(四)项目区域环境分析

项目区域环境分析主要针对项目所在区域的基本状况、区域规划及重点发展区域、交通规划及重大交通建设项目、区域基础及公共配套设施状况等进行分析。

(五)房地产市场分析

(1) 城市总体房地产市场分析：主要针对城市总体市场供应、需求的数量及结构、价格分布及趋势进行分析。

(2) 项目所在区域房地产市场分析：主要针对区域市场供需的数量及结构、产品价格、

客户分布及结构、项目竞争状况等进行分析。

(3) 房地产市场分析总结：主要在上述城市总体房地产市场及项目所在区域房地产市场分析的基础上，对拟开发项目的市场需求及市场供给状况进行科学分析、客观预测及总结。

(六)项目市场定位

项目市场定位主要包括产品定位、客户定位、价格定位、项目定位评估及发展设想。

(七)项目规划与建筑方案

项目规划与建筑方案主要包括项目总体规划、环境景观规划、建筑设计方案及布局、道路规划等。

(八)项目开发建设进度安排

项目开发建设进度安排主要包括有关工程计划说明、项目实施安排、项目开发周期及进度计划。

(九)投资估算与资金筹措

投资估算与资金筹措主要包括项目总投资估算、资金筹措和资金使用计划。

(十)项目经济效益分析

项目经济效益分析一般包括以下六个方面。
(1) 项目销售及经营收入测算。
(2) 项目销售回款计划。
(3) 资金来源与运营分析。
(4) 项目利润测算。
(5) 项目偿债能力分析。
(6) 项目盈利能力分析。

(十一)项目风险分析

项目投资可行性分析的风险分析有以下三个方面。
(1) 项目盈亏平衡分析。
(2) 项目敏感性分析。
(3) 项目风险分析：主要包括项目竞争风险、投资风险、市场风险、筹资风险的分析。

(十二)项目社会效益和影响分析

在房地产项目投资开发过程中，要综合考虑项目对社区，城市环境，资源有效配置的影响。需要对项目的社会、经济和环境效益评价。了解各种因素对项目的影响性质和程度，为项目运作过程中对关键因素控制提供可靠依据。

(十三)项目可行性研究结论与建议

运用可行性分析的各种指标数据通过上述分析，项目可行性研究一般给出：拟建方案的结论性意见，项目主要问题的解决办法和建议、项目风险及防范建议。

总之，通过可行性研究，在管理方面，提出如何以提高效率来进行项目建设；在经营方面，分析房地产供求情况、竞争情况、提出销售的目标市场和销售渠道；在技术方面，确定房屋的类型、规划设计特色、布局结构，选择所需的设备、原材料和各种物资供应的来源；在财务方面，估算所需投资，研究项目的获利能力，偿还资金能力，提出最佳运用资金的方案；在环境及社会经济方面，从国民经济或社会的需求出发，评价项目的经济效益、社会效益和环境效益。

第二节　房地产开发项目贷款评估

房地产开发项目贷款评估，是指投资方拟收购或介入一个房地产开发项目时进行的评估，银行准备对房地产开发项目提供融资贷款时进行的评估。房地产开发项目评估类似于房地产投资项目可行性分析，但除了对项目进行各项分析以外，还要对项目的开发企业进行评估，类似于企业并购之前所做的尽职调查，对于融资贷款方面而言，则是对拟贷款的企业做资信调查。

一、房地产开发项目贷款评估

(一)房地产开发项目贷款

房地产开发项目贷款是指商业银行向房地产开发企业发放的用于房地产项目开发建设的贷款。央行"121文件"明确规定对该类贷款严禁采用流动资金贷款的方式。从房地产项目的物质形态来看，房地产开发项目贷款属于固定资产贷款的范畴，实质为增加全社会的固定资产投资。房地产开发项目贷款的实质为项目融资。

项目融资是一种国际通行的融资方式，通过成立项目公司，作为项目建设主体和贷款载体，以项目合约为保障，以自身现金流为还款来源，并以项目资产作为贷款担保。项目融资和一般贷款融资的最大区别就是以项目收益作为贷款保障，而非一般贷款所强调的借款人"权益是债务的基础"。房地产开发项目贷款基本符合项目融资的概念，但有所差别：一是并非所有的房地产项目开发都成立项目公司，有时以原公司作为项目开发和贷款的承贷主体，在项目评估时不能脱离原公司；二是若在贷款融资前，开发项目未得"预销售许可证"，则开发商不能与购房者签订"房屋购买合同"，此可视为在房地产项目贷款发放前无法取得项目合约。

(二)房地产贷款项目评估

房地产贷款项目评估是在房地产开发企业为房地产开发项目向银行、信托公司、投资基金等金融机构进行融资时，金融机构委托评估咨询机构或自行对借贷企业及开发项目进行全面调查、分析、测算、评价的一项贷前评审的专业服务活动。一般均形成书面报告，作为房地产贷款评审的重要依据。接受房地产开发企业或其他投资者的委托，为其投资项目的决策进行科学论证而做的项目评估，与贷款项目评估的关注点略有不同。

二、相关法律法规及技术标准规定

房地产开发项目贷款评估中参照的相关法律、法规及技术标准规定如下。
(1)　《中华人民共和国城市房地产管理法》。
(2)　《中华人民共和国土地管理法》。
(3)　《中华人民共和国城市规划法》。
(4)　《中华人民共和国担保法》。
(5)　《中华人民共和国会计法》。
(6)　《中华人民共和国税收征收管理法》。
(7)　《贷款通则》。
(8)　《关于规范与商业银行信贷业务相关的房地产抵押估价管理有关问题的通知》。
(9)　《商业银行房地产贷款风险管理指引》。
(10)　《房地产抵押估价指导意见》。
(11)　《房地产开发项目经济评价方法》。
(12)　《房地产估价规范》。
(13)　中国人民银行、银监会、国家发改委、各级政府有关部门颁布的其他相关法规。

三、房地产贷款项目评估的内容

房地产贷款项目评估包含的内容在中国人民银行、国家开发银行、各商业银行及中国国际工程咨询公司等均有各自的相关规定，但大同小异。其主要包括对企业的资信评估、开发项目的合理性评估、市场分析、财务及经济效益评估、风险评估、结论等几大部分。综合各家的内容，结合房地产贷款项目的特点，建议设立九部分内容。
(1)　借款企业资信评估。
(2)　项目概况评估。
(3)　项目市场分析。
(4)　项目投资估算及资金来源、筹措评估。
(5)　项目进度与资金运用评估。
(6)　项目财务效益评估。
(7)　不确定性分析。

(8) 贷款效益及风险评估。

(9) 结论与建议。

在报告开头一般会增加总论(或摘要)部分。说明评估的依据，并将各部分的主要数据、指标及结论尽量摘录。在报告的最后应附评估附表与附件。附表含评估过程中涉及的各种分析及测算表格；附件含企业及项目的各种申请文件及批件的复印件、项目地理位置示意图及项目现状照片。

报告的撰写方面，力求文字简捷、准确、明了，叙述全面、清楚；定性分析与定量分析结合运用，尽量采用数字、图表表述；注意报告内容和分析结论的真实性、完整性和准确性。

四、房地产贷款项目评估的特点

(一)综合性

房地产贷款项目评估是一项综合性很强的业务。它与对某一宗房地产的价值(价格)评估不同，评估的内容、涉及领域、对象、角度都复杂得多，涵盖方方面面的内容。针对每宗房地产项目，在状态上有土地、在建工程、存量房；在用途上有住宅、办公楼、公寓、别墅、商场以及娱乐用房等。全面、综合、动态的系统分析过程，需要评估人员具有较宽的知识结构和专业素质，大部分业务需工程、经济、财务等多种专业人士配合作业。

(二)科学性

由于房地产贷款项目评估是作为决定发放贷款或投资决策的依据，评估的科学性尤其重要。进行项目评估时，应采取科学的方法和手段，定性与定量分析相结合，注重数据来源的客观性、依据性和准确性。

(三)专业性

房地产贷款项目评估涉及广阔的领域，有社会、人文、环境、区域发展、法律规划、建筑、施工、金融财务、市场营销等诸多专业领域。各项内容均须进行专业化的评估分析，采用符合所涉及专业相关规定、专业特征、内在规律、程序的方法进行评估。

(四)特殊性

房地产项目与工业、交通运输等其他投资项目相比，具有其自身的特征。例如作为普通住宅销售的房地产项目，投资回收期相对较短，一般在1~3年。而作为酒店、商业中心等自行管理或出租的综合性房地产项目，投资回收期可长达15年以上。房地产的经营方式多样化，可售、可租或混合经营等，更增加了房地产贷款项目评估的复杂性。

五、房地产贷款项目评估的注意事项

(一)评估侧重点

金融机构的房地产开发贷款一般按企业评价为主和项目评价为主两种模式操作：以企业评价为主的，评估的侧重点是企业的综合实力、专业素质、财务及信用状况等，对项目状况的评估可适当简化；以项目评价为主的，评估的侧重点是项目状况、投资成本、市场分析、财务效益评价及项目的封闭运作方案等，对企业状况的评估可适当简化。

(二)动态与静态分析

在财务效益评估时，计算期较长的房地产项目(如作为酒店、商业中心等自行管理或出租的综合性房地产项目)，应进行动态评价，测算与分析项目的动态评价指标；计算期1~2年的房地产项目(如作为普通住宅销售的房地产项目)对资金运用、销售收入测算、贷款取得与偿还等也应进行动态的分析。

(三)项目风险评估

从项目本身及借款企业两方面考虑。项目本身的风险关注点主要有：项目的合法性、合规性和可行性(包括技术、经济等)；施工过程及质量风险；租售模式风险；外部竞争环境风险等。借款企业的风险关注点主要有：资质及管理能力；信用状况；其他项目的关联风险等，以及项目条件、企业条件是否符合金融机构的信贷政策及风险管理要求，担保措施的可实施性等方面。

(四)项目市场评估

与对某一宗房地产的价值(价格)评估相比，贷款项目评估注重竞争区域内房地产市场的发展趋势。一般要求进行项目的 SWOT(优势、劣势、机会、威胁)分析，评价项目的产品、客户定位，对项目周边区域及竞争项目分析也更深入化、具体化。

六、我国房地产开发贷款项目评估现状

大部分商业银行已对房地产贷款实施项目化管理，在贷款发放前必须进行项目评估，在规范房地产开发项目贷款运作、防范金融风险等方面产生积极作用，但由于银行房地产项目评估工作实施较晚，无论在项目评估理论、实践，还是在评估组织、实施上，都亟须进一步改进。

(1) 在贷款发放时未将项目评估工作放在重要位置。部分金融机构在项目评估前，即已明确贷款意向，存有"为评估而评估"现象，评估工作甚至被视为对贷款的"包装"和贯彻领导意志发放贷款的"工具"。

(2) 项目评估办法与实际不相适应。当前，房地产开发贷款项目评估工作存在着一个

突出的问题，即在企业评价、项目评价等方面，机械地套用一般工业项目贷款的评估办法，对房地产业和房地产开发贷款的特点体现不够，更未能反映出所评估项目的自身的个性特色。

(3) 缺乏专业的项目评估机构和人才。商业银行尚未建立内部专门的房地产项目评估机构，多采取委托评估的办法，而外部评估机构职业素质和职业道德良莠不齐，在很大程度上仅将银行委托的项目评估视为创效之源，同时其不承担也不具备承担终级责任的能力，不可避免地导致评估可信度较差，项目评价出现偏失。

(4) 项目评估报告不规范。一是内容不完整、重点不突出、逻辑分析少、在数据引用和选择上随意性较大，缺乏科学和事实依据；二是缺乏系统性、关联度较差，在评估报告由多人撰写时，常出现数据前后矛盾，所得结论没有支撑，互为脱节；三是不加分析地抄袭项目可研报告和贷款调查报告；四是重形式、轻实质，不能显现项目特色，揭示个体风险。

(5) 项目评估人员素质偏低。房地产项目评估工作综合性较强，评估人员需要熟悉项目评估、房地产、法律、财务等多方面的相关专业知识，而大多数商业银行没有专业的房地产项目评估人员，相应的业务培训也较少，缺乏符合要求的房地产项目评估人员已成为制约项目评估工作的首要"瓶颈"。

(6) 项目评估缺乏有效监督、评价和责任追究机制。对外部评估机构，商业银行难以把握其真实执业能力，更无从进行监督和责任追究。对于银行内部人员的评估工作，常存在重数量、轻质量的考核误区，评估人员的责权利也未能明确，缺乏相应的奖惩和责任追究机制。

第三节　房地产项目评估案例

××房地产集团项目融资可行性分析报告

一、××房地产集团简介

××房地产集团是一家集房地产开发、建筑安装、宾馆服务、大型批发市场、建材公司、远洋船舶运输、旅游服务、石料加工等多个实体组成的综合性民营企业。集团下属有11个具有独立法人资格的企业：××房地产开发有限公司、××建筑安装工程有限责任公司、××宾馆有限责任公司、××新城宾馆有限责任公司、××永林石子厂、××南山石子厂、××置业有限公司(合资)、××农贸市场、××建材有限责任公司、××海运有限公司、××旅游开发有限公司。经过十几年的努力奋斗，集团净资产已达 1.6 亿元，是一家在省内综合实力较强的明星企业。

××房地产集团自创办以来先后被市委、市政府、区委、区政府授予"明星企业"、"十佳民营企业"、"先进企业"、"诚信企业"、"市级纳税大户"等光荣称号，并于2003 年荣获省委、省政府授予的"优秀民营企业"称号，2004 年，集团跻身省民营企业 200强、市 50 强。2006 年集团被市房地产协会评为企业诚信单位第三名，被市工商局授予"消费者信得过单位"光荣称号；2006 年被市人民银行授予"金融守信企业"光荣称号；2007年被市消费者协会授予"诚信单位"称号；连续两年被地税局和省地税局评为"A 级纳税信用先进单位"。总裁也被中华爱国工程联合会授予"中华爱国之星"光荣称号，并于 2006 年担任市工商业联合会(总商会)副会长职务，2006 年被市政府评为"创业劳模"。

近几年来，××房地产集团已成功开发累计建筑面积达 30 多万 m² 的住宅小区。如××街综合楼、××小区 22#楼、××路综合楼、××小区 2#楼、××花园 3 万 m²、××花园三期"××大厦"13 层(含地下 1 层)2.1 万 m²、××国道"××房地产集团总部办公大楼"八层 8 000m²、××大道中路"××锦绣花园"6 万多 m²、开发区××路与 yy 路交汇处"××大楼" 5500m²。现开发在建工程："××嘉园"高档住宅小区 20 万 m²、开发区××北路与 yy 路交汇处的"××公寓"。 十几年来，集团下属市××建筑安装工程有限责任公司承建的主要项目有××花园 3 万 m²；××锦绣花园 6 万 m²；××大厦(13 层)建筑面积达 2 万 m²；××公寓(12 层)建筑面积达 1.2 万 m²；ww 仓库和厂房钢结构工程长度 156.7m，宽 42 米，跨度 2 跨×18m，建筑面积达 13 226m²；cc 玻璃公司厂房钢结构工程长 100.48m，宽 84.48m，跨度 3 跨×28m，建筑面积达 8 488.55m²；vv 厂房混凝土结构工程长 120m，宽 42 米，宽度 2 跨×21m，沿口宽度 24m，建筑面积 5 040m²；北部新城还建房工程建筑面积达 10 万 m²，承建建筑工程总面积达 60 多万 m²，合格率达 100%，优良率达 40%，赢得了建设单位及建设主管部门等有关单位的高度评价，并给予了充分肯定。

××房地产集团时刻秉承"诚信为本、信誉至上"的宗旨，狠抓房屋质量及售后服务。所有竣工工程，工程合格率达 100%，集团自搞房地产开发以来经每年全市质量大检查，工程合格率达 100%，使每位购房户"买的放心、住的舒心"。

二、融资项目概述

××房地产集团下属全资公司××房地产开发有限公司，于 2008 年 1 月 30 日在市国土资源局的土地招标中，成功地竞购了市国土局国有建设用地使用权拍卖(挂牌)出让公告中 C-15-1 地块，出让价格为 1.48 亿元。该地块位于市 mm 路和 nn 交叉处，毗邻省重点中学一中、市重点中学四中新校址和市立医院分院，邻近大市场四期，交通便捷，距火车站仅有几百米之遥，距机场、码头均 4 公里，距长江大桥和高速公路出入口不足千米，附近还有中国联通总部大楼，还有公交 6、7、14、26 路车停靠站，旁边商场和银行星罗棋布。该地段地势开阔，环境幽雅，居住安逸，建成后该地块将成为集就学、就医、商业、休闲、出行于一体的配套齐全的理想居所，是一个非常难得的黄金地块，商业价值很高。

三、项目介绍

该地块北至 mm 路，南至 ff 路，西至经十四路，东至 kk 路，占地面积有 123.71 亩，折合成 82 476.53m²，容积率≤2 2，建筑密度≤28%，绿地率≥30%，可建筑面积有 181 448m²，属居住、商业用地。由于该地块位于大市场的旁边，所以计划将该地块建设成为住宅和商用兼得的商住小区。计划建设商业店面面积有 5 000m²，小高层建筑面积为 90 724m²，多层建筑面积为 85 724m²，预计开发周期为 3.5 年，其中建设周期为 2.5 年，销售周期为 1 年。目前周边新开发的楼盘价格，商铺价格在 4 500～6 000 元/m²，多层价格在 2 500～3 500 元/m²，高层住宅房价在 3 500～4 500 元/m²。如三年开发成功后，按目前市场最低房价估算，预计销售总收入为 60 677.9 万元，预计净收益为 12 351.26 万元，投资回报率为 25.56%，如按三年后的房价，则收益还要高，因此该地块是一个值得开发的好项目。

四、市场分析及预测

该房地产开发公司地处皖鄂赣三省交界处，是一个历史悠久的文化名城，下辖七县一市，总人口 630 万，城区人口达 60 余万人。目前市区每年的房屋供应量在 100 万 m^2 以上，房屋需求旺盛，一般楼盘在预售阶段销售都可达 50% 以上，有的甚至可达 95% 以上。目前新开发的楼盘，多层房价在 2 500～3 500 元/m^2，高层住宅房价在 3 500～4 500 元/m^2。随着政府土地出让价格的上升和建材价格的上涨，房价每年以 10%～15% 递增，在市政府提出的打造"双百"城市的目标，以及城区东扩北进战略的推进，在未来的 5 年左右时间里，主城区人口将达 100 万人，有近 40 万人口将成为城区人口，住房需求将呈爆发式增长。目前该市的楼市正在启动与其他城市的比涨行情，如 gg 房地产开发的"香水百合"，多层报价都已在 4 500 元/m^2 以上，其他楼盘也在跟风上涨，楼盘最高价被不断刷新。估计三年后，多层住宅房价最低将在 4 000～5 000 元/m^2，高层住宅价格最低将在 5 000～6 500 元/m^2。三年开发成功后，售价定位在目前的价位水平上，在同类楼盘中应属较低价位的楼盘，房屋销售风险很小，再加上本公司开发的楼盘在××的良好口碑，可能销售情况比预计得还要好。

五、项目实施计划

本公司根据该地块位于大市场和未来一中、四中新校址和市立医院分院的有利的地理位置，并在充分考虑未来该地块发展的前提下，将对该项目开发的楼盘进行整体的规划和设计，使该地块开发的经济价值达到最佳，计划将临街的地块开发成门面房和与周边商务形成对接的商务写字楼，楼层以多层为主；而该地块的中心地带，则开发成高层或小高层高档住宅楼，住宅小区内景观别致，道路、园林绿化、停车、休闲、保安物业一应俱全，以满足今后一中、四中及市立医院建成后，由就学、就医和经商原因而形成的人流对住宅的需求，通过对该地块的开发，将其打造成市民未来新的生活圈。根据本公司多年开发房地产的经验判断，预计开发建设周期为两年半，销售周期为 1 年，其中建设周期的第 1 年内，主要是对开发的地块进行五通一平、工程的规划、勘探、设计等的前期准备工作。而在项目建设开发的后 1 年半时间内，则主要是对该项目进行土建安装施工和附属配套工程建设阶段。而在现房销售的最后 1 年内，则主要根据当时楼市的行情，将楼盘尽快售出，及时回笼资金，增强房屋的流动性。目前根据周边楼市的销售情况来看，达到预定目标是很有把握的。

六、资金需求、融资方案和还款计划

本集团根据该项目的整个实施计划分析，该项目大约需要资金为 3.5 亿元，本集团自有和通过自筹资金约为 2.5 亿元，而缺口 1 亿元左右则需要通过融资获得，计划通过各种渠道筹集这笔资金。本集团目前急需资金约为 1.55 亿元，主要是用于支付土地出让金，该出让金分三次支付。目前本公司第一笔资金 4 440 万元已筹齐，计划想通过对外融资的方式筹集第二笔资金 4 440 万元和第三笔资金 5 900 万元。目前由于还没有交清土地款，所以该地块土地证还未办下来。本集团希望寻找一家融资方式灵活、对房地产融资项目有兴趣的投资公司进行融资合作。本集团准备以该融资开发项目作为质押，以本集团现有的存量资产作为保证(附本集团现有存量资产明细清单)，或以本集团下属公司的股权作为质押或以正在开发的项目作为质押的方式进行贷款融资，或单独将该项目拿出来成立项目公司，以股权投资的形式进行融资等。如双方有诚意进行合作，融资方式双方可以进一步协商。只要贷款利率在本集团可以接受的范围以内，融资贷款利率可以比目前银行利率稍高一点，这对投资公司资金的使用效率、提高资金收益率提供了一条稳定的回报机会，同时也为本公司成功开发该地块找到了一个融资渠道。而还款来源，本集团则主要是计划通过房屋的预售和现房的销售收入来实现，预计还款期限为 3 年。为了提高资金的使用效率，尽快回笼资金，保证融资公司的资金安全，本集团根据房屋的预售情况，将采取分段偿还融资款。由于该地块邻近市大市场四期工程，未来还将建设市一中、四中的新校址和市立医院分院，具有良好的区位优势，相信房屋的销售形式应该非常看好。预计在房屋的建设期两年半以内就可收到 70%左右，在现房销售的一年内将全部售完。也就是说，投资方的资金在整个项目周期内贷款余额相对处在一个比较低的数额以内，况且本集团所投入该项目的资金所占比重大，风险主要是由本集团承担，所以融资方的资金安全是有保障的。

七、经济效益分析和评价

土地面积 123.71 亩，占地面积 82 476.53m²，容积率 2.2，计划多层和小高层各占 50%。

总建筑面积=82 476.53m²×2.2=181 448(m²)

其中：多层建筑面积：82 476.53×2.2×50%=90 724(m²)

小高层建筑面积：82 476.53×2.2×50%=90 724(m²)

计划投入：

1. 土地费用：15 540 万元

(1) 土地出让金：119.635 万元/亩×123.71 亩=14 800(万元)

(2) 拍卖佣金：14 800×1%=148(万元)

(3) 土地契税：14 800×4%=592(万元)

小计=14 800+148+592=15 540(万元)

2. 前期费用：2 734.94 万元

(1) 小区规划设计费：82 476.52m²×3 元/m²=25(万元)

(2) 建筑设计费：

90 724m²×15 元/m²=136(万元)

90 724m²×30 元/m²=272.7(万元)

(3) 施工图审查费：181 448m²×1.4 元/m²=25.4(万元)

(4) 防雷审查费：181 448m²×1.1 元/m²=20(万元)

(5) 规划服务费：181 448m²×2.5 元/m²=45.369(万元)

(6) 城建配套费：按商业门面占 5 000m²，住宅为 1 764 482m²

① 住宅：176 448m²×75 元/m²=1 323.36(万元)

② 商业门面：5 000×165 元/m²=52.5(万元)

(7) 质量监督费：181 448m²×2 元/m²=36.3(万元)

(8) 监理费：181 448m²×3 元/m²=55(万元)

(9) 白蚁防治费：181 448m²×2.5 元/m²=45.36(万元)

(10) 测绘费：估计为 8 万元

(11) 物价核准(预售许可证)：181 448m²×2.5 元/m²=45.36(万元)

(12) 房产局办证测绘费：181 448m²×3 元/m²=55(万元)

(13) 劳保统筹。

① 90 724m²×1 050 元/m²×3.4%=324(万元)

② 90 724m²×750 元/m²×3.4%=231(万元)

(14) 环境评估费：16 万元

(15) 室内环境检测费：4 650 元/栋×40 栋=18.6(万元)

小计=25+136+272.7+25.4+20+45.36+1323.36+52.5+36.3+55+45.36+8+45.36+55

　　　+231+324+16+18.6

　　=2 734.94 万元

3. 建安成本：17 330 万元

(1) 土建、水电。

① 小高层：90 724m²×1 050 元/m²=9 526(万元)

② 多层：90 724m²×750 元/m²=6 804(万元)

(2) 设备(电梯、消防)估价：1 000 万元

小计=9 526+6 804+1 000=17 330(万元)

4. 小区配套费：2 317 万元

(1) 施工用水、用电：140 万元

(2) 外供水、外供电：181 448m²×70 元/m²=1 270(万元)

(3) 绿化道路、排水：181 448m²×50 元/m²=907(万元)

小计=140+1 270+907=2 317(万元)

5. 税金、利息支出：10 054.7 万元

按融资及贷款 2 亿元，利率按 8%，3 年计算。

(1) 利息支出：2 亿×8%×3 年=4 800(万元)

(2) 营业税、土地增值税、企业所得税：60 677.9m²×8.66%=5 254.7(万元)

小计=4 800+5 254.7=10 054.7(万元)

6. 广告宣传、人员工资及其他：350 万元

按销售收入的 1%左右计算为 350 万元

小计：350 万元

7. 计划销售收入：60 677.9 万元

(1) 门面：5 000m²×4 500 元/m²=2 250(万元)

(2) 多层：85 724m²×2 900 元/m²=24 860(万元)

(3) 小高层：90 724m²×3 700 元/m²=33 567.9(万元)

小计=2 250+24 860+33 567.9=60 677.9(万元)

8. 净收益：12 351.26 万元

60 677.9-15 540-2 734.94-17 330-2 317-10 054.7-350=12 351.26(万元)

9. 回报率：25.56%

投资收益率=12 351.26/(60 677.9-12 351.26)×100%=25.56%

结论：通过以上分析可以看出，该项目投资回报率还是可观的，是一个值得开发的好

项目。

　　八、总结与期待

　　本集团推介的开发项目对外融资，主要原因是本集团还有其他几个开发项目正在同时运营，而且还有两个政府 BT 项目垫资很大，所以才寻求融资的。融资其实也是将该房地产开发项目的利益让投资方共享，对投资公司资金的利用效率，提高资金收益率，也提供了一条稳定的回报机会。这比投资公司将该资金投入股市的风险要小得多(因为中国股市是个政策股，牛市目前已结束，股市的波动和振荡将越来越大，回报将越来越低，而风险也越来越大)，况且本集团对该项目也作了大量的前期考察，对未来前景作了充分的分析和预测，否则也不会投入 1.48 亿元来竞购该地。相信由本集团资金投入占大比重的该房地产开发项目，风险主要由本集团在承担，对投资方的资金安全是非常有力的保障。至于融资方式，只要是双方有意真诚的合作，抵押贷款、股权质押贷款、成立项目公司投资入股和合作建房等各种合作方式我们都可以考虑，希望通过以上介绍，能实现与投资公司进行一次实质性合作，相信双方的合作，一定是一个互利共赢的结局。

本 章 小 结

　　房地产开发项目投资的可行性研究是在投资决策之前对拟开发项目进行全面、系统的调查研究和分析，运用科学的技术评价方法，得出一系列评价指标值，以最终确定该项目是否可行的综合研究。一般来说，可行性研究是以市场供需为立足点，以资源投入为限度，以科学的方法为手段，以系列评价指标为结果，它通常要处理两方面的问题：①要确定项目在技术上能否实施；②是如何才能取得最佳的效益(主要是经济效益)。

　　房地产开发项目投资可行性研究为投资决策、资金筹措、编制设计、有关部门签订协议、合同、申请建设执照提供依据。由于房地产开发项目的规模、性质和复杂程度不同，因此可行性研究的内容也不尽相同，各有侧重。一般来讲，专业机构编写一个项目的可行性研究报告应包括封面、摘要、目录、正文、附件和附图六个部分。

　　房地产开发项目评估类似于房地产投资项目可行性分析，但除了对项目进行各项分析以外，还要对项目的开发企业进行评估，类似于企业并购之前所做的尽职调查。对于融资贷款方面而言，则是对拟贷款的企业做资信调查。房地产贷款项目评估是在房地产开发企业为房地产开发项目向银行、信托公司、投资基金等金融机构进行融资时，金融机构委托评估咨询机构或自行对借贷企业及开发项目进行全面调查、分析、测算、评价的一项贷前评审的专业服务活动。房地产贷款项目评估主要包括对企业的资信评估、开发项目的合理性评估、市场分析、财务及经济效益评估、风险评估、结论等几大部分。目前大部分商业银行已对房地产贷款实施项目化管理，在贷款发放前必须进行项目评估，在规范房地产开发项目贷款运作、防范金融风险等产生积极作用。

复习思考题

1. 为什么要进行房地产投资项目可行性分析?
2. 一个完整的房地产可行性研究报告包含哪些内容?
3. 房地产开发项目贷款实质是什么?
4. 房地产贷款项目评估注意的事项有哪些?

参考文献

[1] 张红. 房地产经济学[M]. 北京：清华大学出版社，2009.

[2] 谢经荣，吕萍，乔志敏. 房地产经济学[M]. 第二版. 北京：中国人民大学出版社，2008.

[3] 窦坤芳. 房地产经济学基础.[M] 重庆：重庆大学出版社，2007.

[4] 张建新，王国力. 房地产经济、金融与投资分析[M]. 北京：机械工业出版社，2008.

[5] 任宏. 房地产开发经营与管理[M]. 北京：中国电力出版社，2008.

[6] 周寅康. 房地产估价[M]. 南京：东南大学出版社，2009.

[7] 丹尼斯·迪帕斯奎尔，威廉·惠顿. 城市经济学与房地产市场[M]. 龙奋杰等译. 北京：经济科学出版社，2002.

[8] 美国估价学会. 房地产估价[M]. 原著第 12 版. 中国房地产估价师与房地产经纪人学会译. 北京：中国建筑工业出版社，2005.

[9] 韩立英. 土地使用权评估[M]. 北京：中国人民大学出版社，2003.

[10] 邹晓云. 土地估价基础[M]. 北京：地质出版社，2010.

[11] 曲卫东. 叶剑平. 房地产评估[M]. 北京：中国人民大学出版社，2010.

[12] 柴强. 房地产估价[M]. 北京：首都经济贸易大学出版社，2007.

[13] 中国资产评估协会. 资产评估[M]. 北京：经济科学出版社，2012.

[14] 上海市国有资产监督管理委员会. 企业国有资产评估管理实务[M]. 上海：中国远大出版社，2010.

[15] 唐建新，周娟. 资产评估教程[M]. 北京：清华大学出版社，2009.

[16] 左静. 房地产估价[M]. 北京：机械工业出版社，2011.

[17] 褚菁晶. 房地产估价理论与实务[M]. 北京：北京大学出版社，2011.

[18] 中国房地产估价师与房地产经纪人学会. 房地产评估案例与分析[M]. 北京：中国建筑工业出版社，2007.

[19] 祝平衡. 房地产估价理论与实务[M]. 大连：东北财经大学出版社，2010.

[20] 中国房地产估价师与房地产经纪人学会. 房地产基本制度与政策[M]. 北京：中国建筑工业出版社，2007.

[21] 应尚军等. 不动产评估[M]. 北京：中国财政经济出版社，2010.

[22] 卢新海. 房地产估价理论与实务[M]. 上海：复旦大学出版社，2010.

[23] 张旭. 财产税税基批量评估中的特征价格模型分析——以厦门市商业住宅为模拟分析对象[M]. 厦门：厦门大学出版社，2008.

[24] 李何超，曹正忠，朱健等. 城市土地定级与基准地价评估实证研究[M]. 北京：科学出版社，2009.

[25] 刘耀林，焦利民. 土地评价理论、方法与系统开发[M]. 北京：科学出版社，2008.

[26] 土地估价师实务手册编写组. 土地估价师实务手册[M]. 北京：机械工业出版社，2006.

[27] 余源鹏. 房地产项目可行性研究实操一本通[M]. 北京：机械工业出版社，2008.

[28] 韩国波. 房地产项目可行性研究与评价实务[M]. 北京：煤炭工业出版社，2012.

[29] 成其谦. 投资项目评价[M]. 北京：中国人民大学出版社，2010.

[30] 匡春峰. 在建工程抵押评估及其风险防范研究[D]. 长沙：湖南师范大学，2011.

[31] 张文峰，张志军. 商业银行不动产抵押价值类型选择研究[J]. 金融理论与实践，2008(8).

[32] 王丽梅. 抵押房地产的公开市场价值、抵押价值及变现价值[J]. 价值工程，2007(5).

[33] 丁新潮，廖凡幼. 房地产估价中的法定优先受偿权问题[J]. 房地产中介，2007(12).

[34] 曾晖，邢国威，付梅臣. 集体土地产权结构与抵押评估风险防范[J]. 商业时代，2011(11).

[35] 刘洪玉，杨志鹏. 基于主体变量的住房价格批量评估[J]. 统计与决策，2012(3).

[36] 王伟星，楼江. 房产税税基批量评估方法研究[J]. 上海房地产，2011(8).